westermann

Peter Decker, Mathias Schmelz

Kompaktwissen

Rechnungswesen und Steuerung für Bankkaufleute

17. Auflage

Lernfeld 7: **Werteströme und Geschäftsprozesse erfassen und dokumentieren**	Grundlagen der Buchführung	1
	Erfassung erfolgsneutraler und erfolgswirksamer Geschäftsfälle an einfachen Beispielen	2
	Der Jahresabschluss von Kreditinstituten – Bestandteile und ihre Aufgaben	3
	Umsatzsteuer	4
	Jahresabschlussarbeiten in Kreditinstituten	5
Lernfeld 11: **Wertschöpfungsprozesse erfolgsorientiert steuern**	Bankcontrolling als integratives System von Planung, Steuerung und Kontrolle	6
	Kosten-und-Erlös-Rechnung	7
Exkurs: **Dokumentierte Unternehmensleistungen auswerten**	Rücklagen- und Ausschüttungspolitik in Kreditinstituten	8
	Jahresabschlüsse von Kunden analysieren	9

Bestellnummer 80305

Die in diesem Produkt gemachten Angaben zu Unternehmen (Namen, Internet- und E-Mail-Adressen, Handelsregistereintragungen, Bankverbindungen, Steuer-, Telefon- und Faxnummern und alle weiteren Angaben) sind i. d. R. fiktiv, d. h., sie stehen in keinem Zusammenhang mit einem real existierenden Unternehmen in der dargestellten oder einer ähnlichen Form. Dies gilt auch für alle Kunden, Lieferanten und sonstigen Geschäftspartner der Unternehmen wie z. B. Kreditinstitute, Versicherungsunternehmen und andere Dienstleistungsunternehmen. Ausschließlich zum Zwecke der Authentizität werden die Namen real existierender Unternehmen und z. B. im Fall von Kreditinstituten auch deren IBANs und BICs verwendet.

Zusatzmaterialien zu *Kompaktwissen Rechnungswesen und Steuerung für Bankkaufleute*

Für Lehrerinnen und Lehrer:

Lösungen zum Schulbuch: 978-3-427-80306-5
Lösungen zum Schulbuch Download: 978-3-427-80322-5

BiBox westermann **inkl. E-Book**

BiBox Einzellizenz für Lehrer/-innen (Dauerlizenz): 978-3-427-85482-1
BiBox Kollegiumslizenz für Lehrer/-innen (Dauerlizenz): 978-3-427-85711-2
BiBox Kollegiumslizenz für Lehrer/-innen (1 Schuljahr): 978-3-427-87878-0

Für Schülerinnen und Schüler:

BiBox westermann **inkl. E-Book**

BiBox Einzellizenz für Schüler/-innen (1 Schuljahr): 978-3-427-80315-7
BiBox Klassensatz PrintPlus (1 Schuljahr): 978-3-427-81225-8

Buch +Web mit Webcode im Buch

Zu diesem Produkt sind digitale Zusatzmaterialien kostenlos online für Sie erhältlich. Sie können diese ganz einfach über die Eingabe des nachfolgenden Codes im Suchfeld unter www.westermann.de abrufen.

BVE-80305-017

Sollten Sie zu diesem Produkt bereits eine BiBox mit Material erworben haben, so sind die Zusatzmaterialien selbstverständlich dort bereits integriert.

Bildquellenverzeichnis

stock.adobe.com, Dublin: Titel; contrastwerkstatt Titel; deagreez 1.1; mojolo Titel; nsdpower 1.2; Rido Titel; Supphakank, Phongphan Titel; Yuriy 3.1, 11.1, 38.1, 46.1, 62.1, 143.1, 149.1, 175.1.

Druck und Bindung: Westermann Druck GmbH, Georg-Westermann-Allee 66, 38104 Braunschweig

ISBN 978-3-427-**80305**-8

Vorwort

Liebe Auszubildende,
liebe Kolleginnen und Kollegen für Bankfachklassen,
liebe Ausbilderinnen und Ausbilder,

der Rahmenlehrplan der Kultusministerkonferenz für den Ausbildungsberuf vom 13. Dezember 2019 hat die Schwerpunkte des Faches „Rechnungswesen und Steuerung" praxisorientiert definiert.

Neben die traditionellen, jedoch unverzichtbaren Bereiche „Grundlagen der Buchführung" und „Erstellung von Jahresabschlüssen in Kreditinstituten" treten gleichberechtigt die „Kosten-und-Erlös-Rechnung" und die „Unternehmensanalyse". Hierdurch sollen die Auszubildenden eine berufliche Handlungskompetenz erwerben, die sich u. a. in preisbewusstem Denken und Handeln konkretisiert.

Ausgehend von problembehafteten betrieblichen Situationen sowie vielen Beispielen werden die zur Lösung benötigten Lerninhalte strukturiert und somit nachvollziehbar entwickelt. Hierdurch wird den Auszubildenden die Möglichkeit geboten, sich die Lerninhalte der relevanten Lernfelder selbstständig zu erschließen und in der Praxis erfahrbar zu machen.

Das vorliegende Buch dient somit sowohl zur Vorbereitung des Unterrichts als auch zur Nacharbeit der relevanten Themen im Wege des Selbststudiums. Anschauliche Übersichten am Ende der einzelnen Kapitel fassen komplexe fachsystematische Inhalte in einprägsamer Weise zusammen.

Hervorzuheben sind die umfangreichen Aufgabensammlungen am Ende eines jeden Kapitels, die der anwendenden Übung, der selbstverantwortlichen Lernarbeit und der effizienten Vorbereitung auf die Abschlussprüfung Teil 1 und 2 dienen.

Rechtsstand ist der 31.12.2022. Das Buch wurde fachlich inhaltlich an den Rahmenlehrplan 2020 angepasst. Für die Prüfung nicht zwingend notwendige Inhalte haben wir konsequent aus dem Buch genommen. Da diese Inhalte aber dennoch für einen anschaulichen Rechnungswesenunterricht benötigt werden, haben wir sie als Webmaterial aktualisiert online gestellt (siehe Hinweis Webcode S. 2). Die dazugehörigen Lösungen der Aufgaben finden Sie weiterhin im Lehrerhandbuch.

Web

Die Aufgaben in diesem Buch werden ergänzt durch unser Angebot von Quizaufgaben auf der Spieleplattform Kahoot. Hier können Lehrkräfte nach kurzer Anmeldung unter www.kahoot.it die Rechnungsweseninhalte mit ihren Schülern spielerisch am Handy festigen. Zu fast jedem Kapitel finden sich hier Quizaufgaben, die von den Schülerinnen und Schülern im Anschluss an den Unterricht unter Wettbewerbsbedingungen gelöst werden können. Zur weiteren Festigung besteht hier für die Auszubildenden die Möglichkeit, eigene Aufgaben online zu stellen. Einen Hinweis auf diese Aufgaben im Internet finden sich im Anschluss an die Aufgabenstellungen im Buch am Ende eines jeden Kapitels.

Mobile App

Widmen möchten wir dieses Buch unserem verstorbenen Freund und Mentor, Gregor Wurm, ohne den dieses Buch nicht möglich gewesen wäre. Ferner möchten wir uns bei allen Kolleginnen und Kollegen bedanken, die uns mit kritischen Hinweisen und kreativen Tipps geholfen haben. Unverzichtbar waren auch die Anregungen unserer Schülerinnen und Schüler sowie die Informationen, die wir von den Kreditinstituten der Region bereitwillig erhalten haben. Vielen Dank auch hierfür.

Köln, im Dezember 2022

Peter Decker
Mathias Schmelz

Inhaltsverzeichnis

1 Grundlagen der Buchführung ... 9
1.1 Teile des Rechnungswesens und ihre Aufgaben ... 9
1.2 Grundbegriffe und Grundregeln der Bankbuchführung ... 11
1.2.1 Inventur und Inventar ... 11
1.2.2 Bilanz ... 13
1.2.3 Wertveränderungen in der Bilanz ... 16
1.2.4 Auflösung der Bilanz in Bestandskonten ... 20
1.2.5 Buchungssatz ... 23
1.2.6 Abschluss von aktiven und passiven Bestandskonten ... 25
1.2.7 Eröffnungsbilanzkonto und Schlussbilanzkonto ... 28
1.2.8 Gutschriften, Belastungen, Soll- und Habensalden ... 30
1.2.9 Erfolgskonten ... 31
1.2.9.1 Veränderungen des Eigenkapitals ... 31
1.2.9.2 Aufwands- und Ertragskonten ... 33
1.3 Kontokorrentkonten ... 39
1.3.1 Kundenkontokorrentkonto ... 39
1.3.2 Bankenkontokorrent ... 47
1.3.3 Weg einer Überweisung ... 49
1.4 Gemischte Konten ... 51
1.5 Kontenrahmen und Kontenplan ... 55

2 Erfassung erfolgsneutraler und erfolgswirksamer Geschäftsfälle an einfachen Beispielen ... 58
2.1 Buchungen im Kassenverkehr ... 58
2.2 Buchungen im Spargeschäft ... 59
2.3 Kassenabstimmung – Kassendifferenzen ... Web
2.4 Scheck- und Lastschriftbuchungen ... Web
2.5 Geschäftsgang von Bilanz zu Bilanz ... 62

3 Der Jahresabschluss von Kreditinstituten – Bestandteile und ihre Aufgaben ... 65

4 Umsatzsteuer ... 67
4.1 Warum wird die Umsatzsteuer auch als Mehrwertsteuer bezeichnet? ... 67
4.2 Umsatzsteuer in Kreditinstituten ... 69

5 Jahresabschlussarbeiten in Kreditinstituten ... 74
5.1 Bewertung von Sachanlagen ... 74
5.1.1 Ursachen und Methoden der Abschreibung auf Sachanlagen ... 74
5.1.2 Buchung der Abschreibung auf Sachanlagen ... 78
5.1.3 Der Einfluss des Steuerrechtes auf die Abschreibung ... 80
5.1.3.1 Degressive Abschreibung ... 80
5.1.3.2 Geringwertige Wirtschaftsgüter ... 81
5.1.4 Verkauf von gebrauchten Sachanlagen ... 83

5.2	Bewertung von Forderungen an Kunden	88
5.2.1	Ursachen und Buchungen von direkten Abschreibungen, Einzel- und Pauschalwertberichtigungen	88
5.2.2	Zahlungseingänge zugunsten zweifelhafter Forderungen	97
5.2.3	Ermittlung des Pauschalwertberichtigungssatzes	102
5.3	Bewertung von Wertpapieren	105
5.3.1	Wertpapierkategorien	105
5.3.2	Bewertung der Wertpapiere der Liquiditätsreserve nach strengem Niederstwertprinzip	106
5.4	Zeitliche Abgrenzung des Jahreserfolges am Beispiel von Rückstellungen	113
5.5	Vorsorge für allgemeine Bankrisiken	115
5.5.1	Instrumente der Risikovorsorge in Kreditinstituten	116
5.5.1.1	Bildung offener Vorsorgereserven nach § 340 g HGB (Fonds für allgemeine Bankrisiken)	116
5.5.1.2	Bildung stiller Vorsorgereserven nach § 340 f HGB (Versteuerte Pauschalwertberichtigungen)	117
5.5.1.3	Stille und offene Vorsorgereserven im Vergleich	122
5.5.1.4	Bildung stiller Reserven	123
6	**Bankcontrolling als integratives System von Planung, Steuerung und Kontrolle**	124
6.1	Was bedeutet Controlling?	124
6.2	Aufgaben des Controllings	125
6.3	Internes Rechnungswesen als Element des operativen Controllings	126
7	**Kosten-und-Erlös-Rechnung**	127
7.1	Grundlagen der Kosten-und-Erlös-Rechnung	127
7.1.1	Aufgaben der Kosten-und-Erlös-Rechnung	127
7.1.2	Grundbegriffe der Kosten-und-Erlös-Rechnung	128
7.1.2.1	Grundkosten und Zusatzkosten	128
7.1.2.2	Neutrale Aufwendungen	134
7.1.2.3	Grunderlöse und Zusatzerlöse	134
7.1.2.4	Neutrale Erträge	136
7.1.3	Ermittlung von Kosten und Erlösen aus der Gewinn-und-Verlust-Rechnung	137
7.2	Grundprobleme der Selbstkostenermittlung	143
7.2.1	Innerbetriebliche Leistungen und Marktleistungen	144
7.2.2	Dualismus von Marktleistungen	145
7.2.2.1	Betriebsleistungen	145
7.2.2.2	Wertleistungen	146
7.2.2.3	Zusammenhang zwischen Wert- und Betriebsleistungen	147
7.3	Methoden der Bankkalkulation	150
7.4	Gesamtbetriebskalkulation	150
7.4.1	Kalkulatorisches Betriebsergebnis	151
7.4.2	Gesamtzinsspannenrechnung	152
7.4.2.1	Was ist eine Zinsspanne?	152
7.4.2.2	Gesamtzinsspannenrechnung im engeren Sinne	153

7.4.2.3	Nettozinsspannenrechnung	154
7.4.2.4	Zusammenhang zwischen Gesamtbetriebskalkulation und Nettozinsspannenrechnung	155
7.4.3	Ermittlung der Nettogewinnspanne	158
7.5	Kalkulationen im Wertbereich	161
7.5.1	Marktzinsmethode	162
7.5.1.1	Grundstruktur der Marktzinsmethode	162
7.5.1.2	Aufbau der Marktzinsmethode	163
7.5.2	Kalkulation von Risikokosten	176
7.5.2.1	Wie entstehen Risikokosten?	176
7.5.2.2	Berücksichtigung von Risikokosten bei der Zinssatzkalkulation	177
7.5.2.3	Ermittlung von Risikokostensätzen	178
7.6	Kalkulationen im Betriebsbereich	179
7.6.1	Kostenarten der Betriebskalkulation	179
7.6.2	Verfahren der Betriebskalkulation	184
7.6.2.1	Betriebsabrechnung als Vollkostenrechnung	Web
7.6.2.2	Betriebskalkulation als Teilkostenrechnung	185
7.6.2.2.1	Merkmale der Teilkostenrechnung auf Einzelkostenbasis	185
7.6.2.2.2	Standard-Einzelkostenrechnung	185
7.6.2.2.3	Aufbau der Standard-Einzelkostenrechnung	186
7.7	Einzelkalkulationen als Deckungsbeitragsrechnungen	197
7.7.1	Merkmale der Deckungsbeitragsrechnung in Kreditinstituten	197
7.7.1.1	Begriff des Deckungsbeitrages	197
7.7.1.2	Grundstruktur der Deckungsbeitragsrechnung in Kreditinstituten	197
7.7.2	Produktkalkulationen	198
7.7.2.1	Kalkulation von Aktivprodukten	199
7.7.2.2	Kalkulation von Passivprodukten	203
7.7.2.3	Kalkulation von Marktleistungen des Betriebsbereichs	206
7.7.3	Kundenkalkulationen	208
7.7.3.1	Formaler Aufbau	208
7.7.3.2	Zweck	209
7.7.3.3	Kalkulation eines debitorisch und kreditorisch geführten Kundenkontos	209
7.7.3.4	Konsequenzen der Kundenkalkulation für die Beratung	212
7.7.4	Geschäftsstellenkalkulation	Web
8	**Rücklagen- und Ausschüttungspolitik in Kreditinstituten**	218
8.1	Das bilanzielle Eigenkapital von Aktiengesellschaften	218
8.1.1	Die Bestandteile der Bilanzposition Eigenkapital	218
8.1.2	Stille und offene Rücklagen	222
8.2	Jahresüberschuss	223
8.2.1	Ermittlung des Jahresüberschusses	223
8.2.2	Verwendung des Jahresüberschusses	224
8.2.3	Schema zur Jahresüberschussverwendung	225
8.2.4	Verwendung des Bilanzgewinns	226
8.2.5	Konsequenzen der Jahresüberschussverwendung für das Eigenkapital	227

9 Jahresabschlüsse von Kunden analysieren 232
9.1 Unterschiede der Bilanzen von Industrie-, Handels-, Dienstleistungs- und Handwerks- unternehmen 232
9.1.1 Strukturmerkmale von Kundenbilanzen....................... 233
9.1.2 Bilanzgliederung.. 234
9.1.3 Bilanzpositionen im Vergleich 234
9.1.4 Erläuterungen zu besonderen Bilanzpositionen................ 235
9.1.5 Erläuterungen zur Gewinn-und-Verlust-Rechnung von Nichtbanken.. 237
9.2 Auswertung von Jahresabschlüssen der Kunden im Hinblick auf Kredit- und Anlageentscheidungen 239
9.2.1 Jahresabschlussanalyse als Basis der Unternehmensanalyse ... 240
9.2.2 Bankinternes Rating (BIR).................................. 241
9.2.3 Jahresabschlussanalyse...................................... 244
9.2.3.1 Grundprobleme der Jahresabschlussanalyse 244
9.2.3.2 Aufbau der Jahresabschlussanalyse.......................... 245
9.2.3.3 Aufbereitung von Jahresabschlussunterlagen 246
9.2.3.3.1 Aufbereitung der Gewinn-und-Verlust-Rechnung 246
9.2.3.3.2 Aufbereitung der Bilanz.................................... 247
9.2.3.4 Kennzahlen der Jahresabschlussanalyse 250
9.2.4 Analyse zukunftsorientierter Unternehmensinformationen 258

Anhang 272
Anhang I Bilanzformblatt.. 272
Anhang II Gewinn-und-Verlust-Rechnung............................ 274
Anhang III Inhalte wichtiger Bilanzpositionen..................... 278
Anhang IV Inhalte der G + V-Rechnung im Überblick 280
Anhang V Schema zur Ermittlung des Betriebsergebnisses aus der Gewinn-und-Verlust-Rechnung............................ 282

Sachwortverzeichnis 283

1 Grundlagen der Buchführung

1.1 Teile des Rechnungswesens und ihre Aufgaben

Situation

Am ersten Tag der Ausbildung werden die neuen Auszubildenden der Rhein-Ruhr-Bank AG zu ihrer Orientierung durch die Bankräumlichkeiten geführt. In der Abteilung „Rechnungswesen“ erhalten die Auszubildenden die gerade fertiggestellte Bilanz des letzten Geschäftsjahres vom Abteilungsleiter mit den Worten „Hier bekommen Sie den besten Einblick in unser Unternehmen.“ überreicht. Im Laufe des anschließenden Gespräches erhalten die Auszubildenden folgende kurz gefasste Informationen über das betriebliche Rechnungswesen.

Das betriebliche Rechnungswesen gliedert sich in die Funktionsbereiche

Finanzbuchhaltung (Buchführung und Jahresabschluss)	Controlling (Kosten-und-Erlös-Rechnung)	Statistik	Planungsrechnung
Aufgaben: • sämtliche finanziellen Geschäftsvorgänge erfassen • den Erfolg (Gewinn, Verlust) des Kreditinstitutes ermitteln (Gewinn-und-Verlust-Rechnung) • das Vermögen und die Höhe der Schulden ermitteln (Handels- und Steuerbilanz) • Informationen für Gläubiger und Behörden (z. B. Finanzamt, Bundesanstalt für Finanzdienstleistungsaufsicht) bereitstellen	Aufgabe: die Kalkulation von Preisen für Bankdienstleistungen durchführen	Aufgabe: Vergleichsrechnungen im Zeitablauf durchführen	Aufgabe: Vorbereitung unternehmerischer (geschäftspolitischer) Entscheidungen

Die Aufgaben der **Finanzbuchhaltung** bestehen darin, sämtliche finanzielle Geschäftsvorgänge zu erfassen, um hierdurch die wirtschaftliche Lage des Kreditinstitutes erkennen und beschreiben zu können. So werden in der Gewinn-und-Verlust-Rechnung alle Aufwendungen und Erträge des letzten Geschäftsjahres gegenübergestellt, um zu sehen, welcher Erfolg realisiert wurde.

Erfolgsmessung

- Sind die Erträge größer als die Aufwendungen, so ist ein positiver Erfolg, ein Gewinn erzielt worden.
- Sind die Aufwendungen größer als die Erträge, so war der Erfolg negativ, ein Verlust wurde realisiert.

Vermögen und Schulden erfassen

Das Kreditinstitut ist ferner daran interessiert zu wissen, welches Vermögen es besitzt und welche Schulden. Zu einem Stichtag werden alle Vermögensbestandteile und alle Schulden in einer Bilanz zusammengefasst und interessierten Dritten zur Verfügung gestellt.

Außenstehende informieren

- So informieren sich z. B. Gläubiger von Kreditinstituten durch die Handelsbilanz über deren wirtschaftliche Situation, um zu ermessen, ob ihre Forderung an das Kreditinstitut sicher ist.
- Das Finanzamt erhält eine Steuerbilanz, die der Öffentlichkeit nicht zugänglich ist. Mit ihrer Hilfe werden die Steuern bemessen, die das Kreditinstitut zu zahlen hat.
- Wegen ihrer besonderen gesamtwirtschaftlichen Funktion unterliegen Kreditinstitute einer staatlichen Aufsicht. Aus diesem Grunde müssen sie Bilanzen der Bundesanstalt für Finanzdienstleistungsaufsicht (BaFin) einreichen.

Preise für Bankdienstleistungen

Die in der Abteilung Finanzbuchhaltung gewonnenen Daten nutzt die **Abteilung Controlling** als Basis für die Ermittlung von Preisen für Bankdienstleistungen.
Hier wird z. B. ermittelt,

- wie teuer ein Kredit sein muss, um kostendeckend vergeben werden zu können, oder
- welche Zinshöhe im Einlagengeschäft maximal angeboten werden kann.

Die **Abteilung Statistik** führt Vergleichsrechnungen durch.

- Wie haben sich Aufwendungen und Erträge sowie Vermögen und Schulden im Zeitablauf verändert? Welche Ursachen waren hierfür maßgeblich?
- Anhand von Branchenvergleichen wird ermittelt, ob andere Kreditinstitute besser gewirtschaftet haben.
- Auf dieser Basis werden Planungsrechnungen durchgeführt, um geschäftspolitische Entscheidungen vorzubereiten.

Bei der Erfüllung dieser Aufgaben muss die Finanzbuchhaltung umfangreiche Rechtsvorschriften beachten.

Grundlegende Buchführungsvorschriften

Handelsgesetzbuch (HGB)	**Abgabenordnung** (AO)	**Verordnung über die Rechnungslegung der Kreditinstitute** (RechKredV)	**Grundsätze ordnungsgemäßer Buchführung** (GoB)
§ 238 HGB Buchführungspflicht für Kaufleute § 239 HGB Führung der Handelsbücher § 257 HGB Aufbewahrungsfrist von Handelsbüchern, Inventaren und Bilanzen und Buchungsbelegen (10 Jahre) sowie von Korrespondenz (6 Jahre) beginnend am Ende des Kalenderjahres	Steuerrechtliche Vorschriften	In welcher äußeren Form sind Bilanz sowie Gewinn-und-Verlust-Rechnung zu erstellen? Wie sind Vermögen und Schulden zu bewerten?	Weiterentwicklung ungeschriebener Rechtsnormen, aus der Praxis entwickelt; z. B. • Grundsatz der Bilanzwahrheit, • Grundsatz der Klarheit und Übersichtlichkeit, • keine Buchung ohne Beleg, • keine Korrekturen, die den ursprünglichen Inhalt unleserlich machen, etc.

Aufgaben

1. *Lesen Sie die §§ 238, 239 und 257 HGB im Original und markieren Sie Ihnen wichtig erscheinende Passagen.*
2. *Beschaffen Sie sich eine Bilanz Ihres Ausbildungsbetriebes und ordnen Sie den Bilanzseiten die Begriffe Vermögen und Schulden zu. Fertigen Sie eine Liste mit wichtigen Vermögens- und Schuldenbestandteilen Ihres Kreditinstitutes in einer Übersicht an.*
3. *Wie lange sind folgende Unterlagen nach den Bestimmungen des HGB aufzubewahren?*
   Tragen Sie ein: [1] *10 Jahre* [2] *6 Jahre* [3] *keine Aufbewahrung*
   a) Bilanzen
   b) Buchungsbelege
   c) Handelsbriefe
   d) Hauptbücher
   e) Werbeanschreiben eines langjährigen Lieferanten von Büromaterial
4. *Bis zu welchem Datum sind die folgenden Unterlagen der Rhein-Ruhr-Bank AG nach den Bestimmungen des HGB aufzubewahren?*
   a) Auszahlungsbeleg vom 6. Januar 2021
   b) Bilanz des Geschäftsjahres 2021, erstellt am 12. März 2022
   c) Angebot eines örtlichen Bürogroßhändlers über Kopierpapier vom 6. Januar 2021
   d) Empfangene Handelsbriefe aus dem Monat Juni 2021
5. *Lösen Sie im Internet auf Kahoot die Aufgaben „Kompaktwissen Rechnungswesen für Bankkaufleute Kapitel 1.1"*

Mobile App

1.2 Grundbegriffe und Grundregeln der Bankbuchführung

1.2.1 Inventur und Inventar

Situation

Anfang Dezember unterhalten sich die Kollegen aus der Rhein-Ruhr-Bank AG über die anfallende Mehrarbeit wegen der bevorstehenden Inventur. Neugierig geworden, forschen die Auszubildenden nach, was es mit der Inventur auf sich hat.

Nach § 240 HGB hat jeder Kaufmann am Ende eines Geschäftsjahres ein Inventar aufzustellen. Hierbei handelt es sich um eine Auflistung der Bestände seiner Grundstücke, seiner Forderungen und Schulden, den Betrag seines baren Geldes sowie der sonstigen Vermögensgegenstände. Außerdem muss er den Wert der einzelnen Vermögensgegenstände und Schulden schätzen und ebenfalls in diesem Inventar angeben.

Um diese gesetzliche Verpflichtung zu erfüllen, müssen das gesamte Vermögen und alle Schulden gezählt und in einer Liste zusammengestellt werden. Den Vorgang des Zählens nennt man **Inventur.** Das Ergebnis dieses Vorgangs, die Liste mit sämtlichen Vermögensbestandteilen und Schulden, nennt man **Inventar.**

Inventur: mengen- und wertmäßige Bestandsaufnahme aller Vermögensbestandteile und Schulden am Bilanzstichtag

Arten		
Stichtagsinventur	**Permanente Inventur**	**Zeitlich verlegte Inventur**
zum Ende des Geschäftsjahres	Bestandsaufnahme während des Geschäftsjahres und Fortschreibung der Mengen und Werte bis zum Bilanzstichtag	Bestandsaufnahme innerhalb bestimmter Zeiträume vor bzw. nach dem Bilanzstichtag unter Berücksichtigung der Veränderungen zum Bilanzstichtag

Inventar: Verzeichnis aller Vermögensgegenstände und aller Schulden, gegliedert nach Art, Menge und Wert

Vermögen

Vereinfachtes Inventar der Rhein-Ruhr-Bank AG zum 31.12.			
I.	**Vermögen**		**Betrag**
	1 Kassenbestand		250 TEUR
	2 Guthaben bei der Deutschen Bundesbank		4.300 TEUR
	3 Schecks		210 TEUR
	4 Forderungen an Kunden (Debitoren)		600 TEUR
	5 Forderungen an andere Kreditinstitute		800 TEUR
	Citibank AG	360 TEUR	
	WGZ-Bank	230 TEUR	
	Kölnbank	210 TEUR	
	6 Wertpapiere		800 TEUR
	2,25 % Bundesanleihe 09/19	450 TEUR	
	SAP-Stammaktien	350 TEUR	
	7 Grundstücke und Gebäude		1.390 TEUR
	Eichenallee 178, Dortmund	740 TEUR	
	Moritzstr. 12, Köln	650 TEUR	
	8 Betriebs- und Geschäftsausstattung		440 TEUR
	Mobiliar	120 TEUR	
	Technische Einrichtungen	320 TEUR	
	Summe des Vermögens		**8.790 TEUR**

Schulden

II.	**Schulden (Fremdkapital)**		
	1 Verbindlichkeiten gegenüber Kreditinstituten		970 TEUR
	Postbank	190 TEUR	
	Deutsche Bank AG	420 TEUR	
	Commerzbank AG	360 TEUR	
	2 Verbindlichkeiten gegenüber Kunden		4.870 TEUR
	a) Sichteinlagen (Kreditoren)	1.430 TEUR	
	b) Termineinlagen	760 TEUR	
	c) Spareinlagen	2.680 TEUR	
	Summe der Schulden		**5.840 TEUR**

Eigenkapital

III.	**Ermittlung des Eigenkapitals**	
	Summe des Vermögens	8.790 TEUR
	- Summe der Schulden	5.840 TEUR
	Eigenkapital (Reinvermögen)	**2.950 TEUR**

Aus der Darstellung ist zu ersehen, dass sich das Eigenkapital aus der Differenz von bewertetem Vermögen und Summe der Schulden berechnet. Die Höhe des Eigenkapitals resultiert also nicht nur aus der einmaligen Bereitstellung bei Unternehmensgründung, sondern aus der Wertentwicklung des Vermögens und der Höhe des Fremdkapitals im Zeitablauf.

Aufgabe

Machen Sie Inventur in Ihrem Klassenraum. Fassen Sie die Ergebnisse in einer Inventurliste nach folgendem Muster zusammen. Versuchen Sie jeden Gegenstand mit seinem aktuellen Wert zu bewerten. Vergleichen Sie anschließend Ihre Ergebnisse.

Inventurliste des Klassenraumes .... zum				Bewertung	
Waren-Inventar-Nr.	Gegenstand	Festgestellte Menge			
	Handelsübliche Bezeichnung	Anzahl	Einheit (Stück, kg, m, l)	Wert je Einheit EUR	Inventurwert EUR
1.					
2.					
...					

1.2.2 Bilanz

Situation

Die Auszubildenden der Rhein-Ruhr-Bank AG sind erstaunt über den Umfang des erstellten Inventars, das detailliert jeden Vermögensgegenstand und jede Verbindlichkeit des Kreditinstitutes auflistet und mit einem aktuellen Wert belegt. Sie überlegen daher, ob es nicht möglich wäre, eine komprimierte Auflistung zu erstellen, die weniger detailliert ist, ohne dabei weniger informativ für die am Kreditinstitut interessierten Personen zu sein.

Bilanz

Mithilfe des Inventars wird die Bilanz erstellt. Hierzu fasst der Bilanzbuchhalter gleichartige Bestandteile des Inventars zu Bilanzpositionen zusammen. So wird in einem Inventar z. B. jeder PC einzeln aufgelistet und bewertet. In der Bilanz hingegen werden alle Einrichtungsgegenstände und technischen Geräte unter der Position „Betriebs- und Geschäftsausstattung" nur mit Ihrem Gesamtwert ausgewiesen. Insofern ist der Aussagegehalt einer Bilanz geringer als der eines Inventars.
Ein weiterer Unterschied besteht im Aufbau des Inventars gegenüber der Bilanz. Für das Inventar bestehen keinerlei Formvorschriften. Der Aufbau einer Bilanz eines Kreditinstitutes wird detailliert in der Verordnung über die Rechnungslegung der Kreditinstitute (RechKredV) geregelt. Hier werden

Vgl. Anhang I

nicht nur Formblätter für die Bilanz und die Gewinn-und-Verlust-Rechnung zwingend vorgeschrieben. Auch die Zuordnung von Vermögens- und Schuldenbestandteilen zu bestimmten Positionen wird detailliert geregelt. Hiermit wird eine einheitliche Struktur erreicht, die die Aussagefähigkeit der Bilanzen erhöhen soll und einen Bilanzvergleich bei verschiedenen Kreditinstituten erleichtert.

Eröffnungs- und Schlussbilanz

Es gibt zwei Anlässe für die Erstellung einer Bilanz:
- Bei Gründung des Kreditinstitutes wird eine sog. Eröffnungsbilanz erstellt.
- Bei bestehenden Kreditinstituten wird am Ende eines jeden Geschäftsjahres eine Schlussbilanz erstellt. Diese ist gleichzeitig die Eröffnungsbilanz des nächsten Geschäftsjahres.

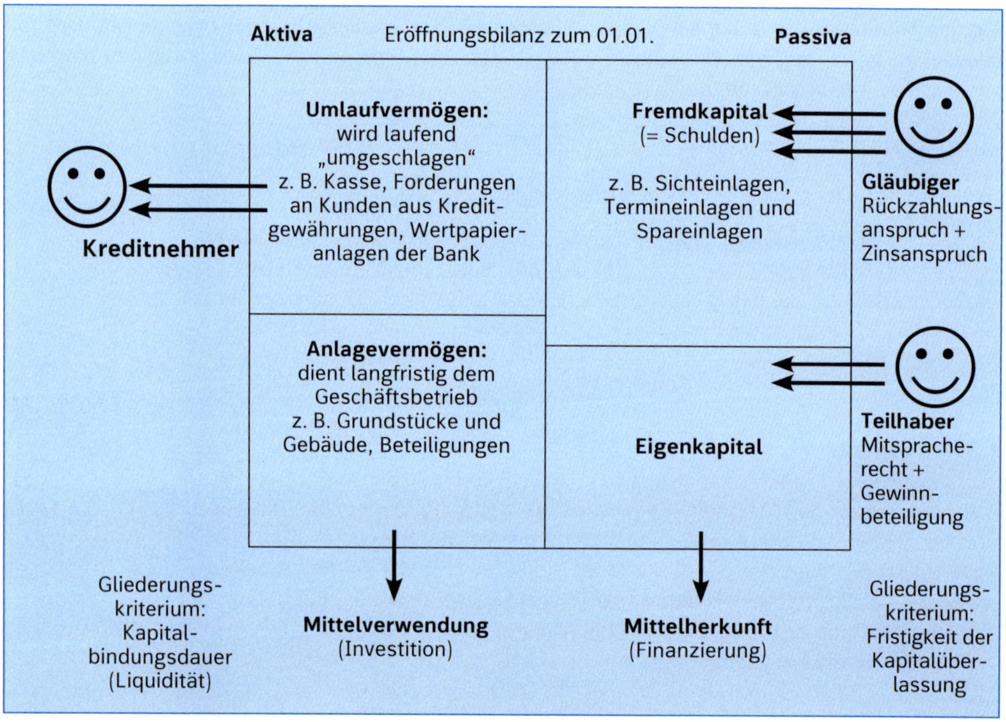

Teilhaber: Eigenkapital

Gläubiger: Fremdkapital

Bei Unternehmensgründung stellen die Teilhaber dem Kreditinstitut Eigenkapital zur Verfügung. Als Gegenleistung erhalten sie ein Mitspracherecht bei unternehmerischen Entscheidungen und eine Gewinnbeteiligung. Gläubiger stellen dem Kreditinstitut Fremdkapital in Form von Sichteinlagen (täglich fällige Einlagen auf Konten), Termineinlagen (kurzfristige Anlage von Geldern, die nicht für den Zahlungsverkehr benötigt werden) und Spareinlagen (Anlage und Ansammlung von Vermögen) zur Verfügung. Sie erwerben damit einen Anspruch auf Verzinsung und Rückzahlung ihrer Einlage. Aus Sicht des Kreditinstitutes handelt es sich um Schulden.

Sowohl das Fremdkapital als auch das Eigenkapital werden auf der rechten Seite der Bilanz eingetragen. Diese trägt den Namen **Passiva**. Inhaltlich kommt diesem Namen keine Bedeutung zu. Die Passiva des Kreditinstitutes zeigen auf, woher das Kreditinstitut Kapital bekommen hat. Es spiegelt die **Mittelherkunft** wider. Gliederungskriterium für die Passivseite der Bilanz ist die zunehmende Fristigkeit der Kapitalüberlassung. Daher endet die Passivseite mit dem Eigenkapital, das dem Kreditinstitut unbefristet zur Verfügung steht.

Passiva: Mittelherkunft

Die **linke Seite** der Bilanz zeigt, was das Kreditinstitut mit dem erhaltenen Kapital gemacht hat, wie die **Mittel verwendet** wurden. Ein Teil dieser Mittel wurde in die Kasse gelegt, um die Auszahlungswünsche der Kunden befriedigen zu können. Es wurden Kredite an Kunden vergeben und Wertpapiere gekauft. Bei diesen Positionen handelt es sich um sog. **Umlaufvermögen**. Dieses Vermögen wird dauernd „umgeschlagen". Ferner wurde das zur Verfügung gestellte Kapital dazu benutzt, um Grundstücke und Gebäude, langfristige Beteiligungen an anderen Unternehmen oder Betriebs- und Geschäftsausstattung zu erwerben. Diese Vermögensbestandteile dienen dauernd dem Geschäftsbetrieb und werden daher als **Anlagevermögen** bezeichnet.

Aktiva: Mittelverwendung

Umlaufvermögen

Anlagevermögen

Diese linke Seite der Bilanz heißt **Aktiva.** Auch diesem Namen kommt inhaltlich keine Bedeutung zu. Gliederungskriterium ist die Liquidität oder Kapitalbindungsdauer. So beginnt die Aktivseite mit den liquidesten Vermögensteilen, der Kasse.

Aufgaben

1. *Erstellen Sie aus dem Inventar der Seiten 12 und 13 eine Bilanz. Achten Sie auf die richtigen Bezeichnungen der Bilanzpositionen und auf die Gliederungskriterien der Aktiv- und der Passivseite der Bilanz. Vergleichen Sie hierzu das Bilanzformblatt zu Anhang I.*

2. *Ordnen Sie die folgenden Positionen der*

[1] *Aktivseite der Bilanz,*

[2] *Passivseite der Bilanz*

zu.

a) Forderungen an Kunden
b) Eigenkapital
c) Verbindlichkeiten gegenüber Kunden
d) Grundstücke und Gebäude
e) Betriebs- und Geschäftsausstattung
f) Wertpapiere
g) Sichteinlagen
h) Schecks
i) Kassenbestand
j) Debitoren
k) Kreditoren
l) Termineinlagen
m) Spareinlagen
n) Mittelherkunft
o) Mittelverwendung
p) Umlaufvermögen
q) Anlagevermögen

1.2.3 Wertveränderungen in der Bilanz

Das Wort „Bilanz“ stammt vom italienischen Begriff „bilancia“ ab, was so viel wie Waage bedeutet. Genau so ist eine Bilanz zu begreifen. Beide Seiten der Bilanz müssen immer ausgeglichen sein.

Problematisch ist, dass jeder Geschäftsfall, der auf die Erstellung der Bilanz folgt, zu einer Veränderung der Kapital- und/oder Vermögenswerte führt. Diese Veränderung muss in der Art erfolgen, dass die Bilanz nicht aus dem Gleichgewicht kommt.

Im Folgenden sind die Auswirkungen von verschiedenen Geschäftsfällen auf die vereinfachte, als Waage dargestellte Bilanz der Rhein-Ruhr-Bank AG zu analysieren.

Aktiva | Passiva

Kasse	Forderungen an Kunden	BGA	Bilanz-Summe	Sicht-einlagen	Termin-einlagen	Eigen-kapital
7.000,00	17.000,00	10.000,00	34.000,00	16.000,00	12.000,00	6.000,00

1. Geschäftsfall: Barkauf eines PC, 3.000,00 EUR

1. Frage: Welche Bilanzpositionen sind betroffen?
Antwort: Kasse und BGA

2. Frage: Wie verändern sich die Bilanzpositionen?
Antwort: Der Kassenbestand sinkt um 3.000,00 EUR. Die Betriebs- und Geschäftsausstattung mehrt sich um 3.000,00 EUR.

Aktiva | Passiva

Kasse	Forderungen an Kunden	BGA	Bilanz-Summe	Sicht-einlagen	Termin-einlagen	Eigen-kapital
7.000,00	17.000,00	10.000,00	34.000,00	16.000,00	12.000,00	6.000,00
4.000,00	17.000,00	**13.000,00**	34.000,00	16.000,00	12.000,00	6.000,00

3. Frage: Wie verändert sich die Bilanzsumme?
Antwort: Die Bilanzsumme verändert sich nicht.

Aktivtausch

Ergebnis: Die Aktiv- und die Passivseite der Bilanz bleibt gleich groß, da nur ein Tausch zwischen zwei Aktivpositionen stattfand. Diesen Vorgang bezeichnet man als **Aktivtausch**.

2. Geschäftsfall: Ein Kreditor überweist 2.000,00 EUR auf sein Festgeldkonto.

1. Frage: Welche Bilanzpositionen sind betroffen?
Antwort: Sichteinlagen und Termineinlagen.

2. Frage: Wie verändern sich die Bilanzpositionen?
Antwort: Sichteinlagen sinken um 2.000,00 EUR.
Termineinlagen steigen um 2.000,00 EUR.

Aktiva | Passiva

Kasse	Forderungen an Kunden	BGA	Bilanz-Summe	Sicht-einlagen	Termin-einlagen	Eigen-kapital
4.000,00	17.000,00	13.000,00	34.000,00	16.000,00	12.000,00	6.000,00
4.000,00	17.000,00	13.000,00	34.000,00	**14.000,00**	**14.000,00**	6.000,00

3. Frage: Wie verändert sich die Bilanzsumme?
Antwort: Die Bilanzsumme verändert sich nicht.

Ergebnis: Die Aktiv- und die Passivseite der Bilanz bleibt gleich groß, da nur ein Tausch zwischen zwei Passivpositionen stattfand. Diesen Vorgang bezeichnet man als **Passivtausch**.

Passivtausch

3. Geschäftsfall: Ein Kreditor zahlt 4.000,00 EUR auf sein Konto ein.

1. Frage: Welche Bilanzpositionen sind betroffen?
Antwort: Sichteinlagen und Kasse.
2. Frage: Wie verändern sich die Bilanzpositionen?
Antwort: Sichteinlagen steigen um 4.000,00 EUR.
Der Kassenbestand steigt um 4.000,00 EUR.

Aktiva | Passiva

Kasse	Forderungen an Kunden	BGA	Bilanz-Summe	Sicht-einlagen	Termin-einlagen	Eigen-kapital
4.000,00	17.000,00	13.000,00	34.000,00	14.000,00	14.000,00	6.000,00
8.000,00	17.000,00	13.000,00	38.000,00	**18.000,00**	14.000,00	6.000,00

3. Frage: Wie verändert sich die Bilanzsumme?
Antwort: Die Bilanzsumme mehrt sich um 4.000,00 EUR.

Ergebnis: Die Aktiv- und die Passivseite der Bilanz mehren sich um 4.000,00 EUR, da sich sowohl eine Aktivposition als auch eine Passivposition der Bilanz mehrte. Diesen Vorgang bezeichnet man als **Aktiv-Passiv-Mehrung**.

Aktiv-Passiv-Mehrung

4. Geschäftsfall: Ein Kunde verfügt über seine Termineinlage in Höhe von 5.000,00 EUR in bar.

1. Frage: Welche Bilanzpositionen sind betroffen?
Antwort: Termineinlagen und Kasse.
2. Frage: Wie verändern sich die Bilanzpositionen?
Antwort: Die Termineinlagen sinken um 5.000,00 EUR.
Die Kasse sinkt um 5.000,00 EUR.

Aktiva | Passiva

Kasse	Forderungen an Kunden	BGA	Bilanz-Summe	Sicht-einlagen	Termin-einlagen	Eigen-kapital
8.000,00	17.000,00	13.000,00	38.000,00	18.000,00	14.000,00	6.000,00
3.000,00	17.000,00	13.000,00	33.000,00	18.000,00	**9.000,00**	6.000,00

3. Frage: Wie verändert sicht die Bilanzsumme?
Antwort: Die Bilanzsumme mindert sich um 5.000,00 EUR.

Aktiv-Passiv-Minderung

Ergebnis: Die Aktiv- und die Passivseite der Bilanz mindern sich um 5.000,00 EUR, da sich sowohl eine Aktivposition als auch eine Passivposition der Bilanz minderte. Diesen Vorgang bezeichnet man als **Aktiv-Passiv-Minderung**.

Aufgaben

1. *Ordnen Sie den nachfolgenden Geschäftsfällen eine*

[1] zu, wenn es sich um einen Aktivtausch,
[2] zu, wenn es sich um einen Passivtausch,
[3] zu, wenn es sich um eine Aktiv-Passiv-Minderung,
[4] zu, wenn es sich um eine Aktiv-Passiv-Mehrung handelt.

a) Sparer heben 600,00 EUR ab.
b) Kauf einer Büromaschine in bar, 980,00 EUR
c) Debitoren zahlen auf ihr Konto 700,00 EUR ein.
d) Verkauf eines ausrangierten PC an einen Kreditor für 200,00 EUR
e) Fällige Termineinlagen in Höhe von 40.000,00 EUR werden von den Kunden abgehoben.
f) Sparkunden übertragen 12.000,00 EUR auf Termingeldkonten.

2. *Ordnen Sie den nachfolgenden Geschäftsfällen eine*

[1] zu, wenn es sich um einen Aktivtausch,
[2] zu, wenn es sich um einen Passivtausch,
[3] zu, wenn es sich um eine Aktiv-Passiv-Minderung,
[4] zu, wenn es sich um eine Aktiv-Passiv-Mehrung,
[5] zu, wenn es sich um keinen bilanzwirksamen Vorgang handelt.

a) Das Kreditinstitut verkauft Goldmünzen an der Kasse.
b) Ein Kreditor wird mit der Tilgungsrate seines Ratenkredites belastet.
c) Alle Kunden erhalten gebührenfrei eine Karte für den Kontoauszugsdrucker.
d) Kunden wandeln Festgelder in Sichteinlagen um.
e) Das Kreditinstitut verkauft Sparbriefe an Sparkunden.
f) Ein Sparer löst sein Konto auf und nimmt den Abrechnungsbetrag bar mit.

3. *Man unterscheidet vier Arten von Bilanzbewegungen:*

[1] Aktivtausch [2] Passivtausch [3] Aktiv-Passiv-Mehrung [4] Aktiv-Passiv-Minderung

Prüfen Sie, um welche Art von Bilanzveränderung es sich bei den folgenden Geschäftsfällen handelt.
a) Kasseneingänge für Kreditoren
b) Tilgung von Kontokorrentkrediten durch Bareinzahlung
c) Überweisungsaufträge eines Debitors werden über Postbank ausgeführt.
d) Sparkunde hebt bar von seinem Konto ab.
e) Ein Kreditor überträgt auf sein Sparkonto.

4. *Prüfen Sie, welche Auswirkungen die folgenden Geschäftsfälle auf die Bilanz der Rhein-Ruhr-Bank AG haben. Kennzeichnen Sie die Geschäftsfälle mit einer*

[1], wenn es sich um einen Aktivtausch handelt.
[2], wenn es sich um einen Passivtausch handelt.
[3], wenn es sich um eine Aktiv-Passiv-Mehrung handelt.
[4], wenn es sich um eine Aktiv-Passiv-Minderung handelt.

a) Ein Kreditnehmer verfügt in bar.
b) Überweisungseingang für einen Debitor auf unserem Konto bei der DBB

c) Verkauf einer gebrauchten Büromaschine, bar
d) Übertrag vom Postbankkonto auf das Konto der DBB
e) Ein Sparer hebt von seinem Konto ab.

5. Sie wollen nachvollziehen, wie sich bestimmte Bestandsveränderungen auf die Bilanzsumme der Rhein-Ruhr-Bank AG auswirken.

Welche der folgenden Geschäftsfälle sind den untenstehenden Veränderungen der Bilanz der Rhein-Ruhr-Bank AG zuzuordnen?

[1] Die Rhein-Ruhr-Bank AG kauft einen Stahlschrank von einem Debitor.
[2] Die Rhein-Ruhr-Bank AG verkauft Wertpapiere aus dem eigenen Bestand an einen Kreditor.
[3] Ein Debitor zahlt bar ein.
[4] Gutschrift auf dem Bundesbankkonto zugunsten eines Debitors
[5] Ein Kreditor überweist auf sein Sparkonto.
[6] Ein Debitor wird durch eine Bareinzahlung zum Kreditor.
[7] Barabhebung der Rhein-Ruhr-Bank AG von ihrem Bundesbankkonto

Veränderungen der Bilanz der Rhein-Ruhr-Bank AG
a) Minderung der Aktiv- und der Passivseite
b) Mehrung der Aktiv- und der Passivseite
c) Tausch innerhalb der Passivseite

Die Aufgaben **6** und **7** beziehen sich auf die folgende Ausgangssituation:
Eine Kundin entscheidet sich, von ihrem Girokonto (Guthaben aktuell 12.700,00 EUR) 10.000,00 EUR auf ein Festgeldkonto zu übertragen und 3.000,00 EUR in einem Sparbrief anzulegen.

6. Welche der folgenden Bilanzveränderungen resultiert aus dem oben genannten Geschäftsfall insgesamt?
a) Aktivtausch
b) Passivtausch
c) Aktiv-/Passivmehrung
d) Aktiv-/Passivminderung
e) Keine der Bilanzveränderungen trifft zu.

7. Ermitteln Sie den Betrag, um den sich die Bilanzsumme der Rhein-Ruhr-Bank AG verändert.

8. Eine Kundin der Rhein-Ruhr-Bank AG unterhält ein Girokonto mit einem Guthaben von 300,00 EUR. Der Kundin werden auf diesem Konto 300,00 EUR gutgeschrieben, die ihr ein Debitor der Rhein-Ruhr-Bank AG überwiesen hat.

Welche der folgenden Aussagen ist aufgrund dieses Vorgangs hinsichtlich der Änderung der Bilanzsumme der Rhein-Ruhr-Bank AG zutreffend?

Die Bilanzsumme ...
a) nimmt um 300,00 EUR zu. Die Sichteinlagen nehmen zu, die Forderungen an Debitoren steigen ebenfalls. Es handelt sich um eine Aktiv-Passiv-Mehrung in der Bilanz.
b) nimmt ab. Die Bilanzpositionen Debitoren und Kreditoren nehmen um jeweils 300,00 EUR ab. Es handelt sich um eine Aktiv-Passiv-Minderung.
c) bleibt konstant. Die Veränderungen der beiden Bilanzpositionen Sichteinlagen und Debitoren heben sich gegenseitig auf, es handelt sich um einen Passivtausch.
d) bleibt konstant. Die Sichteinlagen und die Debitoren nehmen jeweils um 300,00 EUR zu. Es handelt sich bilanziell um einen Passivtausch.
e) bleibt konstant. Die Veränderungen der Bilanzpositionen Sichteinlagen und Debitoren heben sich gegenseitig auf. Es handelt sich um einen Passivtausch.

1.2.4 Auflösung der Bilanz in Bestandskonten

Situation

Die Auszubildenden der Rhein-Ruhr-Bank AG äußern sich erstaunt darüber, dass nach jedem Geschäftsfall eine neue Bilanz erstellt werden soll. Sie überlegen daher, ob es nicht eine sinnvollere und rationellere Möglichkeit gibt, Geschäftsfälle zu erfassen.

Konto

Um eine rationelle und gleichzeitig übersichtliche Möglichkeit zur Erfassung und Dokumentation von Geschäftsfällen zu ermöglichen, wird die Bilanz in Konten aufgelöst. Für jede Bilanzposition auf der Aktivseite der Bilanz wird ein aktives Bestandskonto geführt, für jede Bilanzposition auf der Passivseite der Bilanz wird ein passives Bestandskonto geführt.

Diese Konten werden eröffnet, indem man die Bestände der Eröffnungsbilanz als Anfangsbestände in die Konten einträgt.

- Auf einem aktiven Bestandskonto wird der Anfangsbestand auf der linken Seite eingetragen, da die Bilanzposition auf der linken Seite der Bilanz steht.
- Auf einem passiven Bestandskonto wird der Anfangsbestand auf der rechten Seite eingetragen, da die Bilanzposition auf der rechten Seite der Bilanz steht.

Eröffnungsbilanz

Aktiva		Passiva	
Kasse	3.000,00	Sichteinlagen(Kreditoren)	20.000,00
Forderungen an Kunden (Debitoren)	30.000,00	Spareinlagen	22.000,00
BGA	17.000,00	Eigenkapital	8.000,00
	50.000,00		50.000,00

Aktive Bestandskonten
Anfangsbestände werden auf der linken Seite des Kontos eingetragen.

Passive Bestandskonten
Anfangsbestände werden auf der rechten Seite des Kontos eingetragen.

Soll	Kasse	Haben
AB 3.000,00		

Soll	Debitoren	Haben
AB 30.000,00		

Soll	BGA	Haben
AB 17.000,00		

Soll	Kreditoren	Haben
		AB 20.000,00

Soll	Spareinlagen	Haben
		AB 22.000,00

Soll	Eigenkapital	Haben
		AB 8.000,00

Inhaltlich entspricht der Aussagegehalt der eröffneten aktiven und passiven Bestandskonten genau der Bilanz. Würde man alle aktiven Bestandskonten „übereinanderlegen", so erhielte man als Gesamtergebnis die Aktivseite der Bilanz. Würde man alle passiven Bestandskonten „übereinanderlegen", so erhielte man als Gesamtergebnis die Passivseite der Bilanz.

Die linke Seite eines Kontos heißt Soll, die rechte Seite heißt Haben. Inhaltlich kommt diesen Bezeichnungen, ebenso wie bei Aktiva und Passiva, keine Bedeutung zu.

Mehrungen und Minderungen

Um ein übersichtliches Rechenwerk zu erstellen, werden alle Mehrungen eines Kontos auf der Seite eingetragen, auf der auch die Anfangsbestände eingetragen werden. Minderungen werden auf der entgegengesetzten Seite eingetragen.
Für aktive und passive Bestandskonten ergibt sich folgende Systematik:

Merke:

Soll Aktives Bestandskonto	Haben	Soll Passives Bestandskonto	Haben
Anfangsbestand	Minderungen	Minderungen	Anfangsbestand
Mehrungen			Mehrungen
+	-	-	+

Bestandsänderungen auf aktiven und passiven Bestandskonten

Der Vorteil eines solchen Vorgehens liegt darin, dass nicht nach jedem Geschäftsfall eine neue Bilanz erstellt werden muss, sondern dass Geschäftsfälle in den betroffenen Konten gebucht werden können.

❶ Ausgehend von der folgenden Eröffnungsbilanz werden die Anfangsbestände in die aktiven und passiven Bestandskonten eingetragen.
❷ Buchung der Geschäftsfälle in den Konten.

Geschäftsfall	**Sparkunde zahlt 1.000,00 EUR auf sein Konto ein.**	**Verkauf eines ausrangierten PC an einen Kreditor für 500,00 EUR.**
Frage: **Welche Konten sind betroffen?**	Das Konto Spareinlagen mehrt sich um 1.000,00 EUR. Das Konto Kasse mehrt sich um 1.000,00 EUR.	Das Konto BGA mindert sich um 500,00 EUR. Das Konto Kredititoren (Sichteinlagen) mindert sich um 500,00 EUR.
Frage: **Wie ist dies in den Konten einzutragen?**	Mehrungen von Bestandskonten werden auf der Seite eingetragen, auf der auch der Anfangsbestand steht. Auf dem Konto Kasse steht der Anfangsbestand im Soll, Mehrungen sind daher im Soll zu buchen. Auf dem Konto Spareinlagen steht der Anfangsbestand im Haben, Mehrungen sind daher im Haben des Kontos zu buchen.	Minderungen von Bestandskonten stehen auf der gegenüberliegenden Seite der Anfangsbestände. Auf dem Konto BGA steht der Anfangsbestand im Soll, Minderungen sind daher im Haben zu buchen. Auf dem Konto Spareinlagen steht der Anfangsbestand im Haben, Minderungen sind daher im Soll zu buchen.

A	Eröffnungsbilanz		P
Kasse	3.000,00	Sichteinlagen	20.000,00
Debitoren	30.000,00	Spareinlagen	22.000,00
BGA	17.000,00	Eigenkapital	8.000,00
	50.000,00		50.000,00

❶ **Aktive Bestandskonten**
Anfangsbestände werden auf der linken Seite des Kontos eingetragen.

❶ **Passive Bestandskonten**
Anfangsbestände werden auf der rechten Seite des Kontos eingetragen.

Soll	Kasse		Haben
AB	3.000,00		
Spar	1.000,00		

Soll	Sichteinlagen		Haben
BGA	500,00	AB	20.000,00

❷

Soll	Debitoren		Haben
AB	30.000,00		

Soll	Spareinlagen		Haben
		AB	22.000,00
		Kasse	1.000,00

❷

Soll	BGA		Haben
AB	17.000,00	Sichteinlagen	500,00

Soll	Eigenkapital		Haben
		AB	8.000,00

+	-	-	+

Bestandsänderungen auf aktiven und passiven Bestandskonten

Aufgaben

1. *Stellen Sie aus den Anfangsbeständen lt. Inventur die Eröffnungsbilanz auf. Lösen Sie die Eröffnungsbilanz in Konten auf und tragen Sie die Anfangsbestände in die aktiven und passiven Bestandskonten ein. Tragen Sie die Geschäftsfälle in die Konten ein.*

   a) Anfangsbestände:
   Kassenbestand 19.000,00 EUR, Sichteinlagen (Kreditoren) 24.000,00 EUR, Forderungen an Kunden (Debitoren) 48.000,00 EUR, BGA 29.000,00 EUR, Spareinlagen 38.000,00 EUR, Termineinlagen 20.000,00 EUR, Eigenkapital?

   b) Geschäftsfälle:
   1) Die Rhein-Ruhr-Bank AG verkauft eine gebrauchte Diktiermaschine gegen Barzahlung, 100,00 EUR.
   2) Ein Kreditor überträgt 2.000,00 EUR auf sein Festgeldkonto.
   3) Sparkunden heben 3.000,00 EUR ab.
   4) Ein Kreditor überweist an einen Debitor 500,00 EUR.

2. *Stellen Sie aus den Anfangsbeständen lt. Inventur die Eröffnungsbilanz auf. Lösen Sie die Eröffnungsbilanz in Konten auf und tragen Sie die Anfangsbestände in die aktiven und passiven Bestandskonten ein. Tragen Sie die Geschäftsfälle in die Konten ein.*

a) Anfangsbestände:
Kassenbestand 32.000,00 EUR, Guthaben bei der Deutschen Bundesbank 54.000,00 EUR, Sichteinlagen (Kreditoren) 44.000,00 EUR, Forderungen an Kunden (Debitoren) 76.000,00 EUR, BGA 32.000,00 EUR, Spareinlagen 98.000,00 EUR, Termineinlagen 36.000,00 EUR, Eigenkapital?

b) Geschäftsfälle:
1) Die Rhein-Ruhr-Bank AG führt den Überweisungsauftrag eines Kreditors über DBB aus, 14.000,00 EUR.
2) Ein Debitor überweist an einen Kreditor, 4.000,00 EUR.
3) Ein Sparer zahlt bar ein, 3.000,00 EUR.
4) Kauf von Büromöbeln, 2.500,00 EUR, bar.
5) Ein Festgeld in Höhe von 5.000,00 EUR wird bei Fälligkeit auf das Konto eines Kreditors umgebucht.

3. Stellen Sie aus den Anfangsbeständen lt. Inventur die Eröffnungsbilanz auf. Lösen Sie die Eröffnungsbilanz in Konten auf und tragen Sie die Anfangsbestände in die aktiven und passiven Bestandskonten ein. Tragen Sie die Geschäftsfälle in die Konten ein.

a) Anfangsbestände:
Kassenbestand 51.000,00 EUR, Sichteinlagen (Kreditoren) 64.000,00 EUR, Guthaben bei der Deutschen Bundesbank 116.000,00 EUR, Forderungen an Kunden (Debitoren) 82.000,00 EUR, BGA 36.000,00 EUR, Spareinlagen 83.000,00 EUR, Termineinlagen 94.000,00 EUR, Eigenkapital?

b) Geschäftsfälle:
1) Ein Debitor zahlt 2.000,00 EUR auf sein Konto ein.
2) Verkauf eines gebrauchten PC an einen Auszubildenden für 250,00 EUR, bar.
3) Ausführung einer Überweisung eines Kreditors über DBB, 3.000,00 EUR.
4) Einzahlung von 7.000,00 EUR auf unser Konto bei der DBB.
5) Ein Sparer hebt 400,00 EUR ab.

4. Ordnen Sie die nachfolgenden Begriffe den unten stehenden Definitionen zu.
Begriffe:
[1] Inventar [2] Inventur [3] Bilanz [4] Konto

Definitionen:
a) Mengen- und wertmäßiges Verzeichnis aller Vermögensgegenstände und Schulden des Kreditinstitutes
b) Mengen- und wertmäßige Erfassung aller Vermögensgegenstände und Schulden des Kreditinstitutes
c) Zweiseitige Gegenüberstellung zur Buchung von Beständen und ihren Veränderungen
d) Stichtagsbezogene Gegenüberstellung von Vermögen und Kapital eines Kreditinstitutes

1.2.5 Buchungssatz

Situation

Die Auszubildenden der Rhein-Ruhr-Bank AG verbringen die ersten Wochen ihrer Ausbildungszeit in der Buchhaltung. Dabei verfolgen sie mehrere Telefongespräche einer Angestellten. Diese gibt den jeweiligen Gesprächspartnern Anweisungen über Buchungsvorgänge in einer Art und Weise, die für die Auszubildenden nicht verständlich sind. Sie notieren einige dieser Anweisungen wie z. B. „Kasse an Spareinlagen“ oder „Termineinlagen an Kreditoren“ und beschließen nachzuforschen, was solche Anweisungen bedeuten.

Buchungssätze sind kürzeste Anweisungen, wie auf Konten zu buchen ist. Der verwendete „Code" folgt einigen Regeln, die an einem Beispiel erläutert werden sollen.

Geschäftsfall: Sparkunde hebt 790,00 EUR ab.	
Vier Fragen zur Erstellung einer Buchungsanweisung	**Antworten**
1. Welche Konten werden von dem Geschäftsfall betroffen?	• Spareinlagen und • Kasse
2. Wie wirkt sich der Geschäftsfall auf die Bestände dieser Konten aus?	• Spareinlagen mindern sich. • Kasse mindert sich.
3. Welche Kontoart liegt jeweils vor?	• Spareinlagen ist ein passives Bestandskonto. • Kasse ist ein aktives Bestandskonto.
4. Auf welcher Seite der Konten muss daher gebucht werden?	• Minderungen vom passiven Bestandskonto Spareinlagen stehen im Soll. • Minderungen vom aktiven Bestandskonto Kasse stehen im Haben.

Buchungsanweisung:
Buchen Sie auf dem Konto Spareinlagen im Soll 790,00 EUR und buchen Sie auf dem Konto Kasse im Haben 790,00 EUR.

Diese Buchungsanweisung wird so stark gekürzt, dass nur noch wesentliche Elemente vorhanden sind. Übrig bleibt:
Spareinlagen im Soll 790,00 EUR und Kasse im Haben 790,00 EUR.

Ferner wird vereinbart, dass das Konto, auf dem im Soll gebucht wird, zuerst genannt wird; das Konto, auf dem im Haben gebucht wird, zuletzt genannt wird. Übrig bleibt:

Grundstruktur eines Buchungssatzes „Soll an Haben"

Buchungssatz: Spareinlagen 790,00 EUR an Kasse 790,00 EUR

Das Verzeichnis aller Buchungssätze wird **Grundbuch** oder Journal genannt.

Aufgaben

1. Bilden Sie für folgende Geschäftsfälle die Buchungssätze im Grundbuch.
a) Ein Kreditor überträgt 20.000,00 EUR auf sein Festgeldkonto.
b) Abhebung vom Konto der DBB 14.000,00 EUR
c) Verkauf eines ausrangierten PC an einen Mitarbeiter, 200,00 EUR, bar
d) Ein Sparer hebt 500,00 EUR ab.
e) Überweisungseingang für einen Kreditor über DBB in Höhe von 2.500,00 EUR
f) Übertrag vom Postbankkonto auf das Konto der DBB 150.000,00 EUR
g) Einzahlung auf das Konto der DBB, 55.000,00 EUR

2. *Bilden Sie für folgende Geschäftsfälle die Buchungssätze im Grundbuch.*
   a) Ein Sparer zahlt 1.000,00 EUR auf sein Konto ein.
   b) Eine Termineinlage über 20.000,00 EUR wird bei Fälligkeit auf das Konto eines Kreditors umgebucht.
   c) Kauf einer Büromaschine für 300,00 EUR, bar
   d) Ein Debitor überweist an einen Kreditor 700,00 EUR.
   e) Verkauf einer gebrauchten Diktiermaschine an einen Auszubildenden für 25,00 EUR, bar
   f) Ein Kreditor überträgt 800,00 EUR auf sein Sparkonto.

3. *Bilden Sie für folgende Geschäftsfälle die Buchungssätze im Grundbuch.*
   a) Ein Sparkunde zahlt 400,00 EUR auf sein Konto ein.
   b) Einzahlung auf das Konto der DBB, 40.000,00 EUR
   c) Ein Debitor überweist 1.500,00 EUR an einen Kreditor.
   d) Ein Sparer überträgt 5.000,00 EUR auf sein Festgeldkonto.
   e) Ein Sparkunde löst sein Konto auf und nimmt den Abrechnungsbetrag von 270,00 EUR bar mit.
   f) Ein Kreditor überweist 1.700,00 EUR an einen Debitor.

4. *Formulieren Sie die Geschäftsfälle, die zu den nachfolgenden Buchungssätzen führten:*
   a) Kasse an Spareinlagen 800,00 EUR
   b) Termineinlagen an Spareinlagen 1.500,00 EUR
   c) BGA an Kasse 400,00 EUR
   d) Kreditoren an Debitoren 1.500,00 EUR
   e) Kasse an DBB 34.000,00 EUR
   f) Kasse an BGA 750,00 EUR
   g) Kreditoren an Spareinlagen 1.000,00 EUR
   h) DBB an Kasse 88.000,00 EUR
   i) Postbank an DBB 100.000,00 EUR

5. *Geben Sie an, welche Geschäftsfälle den folgenden Buchungen zugrunde liegen.*
   a) DBB an Kreditoren
   b) Debitoren an Kasse
   c) Wertpapiere an Spareinlagen
   d) Kreditoren an Debitoren
   e) Kasse an BGA

1.2.6 Abschluss von aktiven und passiven Bestandskonten

Am Ende des Geschäftsjahres müssen die Konten abgeschlossen werden, um die Schlussbilanz erstellen zu können. Die Schlussbestände ergeben sich aus der Saldierung der aktiven und passiven Bestandskonten. Der Vorgang des Saldierens soll beispielhaft am Konto Kasse vorgenommen werden.

Vorgehen zum Abschluss eines aktiven oder passiven Bestandskontos

Soll	Kasse		Haben
AB	3.000,00	❸ Schlussbestand	
Spar	1.000,00		4.000,00
	❶ 4.000,00		❷ 4.000,00

❶ Addition der Umsätze der größeren Kontoseite. Dies ist bei einem aktiven Bestandskonto stets die Sollseite, bei einem passiven Bestandskonto stets die Habenseite.

❷ Übertrag der Kontosumme auf die jeweils andere Kontoseite.

❸ Ermittlung des Schlussbestandes durch Saldieren, d. h., die Umsätze der jeweils anderen Kontoseite werden von der Kontosumme abgezogen. (4.000,00 – 0 = 4.000,00 Schlussbestand). Die Differenz heißt Saldo, Schluss- oder Endbestand.

Kontoabschluss:

❶ Addition

❷ Übertrag

❸ Saldieren

Wenn alle Bestandskonten abgeschlossen sind, kann die Schlussbilanz erstellt werden, indem alle Schlussbestände der aktiven Bestandskonten auf die Aktivseite der Schlussbilanz eingetragen werden. Die Schlussbestände der passiven Bestandskonten werden auf die Passivseite der Schlussbilanz eingetragen.

Aktiva	Eröffnungsbilanz		Passiva
Kasse	3.000,00	Sichteinlagen	20.000,00
Debitoren	30.000,00	Spareinlagen	22.000,00
BGA	17.000,00	Eigenkapital	8.000,00
	50.000,00		50.000,00

Aktive Bestandskonten
Anfangsbestände werden auf der linken Seite des Kontos eingetragen.

Passive Bestandskonten
Anfangsbestände werden auf der rechten Seite des Kontos eingetragen.

Soll	Kasse		Haben
AB	3.000,00	SB	4,000,00
Spar	1.000,00		
	4,000,00		4,000,00

Soll	Sichteinlagen		Haben
BGA	500,00	AB	20.000,00
SB	19.500,00		
	20.000,00		20.000,00

Soll	Debitoren		Haben
AB	30.000,00	SB	30.000,00
	30.000,00		30.000,00

Soll	Spareinlagen		Haben
SB	23.000,00	AB	22.000,00
		Kasse	1.000,00
	23.000,00		23.000,00

Soll	BGA		Haben
AB	17.000,00	Sichteinlagen	500,00
		SB	16.500,00
	17.000,00		17.000,00

Soll	Eigenkapital		Haben
SB	8.000,00	AB	8.000,00
	8.000,00		8.000,00

Aktiva	Schlussbilanz		Passiva
Kasse	4.000,00	Sichteinlagen	19.500,00
Debitoren	30.000,00	Spareinlagen	23.000,00
BGA	16.500,00	Eigenkapital	8.000,00
	50.500,00		50.500,00

Endbestände von Aktivkonten → Aktivseite der Schlussbilanz; **Endbestände von Passivkonten** → Passivseite der Schlussbilanz

Aufgaben

1. *Bilden Sie zu den Aufgaben 1–3 im Anschluss an Kapitel 1.2.4 auf Seite 22 die Buchungssätze zu den Geschäftsfällen im Grundbuch. Erstellen Sie zu den Aufgaben 1–3 jeweils die Schlussbilanz.*

2. *Stellen Sie aus den Anfangsbeständen lt. Inventur die Eröffnungsbilanz auf. Lösen Sie die Eröffnungsbilanz in Konten auf und tragen Sie die Anfangsbestände in die aktiven und passiven Bestandskonten ein. Tragen Sie die Geschäftsfälle in die Konten ein. Notieren Sie die Buchungssätze der Geschäftsfälle im Grundbuch. Erstellen Sie die Schlussbilanz.*

   a) Anfangsbestände:
   Kassenbestand 14.000,00 EUR, Sichteinlagen (Kreditoren) 19.000,00 EUR, Forderungen an Kunden (Debitoren) 43.000,00 EUR, BGA 24.000,00 EUR, Spareinlagen 93.000,00 EUR, Termineinlagen 17.000,00 EUR, Guthaben bei der Deutschen Bundesbank 70.000,00 EUR, Eigenkapital?

b) Geschäftsfälle

1) Die Rhein-Ruhr-Bank AG verkauft gebrauchte Büromöbel an einen Kreditor für 200,00 EUR.

2) Ein Debitor zahlt 6.000,00 EUR auf sein Konto ein.

3) Abhebung vom Konto der DBB, 20.000,00 EUR

4) Ein Debitor überweist an einen Kreditor 500,00 EUR.

3. *Stellen Sie aus den Anfangsbeständen lt. Inventur die Eröffnungsbilanz auf. Lösen Sie die Eröffnungsbilanz in Konten auf und tragen Sie die Anfangsbestände in die aktiven und passiven Bestandskonten ein. Tragen Sie die Geschäftsfälle in die Konten ein. Notieren Sie die Buchungssätze der Geschäftsfälle im Grundbuch. Erstellen Sie die Schlussbilanz.*

a) Anfangsbestände:

Kassenbestand 61.000,00 EUR, Sichteinlagen (Kreditoren) 74.000,00 EUR, Guthaben bei der Deutschen Bundesbank 126.000,00 EUR, Forderungen an Kunden (Debitoren) 92.000,00 EUR, BGA 46.000,00 EUR, Spareinlagen 93.000,00 EUR, Termineinlagen 107.000,00 EUR, Eigenkapital?

b) Geschäftsfälle

1) Der Überweisungsauftrag eines Kreditors wird über die DBB ausgeführt, 14.000,00 EUR.

2) Ein Debitor zahlt 2.000,00 EUR auf sein Konto ein.

3) Einzahlung von 30.000,00 EUR auf das Konto der DBB

4) Verkauf eines gebrauchten PC für 300,00 EUR an einen Sparkunden

5) Fällige Festgelder in Höhe von 30.000,00 EUR werden auf die Konten von Kreditoren umgebucht.

4. *Schließen Sie die folgenden aktiven und passiven Bestandskonten nach den beschriebenen Schritten ① bis ③ ab. Tragen Sie den jeweiligen Schlussbestand in die Konten ein. Erstellen Sie die Schlussbilanz.*

Soll	Kasse		Haben
AB	13.000,00	Spareinl.	900,00
Debitor	1.800,00		

Soll	Sichteinlagen		Haben
BGA	500,00	AB	30.000,00

Soll	Debitoren		Haben
AB	30.000,00	Kasse	1.800,00

Soll	Spareinlagen		Haben
Kasse	900,00	AB	22.000,00

Soll	BGA		Haben
AB	17.000,00	Sichteinlagen	500,00

Soll	Eigenkapital		Haben
		AB	8.000,00

1.2.7 Eröffnungsbilanzkonto und Schlussbilanzkonto

Situation

Nachdem sich die Auszubildenden der Rhein-Ruhr-Bank AG mit den Grundlagen der Buchführung vertraut gemacht haben, wundern sie sich, dass der Anfangsbestand und der Schlussbestand der Bestandskonten einfach ohne eine Gegenbuchung in die Konten eingetragen werden. Es wäre doch nur konsequent, wenn sowohl der Anfangs- als auch der Schlussbestand mithilfe einer Buchung und einer Gegenbuchung in die Konten eingetragen werden könnte. Eine Sachbearbeiterin der Abteilung Buchhaltung soll um Auskunft gefragt werden.

Eine der wichtigsten Regeln der Buchführung besagt, dass von einem Geschäftsfall immer zwei Konten betroffen sind. Keine Buchung erfolgt ohne Gegenbuchung. Vor diesem Hintergrund erscheint es als schwerer Verstoß, den Anfangsbestand einfach ohne eine solche Gegenbuchung in ein Bestandskonto einzutragen. Aus diesem Grunde werden zwei Konten eingeführt, welche ausschließlich dazu dienen, die fehlenden Gegenbuchungen bei der Eröffnung bzw. beim Abschluss der aktiven und passiven Bestandskonten, quasi als Platzhalter, zu sammeln – das Eröffnungsbilanzkonto und das Schlussbilanzkonto.

Eröffnungsbilanzkonto

Da die Anfangsbestände der aktiven Bestandskonten bekanntlich im Soll eingetragen werden, muss die Gegenbuchung auf dem Eröffnungsbilanzkonto im Haben erfolgen. Da die Anfangsbestände der passiven Bestandskonten im Haben eingetragen werden, muss die Gegenbuchung auf dem Eröffnungsbilanzkonto im Soll erfolgen. Im Ergebnis sieht das Eröffnungsbilanzkonto daher wie eine spiegelverkehrte Bilanz aus.

Schlussbilanzkonto

Der Schlussbestand eines aktiven Bestandskontos wird im Haben eingetragen. Die fehlende Sollbuchung wird daher auf dem Konto Schlussbilanzkonto vorgenommen. Der Schlussbestand eines passiven Bestandskontos hingegen wird im Soll eingetragen. Die korrespondierende Gegenbuchung erfolgt somit im Haben des Schlussbilanzkontos.

Buchungsablauf unter Einschaltung der Eröffnungs- und Schlussbilanzkonten

Aktiva	Eröffnungsbilanz		Passiva
Kasse	4.000,00	Sichteinlagen	19.500,00
Debitoren	30.000,00	Spareinlagen	23.000,00
BGA	16.500,00	Eigenkapital	8.000,00
	50.500,00		50.500,00

Erstellt aus Inventurergebnissen

Soll	Eröffnungsbilanzkonto		Haben
Sichteinlagen	19.500,00	Kasse	4.000,00
Spareinlagen	23.000,00	Debitoren	30.000,00
Eigenkapital	8.000,00	BGA	16.500,00
	50.500,00		50.500,00

Hauptbuch: Verzeichnis aller T-Konten

Grundbuch: Verzeichnis aller Buchungssätze

Soll	Kasse		Haben
EBK	4.000,00	Spareinl.	500,00
		SBK	3.500,00
	4.000,00		4.000,00

Soll	Sichteinlagen		Haben
SBK	19.500,00	EBK	19.500,00
	19.500,00		19.500,00

Soll	Debitoren		Haben
EBK	30.000,00	SBK	30.000,00
	30.000,00		30.000,00

Soll	Spareinlagen		Haben
Kasse	500,00	EBK	23.000,00
SBK	22.500,00		
	23.000,00		23.000,00

Soll	BGA		Haben
EBK	16.500,00	SBK	16.500,00
	16.500,00		16.500,00

Soll	Eigenkapital		Haben
SBK	8.000,00	EBK	8.000,00
	8.000,00		8.000,00

a) Eröffnungsbuchungen

Kasse an EBK	4.000,00 EUR
Debitoren an EBK	30.000,00 EUR
BGA an EBK	16.500,00 EUR
EBK an Sichteinlagen	19.500,00 EUR
EBK an Spareinlagen	23.000,00 EUR
EBK an Eigenkapital	8.000,00 EUR

b) Geschäftsfall

❶ Ein Sparer hebt 500,00 EUR von seinem Konto ab.
Spareinlagen an Kasse 500,00 EUR

Soll	Schlussbilanzkonto		Haben
Kasse	3.500,00	Sichteinlagen	19.500,00
Debitoren	30.000,00	Spareinlagen	22.500,00
BGA	16.500,00	Eigenkapital	8.000,00
	50.000,00		50.000,00

c) Abschlussbuchungen

SBK an Kasse	3.500,00 EUR
SBK an Debitoren	30.000,00 EUR
SBK an BGA	16.500,00 EUR
Sichteinlagen an SBK	19.500,00 EUR
Spareinlagen an SBK	22.500,00 EUR
Eigenkapital an SBK	8.000,00 EUR

Aktiva	Schlussbilanz		Passiva
Kasse	3.500,00	Sichteinlagen	19.500,00
Debitoren	30.000,00	Spareinlagen	22.500,00
BGA	16.500,00	Eigenkapital	8.000,00
	50.000,00		50.000,00

Erstellt aus Inventurergebnissen

Aufgaben

1. *Bilden Sie zu den Aufgaben 1–3 im Anschluss an Kapitel 1.2.4 auf Seite 22 die Buchungen zur Eröffnung und zum Abschluss der aktiven und passiven Bestandskonten.*

2. *Stellen Sie aus den Anfangsbeständen lt. Inventur die Eröffnungsbilanz auf. Buchen Sie die Eröffnung der aktiven und passiven Bestandskonten im Grund- und Hauptbuch.*
Notieren Sie die Buchungssätze der Geschäftsfälle im Grund- und Hauptbuch. Buchen Sie den Abschluss der aktiven und passiven Bestandskonten im Grund- und Hauptbuch. Erstellen Sie die Schlussbilanz.

a) Anfangsbestände:
Kassenbestand 14.000,00 EUR, Sichteinlagen (Kreditoren) 19.000,00 EUR, Forderungen an Kunden (Debitoren) 43.000,00 EUR, BGA 24.000,00 EUR, Spareinlagen 93.000,00 EUR, Termineinlagen 17.000,00 EUR, Guthaben bei der Deutschen Bundesbank 70.000,00 EUR, Eigenkapital?

b) Geschäftsfälle
1) Die Rhein-Ruhr-Bank AG kauft Büromöbel von einem Kreditor für 20.000,00 EUR.
2) Ein Debitor hebt 2.000,00 EUR von seinem Konto ab.
3) Einzahlung auf das Konto der DBB, 5.000,00 EUR
4) Ein Kreditor überträgt 10.000,00 EUR auf sein Festgeldkonto.

3. *Stellen Sie aus den Anfangsbeständen lt. Inventur die Eröffnungsbilanz auf. Buchen Sie die Eröffnung der aktiven und passiven Bestandskonten im Grund- und Hauptbuch. Notieren Sie die Buchungssätze der Geschäftsfälle im Grund- und Hauptbuch. Buchen Sie den Abschluss der aktiven und passiven Bestandskonten im Grund- und Hauptbuch. Erstellen Sie die Schlussbilanz.*

a) Anfangsbestände:
Kassenbestand 61.000,00 EUR, Sichteinlagen (Kreditoren) 74.000,00 EUR, Guthaben bei der Deutschen Bundesbank 126.000,00 EUR, Forderungen an Kunden (Debitoren) 92.000,00 EUR, BGA 46.000,00 EUR, Spareinlagen 93.000,00 EUR, Termineinlagen 107.000,00 EUR, Eigenkapital?

b) Geschäftsfälle
1) Für einen Kreditor geht eine Überweisung in Höhe von 17.000,00 EUR über DBB ein.
2) Ein Debitor überweist 3.000,00 EUR an einen Kreditor.
3) Abhebung vom Konto der DBB, 30.000,00 EUR
4) Verkauf eines gebrauchten PC für 300,00 EUR an einen Debitor
5) Fällige Festgelder in Höhe von 12.000,00 EUR werden auf die Konten von Kreditoren umgebucht.

4. *Buchen Sie die Geschäftsfälle der Rhein-Ruhr-Bank AG im Zusammenhang mit der Eröffnung und dem Abschluss von aktiven und passiven Bestandskonten im Grundbuch.*

a) Abschlussbuchung des Kontos Eigenkapital
b) Eröffnungsbuchung des Kontos Sichteinlagen
c) Abschlussbuchung des Kontos Sichteinlagen
d) Eröffnungsbuchung des Kontos Spareinlagen
e) Eröffnungsbuchung des Kontos Termineinlagen
f) Abschlussbuchung des Kontos Eigene Wertpapiere
g) Eröffnungsbuchung des Kontos Eigenkapital
h) Eröffnungsbuchung des Kontos Kasse
i) Abschlussbuchung des Kontos BGA
j) Abschlussbuchung des Kontos Kasse
k) Eröffnungsbuchung des Kontos Debitoren
l) Eröffnungsbuchung des Kontos Eigene Wertpapiere
m) Abschlussbuchung des Kontos Spareinlagen
n) Abschlussbuchung des Kontos Debitoren
o) Eröffnungsbuchung des Kontos BGA
p) Abschlussbuchung des Kontos Termineinlagen

1.2.8 Gutschriften, Belastungen, Soll- und Habensalden

Merke:

> Alle **Sollumsätze,** sowohl auf aktiven als auch auf passiven Bestandskonten, nennt man **Belastungen.**
> Alle **Habenumsätze,** sowohl auf aktiven als auch auf passiven Bestandskonten, nennt man **Gutschriften.**

Soll Aktives Bestandskonto Haben

Soll	Haben
Anfangsbestand	Habenumsätze = **Gutschriften**
Sollumsätze = **Belastungen**	Endbestand

Soll Passives Bestandskonto Haben

Soll	Haben
Sollumsätze = **Belastungen**	Anfangsbestand
Endbestand	Habenumsätze = **Gutschriften**

Der Endbestand eines aktiven Bestandskontos ist die Differenz aus Anfangsbestand plus Belastungen minus den Gutschriften. Er zeigt also an, um wie viel die Sollseite des Kontos größer ist als die Habenseite; aus diesem Grunde wird er als Sollsaldo bezeichnet. Dieser **Sollsaldo** wird zum Ausgleich des Kontos auf die Habenseite eingetragen.

Sollsaldo

Umgekehrt ist die Betrachtung bei einem passiven Bestandskonto. Hier ergibt sich der Endbestand als Differenz aus Anfangsbestand plus Gutschriften minus Belastungen. Der Schlussbestand zeigt also, um wie viel die Habenseite des Kontos größer ist als die Sollseite; aus diesem Grunde wird er als Habensaldo bezeichnet. Dieser **Habensaldo** wird zum Ausgleich des Kontos auf die Sollseite eingetragen.

Habensaldo

Soll — Aktives Bestandskonto — Haben

Soll	Haben
Anfangsbestand	Gutschriften
Belastungen	**Sollsaldo**

Soll — Passives Bestandskonto — Haben

Soll	Haben
Belastungen	Anfangsbestand
Habensaldo	Gutschriften

Merke:

Ein Sollsaldo steht im Haben.
Er zeigt, um wie viel die Sollseite eines Kontos größer ist als die Habenseite.

Ein Habensaldo steht im Soll.
Er zeigt, um wie viel die Habenseite eines Kontos größer ist als die Sollseite.

1.2.9 Erfolgskonten

1.2.9.1 Veränderungen des Eigenkapitals

Situation

Zum Quartalsende fallen in der Rhein-Ruhr Bank AG vier Geschäftsfälle an.
① Das Kreditinstitut zahlt Zinsen auf Sichteinlagen, 1.500,00 EUR.
② Das Kreditinstitut belastet Kreditoren mit Kontoführungsgebühren, 3.000,00 EUR.
③ Das Kreditinstitut belastet Debitoren mit Kreditzinsen, 3.500,00 EUR.
④ Das Kreditinstitut zahlt Gehälter an Aushilfen bar aus, 700,00 EUR.

Die bisherigen Geschäftsfälle führten ausschließlich zu einer Veränderung der Bestände an Vermögen oder Schulden, ohne hierdurch einen Gewinn oder einen Verlust zu erzielen. Andere Geschäftsfälle wirken sich aber direkt auf den Unternehmenserfolg der Kreditinstitute aus. Sie verändern das Eigenkapital und werden als erfolgswirksame Vorgänge bezeichnet.

Fall ①: Werden z. B. Zinsen auf Sichteinlagen gezahlt, so mehren sich die Schuldenbestände der Bank, da sich die Einlagen in Höhe der Zinsgutschrift mehren. Gleichzeitig mindert sich das Eigenkapital des Kreditinstitutes.

Gezahlte Zinsen mindern das Eigenkapital.

Aktiva — Passiva

Kasse	Forderungen an Kunden	BGA	Bilanz-Summe	Sicht-einlagen	Termin-einlagen	Eigen-kapital
4.000,00	17.000,00	13.000,00	34.000,00	14.000,00	14.000,00	6.000,00
4.000,00	17.000,00	13.000,00	34.000,00	**15.500,00**	14.000,00	**4.500,00**

Fall ②: Werden Kreditoren mit Kontoführungsgebühren belastet, so mindern sich die Schulden des Kreditinstitutes, da die Einlagen der Kunden um die Höhe der Kontoführungsbelastung sinken. Gleichzeitig mehrt sich das Eigenkapital.

Vereinnahmte Gebühren mehren das Eigenkapital.

Aktiva | Passiva

Kasse	Forderungen an Kunden	BGA	Bilanz-Summe	Sicht-einlagen	Termin-einlagen	Eigen-kapital
4.000,00	17.000,00	13.000,00	34.000,00	15.500,00	14.000,00	4.500,00
4.000,00	17.000,00	13.000,00	34.000,00	**12.500,00**	14.000,00	**7.500,00**

Fall ③: Werden Debitoren mit Kreditzinsen belastet, so mehren sich die Forderungen des Kreditinstitutes um die Höhe der Zinsbelastung. Gleichzeitig mehrt sich das Eigenkapital.

Vereinnahmte Zinsen mehren das Eigenkapital.

Aktiva | Passiva

Kasse	Forderungen an Kunden	BGA	Bilanz-Summe	Sicht-einlagen	Termin-einlagen	Eigen-kapital
4.000,00	17.000,00	13.000,00	34.000,00	12.500,00	14.000,00	7.500,00
4.000,00	**20.500,00**	13.000,00	37.500,00	12.500,00	14.000,00	**11.000,00**

Fall ④: Werden Gehälter in bar an Aushilfen gezahlt, so mindert sich der Kassenbestand und gleichzeitig der Bestand des Eigenkapitals.

Gezahlte Gehälter mindern das Eigenkapital.

Aktiva | Passiva

Kasse	Forderungen an Kunden	BGA	Bilanz-Summe	Sicht-einlagen	Termin-einlagen	Eigen-kapital
4.000,00	20.500,00	13.000,00	37.500,00	12.500,00	14.000,00	11.000,00
3.300,00	20.500,00	13.000,00	36.800,00	12.500,00	14.000,00	**10.300,00**

Merke:

> Erfolgswirksame Geschäftsfälle wirken sich direkt auf die Höhe des Eigenkapitals des Kreditinstitutes aus.
> - Alle Minderungen des Eigenkapitalbestandes werden als **Aufwendungen** bezeichnet.
> - Alle Mehrungen des Eigenkapitalbestandes werden als **Erträge** bezeichnet.

Soll — Eigenkapital — Haben

Soll	Haben
Bestandsminderungen = Aufwendungen 2.200,00	Anfangsbestand (Eigenkapital alt) 6.000,00
	Bestandsmehrungen = Erträge 6.500,00
Endbestand (Eigenkapital neu) 10.300,00	

Der Erfolg des Kreditinstitutes lässt sich auf zweifache Weise bestimmen.

Erfolgsmessung durch

Eigenkapitalvergleich | **Vergleich von Aufwand und Ertrag**

Erfolgsmessung

Endbestand des Eigenkapitals	10.300,00	Summe der Erträge	6.500,00
– Anfangsbestand des Eigenkapitals	6.000,00	– Summe der Aufwendungen	2.200,00

Gewinn 4.300,00 EUR, da das Ergebnis positiv ist.
Ist das Ergebnis negativ, so ergibt sich ein Verlust.

1.2.9.2 Aufwands- und Ertragskonten

Situation

Am Ende des Geschäftsjahres erhalten die Auszubildenden der Rhein-Ruhr-Bank AG den Auftrag, die gesamten Personalaufwendungen des Kreditinstitutes zu ermitteln. Ohne große Freude machen sie sich an die Arbeit, aus der Vielzahl von Eigenkapitalminderungen diejenigen herauszusuchen, die Lohn- und Gehaltszahlungen des abgelaufenen Geschäftsjahres betreffen.

Erfolgskonten

Um eine höhere Transparenz über die entstandenen Aufwendungen und Erträge zu erhalten, werden zu dem Eigenkapitalkonto Unterkonten gebildet. Diese Unterkonten werden als Erfolgskonten bezeichnet und lassen sich in Aufwands- und Ertragskonten unterscheiden.

Das Eigenkapitalkonto nimmt wie bisher den Anfangsbestand auf. Die im Jahresablauf anfallenden Aufwendungen und Erträge werden nicht mehr auf dem Eigenkapitalkonto gebucht, sondern auf den Unterkonten zum Eigenkapital, den Aufwands- und Ertragskonten. Für diese gelten grundsätzlich die gleichen Buchungsregeln wie für passive Bestandskonten.

Aufwands- und Ertragskosten

Aufwendungen mindern das Eigenkapital (Sollbuchung auf einem passiven Bestandskonto), sie werden daher im Soll des entsprechenden Aufwandskontos gebucht. Erträge mehren das Eigenkapital (Habenbuchung auf einem passiven Bestandskonto), sie werden daher im Haben des entsprechenden Ertragskontos gebucht.

Abschluss über GuV

Am Geschäftsjahresende werden alle Aufwands- und Ertragskonten über das Gewinn-und-Verlust-Konto abgeschlossen. Sind die Erträge größer als die Aufwendungen, wurde ein Gewinn erzielt. Dieser mehrt das Eigenkapital. Sind die Aufwendungen größer als die Erträge, so hat das Kreditinstitut einen Verlust realisiert. Dieser mindert das Eigenkapital. Das Gewinn-und-Verlust-Konto wird nun über das Eigenkapitalkonto abgeschlossen. Im Gewinnfall lautet die Buchung: Gewinn-und-Verlust-Konto an Eigenkapital. Im Verlustfall lautet die Buchung: Eigenkapital an Gewinn-und-Verlust-Konto.

Die folgende Übersicht zeigt den Buchungsablauf der 4 Geschäftsfälle aus dem vorherigen Kapitel unter Benutzung von Aufwands- und Ertragskonten.

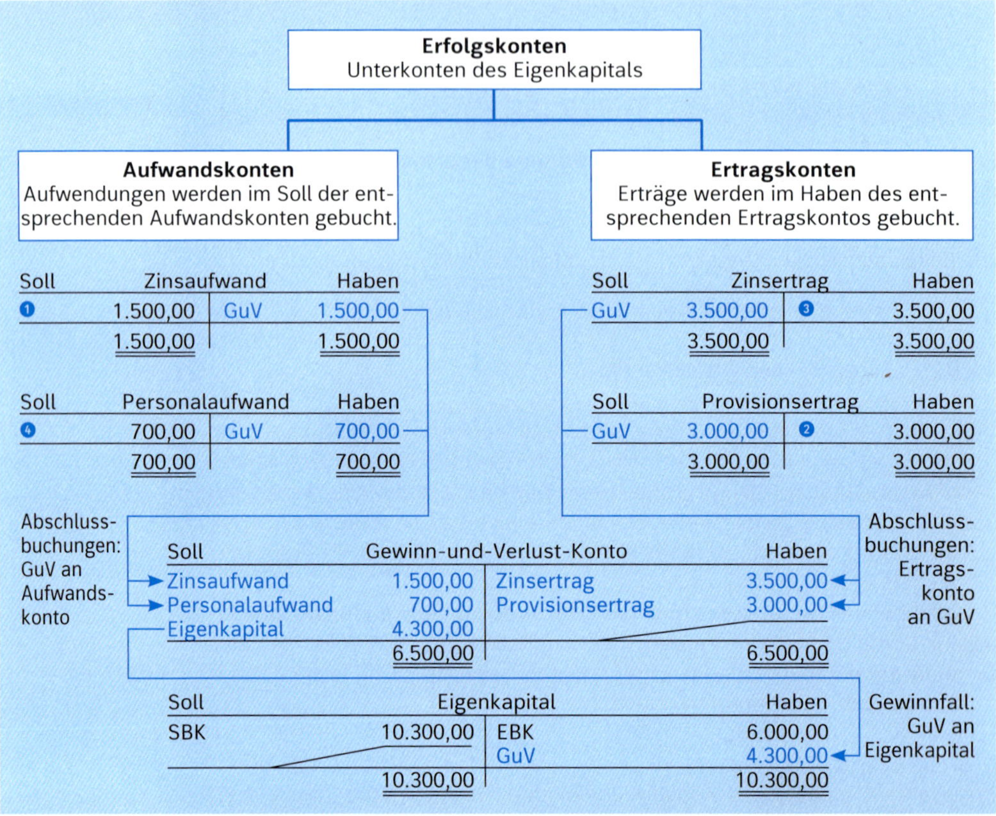

Ein Vergleich mit der Darstellung des Kapitels 1.2.9.1 zeigt, dass beide Darstellungen zum gleichen Ergebnis, einem Eigenkapital in Höhe von 10.300,00 EUR, kommen. Der Vorteil der Einführung der Erfolgskonten liegt in dem höheren Aussagewert der Darstellung. So kann auf einen Blick die Höhe der gesamten Aufwendungen und der gesamten Erträge aus dem Gewinn-und-Verlust-Konto abgelesen werden. Ferner kann aus den Erfolgskonten die Höhe einzelner im gesamten Geschäftsjahr angefallenen Aufwendungen oder Erträge abgelesen werden.

Merke:

- **Aufwendungen** mindern das Eigenkapital. Sie werden daher im Soll der entsprechenden Aufwandskonten gebucht.
- **Erträge** mehren das Eigenkapital. Sie werden daher im Haben der entsprechenden Ertragskonten gebucht.

Wichtige Aufwandskonten	Wichtige Ertragskonten
- Zinsaufwand (Entgelt für Einlagen) - Provisionsaufwand (Gebühren, die das Kreditinstitut zahlt) - Personalaufwand (Löhne und Gehälter) - Andere Verwaltungsaufwendungen (Büromaterial, Versicherungen, Abonnements) - Abschreibungen (Wertminderung von Vermögen) - Steuern - Kursverluste	- Zinserträge (Entgelt für gewährte Kredite) - Provisionserträge (Gebühren, die das Kreditinstitut in Rechnung stellt) - Wertpapierzinserträge - laufende Erträge aus Aktien (z. B. Dividenden) - Kursgewinne

- Aufwands- und Ertragskonten haben **keine Anfangsbestände.**
- Aufwands- und Ertragskonten werden **über das Gewinn-und-Verlust-Konto abgeschlossen**.
  - Abschluss der Aufwandskonten: GuV an Aufwandskonto
  - Abschluss der Ertragskonten: Ertragskonto an GuV
- Das Gewinn-und-Verlust-Konto wird über das Eigenkapitalkonto abgeschlossen.
  - Gewinnfall: GuV an Eigenkapital
  - Verlustfall: Eigenkapital an GuV

Schema: Von der Eröffnungsbilanz bis zur Schlussbilanz (Auch als Faltblatt am Ende des Buches)

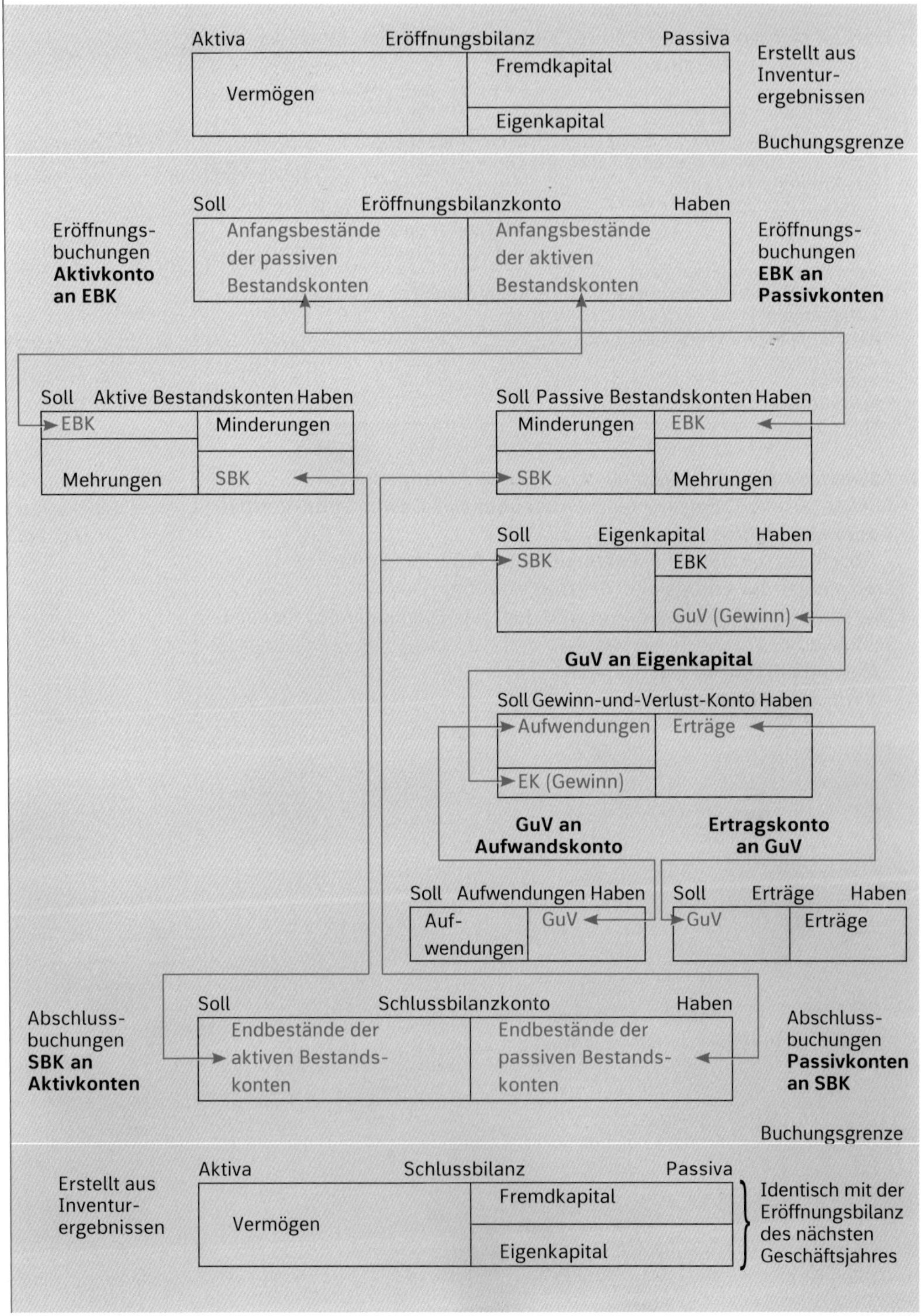

Aufgaben

1. Ordnen Sie den Kontoarten

[1] aktive Bestandskonten,
[2] passive Bestandskonten,
[3] Aufwandskonten und
[4] Ertragskonten

nachstehende Aussagen zu.

a) Die Anfangsbestände und Zugänge stehen auf der Sollseite, Minderungen und Schlussbestände stehen im Haben.
b) Sie haben keine Anfangsbestände; beim Kontoabschluss wird ein Sollsaldo ermittelt.
c) Sie haben keine Anfangsbestände; beim Kontoabschluss wird ein Habensaldo ermittelt.
d) Auf diesen Konten wird die Mittelverwendung erfasst.
e) Auf diesen Konten wird die Mittelherkunft erfasst.
f) Die Anfangsbestände und Zugänge stehen auf der Habenseite, Minderungen und Schlussbestände stehen im Soll.
g) Sie haben Anfangsbestände; beim Kontoabschluss wird ein Sollsaldo ermittelt.
h) Sie haben Anfangsbestände, beim Kontoabschluss wird ein Habensaldo ermittelt.

2. Buchen Sie die folgenden Geschäftsfälle im Grundbuch und führen Sie die **Erfolgskonten** im Hauptbuch. Schließen Sie die Erfolgskonten ab und ermitteln Sie die Höhe des neuen Eigenkapitals unter der Annahme, dass das Eigenkapital vor den folgenden Geschäftsfällen 75.000,00 EUR beträgt.

Geschäftsfälle	
1. Eingang einer Mietzahlung auf das Konto der DBB	600,00 EUR
2. Überweisung einer Rechnung für Büromaterial über DBB	1.500,00 EUR
3. Zinsen werden fällig für	
– Spareinlagen	320,00 EUR
– Debitoren.	14.400,00 EUR
4. Es werden Provisionen an befreundete Unternehmen über DBB gezahlt.	11.500,00 EUR
5. Debitoren werden Provisionen belastet.	5.800,00 EUR
6. Abschluss sämtlicher Erfolgskonten (in Grund- und Hauptbuch)	
7. Abschluss des Kontos GuV	

3. Das Gewinn-und-Verlust-Konto der Rhein-Ruhr-Bank AG weist folgende Umsätze auf:

Soll	Gewinn-und-Verlust-Konto		Haben
Umsätze	6.156.236,87	Umsätze	6.056.342,57

a) Prüfen Sie, ob die Rhein-Ruhr-Bank AG Gewinn oder Verlust machte. Begründen Sie Ihre Aussage.
b) Wie hoch ist der Gewinn bzw. der Verlust?
c) Buchen Sie den Abschluss des Kontos.
d) Kennzeichnen Sie den Saldo des Kontos GuV mit einer
[1], wenn es sich um einen Sollsaldo handelt,
[2], wenn es sich um einen Habensaldo handelt.

*Situation zur **4.** und **5.** Aufgabe:*
Ihnen liegt das abgebildete Hauptbuchkonto „Gewinn und Verlust" eines Kreditinstitutes mit ausgewählten Umsätzen bis zum Abschluss vor.

Soll	*Gewinn- und*	*Verlustkonto*	*Haben*
		TEUR	*TEUR*
Mieten und Pachten	*220*	*Zinserträge*	*2.400*
Zinsaufwand	*970*	*Provisionserträge*	*1.950*
Sachanlagen	*1.500*		
Löhne und Gehälter	*460*		
Saldo	*1.200*		
	4.350		*4.350*

4. *Bei der Kontrolle des Gewinn- und Verlustkontos stellen Sie einen Fehler fest.*

Bestimmen Sie den inhaltlich falschen Posten.
a) Mieten und Pachten 220 TEUR
b) Zinsaufwand 970 TEUR
c) Sachanlagen 1.500 TEUR
d) Löhne und Gehälter 460 TEUR
e) Zinserträge 2.400 TEUR
f) Provisionserträge 1.950 TEUR

5. *Warum fehlt im abgebildeten Gewinn- und Verlustkonto der Anfangsbestand?*
a) Weil das Konto keine Bestände führt.
b) Weil der Endbestand der Vorperiode mit einem anderen Bestandskonto verrechnet wurde.
c) Weil sich in der Vorperiode kein Schlussbestand in diesem Konto ergab.
d) Weil ein weiterer Fehler vorliegt: es wurde vergessen, den Anfangsbetrag über das Eröffnungsbilanzkonto zu erfassen.
e) Weil das Gewinn- und Verlustkonto durch die Buchungen von Aufwendungen und Erträgen ein gemischtes Konto ist.

6. *Wie wird das Gewinn- und Verlustkonto abgeschlossen, wenn das Kreditinstitut einen Gewinn ausweist?*
a) Schlussbilanzkonto an GuV-Konto
b) GuV-Konto an Eigenkapital
c) Das GuV-Konto wird nicht abgeschlossen.
d) Eigenkapital an GuV-Konto
e) GuV-Konto an Schlussbilanzkonto

7. *Das Hauptbuchkonto Provisionsaufwendungen der Kreditbank AG weist vor dem Abschluss folgende Werte aus:*

Soll	185.000,00 EUR
Haben	1.500,00 EUR

Bilden Sie den Buchungssatz für den Abschluss des Kontos.

Web

8. *Einen Geschäftsfall von der Eröffnungs- bis zur Schlussbilanz unter Einbezug der Erfolgskonten finden Sie samt Lösungen als Webmaterial auf der Website des Verlages (s. Hinweis S. 2).*

Mobile App

9. *Lösen Sie im Internet auf Kahoot die Aufgaben „Kompaktwissen Rechnungswesen für Bankkaufleute Kapitel 1.2.9"*

1.3 Kontokorrentkonten

1.3.1 Kundenkontokorrentkonto

Situation

Der Kunde Peter Lange unterhält auf seinem Gehaltskonto ein Guthaben von 1.500,00 EUR, von dem er 2.000,00 EUR abheben möchte.

Die bisherige Einteilung der Kunden des Kreditinstitutes in Debitoren und Kreditoren verkennt den Tatbestand, dass Kreditoren zu Debitoren werden können und umgekehrt.

Der Kunde Peter Lange ist Kreditor, da er 1.500,00 EUR Guthaben auf seinem laufenden Konto unterhält. Durch seine Verfügung über 2.000,00 EUR nimmt Herr Lange einen Dispositionskredit in Höhe von 500,00 EUR in Anspruch. Er wird zum Debitor. Probleme ergeben sich hieraus beim Eintrag in die Hauptbuchkonten Kreditoren und Debitoren.

So müsste dieser eine Geschäftsfall mithilfe von zwei Buchungen dokumentiert werden. Zuerst müsste im Soll des Kontos Kreditoren eine Minderung von 1.500,00 EUR erfolgen, um zu dokumentieren, dass Herr Lange kein Kreditor mehr ist. Danach müsste das Konto Debitoren mit 500,00 EUR belastet werden, um die Mehrung der Debitoren in dieser Höhe zu dokumentieren. Der Buchungssatz würde lauten: Kreditoren 1.500,00 EUR und Debitoren 500,00 EUR an Kasse 2.000,00 EUR. Dieser Buchungssatz kann nur in Kenntnis des aktuellen Kontostandes des jeweiligen Kunden gebildet werden.

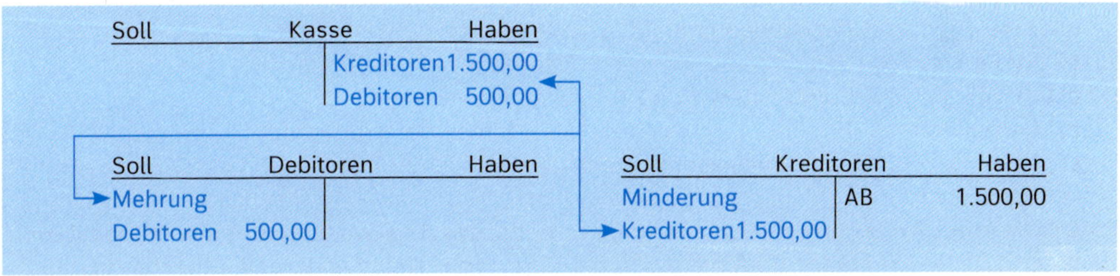

Dieses Vorgehen ist für die Buchführung zu umständlich. Aus diesem Grunde fasst man alle Debitoren und alle Kreditoren in einem Hauptbuchkonto, dem „Kundenkontokorrentkonto" (KKK) zusammen.

Das KKK fasst Debitoren und Kreditoren zusammen.

Alle Eintragungen des Kontokorrentkontos erfolgen auf der Seite, auf der sie auch in den Konten Debitoren oder Kreditoren stehen würden. Der Anfangsbestand der Debitoren wird auf der Sollseite des Kundenkontokorrents eingetragen. Ebenso alle Mehrungen der Debitoren, alle Minderungen der Kreditoren und der Endbestand der Kreditoren. Auf der Habenseite werden der Anfangsbestand der Kreditoren, die Mehrungen der Kreditoren, die Minderungen der Debitoren und der Endbestand der Debitoren eingetragen.

Soll	Debitoren		Haben
EBK	32.000,00	Minderung	2.000,00
Mehrung	4.000,00	SBK	34.000,00
	36.000,00		36.000,00

Soll	Kreditoren		Haben
Minderung	3.000,00	EBK	54.000,00
SBK	59.000,00	Mehrungen	8.000,00
	62.000,00		62.000,00

	Soll	Kontokorrentkonto		Haben	
	EBK (AB Debitoren)	32.000,00	EBK (AB Kreditoren)	54.000,00	
	Mehrungen Debitoren	4.000,00	Mehrungen Kreditoren	8.000,00	
	Minderungen Kreditoren	3.000,00	Minderungen Debitoren	2.000,00	
Saldo:	SBK (EB Kreditoren)	59.000,00	SBK (EB Debitoren)	34.000,00	lt. Inventur
		98.000,00		98.000,00	

Abschluss des KKK

Problematisch ist jedoch der Abschluss des Kundenkontokorrentkontos, da zwei Endbestände ermittelt werden müssen. Die bisherige Vorgehensweise des Saldierens ist hier nicht möglich. Würde man das Kundenkontokorrentkonto einfach saldieren, so zeigt dieser Saldo nur den Überschuss der Kreditoren über die Debitoren oder umgekehrt an. Erforderlich für den Kontoabschluss ist daher die Kenntnis mindestens eines Endbestandes lt. Inventur. Dieser muss in das Kundenkontokorrentkonto eingetragen werden. Der jeweils andere Endbestand kann dann durch Saldieren ermittelt werden.

Merke:

- Das Kundenkontokorrent fasst das aktive Bestandskonto Debitoren und das passive Bestandskonto Kreditoren zusammen.
- Es hat daher zwei Anfangsbestände: – Debitoren: KKK an EBK
  – Kreditoren: EBK an KKK
- Belastungen auf KKK: – Mehrungen der Debitoren
  – Minderungen der Kreditoren
- Gutschriften auf KKK: – Minderungen der Debitoren
  – Mehrungen der Kreditoren
- Das Kundenkontokorrent hat zwei Endbestände: – Debitoren: SBK an KKK
  – Kreditoren: KKK an SBK
- Um das Kundenkontokorrent abzuschließen, benötigt man mindestens einen Endbestand lt. Inventur. Den jeweils anderen Endbestand können wir dann durch Saldieren ermitteln.

Mithilfe des Hauptbuchkontos Kundenkontokorrent kann das Kreditinstitut feststellen, wie hoch die Forderungen an alle Kunden in einer Summe sind bzw. wie hoch die Summe der Verbindlichkeiten gegenüber allen Kunden des Kreditinstitutes ist. Um den Kunden gegenüber Auskunft über ihren individuellen Kontostand geben zu können, führen die Kreditinstitute neben dem Hauptbuchkonto „Kontokorrentkonto" ein sog. **Kundenkontokorrent-Nebenbuch**. In diesem Nebenbuch wird für jeden Kunden ein einzelnes **Skontro** geführt.

KK-Nebenbuch

Die Buchung der Geschäftsfälle erfolgt weiterhin im Hauptbuchkonto Kundenkontokorrent. In dem betreffenden Kunden-Skontro wird nicht gebucht, sondern der auf den einzelnen Kunden entfallende Teilbetrag der Buchung wird im Skontro sachgerecht vermerkt.

Jeder Eintrag in das Kundenkontokorrent-Hauptbuch zieht in der Summe gleich hohe Einträge in den Skontren nach sich.

Geschäftsfälle	**EUR**	**Grundbuch**
Anfangsbestände Debitoren: Kunde Müller 13.000,00 EUR Soll Kunde Maier 8.000,00 EUR Soll	21.000,00	KKK an EBK
Anfangsbestände Kreditoren: Kunde Schmitz 7.000,00 EUR Haben Kunde Weber 4.000,00 EUR Haben	11.000,00	EBK an KKK
❶ Überweisungsauftrag von Kunde Schmitz 19.000,00 EUR zugunsten von Kunde Müller16.000,00 EUR und Kunde Weber 3.000,00 EUR	19.000,00	KKK an KKK
Endbestände Debitoren lt. KK-Nebenbuch: Kunde Maier 8.000,00 EUR Kunde Schmitz 12.000,00 EUR	20.000,00	SBK an KKK
Endbestände Kreditoren lt. KK-Nebenbuch: Kunde Müller 3.000,00 EUR Kunde Weber 7.000,00 EUR	10.000,00	KKK an SBK

KK-Nebenbuch

Soll	Kunde Müller		Haben
AB	13.000,00	❶	16.000,00
EB	3.000,00		
	16.000,00		16.000,00

Soll	Kunde Schmitz		Haben
❶	19.000,00	AB	7.000,00
		EB	12.000,00
	19.000,00		19.000,00

Soll	Kunde Maier		Haben
AB	8.000,00	EB	8.000,00
	8.000,00		8.000,00

Soll	Kunde Weber		Haben
EB	7.000,00	AB	4.000,00
		❶	3.000,00
	7.000,00		7.000,00

KK-Hauptbuch

Soll	Kundenkontokorrent		Haben
EBK	21.000,00	EBK	11.000,00
❶	19.000,00	❶	19.000,00
SBK (EB Müller und Weber)	10.000,00	SBK (EB Maier und Schmitz)	20.000,00
	50.000,00		50.000,00

Durch die Überweisung ist der Kunde Schmitz von einem Kreditor zu einem Debitor geworden. Aus diesem Grunde stehen der Anfangs- und der Endbestand im Skontro auf der gleichen Seite. Der Kunde Müller wurde durch den Überweisungseingang von einem Debitor zu einem Kreditor. Kunde Maier ist unverändert Debitor, Kunde Weber ist unverändert Kreditor.

Aufgaben

1. *Schließen Sie das Kundenkontokorrentkonto ab.*

Soll	KKK		Haben	Endbestände lt. Inventur
EBK	145.000,00	EBK	238.000,00	Debitoren: 345.000,00
Umsätze	2.345.900,00	Umsätze	2.176.000,00	Kreditoren: ?

Soll	KKK		Haben	Endbestände lt. Inventur
EBK	165.000,00	EBK	67.000,00	Debitoren: ?
Umsätze	1.984.345,00	Umsätze	2.341.000,00	Kreditoren: 423.500,00

Soll	KKK		Haben	Endbestände lt. Inventur
EBK	222.000,00	EBK	96.000,00	Debitoren: 187.000,00
Umsätze	145.000,00	Umsätze	98.000,00	Kreditoren: ?

Soll	KKK		Haben	Endbestände lt. Inventur
EBK	650.000,00	EBK	892.000,00	Debitoren: ?
Umsätze	2.546.000,00	Umsätze	2.316.000,00	Kreditoren: 748.000,00

2. *Ein Kontokorrentkunde (Kontostand 25.000,00 EUR Soll) erhält über die Bundesbank eine Gutschrift von 45.000,00 EUR. Wie wirkt sich dieser Geschäftsvorfall auf die Bilanzsumme aus?*

   a) Um welchen Betrag ändert sich die Bilanzsumme ?
   b) Kennzeichnen Sie den Betrag mit einer
   [1], *wenn sich die Bilanzsumme verringert,*
   [2], *wenn sich die Bilanzsumme erhöht.*

3. *Das Kunden-KK weist zum 31.12. die eingetragenen Umsätze in TEUR auf.*

Soll	Kunden-KK		Haben
Vortrag	2.882.430	Vortrag	2.866.300

Buchen Sie die folgenden Geschäftsfälle und schließen Sie das Kunden-KK ab.
a) Den KK-Kunden werden 32,4 TEUR Zinsen vergütet.
b) Kontoführungsgebühren für KK-Konten betragen 80,40 TEUR.
c) Den KK-Kunden werden 212,7 TEUR für Überziehungen belastet.
d) Abschlussbuchung für den Kreditorenbestand in Höhe von 14.600,3 TEUR.
e) Berechnen Sie den Debitorenendbestand.
f) Abschlussbuchung für den Debitorenendbestand.

4. *In den nachstehenden Skontren zum Kundenkontokorrent der Rhein-Ruhr-Bank AG sind die Anfangsbestände (AB) und die Umsätze (U) aller Kunden bis zum Ende des Geschäftsjahres eingetragen. Ermitteln Sie mithilfe dieser Angaben nachfolgend aufgeführte Positionen des Hauptbuchkontos „Kundenkontokorrent" in TEUR.*
a) Den Anfangsbestand „Forderungen an Kunden"
b) Den Anfangsbestand „Verbindlichkeiten gegenüber Kunden"
c) Die Summe der Belastungen ohne Anfangsbestände
d) Die Summe der Gutschriften ohne Anfangsbestände

e) Den Endbestand „Forderungen an Kunden"
f) Den Endbestand „Verbindlichkeiten gegenüber Kunden"

Soll	Kurt Bauer		Haben
AB	400,00	U	980,00
U	250,00		

Soll	Maik Winter		Haben
AB	120,00	U	90,00

Soll	Björn Happe		Haben
U	170,00	AB	140,00
		U	20,00

Soll	Sabine Fuchs		Haben
U	270,00	AB	120,00
		U	80,00

Soll	Heinz Barz		Haben
U	670,00	U	360,00

Soll	Ellen Schmidt		Haben
AB	230,00	U	140,00

5. *Am Morgen des 20.10. enthält das Kontokorrentkonto der Rhein-Ruhr-Bank AG folgende Eintragungen.*

Soll	Kunden-KK		Haben
Anfangsbestand und Umsätze	4.350.000,00	Anfangsbestand und Umsätze	3.160.000,00

a) Tragen Sie alle Buchungen, sofern sie das Hauptbuchkonto KKK betreffen, in das T-Konto ein.

aa) Die Rhein-Ruhr-Bank AG zahlt Löhne und Gehälter an ihre Mitarbeiter auf deren Gehaltskonten.

Brutto	*132.600,00 EUR*
Summe der Abzüge	*62.600,00 EUR*

ab) Ein Zahlungspflichtiger widerspricht einer Lastschriftbelastung über 120,00 EUR. Wir geben die Lastschrift über BKK an die erste Inkassostelle zurück.

ac) Abhebung vom DBB-Konto der Rhein-Ruhr-Bank AG	*120.000,00 EUR*
ad) Einzahlungen von Sparkunden	*22.400,00 EUR*
ae) Die Rhein-Ruhr-Bank AG kauft Sorten von KK-Kunden an.	*3.500,00 EUR*

af) Der durch Inventur ermittelte Kreditorenendbestand wird mit 4.230.450,00 EUR angegeben.

b) Ermitteln Sie den Debitorenendbestand zum Ende des Geschäftstages am 20.10. in TEUR.

6. *Das Hauptbuchkonto Kundenkontokorrent weist folgende Bestände auf:*

Anfangsbestand der Kreditoren	534.780,00 EUR
Anfangsbestand der Debitoren	726.985,00 EUR
Bisherige Belastungen	4.780.540,00 EUR
Bisherige Gutschriften	4.438.500,00 EUR

Noch zu erfassen im Hauptbuchkonto sind Überweisungsgutschriften zugunsten der Kreditoren in Höhe von 156,900,00 EUR und zugunsten der Debitoren in Höhe von 145.970,00 EUR.

Außerdem sind noch Scheckgutschriften zugunsten der Kreditoren in Höhe von 35.220,00 EUR zu buchen. Die Bestandsaufnahme ergibt einen Kreditorenendbestand von 480.300,00 EUR.
Ermitteln Sie den Debitorenendbestand in Euro.

7. *In den nachstehenden Skontren zum Kundenkontokorrent der Rhein-Ruhr-Bank AG sind die Anfangsbestände (AB) und die Umsätze (U) aller Kunden bis zum Ende des Geschäftsjahres in TEUR eingetragen. Ermitteln Sie mithilfe dieser Angaben nachfolgend aufgeführte Positionen des Hauptbuchkontos „Kundenkontokorrent" in TEUR.*

a) Den Anfangsbestand „Forderungen an Kunden"
b) Den Anfangsbestand „Verbindlichkeiten gegenüber Kunden"
c) Die Summe der Belastungen ohne Anfangsbestände
d) Die Summe der Gutschriften ohne Anfangsbestände
e) Den Endbestand „Forderungen an Kunden"
f) Buchen Sie den Endbestand „Forderungen an Kunden".
g) Den Endbestand „Verbindlichkeiten gegenüber Kunden"
h) Buchen Sie den Endbestand „Verbindlichkeiten gegenüber Kunden".

Soll	Ellen Müller		Haben
AB	600,00	U	350,00
U	240,00		

Soll	Jakob Lange		Haben
AB	240,00	U	320,00
U	140,00		

Soll	Nicklas Wittmer		Haben
U	890,00	AB	340,00

Soll	Fabius Noje		Haben
AB	310,00	U	980,00
U	230,00		

Soll	Ralf Schlenker		Haben
U	600,00	AB	280,00
		U	50,00

Soll	Peter Braun		Haben
U	540,00	AB	270,00
		U	20,00

Soll	Lothar Braun		Haben
U	720,00	U	800,00

Soll	Jörg Schlösser		Haben
AB	450,00	U	980,00
U	30,00		

8. *In dem unten stehenden KK-Konto des Kunden Wirges sind zwei Fehler enthalten.*

Soll	Kontokorrent Wirges		Haben
Vortrag	4.340,00	(E) Bareinzahlung	2.457,90
(A) Scheckeinlösung	230,00	(F) Überweisungseingänge	2.890,00
(B) Überweisungsaufträge	1.200,00	(G) Barscheck Nr. 9999	789,00
(C) Schließfachmiete	23,00	(H) Habenzinsen	78,00
(D) Scheck E.v.	1.263,00		

a) Welche Fehler wurden gemacht?
b) Über welchen Betrag lautet der Endsaldo nach der Berichtigung der falschen Eintragungen?
c) Handelt es sich bei dem Kunden Wirges um einen Debitor oder um einen Kreditor? Begründen Sie Ihre Aussage.

9. *Das Hauptbuchkonto KKK der Rhein-Ruhr-Bank AG weist am Geschäftsende des 28.08. folgende Umsätze einschließlich der Anfangsbestände auf:*

Soll	Kundenkontokorrent		Haben
AB + U	1.234.000,00	AB + U	1.138.000,00

Die Rhein-Ruhr-Bank AG führt folgende Kundenkonten:

Kunde	**Tagessaldo am 28.08.**	**Buchungen am 29.08.**	**Tagessaldo am 29.08.**
Jörg Ploch	40.000,00 H		
Andrea Wittmer	63.000,00 S		
Jakob Lange	14.000,00 S		
Olaf Noje	27.000,00 H		
Dirk Stelter	?		

a) Wie viel Euro betragen die gesamten Forderungen der Rhein-Ruhr Bank AG an ihre Kunden?
b) Berechnen Sie den Tagesendsaldo für den Kunden Dirk Stelter am 28.08.
c) Handelt es bei dem Saldo aus b) um einen Soll- oder Habensaldo? Begründen Sie Ihre Antwort.
d) Ermitteln Sie unter Berücksichtigung der folgenden Geschäftsfälle die Tagesendsalden des 29.08. für die o.g. Kunden.

Geschäftsfälle:
da) Der Kunde Jörg Ploch hebt 52.000,00 EUR von seinem Konto ab.
db) Für die Kundin Andrea Wittmer geht eine Überweisung über 5.000,00 EUR über DBB ein.
dc) Ein fälliges Festgeld in Höhe von 17.000,00 EUR wird auf dem Kontokorrentkonto von Jakob Lange zzgl. 120,00 EUR Zinsen gutgeschrieben.
dd) Olaf Noje überweist 250,00 EUR. Wir führen die Überweisung über DBB aus.
e) Ermitteln Sie den Endbestand „Forderungen an Kunden" am Geschäftsende des 29.08.
f) Ermitteln Sie den Endbestand „Verbindlichkeiten gegenüber Kunden" am Geschäftsende des 29.08.

10. *Das Hauptbuchkonto „KKK" der Rhein-Ruhr-Bank AG zeigt am Morgen des 31.12. folgende Eintragungen in TEUR:*

Soll	Kundenkontokorrent		Haben
AB und Umsätze	437.123	AB und Umsätze	678.498

Im Laufe des Tages sind folgende Geschäftsfälle zu buchen:
- *KK-Kunden reichen Überweisungsaufträge in Höhe von 6.700 TEUR ein, die wir über DBB ausführen, 4.900 TEUR, bzw. Kunden der Rhein-Ruhr-Bank AG auf deren Kontokorrentkonten gutschreiben, 1.800 TEUR.*
- *Kontokorrentkunden reichen Schecks und Lastschriften zum Einzug herein, 7.300 TEUR. Die E.v.-Gutschrift erfolgt mit Wertstellung 03.01. n. J.*
- *Zinsen werden berechnet für Debitoren: 1.200 TEUR und für Kreditoren: 100 TEUR.*

Wie hoch ist der Schlussbestand Kreditoren, wenn die Inventur einen Schlussbestand Debitoren in Höhe von 236.378 TEUR ergab?

11. *Ein Kontokorrentkunde (Kontostand 15.000,00 EUR Soll) erhält über DBB eine Gutschrift von 40.000,00 EUR. Wie wirkt sich der Geschäftsfall auf die Bilanz aus?*

a) Berechnen Sie den Betrag der Bilanzveränderung.
b) Kennzeichnen Sie den Betrag mit einer
[1], *wenn sich die Bilanzsumme verringert,*
[2], *wenn sich die Bilanzsumme erhöht.*

12. *Bilden Sie die Buchungssätze zu nachfolgenden Geschäftsfällen und führen Sie das Kontokorrentkonto im Hauptbuch.*

a) Eröffnung des KK-Kontos:
Die Forderungen an Kunden betragen 245.000,00 EUR.
Die Verbindlichkeiten gegenüber Kunden betragen 374.000,00 EUR.
b) Kunden heben 2.000,00 EUR bar ab.
c) Debitoren werden mit Zinsen belastet 5.000,00 EUR.
d) Über DBB gehen Lastschriften für KK-Kunden ein, 12.000,00 EUR.
e) Überweisungsaufträge unserer KK-Kunden werden über DBB ausgeführt, 93.000,00 EUR.
f) Über DBB gehen Überweisungen für KK-Kunden ein, 35.000,00 EUR.
g) Abschluss des KK-Kontos (in Grund- und Hauptbuch). Der Endbestand der Kreditoren beträgt lt. Inventur 329.000,00 EUR. Wie hoch ist der Buchbestand der Debitoren?

13. *Entscheiden Sie bei den folgenden Geschäftsvorfällen, welche Seite des Kunden-KK berührt wird.*
[1] *Sollseite* [2] *Habenseite* [9] *keine Buchung auf Kunden-KK*

a) Die DBB schreibt dem Kreditinstitut Überweisungseingänge gut, die KK-Kunden betreffen.
b) Übertrag vom Sparkonto auf das Kontokorrentkonto
c) Ein KK-Kunde lässt einen auf die Bank gezogenen Scheck sperren (ohne Gebühren).
d) Ein KK-Kunde reicht Schecks zur Gutschrift E.v. ein.
e) Diese Schecks werden unter gleichzeitiger Belastung über DBB weitergegeben.
f) Die Bank stellt Ausstellern nicht eingelöster Schecks Gebühren in Rechnung.
g) Eine Gutschrift für einen Sparkunden wurde irrtümlich auf dem Kunden-KK gebucht.
h) Ein Kunde kauft Sorten gegen Barzahlung.
i) KK-Kunden reichen Überweisungsaufträge ein, die die Bank über DBB ausführt.

14. *Das Kreditinstitut schließt das Kontokorrentkonto ab. Ordnen Sie folgenden Buchungen*
eine [1] *zu, wenn sie auf der Sollseite des KKK gebucht werden,*
eine [2] *zu, wenn sie auf der Habenseite des KKK gebucht werden.*

a) Anfangsbestand Debitoren	*250.000,00 EUR*
b) Anfangsbestand Kreditoren	*350.000,00 EUR*
c) Überweisungseingang für Debitoren über DBB	*14.000,00 EUR*
d) Barabhebung eines Kreditors	*5.000,00 EUR*
e) Ein Kreditor reicht einen Scheck zum Inkasso, Gutschrift E.v. herein.	*300,00 EUR*
f) Schlussbestand der Kreditoren	*390.000,00 EUR*
g) Berechnen Sie den Schlussbestand der Debitoren.	
h) Bilden Sie die Buchungssätze zu a) bis g).	

Mobile App

15. *Lösen Sie im Internet auf Kahoot die Aufgaben „Kompaktwissen Rechnungswesen für Bankkaufleute Kapitel 1.3.1"*

1.3.2 Bankenkontokorrent

Kreditinstitute stehen mit anderen Kreditinstituten in direkter Kontoverbindung. Meist dienen diese Konten der Abwicklung des Zahlungsverkehrs. Analog zu den Kundenkontokorrentkonten erfassen die Banken ihre Forderungen und Verbindlichkeiten gegenüber anderen KI auf dem sogenannten Bankenkontokorrent.

Forderungen an andere KI stehen im Soll, Verbindlichkeiten gegenüber anderen KI stehen im Haben.

Soll	Bankenkorrentkonto Haben
Anfangsbestand der Forderungen an KI	Anfangsbestand der Vblk gegenüber KI
Mehrungen der Forderungen an KI	Mehrungen der Vblk gegenüber KI
Minderungen der Vblk gegenüber KI	Minderungen der Forderungen an KI
Endbestand der Vblk gegenüber KI	Endbestand der Forderungen an KI

BKK-Nebenbuch

Soll	Kreditinstitut A		Haben
AB Ford	250.000,00	EB Ford	300.000,00
Überw.	50.000,00		
	300.000,00		300.000,00

Soll	Kreditinstitut C		Haben
EB Vblk	100.000,00	AB Vblk	10.000,00
		DBB	90.000,00
	100.000,00		100.000,00

Soll	Kreditinstitut B		Haben
AB Ford	100.000,00	EB Ford	150.000,00
Schecks	50.000,00		
	150.000,00		150.000,00

BKK-Hauptbuch

Soll	Bankenkontokorrent		Haben
EBK (AB Forderungen an KI)	350.000,00	EBK (AB Vblk gegenüber KI)	10.000,00
Umsätze	100.000,00	Umsätze	90.000,00
SBK (EB Vblk gegenüber KI)	100.000,00	SBK (EB Forderungen an KI)	450.000,00
	550.000,00		550.000,00

Aufgaben

1. Schließen Sie das Bankenkontokorrentkonto ab.

Soll	BKK		Haben
EBK	285.000,00	EBK	276.000,00
Umsätze	1.785.000,00	Umsätze	1.765.000,00

Endbestände lt. Inventur
Forderungen an KI: 345.000,00
Verbindlichkeiten gegenüber KI: ?

Soll	BKK		Haben
EBK	332.000,00	EBK	267.000,00
Umsätze	1.950.000,00	Umsätze	1.841.000,00

Endbestände lt. Inventur
Forderungen an KI: ?
Verbindlichkeiten gegenüber KI: 426.500,00

Soll		BKK	Haben
EBK	187.000,00	EBK	194.000,00
Umsätze	244.000,00	Umsätze	97.000,00

Endbestände lt. Inventur
Forderungen an KI: 199.000,00
Verbindlichkeiten gegenüber KI: ?

Soll		BKK	Haben
EBK	445.000,00	EBK	820.000,00
Umsätze	2.546.000,00	Umsätze	2.816.000,00

Endbestände lt. Inventur
Forderungen an KI: ?
Verbindlichkeiten gegenüber KI: 745.000,00

2. *Man unterscheidet vier Arten von Bilanzbewegungen:*

[1] *Aktivtausch* [3] *Aktiv-Passiv-Mehrung*
[2] *Passivtausch* [4] *Aktiv-Passiv-Minderung*

Prüfen Sie, um welche Art von Bilanzveränderung es sich bei den folgenden Geschäftsfällen handelt.
a) Bareinzahlungen von Kreditoren
b) Tilgung von KK-Krediten durch Bareinzahlung
c) Überweisungsaufträge eines Debitors werden über DBB ausgeführt.
d) Sparkunde hebt von seinem Konto ab.
e) Ein Kreditor überträgt auf sein Sparkonto.
f) Bareinzahlung von Debitoren
g) Festgelder werden nach Ablauf der Festlegungsfrist zu Sichteinlagen.
h) Einem befreundeten Kreditinstitut wird über die DBB täglich fälliges Geld zurückgezahlt.

3. *Bilden Sie die Buchungssätze zu den folgenden Geschäftsvorgängen.*
a) Überweisungsaufträge unserer Kontokorrentkunden werden ausgeführt
aa) über Korrespondenzbanken,
ab) über DBB,
ac) durch Postbanküberweisung.
b) Überweisungen für Kontokorrentkunden gehen ein
ba) von der DBB,
bb) von der Postbank,
bc) von Korrespondenzbanken.

4. *Das Banken-KK der Unionbank AG enthält zum 31.12. bereits folgende Eintragungen:*

Soll		Banken-KK	Haben
EBK Ford. an KI	360.900,00	EBK Vblk. gegen KI	410.800,00
Umsätze		Umsätze	
SBK		SBK	

a) Folgende Umsätze sind noch in das Konto einzutragen:
1. Belastungen 5 830.400,00
2. Gutschriften 5.720.300,00

b) Der Schlussbestand „Forderungen an KI" beträgt 520.500,00 EUR. Ermitteln Sie den Schlussbestand „Verbindlichkeiten gegen KI".

1.3.3 Weg einer Überweisung

Situation

Ein Kunde beauftragt die Rhein-Ruhr-Bank AG mit der Überweisung von 2.000,00 EUR zulasten seines Kontokorrentkontos. Empfänger ist ein Kunde der Merkurbank AG, zu der die Rhein-Ruhr-Bank AG keine direkte Kontoverbindung unterhält. Aus diesem Grunde führt die Rhein-Ruhr-Bank AG diesen Auftrag über die Deutsche Bundesbank (DBB) aus, mit der sie eine direkte Kontoverbindung unterhält.

Bei der Ausführung von Überweisungsaufträgen werden immer dann Korrespondenzbanken eingeschaltet, wenn das beauftragte Kreditinstitut keine direkte Kontoverbindung zum empfangenden Kreditinstitut unterhält. Im betrachteten Fall wird die Überweisung über die DBB ausgeführt, die wiederum eine direkte Kontoverbindung zur Merkurbank AG unterhält. Vergleichen Sie die folgenden Ausführungen mit der Übersicht auf der folgenden Seite.

Der Kunde unterhält ein Guthaben i.H.v. 5.000,00 EUR auf seinem Konto bei der Rhein-Ruhr-Bank AG. Aus Sicht der Rhein-Ruhr-Bank AG bestehen Verbindlichkeiten gegenüber dem Kunden in Höhe von 5.000,00 EUR. Diese Verbindlichkeiten mindern sich durch die Ausführung des Überweisungsauftrages um 2.000,00 EUR. Minderungen von passiven Bestandskonten stehen im Soll. Aus Sicht der Rhein-Ruhr-Bank AG bestehen Forderungen gegenüber der DBB in Höhe von 50.000,00 EUR. Diese mindern sich, da die Überweisung aus dem Guthaben der Rhein-Ruhr-Bank AG bei der DBB getätigt wird. Minderungen von aktiven Bestandskonten stehen im Haben. Der Überweisungsauftrag wird in einen beleglosen Datensatz umgewandelt und der DBB zugesandt.

Die Rhein-Ruhr-Bank AG unterhält ein Guthaben von 50.000,00 EUR bei der DBB. Aus Sicht der DBB bestehen Verbindlichkeiten gegenüber der Rhein-Ruhr-Bank AG in Höhe von 50.000,00 EUR. Durch die Ausführung der Überweisung zulasten des Guthabens der Rhein-Ruhr-Bank AG mindern sich die Verbindlichkeiten der DBB. Aus Sicht der DBB unterhält diese eine Verbindlichkeit in Höhe von 10.000,00 EUR gegenüber der Merkurbank AG. Diese Verbindlichkeit erhöht sich durch die Gutschrift in Höhe von 2.000,00 EUR auf deren Konto. Nach erfolgter Buchung versendet die DBB einen Kontoauszug an die Merkurbank AG mit einem Habenumsatz von 2.000,00 EUR.

Aus Sicht der Merkurbank AG bestehen Forderungen gegenüber der DBB in Höhe von 10.000,00 EUR. Die Merkurbank AG wird durch den Kontoauszug über die Gutschrift in Höhe von 2.000,00 EUR auf ihrem Konto bei der DBB benachrichtigt. Hierdurch erhöhen sich ihre Forderungen um 2.000,00 EUR. Mehrungen von aktiven Beständen werden im Soll gebucht. Dieser Geldeingang ist für einen Kunden der Merkurbank AG bestimmt. Es erfolgt daher eine Gutschrift auf dem KK-Konto des Kunden. Mehrungen von passiven Bestandskonten stehen im Haben. Der Kunde hatte vor dem Geldeingang ein Guthaben von 4.000,00 EUR. Nach der Gutschrift erhält er einen Kontoauszug mit einem Saldo in Höhe von 6.000,00 EUR.

Weg einer Überweisung

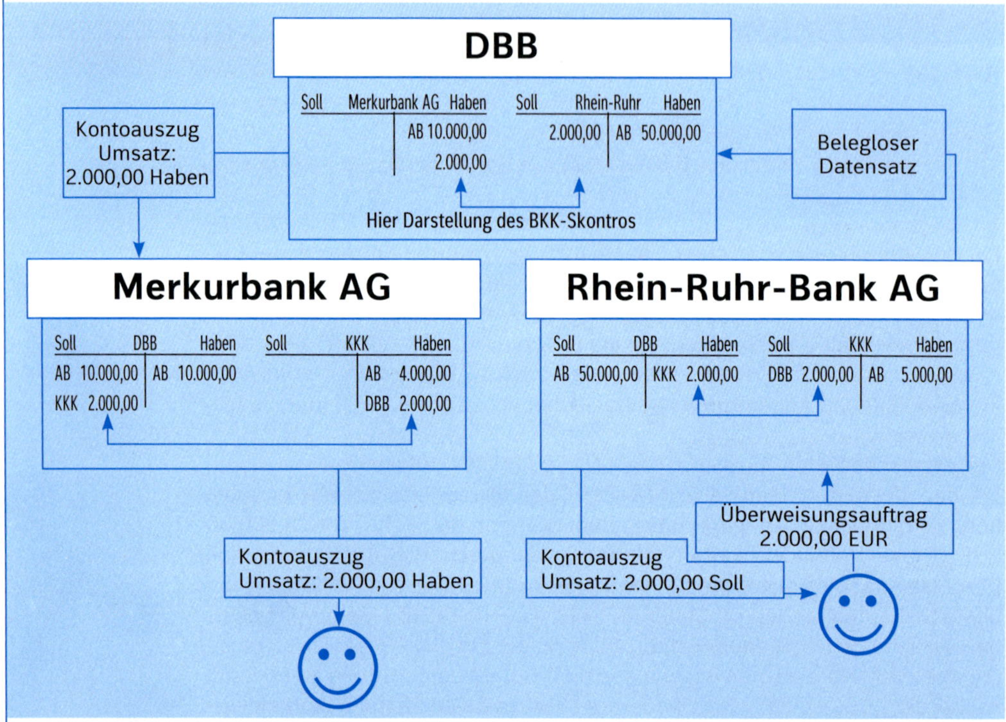

Geschäftsfall	EUR	Grundbuch
1. Eine Korrespondenzbank beauftragt uns mit der Überweisung von 200.000,00 EUR Wir führen diesen Auftrag über die DBB aus.	200.000,00	BKK an DBB
2. Eine Korrespondenzbank beauftragt uns mit der Überweisung von 600.000,00 EUR. Wir führen diese Überweisung durch Gutschrift auf BKK im eigenen Hause aus.	600.000,00	BKK an BKK
3. Über DBB gehen Überweisungen zugunsten eines Kreditinstitutes ein, das bei uns ein Konto unterhält.	450.000,00	DBB an BKK

1.4 Gemischte Konten

Situation

Die Rhein-Ruhr-Bank AG kauft am 06.07. d. J. 100 Stück E.ON-Aktien zu einem Kurs von 50,00 EUR je Stück für ihre Liquiditätsreserve. Am 11.11. d. J. verkauft die Rhein-Ruhr-Bank AG 20 Stück E.ON-Aktien zu einem Kurs von 55,00 EUR an der Börse. Am Ende des Geschäftsjahres beträgt der Kurs 60,00 EUR je Stück. Es soll der Abschluss des Wertpapierkontos vorgenommen werden.

Kreditinstitute kaufen und verkaufen laufend Wertpapiere, Sorten, Devisen und Edelmetalle zu aktuellen Kursen. Hieraus resultieren folglich nicht nur Bestandsveränderungen, die die Buchhaltung erfassen muss, sondern auch Erfolge.

- Kauft ein Kreditinstitut zu einem niedrigen Kurs Wertpapiere und verkauft sie zu einem höheren Kurs weiter, so wurde ein positiver Erfolg, ein Kursgewinn erzielt.
- Kauft ein Kreditinstitut zu einem hohen Kurs und verkauft zu einem niedrigeren, so wurde ein negativer Erfolg, ein Kursverlust realisiert.

Die Konten Wertpapiere, Sorten, Devisen und Edelmetalle enthalten folglich nicht nur Bestände, sondern auch Erfolge in Form von realisierten Gewinnen oder Verlusten. Solche Konten werden als **„gemischte Konten"** bezeichnet. Beim Abschluss solcher Konten müssen die Bestände über das Schlussbilanzkonto und die Gewinne oder Verluste über die Erfolgskonten **„Kursgewinne"** oder **„Kursverluste"** abgeschlossen werden.

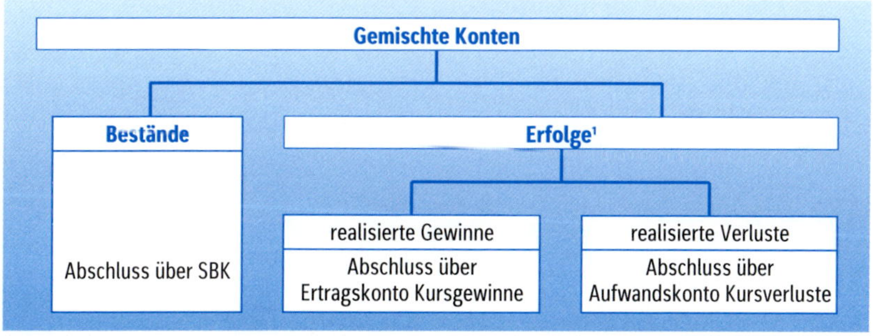

Vorgehen zum Abschluss eines gemischten Kontos	
① **Ermittlung des Endbestandes** 100 Stück Käufe -20 Stück Verkäufe 80 Stück Endbestand ② **Bewertung des Endbestandes nach Niederstwertprinzip** Um den Endbestand zu bewerten, könnten unterschiedliche Wertansätze herangezogen werden. Möglich erscheint eine Bewertung zum historischen Kaufpreis oder zum Kurs am Bilanzstichtag. Der Gesetzgeber hat aus Vorsichtsgründen bei Wertpapieren der Liquiditätsreserve entschieden, die **Bewertung zum niedrigeren von beiden Kursen** durchzuführen.	

[1] *Zur Behandlung von nicht realisierten Erfolgen vgl. Kapitel 5.3.2.*

Vorgehen zum Abschluss eines gemischten Kontos	
Wurde ein Wertpapier zu unterschiedlichen Kursen gekauft, so ist der Durchschnittserwerbskurs zu berechnen und mit dem Kurs am Bilanzstichtag zu vergleichen. Die Käufe erfolgten zu einem Kurs von 50,00 EUR/Stück. Der Kurs am Bilanzstichtag beträgt 60,00 EUR/Stück. In Anwendung des Niederstwertprinzips müssen die 80 Stück Endbestand mit 50,00 EUR bewertet werden: Endbestand: 80 Stück · 50,00 EUR = 4.000,00 EUR.	SBK an Eigene Wertpapiere 4.000,00 EUR
③ **Ermittlung des realisierten Erfolges** Verkauf zu 55,00 EUR/Stück – Kauf zu 50,00 EUR/Stück Gewinn 5,00 EUR/Stück Gesamter realisierter Gewinn: 20 Stück Verkäufe · 5,00 EUR Gewinn = 100,00 EUR realisierter Gewinn	Eigene Wertpapiere an Kursgewinne 100,00 EUR

Soll — Eigene Wertpapiere der Liquiditätsreserve (LR) — Haben

Soll		Haben	
Kauf 100 Stk. 50,00 EUR	5.000,00 EUR	Verkauf 20 Stk. 55,00 EUR	1.100,00 EUR
Realisierter Kursgewinn ③	100,00 EUR	SBK 80 Stk. 50,00 EUR ②	4.000,00 EUR
	5.100,00 EUR		5.100,00 EUR

Soll — Kursgewinne — Haben

Soll		Haben	
GuV	100,00	Eig. WP	100,00
	100,00		100,00

Soll — Schlussbilanzkonto — Haben

Soll		Haben	
Eig. WP	4.000,00		

Soll — GuV — Haben

Soll		Haben	
		Kursgewinne	100,00

Merke:

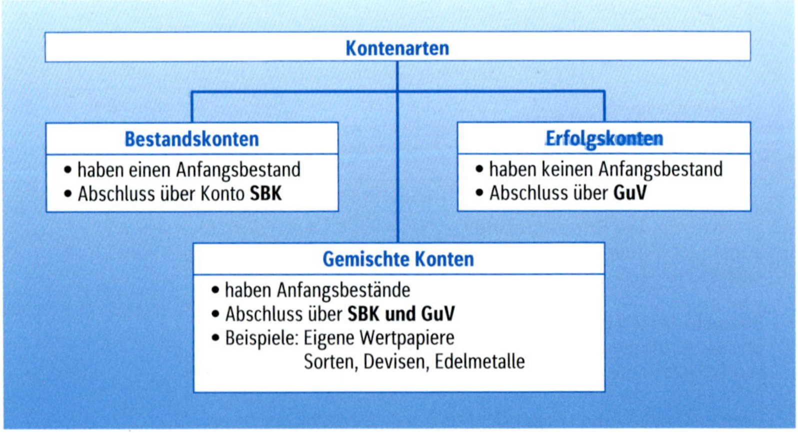

Aufgaben

1. *Schließen Sie folgende gemischte Konten ab.*

Soll	Eigene Wertpapiere der LR		Haben
EBK	145.000,00	Verkäufe	372.000,00
Käufe	345.000,00		

Wertpapierendbestand lt. Inventur: 123.000,00 EUR

Soll	Sorten		Haben
EBK	5.000,00	Verkäufe	800,00
Käufe	345,00		

Sortenendbestand lt. Inventur: 4.500,00 EUR

Soll	Devisen		Haben
EBK	218.000,00	Verkäufe	92.000,00
Käufe	145.000,00		

Devisenendbestand lt. Inventur: 275.000,00 EUR

Soll	Edelmetalle		Haben
EBK	6.500,00	Verkäufe	2.000,00
Käufe	6.000,00		

Edelmetallendbestand lt. Inventur: 10.000,00 EUR

2. *Die Rhein-Ruhr-Bank AG hat folgende Käufe und Verkäufe für Wertpapiere der LR getätigt:*

Soll — Wertpapierskontro MLP — Haben

	Stück	Kurs	EUR		Stück	Kurs	EUR
AB	100	180,00	18.000,00	Verkäufe	170	185,00	31.450,00
Käufe	200	180,00	36.000,00				

Schließen Sie das Konto nach den Bestimmungen des strengen Niederstwertprinzips ab. Der Kurs am Bilanzstichtag beträgt 185,00 EUR.

3. *Die Rhein-Ruhr-Bank AG hat folgende Käufe und Verkäufe für die Wertpapiere der LR getätigt:*

Soll — Wertpapierskontro Ford — Haben

	Stück	Kurs	EUR		Stück	Kurs	EUR
AB	300	140,00	42.000,00	Verkäufe	400	135,00	54.000,00
Käufe	200	150,00	30.000,00				

Schließen Sie das Konto nach den Bestimmungen des strengen Niederstwertprinzips ab. Der Kurs am Bilanzstichtag beträgt 150,00 EUR.

4. *Die Rhein-Ruhr-Bank AG hat folgende Käufe und Verkäufe für die Wertpapiere der LR getätigt:*

Soll — Wertpapierskontro RWE — Haben

	Stück	Kurs	EUR		Stück	Kurs	EUR
AB	400	80,00	32.000,00	Verkäufe	600	70,00	42.000,00
Käufe	400	75,00	30.000,00				

Schließen Sie das Konto nach den Bestimmungen des strengen Niederstwertprinzips ab. Der Kurs am Bilanzstichtag beträgt 80,00 EUR.

5. *Die Rhein-Ruhr-Bank AG hat folgende Käufe und Verkäufe für die Wertpapiere der LR getätigt:*

Soll — Wertpapierskontro E.ON — Haben

	Stück	Kurs	EUR		Stück	Kurs	EUR
AB	1.400	50,00	70.000,00	Verkäufe	1.600	60,00	96.000,00
Käufe	600	55,00	33.000,00				

Schließen Sie das Konto nach den Bestimmungen des strengen Niederstwertprinzips ab. Der Kurs am Bilanzstichtag beträgt 60,00 EUR.

6. *Buchen Sie die folgenden Geschäftsfälle im Grundbuch und führen Sie das Konto „Eigene Wertpapiere der LR" im Hauptbuch.*

a) Eröffnung des Kontos Eigene Wertpapiere der LR. Im Bestand befinden sich lt. Inventur 360 X-Aktien zum Stückkurs von 120,00 EUR.
b) Kauf weiterer 280 X-Aktien zum Stückkurs von 120,00 EUR. Der Gegenwert wird über DBB überwiesen.
c) Verkauf von 415 X-Aktien zum Stückkurs von 105,00 EUR an KK-Kunden.
d) Schließen Sie das Konto „Eigene Wertpapiere der LR" ab. Laut Inventur befinden sich noch 225 X-Aktien in unserem Bestand. Dieser wird zu einem Stückkurs von 120,00 EUR bewertet.

7. *Ordnen Sie den nachfolgenden Fällen zu, ob sie*
[1] aktive Bestandskonten
[2] passive Bestandskonten
[3] Aufwandskonten
[4] Ertragskonten oder
[5] gemischte Konten
betreffen. Mehrfachzuordnungen sind möglich.
Fälle
a) Das Konto hat einen Sollsaldo und wird über das GuV-Konto abgeschlossen.
b) Das Konto hat einen Sollsaldo und wird über das Schlussbilanzkonto abgeschlossen.
c) Das Konto hat einen Habensaldo und wird über das GuV-Konto abgeschlossen.
d) Das Konto hat einen Habensaldo und wird über das Schlussbilanzkonto abgeschlossen.
e) Das Konto wird über GuV und über SBK abgeschlossen.
f) Das Konto hat keinen Anfangsbestand.
g) Der Buchungssatz zur Eröffnung lautet: EBK an ...
h) Der Buchungssatz zur Eröffnung lautet: ... an EBK
i) Der Buchungssatz zum Abschluss des Kontos lautet: SBK an ...
j) Der Buchungssatz zum Abschluss des Kontos lautet: ... an SBK.
k) Der Sollsaldo wird über SBK abgeschlossen.
l) Der Habensaldo wird über SBK abgeschlossen.

1.5 Kontenrahmen und Kontenplan

Um die Jahresabschlüsse verschiedener Kreditinstitute vergleichbar zu machen, bedarf es eines Kontenrahmens. Dieser **Kontenrahmen** gibt den Kreditinstituten eine abschließende Übersicht über sämtliche Konten vor, die in der Finanzbuchhaltung erforderlich sein könnten. Jedes Kreditinstitut stellt sich unter Beachtung der Besonderheiten seiner Rechtsform, seiner Informationsbedürfnisse sowie seiner Größe und Struktur seinen individuellen Kontenplan auf. Der **Kontenplan** enthält folglich nur die Konten, die in der Finanzbuchhaltung dieses einen bestimmten Kreditinstitutes tatsächlich erforderlich sind.

Kontenrahmen

Kontenplan

Die Verbände der Kreditwirtschaft haben unterschiedliche Kontenrahmen für Sparkassen, private Banken sowie für Kreditgenossenschaften erstellt und empfehlen den angeschlossenen Kreditinstituten auf dieser Grundlage ihren individuellen Kontenplan zu erstellen. Im Folgenden soll der Kontenrahmen für das private Bankgewerbe in seinen Grundzügen dargestellt werden.

Auszug aus dem Kontenrahmen für das private Bankgewerbe				
Kontenklasse 0	**Kontenklasse 1**	**Kontenklasse 2**	**Kontenklasse 3**	**Kontenklasse 4**
Liquide Mittel, Wertpapierbestände	Gegenstände des Anlagevermögens, Sonstige Vermögensgegenstände	Forderungen an/ Verbindlichkeiten gegenüber Kreditinstituten	Forderungen an/ Verbindlichkeiten gegenüber Kunden	Interne Verrechnungs- und Zwischenkonten
00 Kassenbestand 01 Guthaben bei Zentralnotenbanken 02 Guthaben bei Postbanken ⋮ 06 Anleihen und Schuldverschreibungen ⋮ 08 Aktien und andere nicht festverzinsliche Wertpapiere 09 Ausgleichsforderungen gegen öffentliche Hand	10 Beteiligungen 11 Anteile an verbundenen Unternehmen 12 Immaterielle Anlagewerte 13 Grundstücke und Gebäude 14 Betriebs- und Geschäftsausstattung 15 Eigene Schuldverschreibungen 16 Eigene Aktien 17 Sonstige Vermögensgegenstände 18 Aktive Rechnungsabgrenzungsposten ⋮	20 Forderungen an Kreditinstitute ⋮ 25 Verbindlichkeiten gegenüber Kreditinstituten ⋮	30 Forderungen an Kunden ⋮ 32 Spareinlagen 33 Andere Verbindlichkeiten gegenüber Kunden 34 Begebene Schuldverschreibungen 35 Begebene Geldmarktpapiere ⋮ 37 Andere, verbriefte Verbindlichkeiten 38 Sonstige Verbindlichkeiten 39 Passive Rechnungsabgrenzung	40 Interne Verrechnungskonten ⋮ 42 Interne Zwischenkonten ⋮

Auszug aus dem Kontenrahmen für das private Bankgewerbe				
Kontenklasse 5	**Kontenklasse 6**	**Kontenklasse 7**	**Kontenklasse 8**	**Kontenklasse 9**
Zins- und Provisionserträge, Erträge aus Finanzgeschäften, sonstige betriebliche Erträge	Zins- und Provisionsaufwendungen, Aufwendungen aus Finanzgeschäften, sonstige betriebliche Aufwendungen	Allgemeine Verwaltungsaufwendungen	Bewertungsaufwendungen/-erträge, außerordentliche Aufwendungen und Erträge, Steuern	Eigenkapital, Risikofonds, Genussrechtskapital, Nachrangige Verbindlichkeiten, Sonderposten mit Rücklagenanteil, Rückstellungen Wertberichtigungen
50 Zinserträge ⋮ 54 Provisionserträge ⋮ 56 Erträge aus Finanzgeschäften 57 Sonstige betriebliche Erträge ⋮	60 Zinsaufwendungen ⋮ 64 Provisionsaufwendungen ⋮ 66 Aufwendungen aus Finanzgeschäften 67 Sonstige betriebliche Aufwendungen ⋮	70 Löhne und Gehälter 71 Soziale Abgaben ⋮ 73 Andere Verwaltungsaufwendungen ⋮	80 Abschreibungen und Wertberichtigungen auf immaterielle Anlagewerte und Sachanlagen 81 Abschreibungen und Wertberichtigungen auf Forderungen 82 Erträge aus der Zuschreibung zu Forderungen 83 Abschreibungen und Wertberichtigungen auf Beteiligungen 84 Erträge aus Zuschreibungen zu Beteiligungen 87 Außerordentliche Aufwendungen/Erträge 88 Steuern ⋮	90 Gezeichnetes Kapital 91 Offene Rücklagen 92 Fonds für allgemeine Bankrisiken 93 Genussrechtskapital 94 Nachrangige Verbindlichkeiten ⋮ 96 Rückstellungen ⋮ 98 Nicht durch Eigenkapital gedeckter Fehlbetrag 99 Bilanzgewinn/Bilanzverlust

Der Kontenrahmen weist 10 Kontoklassen auf. In jeder Kontenklasse werden nach ihrem Wesen oder Inhalt möglichst ähnliche Konten zusammengefasst. Die weitere Untergliederung folgt einem bestimmten Schema:

Kontonummer			Stellenwert	Bedeutung	Konteninhalt (Beispiel)
1			Einstellig	**Kontenklasse**	Gegenstände des Anlagevermögens
1	3		Zweistellig	**Kontengruppe**	Grundstücke und Gebäude
1	3	0	Dreistellig	**Konten**	Unbebaute Grundstücke

Auf dieser Basis erstellt jedes Kreditinstitut seinen eigenen Kontenplan.

Auszug aus dem Kontenplan der Rhein-Ruhr-Bank AG	
13	Grundstücke und Gebäude
130	Unbebaute Grundstücke
1301	Marzeilenstr. 17, 50425 Köln
1302	Adlerweg 62, 50997 Köln
131	Bebaute Grundstücke
1311	Moritzstr. 12, 50367 Köln
1312	Eichenallee 178, Dortmund

Kontenrahmen
Übersicht über sämtliche Konten, die in der Finanzbuchhaltung erforderlich sein könnten.

... ist die Grundlage für die Ausgestaltung des ...

Kontenplans
Die tatsächlich im jeweiligen Kreditinstitut benutzten Konten, individuell ausgestaltet nach den Informationsbedürfnissen, der Größe und der Struktur des Kreditinstitutes.

Merke:

Aufgaben

1. *Welche der folgenden Aussagen sind richtig?*
Der Kontenrahmen ...
a) wird von der Bundesanstalt für Finanzdienstleistungsaufsicht für alle Kreditinstitute einheitlich festgelegt.
b) wird von jedem Kreditinstitut aus dem Kontenplan abgeleitet.
c) ist eine Übersicht über alle in der Finanzbuchhaltung notwendig erscheinenden Konten.
d) ist gegliedert in Kontenklassen, -gruppen und -nummern.
e) ist eine Empfehlung für den Aufbau des betrieblichen Kontenplans.

2. *Ordnen Sie den folgenden Aussagen eine*
[1] *zu, wenn sie den Kontenrahmen,*
[2] *zu, wenn sie den Kontenplan,*
[3] *zu, wenn sie weder den Kontenrahmen noch den Kontenplan betreffen.*
[4] *zu, wenn sie sowohl den Kontenrahmen als auch den Kontenplan betreffen.*
a) Er wird den Kreditinstitutsgruppen von der Bundesanstalt für Finanzdienstleistungsaufsicht zur Verwendung empfohlen.
b) Er ist in jedem Kreditinstitut nach deren Erfordernissen individuell ausgestaltet.
c) Er wird den Kreditinstitutsgruppen von den jeweiligen Bankenverbänden zur Benutzung vorgeschlagen.
d) Er ist gegliedert in Kontenklassen, Kontengruppen und Konten.
e) Er erweitert den Kontenrahmen um weitere Kontenklassen.
f) Er wird aus dem Kontenrahmen individuell nach den jeweiligen Informationsbedürfnissen des Kreditinstitutes abgeleitet.

2 Erfassung erfolgsneutraler und erfolgswirksamer Geschäftsfälle an einfachen Beispielen

2.1 Buchungen im Kassenverkehr

Über das aktive Bestandskonto Kasse werden alle Bartransaktionen eines Kreditinstitutes abgewickelt, seien es

- Barein- oder -auszahlungen von Sicht-, Termin- oder Spareinlagen unserer Kunden,
- Verfügungen fremder Kunden an unseren Geldausgabeautomaten (GAA) oder unserer Kasse sowie
- Nachttresoreinzahlungen unserer Kunden.

Situation

Kunden der Rhein-Ruhr-Bank AG zahlen 22.000,00 EUR zugunsten ihrer Kontokorrentkonten (4.000,00 EUR), Sparkonten (8.000,00 EUR) und Termingeldkonten (10.000,00 EUR) ein. Gleichzeitig heben KK-Kunden 3.000,00 EUR und Sparkunden 7.000,00 EUR ab.

Belege

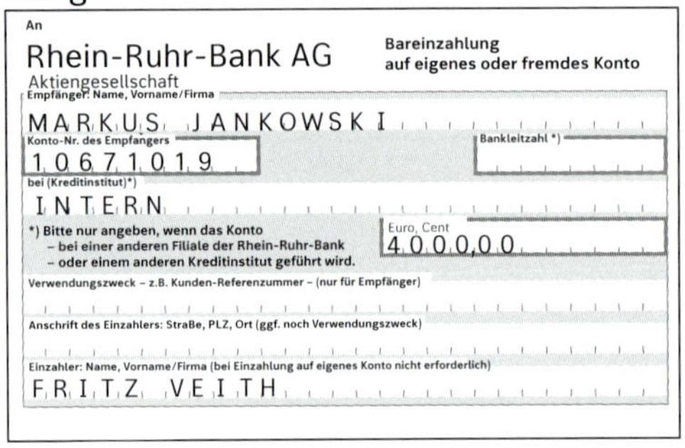

An
Rhein-Ruhr-Bank AG
Aktiengesellschaft
Bareinzahlung auf eigenes oder fremdes Konto
Empfänger: Name, Vorname/Firma
MARKUS JANKOWSKI
Konto-Nr. des Empfängers: 10671019
Bankleitzahl *)
bei (Kreditinstitut)*)
INTERN
*) Bitte nur angeben, wenn das Konto
– bei einer anderen Filiale der Rhein-Ruhr-Bank
– oder einem anderen Kreditinstitut geführt wird.
Euro, Cent: 4000,00
Verwendungszweck – z.B. Kunden-Referenzummer – (nur für Empfänger)
Anschrift des Einzahlers: Straße, PLZ, Ort (ggf. noch Verwendungszweck)
Einzahler: Name, Vorname/Firma (bei Einzahlung auf eigenes Konto nicht erforderlich)
FRITZ VEITH

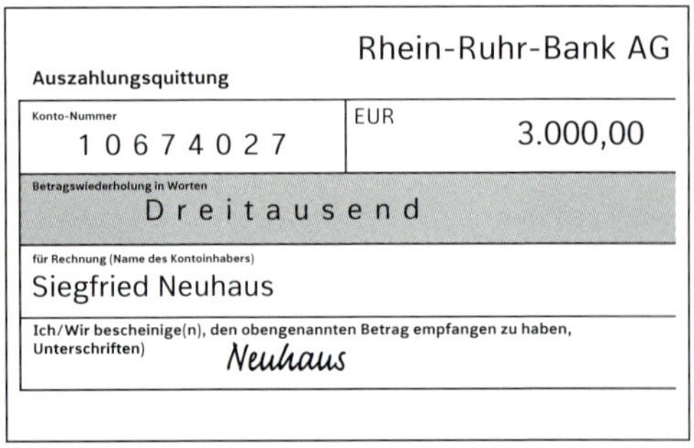

Rhein-Ruhr-Bank AG
Auszahlungsquittung
Konto-Nummer: 1 0 6 7 4 0 2 7
EUR: 3.000,00
Betragswiederholung in Worten: Dreitausend
für Rechnung (Name des Kontoinhabers): Siegfried Neuhaus
Ich/Wir bescheinige(n), den obengenannten Betrag empfangen zu haben, Unterschriften)
Neuhaus

Mit der Bareinzahlung auf kreditorisch geführte Konten stellen die Kunden dem Kreditinstitut Fremdkapital zur Verfügung. Die Verbindlichkeiten des Kreditinstitutes gegenüber seinen Kunden erhöhen sich (Habenbuchung auf passivem Bestandskonto). Gleichzeitig erhöht sich durch die Geldübergabe der Kassenbestand (Sollbuchung auf aktivem Bestandskonto).
Im Falle einer Barabhebung sinken die Verbindlichkeiten des Kreditinstituts gegenüber ihren Kunden (Sollbuchung) und der Kassenbestand sinkt ebenfalls (Habenbuchung auf aktivem Bestandskonto).

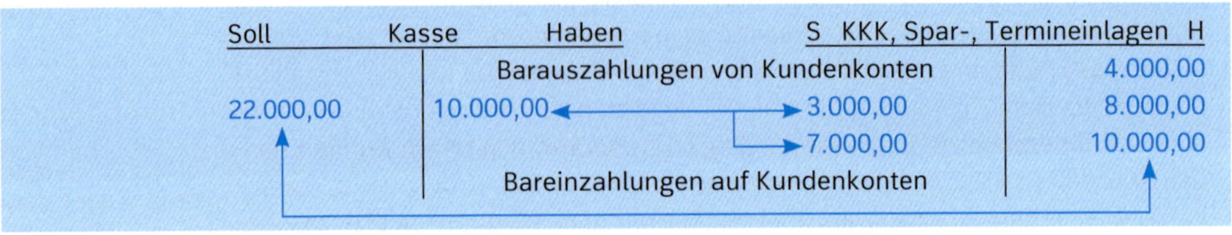

Überblick über Buchungen von Bartransaktionen

Geschäftsfall	Buchung	Soll	Haben
1) Bareinzahlung an der Kasse 22.000,00 EUR z. g. von KK-Kunden 4.000,00 EUR, Sparkunden 8.000,00 EUR und Festgeldkunden 10.000,00 EUR	Kasse an KKK an Spareinlagen an Termineinlagen	22.000,00	 4.000,00 8.000,00 10.000,00
2) Barabhebung an der Kasse von KK-Kunden 3.000,00 EUR und Sparkunden 7.000,00 EUR	KKK Spareinlagen an Kasse	3.000,00 7.000,00	10.000,00
3) Verfügungen unserer KK-Kunden an hauseigenen GAA 12.000,00 EUR	KKK an Kasse	12.000,00	12.000,00
4) Verfügungen fremder Kunden an unserem GAA 1.500,00 EUR, unsere Gebühr 15,00 EUR	BKK an Kasse an Provisionserträge	1.515,00	 1.500,00 15,00
5) Barabhebungen unserer Kunden an fremden GAA 1.700,00 EUR Gebühren der fremden Bank 17,00 EUR	KKK an BKK	1.717,00	1.717,00
6) Barabhebungen unserer Kunden an GAA von Kreditinstituten, die unserer Cash-Group angehören 30.000,00 EUR Gebühren dieser Kreditinstitute 300,00 EUR	KKK Provisionsaufwand an BKK	30.000,00 300,00	 30.300,00

2.2 Buchungen im Spargeschäft

Situation

Die Auszubildenden der Rhein-Ruhr-Bank AG werden kurz vor Jahresende immer häufiger von Sparkunden um Beratung gebeten. Sie können die erfolgten Buchungen auf ihren Sparkonten nicht verstehen und bitten daher um Erläuterung.

Information:

Jeder Sparkunde erhält i. d. R. am Jahresende von seinem Kreditinstitut eine Zinsgutschrift für die Überlassung von Spareinlagen. Aus Sicht des Kreditinstitutes handelt es sich um einen Zinsaufwand, der das Eigenkapital mindert. Das Kreditinstitut bucht daher den gesamten Zinsbetrag im Soll des Kontos Zinsaufwand. Haben die Kunden einen Freistellungsauftrag in ausreichender Höhe erteilt, so erhalten sie auf ihrem Sparkonto eine Gutschrift in Höhe der gesamten Zinssumme. Einige Kunden haben jedoch keinen Freistellungsauftrag erteilt. Sie erhalten daher keine Gutschrift in voller Höhe, vielmehr sind die Kreditinstitute verpflichtet, vom Zinsbetrag 25 % Abgeltungsteuer und 5,5 % Solidaritätszuschlag bzw. 24,45 % Abgeltungssteuer, 5,5 % Solidaritätszuschlag und 9 % Kirchensteuer einzubehalten[1]. Diese Steuern müssen an das Finanzamt abgeführt werden, sie stellen also eine Verbindlichkeit der Rhein-Ruhr-Bank AG gegenüber dem Finanzamt dar. Da es sich aber nicht um eine Schuld der Rhein-Ruhr-Bank AG selbst, sondern von deren Kunden handelt, werden diese Steuerbeträge auf dem passiven Bestandskonto „Sonstige Verbindlichkeiten" erfasst und zu festen Terminen ans Finanzamt überwiesen.

[1] *24,51% Abgeltungsteuer, 5,5 % Soli bzw. 8% Kirchensteuer für Bayern und Baden-Württemberg*

Sollten einem Kunden wegen vorzeitiger Verfügung Vorschusszinsen in Rechnung gestellt werden, so ändert sich an der Buchung grundsätzlich nichts, da der Vorschusszinsbetrag von den zu vergütenden Habenzinsen abgezogen wird.

Beispiel

Lara Obwandner, ledig und konfessionslos, legte über ein volles Jahr 500,00 EUR zu einem Zinssatz von 3,00 % p. a. bei der Rhein-Ruhr-Bank AG an. Hierfür stehen ihr am Jahresende Zinsen in Höhe von 15,00 EUR zu. Allerdings hat sie vergessen, einen Freistellungsauftrag zu erteilen. Sie muss daher einen Abschlag in Höhe von 3,75 EUR Abgeltungsteuer und 0,21 EUR Solidaritätszuschlag in Kauf nehmen. Die Zinsgutschrift auf ihrem Konto beträgt daher netto 11,04 EUR. Über die einbehaltenen Steuern erhält sie eine Steuerbescheinigung von der Rhein-Ruhr-Bank AG. Diese Steuern können im Rahmen einer Einkommensteuererklärung zurückgefordert werden, sofern die Summe der Kapitalerträge nicht mehr als 801,00 EUR bei Ledigen bzw. 1.602,00 EUR bei Verheirateten betragen haben. Andernfalls gilt die Steuerschuld des Kunden mit dem Steuerabzug als abgegolten.

S Spareinlagen	H
	11,04 EUR

S Zinsaufwand	H
15,00 EUR	

S Sonstige Verbindlichkeiten	H
	3,96 EUR

Überblick über Buchungen im Spargeschäft

Geschäftsfall	Buchung Soll	Buchung Haben
1) Kunden zahlen auf ihre Konten ein, 500,00 EUR	Kasse	Spareinlagen
2) Zinszahlungen für Sparkunden mit ausreichendem Freistellungsauftrag, 70,00 EUR	Zinsaufwand	Spareinlagen
3) Zinszahlungen für konfessionslose Sparkunden ohne Freistellungsauftrag		
Zinsen 600,00 EUR	Zinsaufwand	
Abgeltungsteuer 150,00 EUR		Sonstige Verbindlichkeiten
Solidaritätszuschlag 8,25 EUR		Sonstige Verbindlichkeiten
Gutschrift 441,75 EUR		Spareinlagen
4) Konfessionslose Kunden ohne Freistellungsauftrag mit 12.000,00 EUR Guthaben lösen ohne vorherige Kündigung ihre Sparkonten mit 1-jähriger Kündigungsfrist auf.		
Zinsanspruch brutto 300,00 EUR		
Vorschusszinsen 75,00 EUR		
Nettozinsbetrag 225,00 EUR	Zinsaufwand	
Abgeltungsteuer 56,25 EUR		Sonstige Verbindlichkeiten
Solidaritätszuschlag 3,09 EUR		Sonstige Verbindlichkeiten
Gutschrift 165,66 EUR		Spareinlagen
Auszahlung an den Kunden 12.165,66 EUR	Spareinlagen	Kasse

Aufgaben

1. *Frau Lea Ploch, konfessionslos, legt am 15.03. bei der Rhein-Ruhr-Bank AG ein Festgeld in Höhe von 35.000,00 EUR für 3 Monate an. Der Zinssatz beträgt 1,25 % p. a.*
   a) Ermitteln und buchen Sie die Höhe der Zinsgutschrift in Euro per 15.06., wenn Frau Ploch
      aa) einen FSA in ausreichender Höhe,
      ab) keinen FSA,
      ac) einen FSA in Höhe von 75,00 EUR erteilt hat.

   Frau Ploch prolongiert am 15.06. das Festgeld einschließlich der Zinsen (Fall aa) für einen weiteren Monat zu einem Zinssatz von 1,15 % p. a. und anschließend für weitere zwei Monate zu einem Zinssatz von 1,30 % p. a.
   b) Berechnen Sie die Höhe des Zinsaufwandes in Euro per 15.09.
   c) Buchen Sie die Zinsgutschrift am 15.09., wenn die Kundin
      ca) einen FSA in ausreichender Höhe hat,
      cb) seit 01.09. über keinen FSA mehr verfügt.

2. *Monika Kertz erwarb am 3. Juni bei der Rhein-Ruhr-Bank AG einen abgezinsten Sparbrief über nominal 5.000,00 EUR mit einer Laufzeit von 5 Jahren und einem Zinssatz von 4,75 % p. a.*
   a) Ermitteln Sie die Höhe des Zinsaufwandes der Rhein-Ruhr-Bank AG bei Fälligkeit in Euro.
   b) Ermitteln und buchen Sie die Höhe der Zinsgutschrift bei Fälligkeit, wenn die kirchensteuerpflichtige Kundin einen FSA in maximal möglicher Höhe erteilt hat.

3. *Kerstin Umberg möchte am 28. Februar ihre nicht gekündigte Spareinlage mit dreimonatiger Kündigungsfrist auflösen. Im Saldovortrag per 1. Januar in Höhe 13.736,25 EUR sind 236,25 EUR kapitalisierte Zinsen enthalten. Seit Jahresbeginn erfolgten keine Umsätze mehr. Der Zinssatz für die Spareinlage beträgt 0,75 % p. a. Vorschusszinsen berechnet die Rhein-Ruhr-Bank AG nach der 90-Tage-Methode. Ein FSA liegt nicht vor. Kirchensteuer ist nicht zu berücksichtigen.*
   a) Buchen Sie die Zinsgutschrift per 31.12. des Vorjahres.
   b) Ermitteln Sie in Euro
      ba) die am 01.01. des laufenden Jahres vorzutragenden Habenzinsen.
      bb) die Höhe der Zinsrückrechnung (Valuta 27. Februar).
      bc) die Vorschusszinsen.
      bd) den Betrag der einzubehaltenden Kapitalertragsteuer.
      be) den Betrag des einzubehaltenden Solidaritätszuschlages.
      bf) den Auszahlungsbetrag.
   c) Buchen Sie die Auflösung des Sparkontos.

2.3 Kassenabstimmung – Kassendifferenzen

Web

Unterrichtsinhalte samt Aufgaben finden Sie als Webmaterial auf der Website des Verlages (s. Hinweis S. 2).

2.4 Scheck- und Lastschriftbuchungen

Web

Unterrichtsinhalte samt Aufgaben finden Sie als Webmaterial auf der Website des Verlages (s. Hinweis S. 2).

Aufgaben

Mobile App

Lösen Sie die Aufgaben in Kahoot unter dem Titel „Kompaktwissen Rechnungswesen Bank Kapitel 2.4“.

2.5 Geschäftsgang von Bilanz zu Bilanz

Unter Berücksichtigung der in Kapitel 1 und 2 dargestellten Grundlagen der Buchführung und der Erfassung erfolgsneutraler und erfolgswirksamer Geschäftsfälle kann ein kompletter Buchungsgang von der Eröffnungsbilanz bis hin zur Schlussbilanz abgebildet werden. Studieren Sie noch einmal den schematischen Buchungsablauf von der Eröffnungsbilanz bis zur Schlussbilanz auf Seite 36 und lösen Sie anschließend die folgenden Aufgaben.

Aufgaben

1. *Führen Sie Bilanzbuch, Grundbuch mit doppelter Betragsspalte und Hauptbuch der Rhein-Ruhr-Bank AG.*

Anfangsbestände in Euro:
Kasse 85.000,00, Guthaben bei der DBB 125.000,00, Postbankguthaben 67.000,00, Forderungen an Kunden 184.000,00, Sorten 12.000,00, Wertpapiere 167.000,00, Forderungen an Kreditinstitute 398.000,00, Betriebs- und Geschäftsausstattung 76.000,00, Termineinlagen 201.000,00, Verbindlichkeiten gegenüber Kreditinstituten 245.000,00, Sichteinlagen 190.000,00, Spareinlagen 243.000,00, Sonstige Verbindlichkeiten 12.000,00, Eigenkapital ?

Geschäftsfälle:	***EUR***
1. Überweisungseingänge über DBB	*67.000,00*
für andere Banken	*17.000,00*
für KK-Kunden	*28.000,00*
für Sparkunden	*22.000,00*
2. Einbehaltene Steuern des Vormonates werden über DBB überwiesen.	*12.000,00*
3. Kauf von Büromaterial und Überweisung des Rechnungsbetrags über DBB	*13.500,00*
4. Kunden reichen Schecks zum Einzug herein. Wir schreiben den Gegenwert E.v. sofort gut.	*5.000,00*
5. Verkauf von Wertpapieren an KK-Kunden	*23.000,00*
6. Verkauf von Sorten gegen Barzahlung	*3.000,00*
7. Schecks werden an die DBB zum Inkasso gegeben.	*5.000,00*

8.	Übertrag von Postbank auf DBB	25.000,00	
9.	Miete für Geschäftsräume wird über DBB überwiesen.	2.300,00	
10.	KK-Konten werden mit Kontoführungsgebühren belastet.		13.700,00
11.	Zinsen werden berechnet		
	für Debitoren,		25.800,00
	für Kreditoren,		200,00
	für Sparkunden.		3.900,00
12.	Eine Rechnung für Büromaterial wird über DBB beglichen.		3.600,00

Endbestände lt. Inventur:

Sorten 8.000,00, Wertpapiere 149.000,00, Forderungen an Kunden 182.000,00, Forderungen an Kreditinstitute 382.700,00; die übrigen Endbestände stimmen mit den Buchbeständen überein.

2. *Führen Sie Bilanzbuch, Grundbuch mit doppelter Betragsspalte und Hauptbuch.*

Anfangsbestände in Euro:

Kasse 55.000,00, Sorten 12.000,00, Guthaben bei der DBB 189.000,00, Forderungen an Kreditinstitute 239.000,00, Devisen 22.000,00, Eigene Wertpapiere 157.000,00, Debitoren 956.000,00, BGA 48.000,00, Grundstücke und Gebäude 367.000,00, Kreditoren 961.000,00, Spareinlagen 764.000,00, Verbindlichkeiten gegenüber Kreditinstituten 216.000,00, Eigenkapital?

Geschäftsfälle in Euro:

1. *Bareinzahlung von KK-Kunden 14.200,00 und Sparkunden 23.500,00*
2. *Barschecks unserer Kunden werden eingelöst 32.900,00*
3. *Sparkunden heben ab 12.600,00*
4. *Kauf von Büromaterial, bar 3.500,00*
5. *KK-Kunden erteilen Überweisungsaufträge, die*
   über BKK 17.900,00
   über DBB 34.200,00
   durch Kontoübertrag 10.700,00 ausgeführt werden.
6. *Überweisungseingang von Korrespondenzbanken für*
   Sparkunden, 20.300,00
   deren Konten bei uns 132.000,00
7. *Verkauf von Wertpapieren an Sparkunden 22.900,00*
8. *Verkauf von Sorten, bar 2.700,00*
9. *Kauf von Sorten von KK-Kunden 1.100,00*
10. *Verkauf von Devisen an Korrespondenzbanken im Gegenwert von 16.000,00 EUR unter gleichzeitiger Belastung der Lorokonten.*
11. *Zinsen werden berechnet für:*
    Kreditoren, 600,00
    Debitoren, 34.700,00
    Sparkunden. 25.600,00
12. *KK-Kunden werden mit Kontoführungsgebühren belastet, 53.000,00.*

Abschlussangaben:	***EUR***
Wertpapierbestand lt. Inventur	*144.100,00*
Devisenbestand lt. Inventur	*5,200,00*
Sortenbestand lt. Inventur	*10.800,00*
Verbindlichkeiten gegenüber Kreditinstituten	*183.000,00*
Kreditoren	*941.500,00*

3. *Bei der Rhein-Ruhr-Bank AG ergibt sich zum Jahresbeginn 20.. folgende Vermögens- und Kapitalstruktur:*

	EUR	Forderungen an	
Kassenbestand	46.500,00	Kunden	472.898,00
		DBB	187.000,00
Betriebs- und Geschäftsausstattung	150.000,00	Sichteinlagen	834.443,00
Spareinlagen	816.755,00	Eigenkapital	?
Wertpapiere	154.800,00		
Grundstücke und Gebäude	825.000,00		
	EUR		

Im Jahresablauf 20.. ereignen sich folgende Geschäftsfälle.

	EUR
1) Erwerb von drei Computern, Stückpreis 1999,00 EUR von einem Kreditor	
2) Überweisung der Feuerversicherungsprämie für das eigene Bankgebäude über DBB	7.500,50
3) Ein Kreditor hebt am Geldautomat der Bank ab.	1.200,00
4) Überweisungseingang für Kreditor über DBB	35.500,27
5) Gutschriften für Sparer über DBB	27.500,77
6) Aktien aus dem Eigenbestand werden an Sparer verkauft.	102.800,00
7) Debitoren werden am Quartalsende belastet	
Zinsen,	67.264,49
Kontoführungsgebühren.	8.558,25
8) Gutschrift der Jahreszinsen für Sparer	14.550,00
9) Erwerb von Computerpapier von einem Kreditor	4.555,67
10) Kreditoren überweisen	
auf eigene Sparkonten,	16.900,00
an Debitoren.	14.999,38
11) Bargeldbeschaffung bei der DBB	90.000,00
12) Kreditoren reichen Schecks ein.	15.789,34

a) Stellen Sie die Eröffnungsbilanz formgerecht auf.
b) Erfassen Sie die Geschäftsfälle im Grundbuch.
c) Führen Sie exemplarisch die Konten Debitoren und Spareinlagen und ermitteln Sie die Schlussbestände.
d) Buchen Sie die Schlussbestände der Konten Debitoren und Spareinlagen im Grundbuch.
e) Stellen Sie auf Basis der Buchungen aus b) das Gewinn-und-Verlust-Konto auf, ermitteln Sie den Erfolg und buchen Sie anschließend den Erfolg im Grundbuch.

3 Der Jahresabschluss von Kreditinstituten – Bestandteile und ihre Aufgaben

Vgl. §§ 242 und 264 HGB

Kreditinstitute sind verpflichtet, innerhalb von drei Monaten nach Ende des Geschäftsjahres einen Jahresabschluss und einen Lagebericht zu erstellen. Dieser muss innerhalb eines Zeitraumes von fünf Monaten nach Ablauf des Geschäftsjahres von einem Prüfungsverband, Wirtschaftsprüfer oder einer Wirtschaftsprüfungsgesellschaft geprüft werden. Die Veröffentlichung des Jahresabschlusses erfolgt i.d.R innerhalb von zwölf Monaten nach Ablauf des Geschäftsjahres im Bundesanzeiger.

Elemente des Jahresabschlusses eines Kreditinstitutes

- **Bilanz**: Gegenüberstellung von Vermögen und Kapital zum Bilanzstichtag.
- **Gewinn-und-Verlust-Rechnung**: Gegenüberstellung von Aufwendungen und Erträgen. Als Saldo der GuV-Rechnung ergibt sich ein Jahresüberschuss oder ein Jahresfehlbetrag.
- **Anhang**: Erläuterungen zur Bilanz und der Gewinn-und-Verlust-Rechnung hinsichtlich gewählter Bilanzierungs- und Bewertungsmethoden.

Lagebericht

Vergangenheitsorientierte Inhalte:
Beschreibung der wirtschaftlichen Lage des Kreditinstitutes und des Geschäftsverlaufes im abgelaufenen Geschäftsjahr.
Zukunftsorientierte Inhalte:
Wichtige Vorgänge, die nach Abschluss des Geschäftsjahres eingetreten sind. Voraussichtliche Entwicklung des Kreditinstitutes unter Berücksichtigung technischer, rechtlicher, politischer und volkswirtschaftlicher Entwicklungen.

Vgl. § 264 ff. HGB und § 340 ff. HGB

Der **Jahresabschluss** eines Kreditinstitutes und der **Lagebericht** soll der Öffentlichkeit ein Bild der Vermögens-, Finanz- und Ertragslage vermitteln. Zu diesem Zweck wird sowohl der Jahresabschluss als auch der Lagebericht beim Handelsregister bzw. dem Genossenschaftsregister eingereicht und kann dort von interessierten Dritten eingesehen werden. Ferner müssen Kreditinstitute, deren Bilanzsumme 150 Mio. EUR übersteigen, die genannten Unterlagen auch im Bundesanzeiger veröffentlichen.

Vgl. RechKredV, § 266 HGB, Anhang I IV

Die Gliederung der **Bilanz** und der **Gewinn-und-Verlust-Rechnung** wird durch die Formblätter der Verordnung über die Rechnungslegung der Kreditinstitute (RechKredV) vorgegeben. Diese Verordnung regelt auch die Zuordnung der Konten des Kontenplanes zu Posten in der Bilanz und der Gewinn-und-Verlust-Rechnung.

Vgl. §§ 284, 285 HGB

Der **Anhang** erläutert die in der Bilanz und der Gewinn-und-Verlust-Rechnung angewandten Bilanzierungs- und Bewertungsmethoden. Dort wo der Gesetzgeber Bilanzierungswahlrechte zur freien Ausgestaltung durch die Kreditinstitute erlaubt, sind entsprechende Erläuterungen im Anhang zu machen. Ebenso sind Angaben über sonstige betriebliche Erfolge sowie über außerordentliche Erfolge zu machen, sofern sie für die Beurteilung des Jahresabschlusses erforderlich sind. Vorgeschrieben sind ferner Angaben über

- die durchschnittliche Zahl der im Geschäftsjahr beschäftigten Arbeitnehmer,
- an Organe des Kreditinstitutes gewährte Vorschüsse oder Kredite unter Angabe der Zinssätze und weiterer wesentlicher Bedingungen sowie
- Beteiligungen an anderen Unternehmen von mindestens 20 % des Kapitals.

Die Aussagefähigkeit eines Jahresabschlusses wird häufig durch zwei Argumente kritisiert. Erstens erfolgt eine reine Stichtagsbetrachtung, die Entwicklungen vor oder nach diesem Termin nicht beachtet. Zweitens stellt der Jahresabschluss eine rein betriebswirtschaftliche Beurteilung des Kreditinstitutes dar. Rechtliche, politische, technische oder volkswirtschaftliche Entwicklungen, die unmittelbaren Einfluss auf den Erfolg eines Kreditinstitutes haben, werden nicht betrachtet. Aus diesen Gründen soll ein **Lagebericht** angefertigt werden, der genau diese Schwachpunkte des Jahresabschlusses durch Informationen über zukunftsorientierte Entwicklungen und Analysen von rechtlichen, politischen, technischen und volkswirtschaftlichen Änderungen auf das Geschäftsfeld des Kreditinstitutes beleuchtet. Diese Zusatzinformationen sollen einen umfassenderen Einblick in die (auch zukünftige) Vermögens- und Ertragslage des Kreditinstitutes ermöglichen.

Vgl. § 289 HGB

Aufgabe

Entscheiden Sie, ob folgende Sachverhalte aus
1 *der Bilanz,*
2 *der Gewinn-und-Verlust-Rechnung,*
3 *dem Anhang zur Bilanz und GuV-Rechnung,*
4 *dem Lagebericht,*
5 *einer anderen Informationsquelle*
der Rhein-Ruhr-Bank AG zu entnehmen sind.

a) Die durchschnittliche Zahl der im Geschäftsjahr beschäftigten Arbeitnehmer.
b) Der Bestand an Unternehmensbeteiligungen.
c) Der durchschnittliche Papierverbrauch eines Angestellten pro Bankarbeitstag.
d) Die voraussichtliche Entwicklung der Rhein-Ruhr-Bank AG unter Berücksichtigung der veränderten Bedürfnisse der Bankkundschaft.
e) Die gewählten Abschreibungsmethoden bei Sachanlagen.
f) Die Summe der Bezüge für Vorstand und Aufsichtsrat.

Umsatzsteuer 4

4.1 Warum wird die Umsatzsteuer auch als Mehrwertsteuer bezeichnet?

In der Bundesrepublik Deutschland gilt seit 01.01.2007 ein Umsatzsteuersatz von 19 %. Dies bedeutet, dass i. d. R. beim Verkauf von Gütern bzw. der Erstellung von Dienstleistungen 19 % auf den Nettopreis aufgeschlagen und an das Finanzamt abgeführt werden müssen. **Zu zahlen hat diese Umsatzsteuer, die auch Mehrwertsteuer genannt wird, der Endverbraucher**. Für die an der Erstellung der Waren und Dienstleistungen beteiligten Unternehmen ist die Umsatzsteuer ein durchlaufender Posten.

Umsatzsteuer trägt der Endverbraucher

Um diese Aussage zu verdeutlichen, soll im Folgenden die Produktion eines Büroschrankes genauer analysiert werden[1]. Der Produktionsprozess durchläuft 3 Stufen mit folgenden Netto- und Brutto-Verkaufspreisen.

Unternehmen	Nettopreis	Umsatzsteuer 19 %	Bruttopreis	Wertschöpfung = Mehrwert	Mehrwertsteuer auf den Mehrwert
Forstwirt/ Sägewerk	1.000,00	190,00	1.190,00	1.000,00	190,00
Schreinerei	4.000,00	760,00	4.760,00	3.000,00	570,00
Büro GmbH	6.000,00	1.140,00	7.140,00	2.000,00	380,00
Summe					1.140,00

Aus der Produktion des Schrankes stehen dem Finanzamt 1.140,00 EUR Umsatzsteuer zu, die der Endverbraucher zu zahlen hat. Wenn jede beteiligte Produktionsstufe den auf den Ausgangsrechnungen ausgewiesenen Umsatzsteuerbetrag an das Finanzamt überweisen würde, so erhielte das Finanzamt insgesamt 2.090,00 EUR, obwohl ihm nur 1.140,00 EUR zustehen. Es muss daher ein Verrechnungssystem geben, welches zu dem Ergebnis führt, dass das Finanzamt nur 1.140,00 EUR an Umsatzsteuer erhält und somit keine Mehrfachbesteuerung eines Gutes erfolgt.

Die Lösung des Problems wurde darin gefunden, dass jede Produktionsstufe 19 % Umsatzsteuer auf die von ihr zusätzlich geschaffenen Werte, der sog. Wertschöpfung (= Mehrwert) an das Finanzamt überweist. Auf diese Art und Weise erhält das Finanzamt die ihm zustehenden 1.140,00 EUR in drei Tranchen. Der Forstwirt überweist 190,00 EUR, die Schreinerei 570,00 EUR und die Büro GmbH 380,00 EUR. Die Buchhaltung der beteiligten Unter-

Jede Produktionsstufe schafft einen Mehrwert.

[1] *Das warenproduzierende Gewerbe ist besonders geeignet, die Umsatzsteuersystematik zu erläutern. Aus diesem Grunde erfolgt ein kurzer Exkurs in die Industriebuchführung, dessen Ergebnisse auf den Bankbetrieb übertragen werden können.*

Umsatzsteuerzahllast

nehmen muss genau die Umsatzsteuerbeträge ermitteln, die an das Finanzamt zu zahlen sind. Dieser Betrag wird Umsatzsteuerzahllast genannt. Wie geschieht dies in der Praxis? Exemplarisch soll die Buchhaltung der Büro GmbH betrachtet werden.

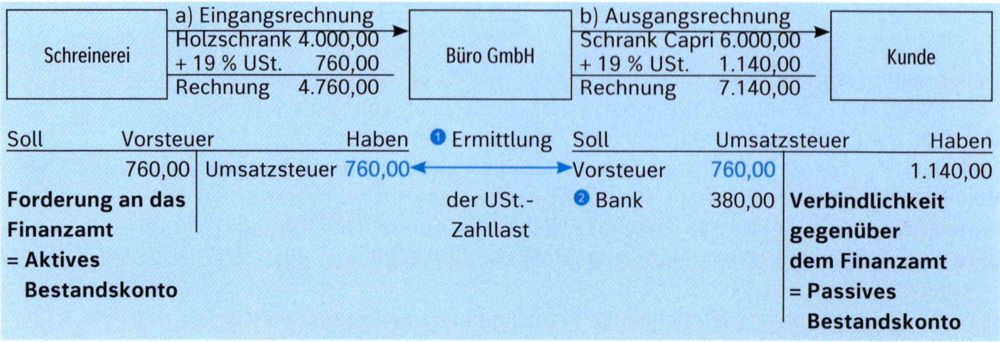

Eingangsrechnung = Vorsteuer = Forderung ans Finanzamt

Die Büro GmbH erhält von der Schreinerei eine Eingangsrechnung über 4.000,00 EUR zzgl. 760,00 EUR Umsatzsteuer. Zahlen muss diese Umsatzsteuer letztlich der Endverbraucher. Die Büro GmbH verkauft den Schrank weiter, sie ist somit nicht Endverbraucher. Dennoch hat sie 760,00 EUR Umsatzsteuer gezahlt. Folglich besteht aus Sicht der Büro GmbH eine Forderung an das Finanzamt in Höhe der mit der Eingangsrechnung verauslagten Umsatzsteuer. Diese wird auf dem aktiven Bestandskonto **Vorsteuer** gebucht.

Ausgangsrechnung = Umsatzsteuer = Verbindlichkeit gegenüber Finanzamt

Beim Verkauf des Schrankes erhält die Büro GmbH lt. Ausgangsrechnung neben den 6.000,00 EUR Verkaufserlösen noch 1.140,00 EUR Umsatzsteuer, die dem Finanzamt zustehen. Aus Sicht der Büro GmbH handelt es sich folglich um eine Verbindlichkeit gegenüber dem Finanzamt, die auf dem passiven Bestandskonto Umsatzsteuer gebucht wird. Verrechnet man die Forderung mit der Verbindlichkeit gegenüber dem Finanzamt, erhält man die Umsatzsteuerzahllast über 380,00 EUR der Büro GmbH, die per Banküberweisung an das Finanzamt zu den Umsatzsteuerterminen angewiesen wird.

Geschäftsfälle	EUR	Buchungssatz
1) Die Büro GmbH erhält eine Eingangsrechnung über 4.000,00 EUR zzgl. 760,00 EUR Umsatzsteuer, die sie durch Banküberweisung begleicht.	4.000,00 760,00 4.760,00	Warenaufwand und Vorsteuer an Bank
2) Die Büro GmbH stellt eine Ausgangsrechnung über 6.000,00 EUR netto, zzgl. 1.140,00 EUR Umsatzsteuer.	7.140,00 6.000,00 1.140,00	Forderungen aus Lieferungen und Leistungen an Umsatzerlöse und Umsatzsteuer
3) Ermittlung der Umsatzsteuer-Zahllast	760,00	Umsatzsteuer an Vorsteuer
4) Die Büro GmbH überweist die Umsatzsteuer-Zahllast zum Steuertermin durch Banküberweisung.	380,00	Umsatzsteuer an Bank

Aufgaben

1. *Auf den Konten Vorsteuer und Umsatzsteuer fielen folgende Umsätze an:*

Soll	Vorsteuer	Haben		Soll	Umsatzsteuer	Haben
U	1.732,00				U	18.231,16

a) Schließen Sie das Konto Vorsteuer im Grund- und Hauptbuch ab.
b) Buchen Sie die Überweisung der Umsatzsteuer-Zahllast über DBB.

2. *Auf den Konten Vorsteuer und Umsatzsteuer fielen folgende Umsätze an:*

Soll	Vorsteuer	Haben		Soll	Umsatzsteuer	Haben
U	3.681,00				U	14.282,13

a) Schließen Sie das Konto Vorsteuer im Grund- und Hauptbuch ab.
b) Buchen Sie die Überweisung der Umsatzsteuer-Zahllast über DBB.

4.2 Umsatzsteuer in Kreditinstituten

Auch in Kreditinstituten wird die Umsatzsteuerzahllast durch die Verrechnung der Umsatzsteuer mit der Vorsteuer ermittelt. Problematisch ist die Tatsache, dass die Erstellung bzw. der Verkauf der meisten Bankdienstleistungen nicht umsatzsteuerpflichtig ist. Dies hat Auswirkungen auf die Buchung der Umsatzsteuer.

Situation

In der Rhein-Ruhr-Bank AG ist die Umsatzsteuerzahllast zu ermitteln. Es gab drei umsatzsteuerrelevante Geschäftsfälle.
1. Die Rhein-Ruhr-Bank AG kauft für die Kredit- und die Depotabteilung je einen Computer im Wert von 3.000,00 EUR netto je Stück.
2. Die Rhein-Ruhr-Bank AG kauft für die Kredit- und die Depotabteilung Büromaterial für je 1.500,00 EUR inkl. USt.
3. Depotkunden der Rhein-Ruhr-Bank AG werden mit 8.000,00 EUR Depotgebühren zzgl. 19 % Umsatzsteuer belastet.

Grundsätzlich sind Kreditinstitute von der Umsatzsteuerpflicht befreit. Dies bedeutet, dass sie keine Umsatzsteuer bei der Erstellung von Bankdienstleistungen berechnen und den Kunden in Rechnung stellen muss. Ausnahmen hiervon gelten für

- die Verwahrung und Verwaltung von Wertpapieren (das Depotgeschäft),
- Immobilienvermittlungen,
- die Vermietung von Schließfächern,
- den An- und Verkauf von Edelmetallen (Münzen und Barren),
- Verkäufe von gebrauchten Anlagegegenständen, sofern mit ihnen nicht ausschließlich steuerfreie Bankdienstleistungen erstellt wurden.

Umsatzsteuerpflichtige Bankdienstleistungen

Werden im Rahmen dieser Ausnahmen Anlagegegenstände gekauft oder umsatzsteuerpflichtige Aufwendungen getätigt, so kann die in Rechnung gestellte Umsatzsteuer als Vorsteuer von der eigenen Umsatzsteuer-Verbindlichkeit abgezogen werden.

Umsatzsteuer in Kreditinstituten beim Kauf von Anlagegegenständen

mit denen überwiegend umsatzsteuerfreie Bankdienstleistungen erstellt werden.

Folge: Die beim Kauf anfallende **Umsatzsteuer wird aktiviert,** d. h. mit in das entsprechende aktive Bestandskonto gebucht.

Beispiel Wir begleichen die Rechnung für den Kauf eines Computers, 3.000,00 EUR zzgl. 19 % Umsatzsteuer, der für die Kreditabteilung bestimmt ist, durch DBB-Überweisung.

Buchung: BGA 3.570,00 an DBB 3.570,00

mit denen überwiegend umsatzsteuerpflichtige Bankdienstleistungen erstellt werden.

Folge: Die beim Kauf anfallende Umsatzsteuer wird als **abzugsfähige Vorsteuer** erfasst.

Beispiel Wir begleichen die Rechnung für den Kauf eines Computers, 3.000,00 EUR zzgl. 19 % Umsatzsteuer, der für die Depotabteilung bestimmt ist, durch DBB-Überweisung.

Buchung: BGA 3.000,00
und Vorsteuer 570,00
an DBB 3.570,00

Merke:

- Wird ein Anlagegegenstand gekauft, mit dem ausschließlich umsatzsteuerfreie Bankdienstleistungen erstellt werden, so sind die gesamten Anschaffungskosten und die USt. zu aktivieren.
- Wird ein Anlagegegenstand gekauft, mit dem überwiegend umsatzsteuerpflichtige Bankdienstleistungen erstellt werden, so wird er mit seinen Anschaffungskosten aktiviert, die gezahlte USt. wird als Forderung an das Finanzamt auf dem Konto Vorsteuer erfasst.

Umsatzsteuer in Kreditinstituten im Zusammenhang mit Aufwendungen

die zur Erstellung von umsatzsteuerfreien Bankdienstleistungen entstehen.

Folge: Die beim Kauf anfallende Umsatzsteuer wird in **voller Höhe als Aufwand** gebucht.

Beispiel Die Rhein-Ruhr-Bank AG begleicht eine Rechnung in Höhe von 1.500,00 EUR inkl. USt. für Büromaterial, das für die Kreditabteilung bestimmt ist, durch DBB-Überweisung

Buchung: Andere Verwaltungsaufwendungen an DBB 1.500,00 EUR

die zur Erstellung von umsatzsteuerpflichtigen Bankdienstleistungen entstehen.

Folge: Die beim Kauf anfallende Umsatzsteuer wird als **abzugsfähige Vorsteuer** erfasst.

Beispiel Die Rhein-Ruhr-Bank AG begleicht eine Rechnung in Höhe von 1.500,00 EUR inkl. USt. für Büromaterial, das für die Depotabteilung bestimmt ist, durch DBB-Überweisung

Buchung: Andere Verwaltungsaufwendungen 1.260,50 EUR
und Vorsteuer 239,50 EUR
an DBB 1.500,00 EUR

Merke:

- Werden Aufwendungen im Zusammenhang mit der Erstellung von umsatzsteuerfreien Bankdienstleistungen gemacht, so ist die gezahlte Umsatzsteuer Teil des Anderen Verwaltungsaufwandes.
- Werden Aufwendungen im Zusammenhang mit der Erstellung von umsatzsteuerpflichtigen Bankdienstleistungen gemacht, so wird die gezahlte Umsatzsteuer auf dem aktiven Bestandskonto Vorsteuer gebucht.

Umsatzsteuer in Kreditinstituten beim Verkauf von Bankdienstleistungen und gebrauchten Anlagegegenständen

Das Kreditinstitut verkauft umsatzsteuerfreie Bankdienstleistungen bzw. Anlagegegenstände, mit denen umsatzsteuerfreie Bankdienstleistungen erstellt wurden.

Folge: Dem Kunden darf keine USt. in Rechnung gestellt werden.

Beispiel KK-Kunden werden mit Kontoführungsgebühren in Höhe von 5.000,00 EUR belastet.

Buchung: KKK an Provisionserträge 5.000,00 EUR

Das Kreditinstitut verkauft umsatzsteuerpflichtige Bankdienstleistungen bzw. Anlagegegenstände, mit denen umsatzsteuerpflichtige Bankdienstleistungen erstellt wurden.

Folge: Dem Kunden muss USt. in Rechnung gestellt werden.

Beispiel KK-Kunden werden Depotgebühren in Höhe von 8.000,00 EUR zzgl. 19 % USt. belastet.

Buchung: KKK 9.520,00 EUR an
Provisionserträge 8.000,00 EUR
an Umsatzsteuer 1.520,00 EUR

Merke:

- Die im Zusammenhang mit dem Verkauf von umsatzsteuerpflichtigen Bankdienstleistungen erhaltene Umsatzsteuer wird auf dem passiven Bestandskonto Umsatzsteuer gebucht. Es handelt sich um eine Verbindlichkeit gegenüber dem Finanzamt.

Ermittlung der Umsatzsteuerzahllast der Rhein-Ruhr-Bank AG

Aus dem Kauf des Computers und des Büromaterials für die Depotabteilung resultiert eine Forderung an das Finanzamt in Höhe von 809,50 EUR, die auf dem Konto Vorsteuer gebucht wurde. Aus der Belastung der KK-Kunden mit Depotgebühren resultiert eine Verbindlichkeit gegenüber dem Finanzamt in Höhe von 1.520,00 EUR. Verrechnet man beide Größen miteinander, so verbleibt eine Umsatzsteuerzahllast in Höhe von 710,50 EUR, die zum Steuertermin (10. eines jeden Monats) an das Finanzamt überwiesen werden muss.

S Vorsteuer (Aktives Bestandskonto) H					S Umsatzsteuer (Passives Bestandskonto) H			
DBB	570,00	Umsatzsteuer	809,50	← →	Vorsteuer	809,50	KKK	1.520,00
DBB	239,50			Ermittlung der USt.-Zahllast	DBB	710,50	**Verbindlichkeit gegenüber dem Finanzamt aus Belastung der Depotgebühren**	
Forderung an das Finanzamt aus Käufen für die Depotabteilung								

Geschäftsfälle	EUR	Buchungssatz
1) Die Rhein-Ruhr-Bank AG begleicht die Rechnung für den Kauf eines Computers, 3.000,00 EUR zzgl. 19 % Umsatzsteuer, der für die Depotabteilung bestimmt ist, durch DBB-Überweisung.	3.000,00 570,00 3.570,00	BGA und Vorsteuer an DBB
2) Die Rhein-Ruhr-Bank AG kauft für die Depotabteilung Büromaterial für je 1.500,00 EUR inkl. USt.	1.260,50 239,50 1.500,00	Allgemeiner Verwaltungsaufwand und Vorsteuer an DBB
3) KK-Kunden werden mit Depotgebühren in Höhe von 8.000,00 EUR zzgl. 19 % USt. belastet.	9.520,00 8.000,00 1.520,00	KKK an Provisionserträge und Umsatzsteuer
4) Ermittlung der Umsatzsteuer-Zahllast	809,50	Umsatzsteuer an Vorsteuer
5) Die Rhein-Ruhr-Bank AG überweist die Umsatzsteuer-Zahllast zum Steuertermin durch DBB-Überweisung.	710,50	Umsatzsteuer an DBB

Merke:

S Vorsteuer (Aktivkonto) H		S Umsatzsteuer (Passivkonto) H
• Käufe von Anlagegegenständen, mit denen umsatzsteuerpflichtige Bankdienstleistungen erstellt werden. • Aufwendungen, mit denen umsatzsteuerpflichtige Bankdienstleistungen erstellt werden.	← → Ermittlung der USt-Zahllast Buchung: Umsatzsteuer an Vorsteuer	• Erstellung von umsatzsteuerpflichtigen Bankdienstleistungen • Verkäufe von gebrauchten Anlagegegenständen, mit denen umsatzsteuerpflichtige Bankdienstleistungen erstellt wurden.

Aufgaben

1. In der Rhein-Ruhr-Bank AG fielen folgende Geschäftsfälle an.

a) Kauf von Büromaterial für den Zahlungsverkehr. 16.000,00 EUR inkl. 19 % USt. von einem KK-Kunden.
b) Kauf eines PC für die Depotabteilung für 4.000,00 EUR inkl. 19 % USt. Wir überweisen den Rechnungsbetrag über DBB.
c) Belastung der KK-Kunden mit Schließfachgebühren in Höhe von 32.000,00 EUR zzgl. 19 % USt.

Nehmen Sie die Buchungen der Geschäftsfälle im Grundbuch vor. Führen Sie die Konten Vorsteuer und Umsatzsteuer im Hauptbuch. Schließen Sie das Konto Vorsteuer ab und buchen Sie die Überweisung der Umsatzsteuer-Zahllast über DBB.

2. In der Rhein-Ruhr-Bank AG fielen folgende Geschäftsfälle an.

a) Kauf eines PC für die Kreditabteilung für 3.500,00 EUR zzgl. 19 % USt. Wir weisen Korrespondenzbanken an, zulasten unseres Guthabens dort, den Rechnungsbetrag zu überweisen.
b) Kauf eines PC für die Depotabteilung für 4.000,00 EUR inkl. 19 % USt. von einem KK-Kunden.
c) Belastung der KK-Kunden mit Depotgebühren in Höhe von 123.500,00 EUR inkl. 19 % USt.

Nehmen Sie die Buchungen der Geschäftsfälle im Grundbuch vor. Führen Sie die Konten Vorsteuer und Umsatzsteuer im Hauptbuch. Schließen Sie das Konto Vorsteuer ab und buchen Sie die Überweisung der Umsatzsteuer-Zahllast über DBB.

3. Die Rhein-Ruhr-Bank AG kauft von einem KK-Kunden
a) Vordrucke „Mietverträge für Schließfächer", Kaufpreis 2.600,00 EUR zzgl. 19 % USt.,
b) 5 Bürostühle für die Anlageberatung mit einem Listenpreis von jeweils 500,00 EUR zzgl. 19 % USt. Der Verkäufer gewährt 10 % Rabatt auf den Nettolistenpreis, da es sich um Aktionsware handelt.

Nehmen Sie die erforderlichen Buchungen im Grundbuch vor.

4. Entscheiden Sie, ob die folgenden Geschäftsfälle der Rhein-Ruhr-Bank AG über das Konto
[1] Vorsteuer,
[2] Umsatzsteuer,
[3] keines der genannten Konten
zu buchen ist. Sollten Sie sich für Lösung 1 oder 2 entscheiden, so geben Sie bitte den Steuerbetrag an.

a) Kauf von Büromöbeln für die Depotabteilung, brutto 12.500,00 EUR
b) Verkauf der alten Büromöbel der Depotabteilung, netto 1.200,00 EUR
c) Kauf eines neuen PC-Terminals für die Kasse, netto 13.000,00 EUR
d) Belastung der KK-Kunden mit Schließfachgebühr in Höhe von 34.600,00 EUR inkl. 19 % USt.
e) KK-Kunden werden auf ihren Konten mit Kontoführungsgebühren in Höhe von 17.000,00 EUR belastet.
f) Kauf eines PC für die Depotabteilung, 3.000,00 EUR zzgl. 19 % USt.
g) Bestimmen Sie die Umsatzsteuerzahllast der Rhein-Ruhr-Bank AG aus den vorangegangenen Geschäftsfällen.

5 Jahresabschlussarbeiten in Kreditinstituten

5.1 Bewertung von Sachanlagen

5.1.1 Ursachen und Methoden der Abschreibung auf Sachanlagen

Situation

Am Ende des Geschäftsjahres soll der Geschäftswagen eines Außendienstmitarbeiters der Rhein-Ruhr-Bank AG in die Bilanz aufgenommen werden. Gekauft wurde dieser Pkw am Anfang des Geschäftsjahres zu einem Preis in Höhe von 30.000,00 EUR inkl. 19 % Umsatzsteuer. Jetzt fragen sich die Auszubildenden, ob der Pkw mit seinem Anschaffungswert in die Bilanz aufgenommen werden soll.

Abschreibungen erfassen Wertverluste.

Das Anlagevermögen der Kreditinstitute unterliegt einem permanenten Wertverlust in Folge von Abnutzung, technischem Fortschritt oder Alterung. Diesem Wertverlust wird in der Buchführung durch Abschreibungen Rechnung getragen. Nicht abnutzbares Anlagevermögen (z. B. Grundstücke) erleidet keinen Wertverlust und darf daher grundsätzlich nicht abgeschrieben werden.

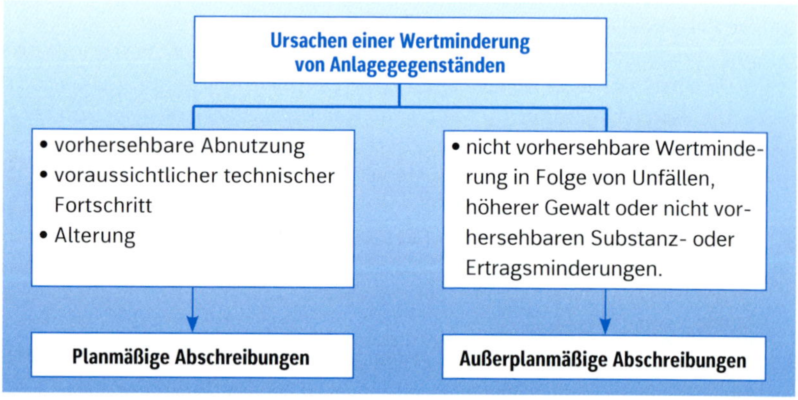

Planmäßige Abschreibungen

Planmäßige Abschreibungen werden aufgrund einer geplanten, d. h. im Voraus bekannten Wertminderung bei abnutzbaren Vermögensgegenständen durchgeführt, deren Nutzungsdauer zeitlich begrenzt ist. Außerplanmäßige Abschreibungen können sowohl bei abnutzbaren Vermögensgegenständen als auch bei nicht abnutzbaren Vermögensgegenständen, wie z. B. Grundstücken oder Vermögensbeteiligungen, durchgeführt werden, sofern die eingetretene Wertminderung nicht vorhersehbar war.

Beispiel

Planmäßige Abschreibung: Ein Pkw mit Anschaffungskosten in Höhe von 30.000,00 EUR unterliegt einer Wertminderung nach folgendem Plan:

Jahr der Nutzung	Wertminderung in Prozent des Anschaffungswertes	Wertminderung in EUR
1	16,67 (gerundet)	5.000,00
2	16,67 "	5.000,00
3	16,67 "	5.000,00
4	16,67 "	5.000,00
5	16,67 "	5.000,00
6	16,67 "	5.000,00

Der Abschreibungsplan geht davon aus, dass der Pkw nach Ablauf des 6. Jahres der Nutzung keinen Wert mehr hat, da kein Nutzen mehr aus ihm gezogen werden kann. Dies muss nicht mit der Realität übereinstimmen.

Bilanzielle Auswirkung der Abschreibung:

Aktiva	Passiva
Fuhrpark	Eigenkapital
30.000,00	11.500,00
25.000,00	**6.500,00**

Die Wertminderung des aktiven Bestandkontos Fuhrpark hat gleichzeitig eine Eigenkapitalminderung zur Folge, d. h., eine Wertminderung ist ein Aufwand aus Sicht des Kreditinstitutes. Durch obiges Beispiel zur planmäßigen Abschreibung wird deutlich, dass die Abschreibungshöhe von 3 Faktoren abhängt.

Abschreibungen mindern das Eigenkapital.

Einflussfaktoren auf die Höhe der planmäßigen Jahresabschreibung

Die Berechnungsgrundlage

Berechnungsgrundlage der Abschreibung sind die **Anschaffungskosten,** die sich wie folgt berechnen:

Anschaffungspreis
– Preisnachlässe
+ Transportkosten
+ Montagekosten

Die geschätzte Nutzungsdauer

In der Praxis werden sog. **AfA[1]-Tabellen der Finanzverwaltung** genutzt, in denen die gewöhnliche Nutzungsdauer von Anlagegegenständen aufgrund von Erfahrungen und Schätzungen festgelegt wird.

Die Höhe der Abschreibungen wird monatsgenau berechnet. Bei Anschaffung im Februar können am Jahresende $^{11}/_{12}$ einer Jahresabschreibung abgeschrieben werden.

Das gewählte Abschreibungsverfahren (Methode zur Berechnung der Abschreibungshöhe)

- Lineare Abschreibung
- Geometrisch degressive Abschreibung
- Kombination aus erst geometrisch-degressiver, dann linearer Abschreibung

Anlagegut dient der Herstellung umsatzsteuerfreier Bankdienstleistungen

Die Anschaffungskosten erhöhen sich um die Umsatzsteuer, die aktiviert und abgeschrieben wird.

Anlagegut dient der Herstellung umsatzsteuerpflichtiger Bankdienstleistungen

Die Anschaffungskosten entsprechen dem Nettoeinkaufspreis. Die Umsatzsteuer wird als Vorsteuer von der Umsatzsteuerschuld abgezogen.

[1] *AfA bedeutet „Absetzung für Abnutzung“.*

Beispiel Berechnung der Anschaffungskosten

Die Rhein-Ruhr-Bank AG kauft zwei PC für je 4.000,00 EUR zzgl. 19 % Umsatzsteuer. Es fallen insgesamt 100,00 EUR Transportkosten an. Bestimmt sind diese PC jeweils für die Kreditabteilung und die Depotabteilung des Kreditinstitutes.

Anschaffungskosten des PC in der Kreditabteilung, in der nicht USt.-pflichtige Bankdienstleistungen erstellt werden.

Nettopreis	4.000,00 EUR
+ Umsatzsteuer	760,00 EUR
+ anteilige Transportkosten	50,00 EUR
+ Umsatzsteuer auf Transportkosten	9,50 EUR
Anschaffungskosten	4.819,50 EUR

Anschaffungskosten des PC in der Depotabteilung, in der USt.-pflichtige Bankdienstleistungen erstellt werden.

Nettopreis	4.000,00 EUR
+ anteilige Transportkosten	50,00 EUR
Anschaffungskosten	4.050,00 EUR

Die Wertminderung des PC in der Kreditabteilung wird folglich von 4.819,50 EUR berechnet, während die Wertminderung des PC in der Depotabteilung von 4.050,00 EUR berechnet wird.

Das gewählte Abschreibungsverfahren

Zum Zeitpunkt der Anschaffung des Wirtschaftgutes muss die Unternehmung entscheiden, welches Abschreibungsverfahren sie benutzen möchte. Erlaubt ist nach HGB jedes Verfahren, das die Abschreibungsbeträge nach einem festen Plan auf die Nutzungsdauer verteilt.

Lineare Abschreibung

- Abschreibung in Höhe eines konstanten Prozentsatzes der Anschaffungskosten
- Abschreibungssatz: $\frac{100\,\%}{\text{geplante Nutzungsdauer in Jahren}}$
- Jährliche konstante Abschreibungsbeiträge

Degressive Abschreibung

- Abschreibungen in Höhe eines konstanten Prozentsatzes (z. B. 25 %) vom jeweiligen Restbuchwert
- Jährlich fallende Abschreibungsbeträge

Beispiel

Lineare und geometrisch-degressive Abschreibung im Vergleich Abgeschrieben wird ein Pkw, Anschaffung im Januar, Anschaffungskosten 30.000,00 EUR, angenommene Nutzungsdauer 6 Jahre.					
Lineare Abschreibung			**Geometrisch-degressive Abschreibung**		
Abschreibungsquote: $\frac{100\ \%}{6} = 16{,}67\ \%$.			Abschreibungsquote: 25 % vom jeweiligen Restbuchwert		
Jahr	Abschreibungsbetrag	Restwert	Jahr	Abschreibungsbetrag	Restwert
1	5.000,00	25.000,00	1	7.500,00	22.500,00
2	5.000,00	20.000,00	2	5.625,00	16.875,00
3	5.000,00	15.000,00	3	4.218,75	12.656,25
4	5.000,00	10.000,00	4	3.164,06	9.482,19
5	5.000,00	5.000,00	5	2.373,08	7.109,11
6	5.000,00	0,00	6	1.777,28	5.331,83

Dieser Vergleich zeigt, dass die lineare Abschreibung immer gleich hohe Abschreibungsbeträge zur Folge hat, die Abschreibungsbeträge bei der geometrisch-degressiven Abschreibung hingegen sinken. Dieses Abschreibungsverfahren ist also immer dann sinnvoll, wenn die tatsächliche Wertminderung in den ersten Jahren deutlich höher ausfällt als in späteren Jahren.

Da der geometrisch-degressive Abschreibungsbetrag immer mit dem festen Abschreibungssatz vom jeweiligen Restbuchwert berechnet wird, sinken die Abschreibungsbeträge kontinuierlich, der Restbuchwert erreicht jedoch nie den Wert von Null, auch nicht am Ende der Nutzungsdauer. Daher planen Kreditinstitute einen Wechsel von der degressiven zur linearen Abschreibungsmethode sinnvollerweise dann, wenn die linearen Abschreibungsbeträge größer werden als die degressiven.

Beispiel

Abschreibungsplan bei Wechsel von der geometrisch-degressiven zur linearen Abschreibung. Abgeschrieben wird ein Pkw, Anschaffung im Januar, Anschaffungskosten 30.000,00 EUR, betriebsgewöhnliche Nutzungsdauer 6 Jahre. Der Wechsel erfolgt dann, wenn die linearen Abschreibungsbeträge – berechnet vom jeweiligen Restbuchwert und der jeweiligen Restnutzungsdauer – größer sind, als die degressiven Abschreibungsbeträge.

Jahr	**Buchwert**	**Höhe der Abschreibung bei** **geometr.-degr. Abschreibung**	**linearer Abschreibung**	**Gewähltes Verfahren**
1	30.000,00	7.500,00	30.000,00 : 6 Jahre = 5.000,00	geometrisch-degressiv
2	22.500,00	5.625,00	22.500,00 : 5 Jahre = 4.500,00	geometrisch-degressiv
3	16.875,00	4.218,75	16.875,00 : 4 Jahre = 4.218,75	egal, da gleiche Abschreibungsbeträge
4	12.656,25	3.164,06	12.656,25 : 3 Jahre = 4.218,75	Wechsel zur linearen Abschreibung ab hier sinnvoll
5	8.437,50		4.218,75	lineare Abschreibung
6	4.218,75		4.218,75	lineare Abschreibung
7	0,00			

Aufgaben

1. *Die Rhein-Ruhr-Bank AG kauft im Januar einen Geldausgabeautomaten für 92.000,00 EUR zzgl. USt., dessen betriebsgewöhnliche Nutzungsdauer 8 Jahre beträgt.*
   a) Ermitteln Sie die Anschaffungskosten.
   b) Erstellen Sie den Abschreibungsplan für die ersten 3 Jahre der Nutzung.

2. *Die Rhein-Ruhr-Bank AG kauft am 15.11. d. J. einen PC für 1.200,00 EUR zzgl. 19 % USt. für die Depotabteilung. Die Nutzungsdauer beträgt 3 Jahre, es fallen zusätzlich noch Kosten in Höhe von 228,57 EUR zzgl. 19 % USt. für Software, Einrichtung und Transport an.*
   a) Ermitteln Sie die Anschaffungskosten für den PC.
   b) Berechnen Sie die Höhe der Abschreibung am Ende des ersten Jahres der Nutzung.
   c) Erstellen Sie den Abschreibungsplan für die 3 Jahre der Nutzung.

3. *Die Rhein-Ruhr-Bank AG kauft am 31.08. d. J. einen PC für 1.500,00 EUR zzgl. 19 % USt. für die Kreditabteilung. Die Nutzungsdauer beträgt 3 Jahre, es fallen zusätzlich noch Kosten in Höhe von 200,00 EUR inkl. 19 % USt. für Software, Einrichtung und Transport an.*
   a) Ermitteln Sie die Anschaffungskosten für den PC.
   b) Berechnen Sie die Höhe der Abschreibung am Ende des ersten Jahres der Nutzung.
   c) Erstellen Sie den Abschreibungsplan für die 3 Jahre der Nutzung.

4. *Die Rhein-Ruhr-Bank AG kauft im Januar einen Geldausgabeautomaten, dessen betriebsgewöhnliche Nutzungsdauer 8 Jahre beträgt. Nach einmaliger degressiver Abschreibung mit 25 % Abschreibungssatz beträgt der Restbuchwert zum Bilanzstichtag 31.500,00 EUR.*
   a) Ermitteln Sie die Anschaffungskosten.
   b) Ermitteln Sie den Abschreibungsbetrag für die erste Abschreibung.
   c) In welchem Jahr ist es für das Kreditinstitut sinnvoll, von der degressiven Abschreibungsmethode zur linearen Abschreibung zu wechseln?

5.1.2 Buchung der Abschreibung auf Sachanlagen

Durch die Abschreibung soll die Wertminderung abnutzbarer Anlagegegenstände erfasst und auf die geplanten Jahre der Nutzung verteilt werden. Diese Wertminderung bewirkt einerseits eine Minderung der Aktiva und andererseits eine Minderung des Eigenkapitals. Es handelt sich also um einen betrieblichen Aufwand, der im Soll des Kontos Abschreibungen auf Sachanlagen zu buchen ist. Die Minderung des aktiven Bestandskontos erfolgt im Haben.

Geschäftsfälle	EUR	Buchungssatz
1) Ein Pkw der Rhein-Ruhr-Bank AG, angeschafft im Januar, Anschaffungskosten 30.000,00 EUR inkl. USt. ist am Ende des ersten Jahres der Anschaffung linear abzuschreiben. Die geschätzte Nutzungsdauer beträgt 6 Jahre.	5.000,00	Abschreibungen auf Sachanlagen an Fuhrpark
2) Das Konto Fuhrpark ist abzuschließen.	25.000,00	SBK an Fuhrpark
3) Das Konto Abschreibungen auf Sachanlagen ist abzuschließen.	5.000,00	GuV an Abschreibungen auf Sachanlagen

Soll		Fuhrpark	Haben
AB	30.000,00	Abschr. a. Sachanlagen	5.000,00
		SBK	25.000,00
	30.000,00		30.000,00

Soll	Abschreibung auf Sachanlagen		Haben
Fuhrpark	5.000,00	GUV	5.000,00
	5.000,00		5.000,00

Soll		SBK	Haben
Fuhrpark	25.000,00		

Soll	Gewinn-und-Verlust-Konto		Haben
Abschr. a. Sachanlagen	5.000,00		

Aufgaben

1. *Die unten stehenden Sachverhalte beschreiben die Berechnungsmethoden für Abschreibungsquoten von Anlagegegenständen. Kennzeichnen Sie die entsprechenden Sachverhalte mit einer*
[1], wenn sie die lineare Abschreibung,
[2], wenn sie die geometrisch-degressive Abschreibung betreffen.

a) Es wird jährlich ein fester Prozentsatz vom Anschaffungswert abgeschrieben.
b) Die unveränderlichen jährlichen Abschreibungsbeträge bemessen sich nur nach dem Anschaffungswert und nach der Nutzungsdauer.
c) Jährlich wird ein unveränderlicher Prozentsatz vom Restbuchwert abgeschrieben.

2. *Überprüfen Sie folgende Aussagen in Bezug auf Abschreibungen auf ihre Richtigkeit. Tragen Sie bei richtigen Aussagen eine [1] ein, bei falschen Aussagen eine [9].*
a) Bei der linearen Abschreibung ist die Abschreibungsquote in jedem Nutzungsjahr gleich.
b) Bei der degressiven Abschreibung können die Abschreibungsquoten durch einen festen Prozentsatz vom jeweiligen Restbuchwert ermittelt werden. Die jährlichen Abschreibungsquoten bilden somit geometrisch fallende Folgen.
c) Die Anschaffungskosten entsprechen im umsatzsteuerpflichtigen Bereich dem Nettopreis, im umsatzsteuerfreien Bereich dem Bruttopreis des Anlagegutes.
d) Die Anschaffungskosten entsprechen im umsatzsteuerpflichtigen Bereich dem Bruttopreis, im umsatzsteuerfreien Bereich dem Nettopreis des Anlagegutes.
e) Grundstücke und Bankgebäude werden i. d. R. über 50 Jahre abgeschrieben.

3. *Ein Geldausgabeautomat – angeschafft im Januar – verursachte Anschaffungskosten in Höhe von 150.000,00 EUR. Seine Nutzungsdauer beträgt 6 Jahre. Buchen Sie die Abschreibung im Grund- und Hauptbuch nach Ablauf des 2. Jahres der Nutzung*
a) bei linearer Abschreibung.
b) bei geometrisch-degressiver Abschreibung mit 25 %.

4. *Die Rhein-Ruhr-Bank AG hat im Januar Büromöbel für die Kreditabteilung und die Depotabteilung erworben. Die Eingangsrechnungen betragen jeweils 50.000,00 EUR inkl. 19 % USt., die betriebsgewöhnliche Nutzungsdauer 13 Jahre. Erstellen Sie die Abschreibungspläne für die Möbel der Kreditabteilung und der Depotabteilung für die ersten 3 Jahre der Nutzung.*

5. *Mit welcher betriebsgewöhnlichen Nutzungsdauer rechnet die Rhein-Ruhr-Bank AG bei einem jährlichen Abschreibungssatz von $8^1/_3$ % auf die Anschaffungskosten?*

6. *Eine Kupontrennmaschine wurde 2 Jahre lang mit jeweils 12,5 % der Anschaffungskosten abgeschrieben. Zu Beginn des dritten Jahres der Nutzung wird die Kupontrennmaschine mit 2.000,00 EUR über Buchwert für 10.115,00 EUR inkl. 19 % USt. verkauft.*

   Berechnen Sie die Anschaffungskosten der Kupontrennmaschine. Gehen Sie hierbei von einer Anschaffung im Januar aus.

5.1.3 Der Einfluss des Steuerrechtes auf die Abschreibung

Für die Erstellung der Handelsbilanz erlaubt das HGB jede planvolle Abschreibungsmethode. Im Rahmen der Erstellung der Steuerbilanz schränkt der Steuergesetzgeber diese Freiheit jedoch stark ein.

5.1.3.1 Degressive Abschreibung

Der degressive Abschreibungssatz, den Kreditinstitute zur Erstellung der Steuerbilanz nutzen müssen, wird im Steuerrecht geregelt. Er ist abhängig von der Gesetzgebung im Anschaffungsjahr des Gegenstandes und gilt für dessen gesamte Nutzungsdauer.

Degressive Abschreibung
Die Höhe des degressiven Abschreibungssatzes für das einzelne Wirtschaftsgut ist abhängig von der Gesetzgebung im Anschaffungsjahr und gilt für die gesamte Nutzungsdauer des Gegenstandes.

Anschaffungsjahr	Höhe der degressiven Abschreibung
bis einschließlich 2005	2-facher linearer Satz, maximal 20 %
2006 und 2007	3-facher linearer Satz, maximal 30 %
2008	Die degressive Abschreibung ist nicht mehr möglich, d. h., alle Wirtschaftgüter müssen linear abgeschrieben werden.
2009 und 2010	2,5-facher linearer Satz, maximal 25 %
ab 2011	Degressive Abschreibung ist im Steuerrecht verboten, in der Handelsbilanz jedoch weiterhin erlaubt.

Aufgabe

Die Rhein-Ruhr-Bank AG hat im Januar 2020 Büromöbel für die Kreditabteilung und die Depotabteilung erworben. Die Möbel kosten jeweils 50.000,00 EUR inkl. 19 % USt., die betriebsgewöhnliche Nutzungsdauer liegt bei 13 Jahren.

Erstellen Sie die Abschreibungspläne für die Möbel der Kreditabteilung (degressive Abschreibung) und der Depotabteilung (lineare Abschreibung) für die ersten 5 Jahre der Nutzung.

5.1.3.2 Geringwertige Wirtschaftsgüter

Situation

Für die Kreditabteilung wurden zehn programmierbare Taschenrechner zu einem Einzelpreis von 75,00 EUR zzgl. USt. sowie drei tragbare Navigationsgeräte zu einem Einzelpreis von 300,00 EUR zzgl. USt. angeschafft. Der Gegenwert wird dem Großhändler, der Kunde unseres Hauses ist, auf KKK gutgeschrieben.

Da es für Unternehmen mit unverhältnismäßig hohem Verwaltungsaufwand verbunden ist, z. B. Taschenrechner mit Anschaffungskosten von 75,00 EUR über 10 Jahre mit jährlich 7,50 EUR abzuschreiben, bietet der Gesetzgeber aus Vereinfachungs- und Entlastungsgründen die Möglichkeit zur Sofortabschreibung bzw. zur Poolabschreibung der geringwertigen Wirtschaftsgüter an.

Geringwertige Wirtschaftsgüter

Jedes einzelne selbstständig nutzbare Wirtschaftsgut mit Anschaffungskosten bis zu 250,00 EUR ohne USt. (297,50 EUR brutto)

wird beim Kauf sofort über das Konto „Anderer Verwaltungsaufwand“ als Aufwand erfasst.
Es erfolgt keine Aktivierung, somit ist auch in den folgenden Jahren der Nutzung keine Abschreibung erforderlich.

Jedes einzelne selbstständig nutzbare Wirtschaftsgut mit Anschaffungskosten bis zu 1.000,00 EUR ohne USt. (1.190,00 EUR brutto)

wird beim Kauf in einem jahrgangsbezogenen Sammelposten, dem sog. Abschreibungspool, zusammengefasst, der dann über eine Laufzeit von 5 Jahren, unabhängig von der tatsächlichen Nutzungsdauer abgeschrieben wird.

Jedes GWG muss über 5 Jahre abgeschrieben werden.
Es erfolgt keine monatsgenaue Abschreibung.

Beispiel

Im Jahr 2021 wurden für genau 150.000,00 EUR geringwertige Wirtschaftsgüter gekauft. Diese werden dann gesamt über 5 Jahre, d. h. mit jährlich 30.000,00 EUR abgeschrieben, unabhängig davon, ob der Gegenstand tatsächlich noch existiert.

Wird ein einzelnes dieser geringwertigen Wirtschaftsgüter aus 2021 vor Ablauf der 5 Jahre z. B. für 200,00 EUR verkauft, so erfolgt die Abschreibung aus Vereinfachungsgründen weiterhin in voller Höhe von 30.000,00 EUR. Der Verkauf ist dann in voller Höhe erfolgswirksam über das Konto „Sonstiger betrieblicher Ertrag“ zu buchen.

Soll	KKK	Haben
	GWG/AVA	1.963,50 (1)

Soll	BKK	Haben
	AVA	1.700,00 (2)

Soll	GWG 2021		Haben
AB	148.929,00	A. a. S.	30.000,00 (4)
KKK (1)	1.071,00		

Soll	AVA		Haben
KKK (1)	892,50		
BKK (2)	1.700,00		

Soll	Abschr. a. S.	Haben
GWG (4)	30.000,00	

Geschäftsfälle	EUR	Buchungssatz
1) Wir kaufen von einem KK-Kunden 10 Taschenrechner zum Einzelpreis von 75,00 EUR zzgl. USt. sowie 3 tragbare Navigationsgeräte zum Einzelpreis von 300,00 EUR zzgl. USt. von einem KK-Kunden.	892,50 1.071,00 1.963,50	Anderer Verwaltungsaufwand und GWG (2021) an KKK
2) Kauf von Büromaterial für das Sekretariat zum Gesamtpreis in Höhe von 1.700,00 EUR inkl. USt. Der Rechnungsbetrag wird über BKK überwiesen.	1.700,00	Anderer Verwaltungsaufwand an BKK
3) Wegen der Verkleinerung unseres Bankaußendienstes verkaufen wir ein Navigationsgerät für 200,00 EUR in bar.	200,00	Kasse an Sonstige betriebliche Erträge
4) Die Poolabschreibung der geringwertigen Wirtschaftsgüter des Jahres 2021 ist am Ende des Geschäftsjahres vorzunehmen.	30.000,00	Abschreibungen auf Sachanlagen an GWG (2021)

Alternativ zur dargestellten Regelung des Sofortaufwandes bis einschließlich 250,00 EUR netto und der Poolabschreibung von 250,01 EUR bis einschließlich 1.000,00 EUR netto können Kreditinstitute geringwertige Wirtschaftsgüter mit Anschaffungskosten bis zu 800,00 EUR netto sofort als Aufwand erfassen. Anlagegegenstände über 800,00 EUR netto müssen demnach über die Nutzungsdauer abgeschrieben werden. Wichtig ist, dass alle geringwertigen Wirtschaftsgüter eines Jahres einheitlich behandelt werden müssen, d. h. entweder nach der Methode der Poolabschreibung oder nach der 800-Euro-Methode. Eine Anwendung beider Methoden innerhalb eines Jahres ist nicht zulässig.

Merke:

ENTWEDER:

Poolabschreibung

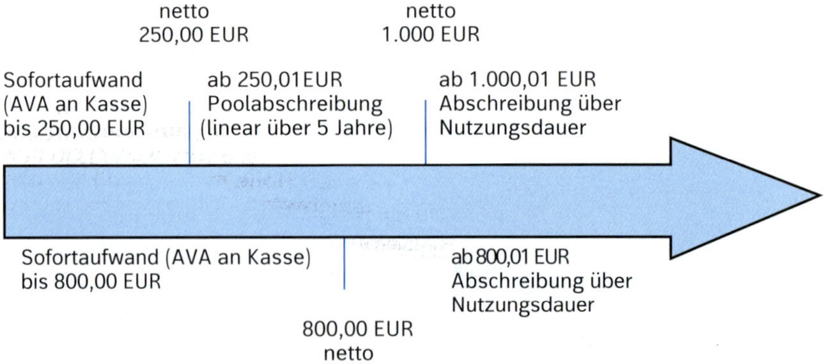

ODER:

800-Euro-Regel

Aufgaben

1. *Bilden Sie die Buchungssätze zu den folgenden Geschäftsfällen:*
   a) Die Rhein-Ruhr-Bank AG kauft 37 Prepaid-Handys zum Stückpreis von 50,62 EUR inkl. USt., bar
   b) Für Außendienstmitarbeiter werden 12 Digitalkameras zum Stückpreis von 419,00 EUR zzgl. 19 % USt. angeschafft, die dem Abschreibungspool zugeordnet werden. Verrechnung über DBB.
   c) Wir begleichen eine Rechnung über Büromaterial über 2.700,00 EUR inkl. USt. durch DBB-Überweisung.
   d) Die Digitalkameras werden am Ende des Geschäftsjahres abgeschrieben.

2. *Die Rhein-Ruhr-Bank AG kaufte im März d.J. eine ISDN-Anlage (Nutzungsdauer 10 Jahre) mit einem Listenpreis von 285,00 EUR zzgl. 19 % USt für die Immobilienabteilung. Der Großhändler gewährte 10 % Rabatt auf den Netto-Listenpreis.*
   Wie ist die Anlage am Jahresende zu bewerten, wenn die Rhein-Ruhr-Bank AG
   a) die Anlage über die Nutzungsdauer linear abschreibt?
   b) die Anlage über die Nutzungsdauer mit 22 % degressiv abschreibt?
   c) geringwertige Wirtschaftsgüter nach der Poolmethode bewertet?
   d) geringwertige Wirtschaftsgüter nach der 800-Euro-Regel bewertet?

3. *Die Rhein-Ruhr-Bank AG hat im Laufe dieses Geschäftsjahres verschiedene Vermögensgegenstände erworben, die am Jahresende erstmals abzuschreiben sind.*

Kaufdatum	Gegenstand	Nutzungsdauer in Jahren	Für Abteilung	Bruttopreis
19.02.	PC	3	Anlageberatung	1.680,00 EUR
29.04.	Digicam	6	Kreditaußendienst	493,85 EUR
01.06.	Pkw	6	Immobilienvertrieb	22.300,00 EUR
31.07.	Schreibtisch	13	Revision	273,70 EUR

   Die Rhein-Ruhr-Bank AG ist aus steuerlichen Gründen an möglichst hohen Abschreibungsbeträgen interessiert.
   a) Entscheiden Sie unter Beachtung des Zieles der steuerlich maximal zulässigen Abschreibungsbeträge, welches Abschreibungsverfahren die Rhein-Ruhr-Bank AG
   aa) beim PC der Anlageberatung,
   ab) bei der Digicam des Kreditaußendienstes,
   ac) beim Pkw des Immobilienvertriebes,
   ad) bei den Schreibtischen der Revision wählen wird.
   Abschreibungsmethoden zu a):
   1) Lineare Abschreibungsmethode
   2) Erfassung als GWG (Poolabschreibung)
   3) Erfassung als GWG
   b) Berechnen Sie die Höhe der Abschreibung, die die Rhein-Ruhr-Bank AG am 31.12. unter Beachtung der steuerrechtlichen Abschreibungsregelungen für
   ba) den PC der Anlageberatung,
   bb) die Digicam des Kreditaußendienstes,
   bc) den Pkw des Immobilienvertriebes,
   bd) den Schreibtisch der Revision vornehmen wird.

4. *Die Rhein-Ruhr-Bank AG möchte überprüfen, ab welcher Nutzungsdauer die Anwendung des Sammelpostenverfahrens für geringwertige Wirtschaftsgüter zu einer höheren Abschreibung führt als die Nutzung der 800-Euro-Regel.*
   Prüfen Sie diesen Sachverhalt am Beispiel eines im Januar d. J. erworbenen Wirtschaftsgutes für die Kreditabteilung mit einem Kaufpreis in Höhe von 900,00 EUR inkl. Umsatzsteuer.

5.1.4 Verkauf von gebrauchten Sachanlagen

Situation

Die Rhein-Ruhr-Bank AG verkauft einen Pkw mit einem Restbuchwert von 24.000,00 EUR an einen KK-Kunden. Aufgrund eines momentanen Überangebotes am Gebrauchtwagenmarkt vereinbarten die Vertragspartner einen Preis in Höhe von 20.000,00 EUR.

Wird ein Anlagegegenstand verkauft, kann der Verkaufserlös vom Restbuchwert abweichen.

Verkauf des Anlagegutes erfolgt

unter Buchwert	zum Buchwert	über dem Buchwert
d. h., die tatsächliche Wertminderung war größer als die realisierten Abschreibungen.	d. h., die tatsächliche Wertminderung entspricht genau der realisierten Abschreibung.	d. h., die tatsächliche Wertminderung ist geringer als die realisierten Abschreibungen.
Folge: zusätzlicher Aufwand zulasten „Sonstige betriebliche Aufwendungen“		**Folge:** Berichtigung der Abschreibungen durch Buchung auf „Sonstige betriebliche Erträge“

Beispiel

Die Rhein-Ruhr-Bank AG verkauft einen gebrauchten Pkw mit einem Restbuchwert in Höhe von 24.000,00 EUR umsatzsteuerfrei an einen KK-Kunden zum einem Preis in Höhe von

20.000,00 EUR

KKK an Fuhrpark 20.000,00 EUR
Sonstiger betrieblicher Aufwand an Fuhrpark 4.000,00 EUR

Soll	Fuhrpark		Haben
AB	24.000,00	KKK	20.000,00
		S.b.Aufw.	4.000,00
	24.000,00		24.000,00

Soll	KKK		Haben
Fuhrpark	20.000,00		

Soll	Sonst. betr. Aufwand		Haben
Fuhrpark	4.000,00		

24.000,00 EUR

KKK an Fuhrpark 24.000,00 EUR

Soll	Fuhrpark		Haben
AB	24.000,00	KKK	24.000,00

Soll	KKK		Haben
Fuhrpark	24.000,00		

26.000,00 EUR

KKK an Fuhrpark 26.000,00 EUR
Fuhrpark an Sonstige betriebliche Erträge 2.000,00 EUR

Soll	Fuhrpark		Haben
AB	24.000,00	KKK	26.000,00
S.b.Ertr.	2.000,00		
	26.000,00		26.000,00

Soll	KKK		Haben
Fuhrpark	26.000,00		

Soll	Sonst. betr. Erträge		Haben
		Fuhrpark	2.000,00

Berücksichtigung von Umsatzsteuer beim Verkauf von Anlagegütern

Mit dem Anlagegegenstand wurden umsatzsteuerfreie Bankdienstleistungen erstellt.	Mit dem Anlagegegenstand wurden umsatzsteuerpflichtige Bankdienstleistungen erstellt.
Verkauf ist umsatzsteuerfrei.	**Verkauf ist umsatzsteuerpflichtig.**

Zusammenfassung:
Abschreibungen auf Sachanlagen unter Berücksichtigung von Umsatzsteuer

<table>
<tr>
<td>Grundsatz: Kreditinstitute sind von der Umsatzsteuerpflicht befreit.</td>
<td>Ausnahme: Bankdienstleistungen unterliegen der USt.-Pflicht.
• Immobilienvermittlungen
• Verwahrung und Verwaltung von Wertpapieren
• Vermietung von Schließfächern
• An- und Verkauf von Edelmetallen
• Verkäufe von Sicherungsgütern
• Verkäufe von Anlagegütern, mit denen USt.-pflichtige Bankdienstleistungen erstellt werden</td>
</tr>
<tr>
<td>Beispiel Kauf eines PC, 5.000,00 EUR zzgl. 19 % USt. für die Kreditabteilung (USt.-freie Bankdienstleistungen), Nutzungsdauer 3 Jahre, lineare Abschreibung, Anschaffung im Januar</td>
<td>Beispiel Kauf eines PC, 5.000,00 EUR zzgl. 19 % USt. für die Depotabteilung (USt.-pflichtige Bankdienstleistungen), Nutzungsdauer 3 Jahre, lineare Abschreibung, Anschaffung im Januar</td>
</tr>
<tr>
<td>① Anschaffung des PC, Verrechnung über DBB
BGA an DBB 5.950,00 EUR</td>
<td>① Anschaffung des PC, Verrechnung über DBB
BGA 5.000,00 EUR und
Vorsteuer 950,00 EUR an
DBB 5.950,00 EUR</td>
</tr>
<tr>
<td>② Abschreibung am Ende des 1. Jahres der Nutzung
Abschreibung auf Sachanlagen an BGA 1.983,33 EUR

Umsatzsteuer, die auf Anlagegegenstände entfällt, mit denen USt.-freie Bankdienstleistungen erstellt werden, wird aktiviert und anteilig abgeschrieben.</td>
<td>② Abschreibung am Ende des 1. Jahres der Nutzung
Abschreibung auf Sachanlagen an BGA 1.666,67 EUR

Umsatzsteuer, die auf Anlagegegenstände entfällt, mit denen USt.-pflichtige Bankdienstleistungen erstellt werden, wird als Vorsteuer gebucht und von der eigenen USt.-Verbindlichkeit abgezogen.</td>
</tr>
<tr>
<td>③ Verkauf des PC an KK-Kunden zu einem Preis in Höhe von 3.500,00 EUR im zweiten Jahr der Nutzung.

Soll | BGA | Haben
AB 5.950,00 | 1. Abschr. 1.983,33
| KKK 3.500,00
| Sonst. betr. Aufw. 466,67

KKK an BGA 3.500,00 EUR
Sonst. betr. Aufwand an BGA 466,67 EUR

Verkäufe von Anlagegenständen, mit denen überwiegend USt.-freie Bankdienstleistungen erstellt werden, sind USt.-frei.
Ein Verkauf unter Buchwert wird zulasten des Kontos „Sonstiger betriebl. Aufwand“ ausgeglichen.</td>
<td>③ Verkauf des PC an KK-Kunden zu einem Preis in Höhe von 4.100,00 EUR inkl. 19 % USt. im zweiten Jahr der Nutzung.

Soll | BGA | Haben
AB 5.000,00 | 1. Abschr. 1.666,67
Sonst. betr. Erträge 112,05 | KKK 3.445,38

KKK 4.100,00 an BGA 3.445,38 EUR
an USt. 654,62 EUR
BGA an Sonst. betr. Erträge 112,05 EUR

Verkäufe von Anlagegegenständen, mit denen überwiegend USt.-pflichtige Bankdienstleistungen erstellt werden, sind USt.-pflichtig.
Ein Verkauf über Buchwert wird über das Konto „Sonstige betriebl. Erträge“ ausgeglichen.</td>
</tr>
</table>

Aufgaben

1. *Eine elektrische Schreibmaschine aus der Kreditabteilung mit einem Restbuchwert in Höhe von 600,00 EUR wird für 800,00 EUR verkauft. Der Verkaufserlös geht über DBB ein.*
   Nehmen Sie die erforderliche Buchung im Grundbuch vor.

2. *Ein Pkw verursachte im Januar Anschaffungskosten in Höhe von 75.000,00 EUR und wird linear über die gesamte Nutzungsdauer von 6 Jahren abgeschrieben. Nach dreimaliger Abschreibung wird das Anlagegut für 28.000,00 EUR verkauft. Der Gegenwert geht auf DBB ein (Umsatzsteuer bleibt unberücksichtigt).*
   Nehmen Sie die erforderlichen Buchungen im Grundbuch vor.

3. *Ein Pkw der Immobilienabteilung – angeschafft im Januar – mit Anschaffungskosten in Höhe von 40.000,00 EUR wird degressiv mit einem Abschreibungssatz von 25 % abgeschrieben.*

   a) Ermitteln Sie den Betrag der ersten Abschreibung.
   b) Ermitteln Sie den Abschreibungsbetrag der zweiten Abschreibung.
   c) Ermitteln Sie den Buchwert des Pkw nach der zweiten Abschreibung.
   d) Nach zweimaliger Abschreibung wird der Pkw für 28.560,00 EUR inkl. 19 % USt. an einen KK-Kunden verkauft. Bilden Sie den Buchungssatz zum Verkauf des Anlagegegenstandes.

4. *Ein PC aus der Depotabteilung mit einem Restbuchwert von 2.000,00 EUR wird zum Nettopreis von 1.800,00 EUR zzgl. 19 % USt. bar verkauft. Nehmen Sie die erforderlichen Buchungen im Grundbuch vor.*

5. *Eine Kupontrennmaschine verursachte im Januar Anschaffungskosten in Höhe von 20.000,00 EUR. Die Nutzungsdauer wurde auf 5 Jahre geschätzt. Nach 3 erfolgten linearen Abschreibungen wird die Maschine im 4. Jahr der Nutzung zu einem Preis in Höhe von*

   a) 10.000,00 EUR zzgl. 19 % USt.   b) 8.000,00 EUR zzgl. 19 % USt.   c) 6.000,00 EUR zzgl. 19 % USt.

   verkauft. Der Gegenwert geht über DBB ein. Nehmen Sie die erforderlichen Buchungen im Zusammenhang mit dem Verkauf im Grundbuch vor.

6. *Eine Kupontrennmaschine, die für die Depotabteilung des Kreditinstitutes im Januar angeschafft wurde, wird zu Beginn des 3. Jahres der Nutzung veräußert. Der Kaufpreis betrug 17.850,00 EUR zzgl. 19 % USt. Die Nutzungsdauer beträgt 5 Jahre, es wird linear abgeschrieben.*

   a) Buchen Sie den Erwerb der Maschine im Grundbuch. Der Gegenwert wird über DBB überwiesen.
   b) Erstellen Sie einen Abschreibungsplan bis zum Verkaufszeitpunkt.
   c) Buchen Sie jeweils die Abschreibung nach den ersten beiden Jahren im Grundbuch.
   d) Buchen Sie den Verkauf der Maschine unter Berücksichtigung folgender Nettoverkaufspreise:
   da) 10.000,00 EUR   db) 10.710,00 EUR   dc) 11.000,00 EUR
   Der jeweilige Gegenwert geht über DBB ein.

7. *Die Rhein-Ruhr-Bank AG erwarb im Januar einen Pkw mit Nutzungsdauer von 6 Jahren für die Kreditabteilung zum Preis von 70.000,00 EUR zzgl. 19 % USt. von einem KK-Kunden. Der Pkw wurde viermal abgeschrieben und dann für 30.000,00 EUR verkauft. Der Zahlungseingang erfolgte über BKK. Ermitteln Sie die geforderten Zahlen und buchen Sie die entsprechenden Sachverhalte.*

   a) Ermitteln Sie die Anschaffungskosten des Pkw.
   b) Buchen Sie die Anschaffung des Pkw.
   c) Erstellen Sie den Abschreibungsplan für die ersten 4 Jahre der Nutzung.
   d) Buchen Sie den Verkauf des Pkw im Grundbuch.

8. Die Rhein-Ruhr-Bank AG erwarb eine neue PC-Anlage für die Abwicklung der Depotbuchhaltung: Auszug aus der Eingangsrechnung:

Köln, 15. September

1 PC Aldion de Luxe		4.000,00 EUR
Betriebssystem A&P		599,00 EUR
Installation + Inbetriebnahme		150,00 EUR
Gesamtsumme	=	4.749,00 EUR
Zzgl. Umsatzsteuer 19 %		902,31 EUR
Rechnungsbetrag		5.651,31 EUR

Bitte überweisen Sie den Gesamtbetrag auf unser Konto 10674018 in Ihrem Hause.

a) Ermitteln Sie die zu aktivierenden Anschaffungskosten der PC-Anlage in Euro.
b) Buchen Sie den Erwerb der PC-Anlage.
c) Ermitteln Sie den Abschreibungsbetrag für das Jahr der Anschaffung. Die PC-Anlage hat eine betriebsgewöhnliche Nutzungsdauer lt. AfA-Tabelle von 3 Jahren.

Am 15. April des nächsten Jahres wird die PC-Anlage aufgrund einer Umstrukturierungsmaßnahme überflüssig und zu einem Preis von 4.522,00 EUR inklusive 19 % Umsatzsteuer an einen Mitarbeiter (Kunden-KK) veräußert.

Ermitteln Sie
d) den anteiligen Abschreibungsbetrag für das Verkaufsjahr in Euro.
e) den Buchwert in Euro zum Zeitpunkt des Verkaufes.
f) Buchen Sie den Verkauf der PC-Anlage.

9. Die Rhein-Ruhr-Bank AG erwirbt am 16.04. diesen Jahres einen PC für die Schließfachabteilung für 1.875,00 EUR inkl. USt. Die Nutzungsdauer des PC beträgt 3 Jahre, er soll linear abgeschrieben werden.
a) Wie viel Euro betragen die Anschaffungskosten des PC?
b) Wie viel Euro beträgt die Abschreibung am Ende des ersten Jahres der Nutzung?
c) Buchen Sie die Abschreibung am Ende des ersten Jahres der Nutzung im Grundbuch.

Der Vorstand beschließt das Schließfachgeschäft nicht mehr zu betreiben. Daher wird der PC im Januar des zweiten Jahres der Nutzung an einen Mitarbeiter zum Preis von 1.368,50 EUR inklusive 19 % Umsatzsteuer verkauft. Die Verrechnung des Kaufpreises wird über KKK vorgenommen.

da) Handelt es sich um einen Verkauf
[1] unter Restbuchwert?
[2] über Restbuchwert?

db) Geben Sie den erfolgswirksamen Betrag in Euro an, der aus dem Verkauf des PC resultiert.
dc) Nehmen sie die erforderliche Buchung bei Verkauf des PC im Grundbuch vor.

10. Die Rhein-Ruhr-Bank AG wendet das Sammelpostenverfahren an und ist an möglichst hohen Abschreibungen interessiert. Berechnen Sie die jeweiligen Veränderungen des Eigenkapitals, die sich aus der Anschaffung folgender Gegenstände des Umlaufvermögens ergeben:
a) Erwerb eines Automatischen Kassentresors (AKT) für den umsatzsteuerfreien Bereich am 11.07. für insgesamt 25.585,00 EUR inklusive Umsatzsteuer. Betriebsgewöhnliche Nutzung: 5 Jahre.
b) Erwerb eines Mobiltelefons für den Vorstand am 31.08. zum Preis von 1.050,00 EUR inkl. Umsatzsteuer (umsatzsteuerfreier Bereich). Betriebsgewöhnliche Nutzung: 5 Jahre.

5.2 Bewertung von Forderungen an Kunden

5.2.1 Ursachen und Buchungen von direkten Abschreibungen, Einzel- und Pauschalwertberichtigungen

Situation[1]

Die Rhein-Ruhr-Bank AG hat an 10 Kunden je 10,00 EUR Kreditforderungen. Folgende Informationen liegen über deren finanzielle Verhältnisse vor:

1. Der Privatkunde Jörg Ploch legte gerade eine eidesstattliche Versicherung ab.
2. Die Hackenbroich GmbH hat infolge von Liquiditätsschwierigkeiten Insolvenzantrag gestellt. Die Rhein-Ruhr-Bank AG schätzt eine Insolvenzquote von 40 %.
3. Die Stadt Köln schätzt den Ausfall ihres Gewerbesteueraufkommens auf 3 Mio. EUR.
4. Die restlichen sieben Kreditkunden erscheinen in ihrer Bonität einwandfrei.

Es stellt sich die Frage, in welcher Höhe die Rhein-Ruhr-Bank AG Forderungen an Kunden in ihrer Bilanz ausweisen darf.

Information

Es gilt der Grundsatz, dass nur die Forderungen an Kunden bilanziert werden dürfen, von denen auszugehen ist, dass sie auch an das Kreditinstitut zurückgezahlt werden, die also werthaltig sind. Im Hinblick auf die Werthaltigkeit von Forderungen lassen sich vier Kategorien bilden.

Grundsatz: Nur werthaltige Forderungen, die aller Wahrscheinlichkeit nach zurückgezahlt werden, dürfen bilanziert werden.

Uneinbringliche Forderungen (nicht mehr werthaltig)	Zweifelhafte Forderungen (nur noch zum Teil werthaltig)	Sichere Forderungen (in voller Höhe werthaltig)	Anscheinend intakte Forderungen (anscheinend in voller Höhe werthaltig)
Totalverluste müssen sofort bei Kenntnisnahme in voller Höhe abgeschrieben werden.	Der wahrscheinliche Ausfall muss geschätzt und abgeschrieben werden.	Es besteht kein Ausfallrisiko, da die Rückzahlung z. B. aufgrund einer Gewährträgerhaftung oder Kreditversicherung sichergestellt ist.	Scheinen ohne aktuelles Rückzahlungsrisiko zu sein, die Erfahrungen der Vergangenheit zeigen aber, dass auch bei anscheinend intakten Forderungen Zahlungen ausbleiben. In Höhe dieses Erfahrungswertes muss eine Abschreibung vorgenommen werden.
Abschreibungen auf Forderungen an KKK	Abschreibungen auf Forderungen an Einzelwertberichtigungen	Keine Abschreibung	Abschreibungen auf Forderungen an Pauschalwertberichtigungen

[1] *Aufgrund der Schwierigkeit des Themas wird eine vereinfachende Situation geschildert, die eine übersichtliche Darstellung der Zusammenhänge ermöglicht.*

Vom gesamten Forderungsbestand an Kunden sind solche abzuziehen, die nachweislich nicht mehr einzutreiben sind. Solche **Totalverluste** müssen sofort bei Kenntnis in voller Höhe abgeschrieben werden, z. B. wenn ein Insolvenzverfahren mangels Masse eingestellt wurde oder bei Abgabe einer Vermögensauskunft (früher: eidesstattliche Versicherung).

Uneinbringliche Forderungen werden direkt abgeschrieben. Abschr. a. Ford. an KKK

Soll	KKK		Haben
AB	100,00	① Abschr. auf Forder.	10,00

Soll	Abschr. auf Forder.		Haben
① KKK	10,00		

Der Totalausfall bedeutet für das Kreditinstitut einen Aufwand, der auf dem Konto „Abschreibungen auf Forderungen“ im Soll gebucht wird. Da die Forderung nicht mehr werthaltig ist, darf sie nicht mehr bilanziert werden. Es erfolgt eine Gutschrift auf dem Kundenkontokorrent (Minderung eines aktiven Bestandes im Haben).

Wurde ein Insolvenzverfahren eröffnet, eine Klage erhoben oder ein Mahnbescheid gegen einen Kreditkunden eröffnet, so ist mit einem **teilweisen Ausfall der Forderung** zu rechnen. Die voraussichtliche Höhe des Ausfalles ist zu schätzen und abzuschreiben. Die Rhein-Ruhr-Bank AG schätzt eine Insolvenzquote von 40 %, d. h., sie rechnet mit einer tatsächlichen Rückzahlung ihrer Forderung in Höhe von 4,00 EUR. Damit aus verhandlungstechnischen Gründen den Kreditkunden in einem laufenden Insolvenz- oder Klageverfahren nicht offenbart werden soll, mit welchem Ausfall das Kreditinstitut rechnet, darf keine direkte Abschreibung erfolgen, die eine Gutschrift auf dem Kundenkonto zur Folge hat. Aus diesem Grunde erfolgt die Gutschrift einer **indirekten Abschreibung** auf einem Wertberichtigungskonto. Hierbei handelt es sich um ein passives Bestandskonto, das als Korrekturposten eines aktiven Bestandskontos zu sehen ist.

Zweifelhafte Forderungen werden einzelwertberichtigt.

Soll	KKK		Haben
AB	100,00	① Ab. a. F.	10,00

Soll	Einzelwertberichtigungen a. Ford.		Haben
		② Abschr. auf Forder.	6,00

Abschr. a. Ford. an EWB a. F.

Soll	Abschreibungen auf Forderungen		Haben
① KKK	10,00		
② Wertb. a. Forderungen	6,00		

Der **aktuelle Buchwert der Forderungen bei indirekter Abschreibung** wird ermittelt, indem man vom Forderungsbestand an Kunden die Höhe der gebildeten Einzelwertberichtigungen abzieht.
Für die Hackenbroich GmbH ergibt sich folgender Buchwert der Forderung:

Forderungsbestand auf KKK:	10,00 EUR
– gebildete Einzelwertberichtigung	6,00 EUR
Buchwert der Forderung:	4,00 EUR

Durch die indirekte Abschreibung besteht für den säumigen Kreditkunden weiterhin ein Anreiz zur Begleichung seiner Schulden, da nicht nach außen offengelegt wird, mit welcher Rückzahlung das Kreditinstitut tatsächlich rechnet.

Sichere Forderungen haben kein Ausfallrisiko.

Die Forderung an die Stadt Köln gilt trotz des geschätzten Gewerbesteuerausfalls in Höhe von 3 Mio. EUR als absolut sicher, d. h., es wird auch in Zukunft kein Ausfall zu beklagen sein. Grund hierfür ist die enorme Steuerkraft der öffentlich-rechtlichen Körperschaften in der Bundesrepublik. **Weitere sichere Forderungen definiert das Schreiben des Bundesfinanzministeriums zur Berechnung des PwB-Satzes vom 10. Januar 1994.**

- Forderungen gegen öffentlich-rechtliche Körperschaften oder sonstige Körperschaften, für die eine Gebietskörperschaft als Gewährträger haftet;
- Forderungen gegen ausländische Staaten, ausländische Gebietskörperschaften oder sonstige ausländische Körperschaften und Anstalten des öffentlichen Rechts im OECD-Bereich;
- Forderungen, die durch eine der vorstehend genannten Stellen verbürgt oder in anderer Weise gewährleistet sind;
- Forderungen, für die eine Delkredere-Versicherung durch das Kreditinstitut abgeschlossen ist, die sämtliche Ausfallrisiken abdeckt;
- Vor- und Zwischenfinanzierungskredite für noch nicht zugeteilte Bauspardarlehen in Höhe der bestehenden Bausparguthaben.

Sichere Forderungen werden nicht abgeschrieben.

Da die sicheren Forderungen frei von Ausfallrisiken sind, d. h. in voller Höhe werthaltig sind, dürfen diese Forderungen in voller Höhe in der Bilanz ausgewiesen werden. Es erfolgt keine Abschreibung.

Anscheinend intakte Forderungen werden pauschalwertberichtigt.

Die **anscheinend intakten Forderungen** sind aktuell nicht mit einem Ausfallrisiko verbunden. Erfahrungen der Vergangenheit zeigen aber, dass auch diese Forderungen nicht in voller Höhe an das Kreditinstitut zurückgezahlt werden. In Höhe dieses Erfahrungswertes muss eine Abschreibung vorgenommen werden. Die Bildung einer Einzelwertberichtigung kommt nicht infrage, da nur für eine ganz spezielle Forderung eine Einzelwertberichtigung vorgenommen werden darf. Es wird daher als passiver Korrekturposten zu der Forderung auf der Aktivseite der Bilanz eine sog. Pauschalwertberichtigung gebildet.

Zur **Ermittlung der Höhe der Pauschalwertberichtigung** ist die Höhe der anscheinend intakten Forderungen zu ermitteln.

Ermittlung der anscheinend intakten Forderungen

Gesamtforderungen an Kunden vor Abschreibungen	100,00 EUR
– Uneinbringliche Forderungen (Jörg Ploch)	10,00 EUR
– Zweifelhafte Forderungen **in voller Höhe** (Hackenbroich GmbH)	10,00 EUR
– Sichere Forderung ohne Ausfallrisiko (Stadt Köln)	10,00 EUR
Anscheinend intakte Forderungen	70,00 EUR

Erfahrungsgemäß fallen ca. 1,5 % der anscheinend intakten Forderungen der Rhein-Ruhr-Bank AG aus. Dieser Erfahrungswert wird nach statistischen Methoden auf der Basis der Ausfälle der vergangenen 5 Jahre ermittelt.
Der durchschnittliche Ausfall der anscheinend intakten Forderungen berechnet sich wie folgt:

> Höhe der anscheinend intakten Forderungen · Erfahrungswert
> = durchschnittlicher Ausfall der anscheinend intakten Forderungen (erforderliche PWB)

Berechnung der erforderlichen PWB

In der Rhein-Ruhr-Bank AG ist eine Pauschalwertberichtigung in Höhe von 70,00 EUR · 1,5 % = 1,05 EUR erforderlich.

Auffüllung der PWB

Zu den 70,00 EUR anscheinend intakte Kundenforderungen muss also ein passiver Korrekturposten auf dem Konto Pauschalwertberichtigung in Höhe von 1,05 EUR gebildet werden. Auf dem Konto ist aus den Vorjahren noch ein Bestand von 0,90 EUR vorhanden. Aus diesem Grunde muss nur noch eine **Auffüllung des Pauschalwertberichtigungsbestandes** in Höhe von 1,05 – 0,90 = 0,15 EUR erfolgen. Die Buchung lautet: „Abschreibung auf Forderungen an Pauschalwertberichtigungen 0,15 EUR".

Soll	KKK		Haben
AB	100,00	① Ab. a. F.	10,00

Soll	Einzelwertberichtigungen a. Ford.		Haben
		② Abschr. auf Forder.	6,00

Abschreibungen auf Forderungen an PWB

Soll	Pauschalwertberichtigung a. Ford.		Haben
		AB	0,90
		③ Abschr. auf Forder.	0,15

Soll	Abschreibungen auf Forderungen		Haben
① KKK	10,00		
② Einzelwertb. a. Ford.	6,00		
③ Pauschalwertbericht.	0,15		

Jede Forderung darf nur ein einziges Mal wertberichtigt werden.

Bei der Ermittlung der anscheinend intakten Forderungen müssen neben den uneinbringlichen Forderungen und den sicheren Forderungen die zweifelhaften Forderungen **in voller Höhe** abgezogen werden. Ein sehr häufig gemachter Fehler ist, dass an dieser Stelle nur die gebildete Einzelwertberichtigung vom Gesamtbestand der Forderungen abgezogen wird. Dies hat zur Folge, dass die Forderung an die Hackenbroich GmbH zuerst einzelwertberichtigt wird. Die erwartete Rückzahlung wird dann den anscheinend intakten Forderungen zugerechnet und anschließend pauschalwertberichtigt. Dieses Vorgehen verstößt gegen den **Grundsatz, wonach jede Forderung nur ein einziges Mal wertberichtigt werden darf.**

Welchen Forderungsbestand weist die Rhein-Ruhr-Bank AG in der Bilanz aus? Von dem gesamten Forderungsbestand in Höhe von 100,00 EUR wurde die uneinbringliche Forderung gegen Jörg Ploch in voller Höhe abgeschrieben. Von der Forderung an die Hackenbroich GmbH in Höhe von 10,00 EUR erscheint nur noch ein Teil werthaltig, 6,00 EUR werden voraussichtlich ausfallen. Die Forderung an die Stadt Köln ist in voller Höhe werthaltig. Von den verbleibenden restlichen 70,00 EUR Forderungen an Kunden erwartet die Rhein-Ruhr-Bank AG eine tatsächliche Rückzahlung in Höhe von 68,95 EUR. Insgesamt belaufen sich die werthaltigen Forderungen auf 82,95 EUR (68,95 EUR + 4,00 EUR + 10,00 EUR).

Merke: Bilanzwert der Debitoren

Berechnung des Bilanzwertes der Debitoren	
Debitorenendbestand lt. Inventur (nach direkter Abschreibung)	90,00 EUR
– Höhe der gebildeten Einzelwertberichtigung	6,00 EUR
– Höhe der gebildeten Pauschalwertberichtigung	1,05 EUR
Bilanzwert der Debitoren	82,95 EUR

Kompensation in der Schlussbilanz

Im Rahmen des Jahresabschlusses werden die passiven Bestandskonten Einzelwertberichtigungen und Pauschalwertberichtigungen über das Schlussbilanzkonto abgeschlossen. Der Bilanzbuchhalter **kompensiert** diese beiden passiven Positionen mit der aktiven Position Debitoren, d. h., er verrechnet die Höhe der Einzel- und Pauschalwertberichtigungen mit der Forderungshöhe an Kunden und weist nur den Nettoforderungsbestand (Bilanzwert der Debitoren) aus.

Beispiel

Unterschied zwischen SBK und Schlussbilanz

Soll	Schlussbilanzkonto		Haben
Debitorenendbestand lt. Inventur	90,00	Einzelwertberichtig. auf Forder.	6,00
		Pauschalwertberichtig. auf Forder.	1,05

Aktiva	Schlussbilanz		Passiva
Forderungen an Kunden	82,95		

Merke:

<table>
<tr><td colspan="4">Forderungen an Kunden vor Abschreibungen
10 · 10,00 EUR = 100,00 EUR</td></tr>
<tr><td colspan="3">Debitorenendbestand lt. Inventur per 31.12.
SBK an KKK 90,00 EUR</td><td>Uneinbringliche
Forderungen im Jahresablauf
= Totalausfälle 10,00 EUR
Abschr. a. Fordungen an KKK 10,00 EUR</td></tr>
<tr><td>Anscheinend intakte Forderungen mit latentem Ausfallrisiko 70,00 EUR</td><td>Forderungen ohne Ausfallrisiko 10,00 EUR</td><td>Zweifelhafte Forderungen mit konkretem Ausfallrisiko 10,00 EUR</td><td></td></tr>
<tr><td>Pauschalwert-
berichtigungen*
70 EUR · 1,5%
= 1,05 EUR</td><td>Bilanzwert
der Debitoren

82,95 EUR</td><td>Einzelwert-
berichtigungen

6,00 EUR A.a.F. an EWB</td><td></td></tr>
</table>

* PWB lfd. Jahr	1,05 EUR
- PWB Vorjahr	0,90 EUR
Auffüllbetrag	0,15 EUR
A. a. F. an PWB	0,15 EUR

- Jede Forderung darf nur ein einziges Mal wertberichtigt werden, entweder einzelwertberichtigt oder pauschalwertberichtigt.
- Ausgenommen hiervon sind sichere Forderungen. Diese sind in voller Höhe werthaltig, werden also weder abgeschrieben noch wertberichtigt.
- Eine Insolvenzquote gibt immer den Teil der Forderung an, den die Gläubiger noch erhalten.

Aufgaben

1. *Die Rhein-Ruhr-Bank AG hat einen Forderungsbestand vor Abschreibungen in Höhe von 45 Mio. EUR. Im Laufe des Geschäftsjahres wurden 2,3 Mio. EUR Kundenforderungen uneinbringlich. Für zweifelhafte Forderungen wurden durchschnittliche Einzelwertberichtigungen von 20 % in Höhe von 1,2 Mio. EUR gebildet. Sichere Forderungen ohne Ausfallrisiko wurden in Höhe von 1,3 Mio. EUR vergeben.*

a) Buchen Sie den Ausfall im Zusammenhang mit den uneinbringlichen Forderungen im Grundbuch.

Berechnen Sie

b) den Debitorenendbestand lt. Inventur mithilfe der Übersicht auf Seite 93,

c) die Summe der mit Ausfallrisiken behafteten anscheinend intakten Forderungen,

d) den Betrag, um den die Pauschalwertberichtigungen aufgefüllt werden müssen. Der PWB-Satz beträgt 0,65 %, der PWB-Bestand beträgt 0,1 Mio. EUR.

e) Buchen Sie die Auffüllung der Pauschalwertberichtigungen im Grundbuch.

f) Ermitteln Sie den Bilanzwert der Debitoren.

2. *Die Rhein-Ruhr-Bank AG hat einen Forderungsbestand vor Abschreibungen in Höhe von 30 Mio. EUR ermittelt. Hierin sind Forderungen in Höhe von 1,5 Mio. EUR als sicher zu betrachten. Im Rahmen der Erstellung des Jahresabschlusses ist ferner zu berücksichtigen, dass*

- *noch eine Forderung an einen Kunden in Höhe von 0,25 Mio. EUR uneinbringlich geworden ist und somit abgeschrieben werden muss,*
- *ein Insolvenzverfahren über einen unserer Kunden eröffnet wurde, an den wir eine Forderung in Höhe von 0,8 Mio. EUR haben. Wir erwarten eine Insolvenzquote von 30 %.*

Berechnen Sie

a) die Summe der mit Ausfallrisiken behafteten anscheinend intakten Forderungen mithilfe der Übersicht auf Seite 93.

b) den Betrag, um den die Pauschalwertberichtigung aufgefüllt werden muss.
Der PWB-Satz beträgt 0,4 %. Gehen Sie von einem PWB-Bestand in Höhe von 99.000,00 EUR aus.

c) Buchen Sie die Auffüllung der Pauschalwertberichtigung.

d) Ermitteln Sie den Bilanzwert der Debitoren.

3. *Die Rhein-Ruhr-Bank AG bildet zum Bilanzstichtag Einzelwertberichtigungen auf Forderungen. Welche der nachstehenden Begründungen für die Bildung von Einzelwertberichtigungen sind falsch?*

Die Bildung von Einzelwertberichtigungen auf Forderungen ist notwendig, weil ...

a) das Kreditinstitut Risikovorsorge für Kredite mit erkennbarem Ausfallrisiko betreiben muss.

b) das Kreditinstitut lt. HGB Risikovorsorge für Forderungen mit erkennbarem Ausfallrisiko zu leisten hat.

c) für Kredite, deren Ausfall feststeht, eine Einzelwertberichtigung vorgenommen werden muss.

d) alle Kreditvergaben der Kreditinstitute an Kunden mit einem latenten Ausfallrisiko verbunden sind.

e) eine Abschreibung auf Forderungen notwendig ist, wenn Zweifel an der vollständigen Rückzahlung bestehen.

f) ein passiver Korrekturposten zum aktiven Forderungsbestand an Kunden in der Bilanz ausgewiesen werden muss.

4. *Überprüfen Sie folgende Aussagen hinsichtlich des Bilanzausweises von Einzel- und Pauschalwertberichtigungen auf ihre Richtigkeit. Tragen Sie bei richtigen Aussagen eine [1], bei falschen Aussagen eine [9] ein.*

a) Einzelwertberichtigungen werden gebildet, um dem latenten Ausfallrisiko von Forderungen zu begegnen.
b) Pauschalwertberichtigungen auf Forderungen werden im Rahmen der Bilanzierung von den betreffenden Aktivposten abgesetzt.
c) Die Bildung von Pauschalwertberichtigungen auf Forderungen werden ihrer Höhe nach von der Rechnungslegungsverordnung der Kreditinstitute bestimmt.
d) Wird der Debitorenendbestand lt. Inventur mit dem durchschnittlichen Forderungsausfall der vergangenen Jahre multipliziert, so erhält man die Höhe der erforderlichen Pauschalwertberichtigung.

5. Forderungen werden hinsichtlich ihrer Werthaltigkeit wie folgt unterschieden:

[1] uneinbringliche Forderungen
[2] zweifelhafte Forderungen
[3] anscheinend intakte Forderungen

a) Ordnen Sie diese Forderungen nachstehenden Sachverhalten zu.
aa) Die wirtschaftliche Situation des Kunden Jörg Ploch hat sich infolge von Arbeitslosigkeit stark verschlechtert. Es bestehen nachhaltige Verlustrisiken.
ab) Es bestehen hinsichtlich der Forderungen keine erkennbaren Risiken für das Kreditinstitut.
ac) Bei unserem Kunden Meyer OHG wird ein Insolvenzantrag mangels Masse abgelehnt.

b) Ordnen Sie die unter Ziffer 1–3 genannten Forderungen den folgenden buchhalterischen Maßnahmen zu.
ba) Die Forderung ist sofort auszubuchen.
bb) Es ist eine Pauschalwertberichtigung zu bilden.
bc) Der geschätzte Ausfall ist im Rahmen einer Einzelwertberichtigung zu berücksichtigen.

c) Wie sind die oben genannten Forderungen hinsichtlich ihres Bilanzausweises zu behandeln?
ca) Die Forderung darf nicht mehr bilanziert werden.
cb) Die gebildete Einzel- bzw. Pauschalwertberichtigung ist von der entsprechenden Forderung abzusetzen.

6. Der Debitorenendbestand beträgt am Bilanzstichtag 91.600.000,00 EUR. Auf die zweifelhaften Forderungen in Höhe von 2.345.600,00 EUR wurden bereits Einzelwertberichtigungen von durchschnittlich 65 % gebildet.
Das Konto Pauschalwertberichtigung weist einen Bestand von 776.000,00 EUR auf und ist auf 1,15 % der anscheinend intakten Forderungen aufzufüllen.

a) Über wie viel Euro lautet die Summe der Einzelwertberichtigungen?
b) Berechnen Sie den Bestand der anscheinend intakten Forderungen.
c) Um wie viel Euro ist die Pauschalwertberichtigung aufzufüllen?
d) Buchen Sie die Auffüllung der Pauschalwertberichtigung.
e) Wie hoch ist der Bilanzwert der Debitoren?

7. Der Debitorenendbestand beträgt am Bilanzstichtag 54.600.000,00 EUR. Auf die zweifelhaften Forderungen in Höhe von 1.458.000,00 EUR wurden bereits Einzelwertberichtigungen von durchschnittlich 55 % gebildet.
Das Konto Pauschalwertberichtigung weist einen Bestand von 542.000,00 EUR auf und ist auf 1,05 % der nicht einzelwertberichtigten Forderungen aufzufüllen.

a) Über wie viel Euro lautet die Summe der Einzelwertberichtigungen?
b) Berechnen Sie den Bestand der anscheinend intakten Forderungen.
c) Um wie viel Euro ist die Pauschalwertberichtigung aufzufüllen?
d) Buchen Sie die Auffüllung der Pauschalwertberichtigung.
e) Wie hoch ist der Bilanzwert der Debitoren?

8. Der Debitorenbestand beträgt am Bilanzstichtag 42.780 TEUR. Darin sind Forderungen von 630 TEUR enthalten, bei denen bis zum Bilanzstichtag belegbare Risiken erkennbar wurden. Der drohende Verlust wurde auf durchschnittlich 75 % geschätzt und vorschriftsmäßig abgeschrieben.
Auf den anscheinend intakten Forderungen lasten erfahrungsgemäß latente Risiken. Diesem Umstand wurde durch die Bildung einer Pauschalwertberichtigung Rechnung getragen. Diese Position soll insgesamt 1,6 % der restlichen Forderungen betragen. Zu berücksichtigen ist, dass bereits ein PWB-Bestand von 579 TEUR vorhanden ist.

a) Wie viel TEUR wurden bereits auf die zweifelhaften Forderungen abgeschrieben?
b) Bilden Sie den Buchungssatz zur Berücksichtigung der drohenden Verluste.
c) Wie viel TEUR betragen die anscheinend intakten Forderungen?
d) Wie viel TEUR muss die erforderliche Pauschalwertberichtigung betragen?
e) Wie hoch ist die Auffüllung der Pauschalwertberichtigung?
f) Bilden Sie den Buchungssatz, mit dem die Pauschalwertberichtigung aufzufüllen ist.

9. Am Geschäftsjahresende weisen folgende Konten die aufgeführten Umsätze auf.

S Kunden-Kontokorrent	H
3.245.000,00	4.167.000,00

S Einzelwertberichtigung	H
	2.000,00

S Pauschalwertberichtigung	H
	2.340,00

S Abschr. a. Forderungen	H

Alle Buchungen, die durch die Inventurergebnisse veranlasst werden, müssen noch berücksichtigt werden. Beantworten Sie folgende Fragen unter Berücksichtigung der folgenden Inventurergebnisse.

Debitorenendbestand vor Abschreibung 1.316.000,00 EUR, es ist noch zu berücksichtigen:

1. Die Forderung gegen Debitor A ist uneinbringlich. Sie beläuft sich auf insgesamt 5.000,00 EUR und wurde bereits im Vorjahr mit 2.000,00 EUR einzelwertberichtigt.
2. Die Forderung gegen Debitor B beträgt 94.000,00 EUR. Die Insolvenzquote wird auf 15 % geschätzt.
3. Forderung gegen Debitor C in Höhe von 151.000,00 EUR ist uneinbringlich.

a) Bilden Sie den Buchungssatz für die Abschreibung der Forderung gegen Debitor A.
b) In welcher Höhe wird die Forderung gegen Debitor B abgeschrieben?
c) Bilden Sie den Buchungssatz für die Abschreibung auf die Forderung gegen Debitor B.
d) Auf welchen Betrag belaufen sich die anscheinend intakten Forderungen?
e) Die Pauschalwertberichtigung soll 1,8 % der anscheinend intakten Forderungen betragen. Um welchen Betrag ist sie aufzufüllen?
f) Wie hoch ist der Kreditorenendbestand in TEUR?
g) Berechnen Sie den Bilanzwert der Debitoren.

5.2.2 Zahlungseingänge zugunsten zweifelhafter Forderungen

Gehen Abschlusszahlungen zugunsten einer einzelwertberichtigten Forderung ein, so werden diese direkt dem KK-Konto gutgeschrieben. Die gebildete Einzelwertberichtigung wird aufgelöst und ebenfalls dem KK-Konto gutgeschrieben.

Die Forderung an den Debitor Hackenbroich GmbH beträgt 10,00 EUR. Der Ausfall wird geschätzt auf 6,00 EUR, d. h., der erwartete Zahlungseingang beträgt 4,00 EUR. Tatsächlich geht jedoch die Abschlusszahlung des Insolvenzverwalters über eine Korrespondenzbank in Höhe von

6,00 EUR ein.	3,00 EUR ein.
Der erwartete Ausfall beträgt 6,00 EUR. Tatsächlich sind aber nur 4,00 EUR ausgefallen.	Der erwartete Ausfall beträgt 6,00 EUR. Tatsächlich sind aber 7,00 EUR ausgefallen.

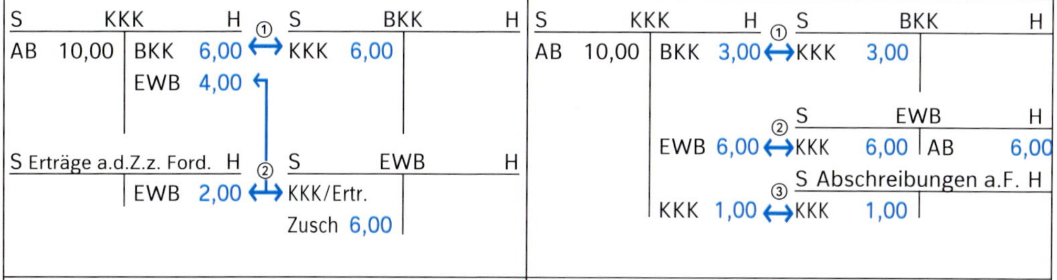

Der bei Auflösung der Einzelwertberichtigung nicht benötigte Teil zum Ausgleich des KK Kontos ist zugunsten des Ertragskontos „Erträge aus der Zuschreibung zu Forderungen" auszubuchen.	Der sich nach Gutschrift des Zahlungseingangs und Auflösung der Einzelwertberichtigung ergebende Fehlbetrag auf dem KK-Konto des Debitors ist zulasten des Aufwandskontos „Abschreibungen auf Forderungen" auszubuchen.

Buchungen	EUR
① Über BKK gehen 6,00 EUR zugunsten des Debitors Hackenbroich GmbH ein. BKK an KKK	6,00
② Auflösung der Einzelwertberichtigung Einzelwertberichtigung auf Forderungen an KKK an Erträge aus der Zuschreibung zu Forderungen	6,00 4,00 2,00

Buchungen	EUR
① Über BKK gehen 3,00 EUR zugunsten des Debitors Hackenbroich GmbH ein. BKK an KKK	3,00
② Auflösung der Einzelwertberichtigung Einzelwertberichtigung auf Forderungen an KKK	6,00
③ Ausgleich des Kundenkontos Abschreibungen auf Forderungen an KKK	1,00

Aufgaben

1. *Bilden Sie die Buchungssätze zu den nachstehenden Geschäftsfällen.*

   a) *Die Forderung gegen einen Kunden wird unvorhergesehen uneinbringlich und ist auszubuchen.*
   b) *Im Rahmen eines Insolvenzverfahrens einigen sich die Gläubiger über einen Forderungsverzicht zur Sanierung des Unternehmens des Schuldners. Aufgrund fehlender Kreditsicherheiten gehören wir zu den Vergleichsgläubigern.*
   c) *Der Antrag auf Eröffnung des Insolvenzverfahrens über das Vermögen eines Kunden ist mangels einer den Kosten des Verfahrens entsprechenden Masse abgewiesen worden. Bei der früher erfolgten Einzelwertberichtigung der Forderung gegen den insolventen Kunden wurde noch mit einem geringen Zahlungseingang gerechnet.*
   d) *Der Vergleich aus Aufgabe b erbrachte eine höhere als die von uns erwartete Vergleichsquote. Die Forderung und die stille Reserve sind auszubuchen.*

2. *In dem unten stehenden Hauptbuchkonto Kundenkontokorrent und den dazugehörigen sechs Kunden-Skontren (Nebenbuchhaltung) sind die Anfangsbestände (AB) und die bisherigen Umsätze (U) eingetragen.*

Hauptbuchhaltung

S Kundenkontokorrent	H
AB 650.000,00	AB 500.000,00
U 2.800.000,00	U 2.400.000,00

S DBB	H
U 500.000,00	

S Einzelwertberichtigung	H
	AB 140.000,00

S Abschreibung a. Ford.	H

Nebenbuchhaltung (Personen-Skontren)

S Kunde A	H
U 500.000,00	AB 50.000,00

S Kunde B	H
AB 250.000,00	U 700.000,00
U 650.000,00	

S Kunde C	H
AB 100.000,00	

S Kunde D	H
AB 300.000,00	

S Kunde E	H
U 1.400.000,00	AB 250.000,00
	U 600.000,00

S Kunde F	H
U 250.000,00	AB 200.000,00
	U 1.100.000,00

Inventar zur Ermittlung der Endbestände an Debitoren und Kreditoren:

Kunde	*debitorisch in Euro*	*kreditorisch in Euro*
A		
B		
C		
D		
E		
F		
Gesamt		

Nachstehende Geschäftsfälle sind buchhalterisch zu erfassen:

a) Über das Vermögen des Kunden A wird ein Insolvenzverfahren eröffnet. Wir rechnen mit einer Quote in Höhe von 30 %.
aa) Wie viel TEUR beträgt der erwartete Forderungsausfall?
ab) Nehmen Sie die erforderliche Buchung bei Eröffnung des Insolvenzverfahrens im Grundbuch vor.
ac) Buchen Sie den erwarteten Ausfall in den oben stehenden Hauptbuchkonten, sofern erforderlich auch in den Skontren.

b) Der Antrag auf Eröffnung des Insolvenzverfahrens über das Vermögen des Kunden B wird mangels Masse abgewiesen. Unsere ungesicherte Forderung ist nicht wertberichtigt.
ba) Nehmen Sie die erforderliche Buchung im Grundbuch vor.
bb) Buchen Sie den Vorgang in den oben stehenden Hauptbuchkonten, sofern erforderlich auch in den Skontren.

c) Das Insolvenzverfahren über das Vermögen des Kunden C ist abgeschlossen. Wir verzichten auf 60.000,00 EUR. Die bei der Vergleichseröffnung gebildete Wertberichtigung von 50.000,00 EUR ist aufzulösen.
ca) Buchen Sie den Vorgang im Grundbuch.
cb) Buchen Sie den Vorgang in den oben stehenden Hauptbuchkonten, sofern erforderlich auch in den Skontren.

d) Das Insolvenzverfahren über das Vermögen des Kunden D ist abgeschlossen. Von unserer Forderung waren 200.000,00 EUR grundpfandrechtlich gesichert. Über DBB erhalten wir diesen Betrag und zusätzlich 20.000,00 EUR für unseren nicht gesicherten Teil der Forderung. Gleichzeitig wird die bei Konkurseröffnung gebildete Wertberichtigung in Höhe von 90.000,00 EUR aufgelöst.
da) Buchen Sie den Vorgang im Grundbuch.
db) Buchen Sie den Vorgang in den oben stehenden Hauptbuchkonten, sofern erforderlich auch in den Skontren.
e) Ermitteln Sie durch Inventur der Kunden-Skontren den Bestand der Debitoren und der Kreditoren.
ea) Wie viel Euro beträgt der Endbestand der Debitoren?
eb) Wie viel Euro beträgt der Endbestand der Kreditoren?

3. *Die Rhein-Ruhr-Bank AG erhält über DBB die Abschlusszahlung des Insolvenzverwalters in Höhe von 65.000,00 EUR für eine Kundenforderung, zu der in Erwartung einer Insolvenzquote von 70 % eine Einzelwertberichtigung von 25.000,00 EUR gebildet wurde.*

a) Ermitteln Sie die ursprüngliche Höhe der Kundenforderung.
b) Buchen Sie den Eingang der Abschlusszahlung über DBB und lösen Sie die korrespondierende Einzelwertberichtigung auf.

Am Ende des Geschäftsjahres belaufen sich die Gesamtforderungen der Rhein-Ruhr-Bank AG auf 445 Mio. EUR, von denen 92 % als anscheinend intakt bewertet werden.

c) Berechnen Sie den Gesamtbetrag der anscheinend intakten Forderungen.
d) Bestimmen Sie die Höhe der erforderlichen Pauschalwertberichtigung, wenn die Rhein-Ruhr-Bank AG einen durchschnittlichen Forderungsausfall der anscheinend intakten Forderungen von durchschnittlich 1,6 % in den letzten Jahren erleiden musste.
e) Buchen Sie die Auffüllung der Pauschalwertberichtigung unter Berücksichtigung eines Anfangsbestands von 5 Mio. EUR.

4. *Über das Vermögen der Meier OHG wird das Insolvenzverfahren eröffnet. Die Gesamtforderung der Rhein-Ruhr-Bank AG gegenüber der Meier OHG beträgt 220.000,00 EUR. Ein Grundstück der Meier OHG ist mit einer Grundschuld in Höhe von 95.000,00 EUR zugunsten der Rhein-Ruhr-Bank AG belastet. Die Rhein-Ruhr-Bank AG schätzt eine Insolvenzquote von 18,5 %.*

a) Wie viel Euro beträgt der von der Rhein-Ruhr-Bank AG erwartete Forderungsausfall?
b) Buchen Sie den erwarteten Forderungsausfall im Grundbuch.

Die Zwangsversteigerung des Grundstücks der Meier OHG erlöst 92.000,00 EUR.
c) Buchen Sie den Eingang des Verwertungserlöses über BKK.

Das Insolvenzverfahren gegen die Meier OHG endet mit einer Insolvenzquote von 12,8 %
d) Wie viel Euro beträgt der Zahlungseingang nach Abschluss des Insolvenzverfahrens?
e) Buchen Sie den Eingang der Abschlusszahlung des Insolvenzverwalters über BKK.
f) Nehmen Sie alle Buchungen vor, die zum Abschluss des Kundenkontos erforderlich sind (Gebühren und Zinsen bleiben unberücksichtigt).

5. *Die Rhein-Ruhr-Bank AG weist zum 2. Januar 20.. folgende mit der Bewertung von Kundenforderungen zusammenhängende Bestände aus:*

Sichere Forderungen ohne Ausfallrisiken:	*217.000,00 EUR*
Zweifelhafte Forderungen:	*736.000,00 EUR*
Einzelwertberichtigungen auf Forderungen:	*303.600,00 EUR*
Pauschalwertberichtigungen auf Forderungen:	*2.680.000,00 EUR*

Im Laufe des Geschäftsjahres fallen folgende Geschäftsfälle an, die Sie bitte im Grundbuch mit doppelter Betragsspalte buchen:
a) Das Insolvenzverfahren über das Vermögen der Schneider GmbH wird mit einer Quote von 45 % abgeschlossen. Der Insolvenzverwalter überweist auf DBB-Konto der Bank 144.000,00 EUR. Die entsprechende Wertberichtigung in Höhe von 130.000 00 EUR ist aufzulösen.
b) Die Tiefbauunternehmung Tec OHG hat beim Amtsgericht Antrag auf Eröffnung des Insolvenzverfahrens gestellt. Die Rhein-Ruhr-Bank AG rechnet mit einem Ausfall von 80 % der derzeitigen Forderung in Höhe von 68.000,00 EUR.

c) Das Insolvenzverfahren über den Kunden J. Ploch OHG endete mit einer Insolvenzquote von 24 %. Die Gesamtforderung der Rhein-Ruhr-Bank AG beläuft sich auf 292.000,00 EUR. Die Verwertung der auf dem Firmengrundstück lastenden, zugunsten der Rhein-Ruhr-Bank AG eingetragenen Grundschuld erbringt 160.000,00 EUR. Auf dem Konto der DBB der Rhein-Ruhr-Bank AG gehen sowohl der Erlös aus der Versteigerung des Firmengrundstücks als auch der Anteil an der Insolvenzquote ein. Die bei Beginn des Insolvenzverfahrens gebildete Wertberichtigung über 112.200,00 EUR ist nunmehr aufzulösen.

d) Die von der Rhein-Ruhr-Bank AG eingeleitete Zwangsvollstreckung in das Vermögen des Kunden Andreas Seele verlief fruchtlos. Die derzeit noch bestehende Forderung über 25.600,00 EUR ist auszubuchen.

e) Das Insolvenzverfahren über das Vermögen der Tiefbauunternehmung Tec OHG wurde mangels Masse eingestellt. Die noch bestehende Forderung ist auszubuchen.

f) Die Phillip AG stellt einen Antrag auf Eröffnung des Insolvenzverfahrens. Die Forderung der Rhein-Ruhr-Bank AG beträgt 900.000,00 EUR. Die Rhein-Ruhr-Bank AG schätzt den Ausfall der Forderung auf ca. 40 %. Eine entsprechende Wertberichtigung ist vorzunehmen.

Jahresabschlussangaben:

Debitorenendbestand lt. Inventur: 254.350.000,00 EUR, davon 217.000,00 EUR sicher.

Die unten stehenden Konten enthalten bereits alle oben aufgeführten Buchungen:

a) Die Pauschalwertberichtigungen sind auf 1,2 % der anscheinend intakten Forderungen aufzufüllen. Ermitteln Sie den Auffüllbetrag der PWB unter Berücksichtigung obiger Angaben und buchen Sie die Auffüllung im Grundbuch.

Soll	Kundenkontokorrent Haben
AB + Umsätze	AB + Umsätze
2.760.000 TEUR	2.806.000 TEUR

Soll	Einzelwertberichtigungen Haben
Umsätze	AB + Umsätze
296,6 TEUR	718 TEUR

b) Ermitteln Sie den Bilanzwert der Forderungen an Kunden unter Beachtung obiger Angaben und der Bilanzierungsrichtlinien.

c) Schließen Sie die Konten KKK, EWB und PWB im Grundbuch mit doppelter Betragsspalte ab.

5.2.3 Ermittlung des Pauschalwertberichtigungssatzes

Zur Ermittlung der erforderlichen Pauschalwertberichtigungen müssen die Kreditinstitute die anscheinend intakten Forderungen mit einem PWB-Satz multiplizieren. Dieser PWB-Satz ist für jedes Kreditinstitut unterschiedlich hoch, da er auf der Basis der tatsächlichen Kreditausfälle der letzten 5 Geschäftsjahre für jedes Kreditinstitut individuell berechnet wird.
Die Berechnungsweise ist den Kreditinstituten vorgegeben. Sie müssen demnach den durchschnittlichen tatsächlichen Forderungsausfall der vergangenen 5 Geschäftsjahre vergleichen mit dem durchschnittlichen risikobehafteten Kreditvolumen der vorangehenden 5 Bilanzstichtage.

Berechnung des durchschnittlichen tatsächlichen Forderungsausfalls der Geschäftsjahre 2017–2021

Geschäftsjahr	Jahr Nr.	Bilanzstichtage
2021	1	31.12.2021
2020	2	31.12.2020
2019	3	31.12.2019
2018	4	31.12.2018
2017	5	31.12.2017
2016	6	31.12.2016

Berechnung des durchschnittlichen risikobehafteten Kreditvolumens

abgeleitet hieraus

PWB-Satz für das Jahr 2021 =

$$\frac{\text{maßgeblicher Forderungsausfall der Jahre 2017–2021} \cdot 100}{\text{durchschnittl. risikobehaftetes Kreditvolumen der Bilanzstichtage 2016–2020}}$$

a) Bestimmung des maßgeblichen Forderungsausfalls

Der tatsächliche Forderungsausfall eines Kreditinstitutes innerhalb eines Geschäftsjahres setzt sich folgendermaßen zusammen:

Direkte Abschreibung uneinbringlicher Forderungen
\+ Verbrauch an EWB (im Sinne der Ausbuchung bereits einzelwertberichtigter Forderungen)
– Eingänge für bereits in der Vergangenheit abgeschriebene Forderungen
= tatsächlicher Forderungsausfall

Durchschnittlicher tatsächlicher Forderungsausfall:

$$\frac{85+69+75+92+64}{5} = 77 \text{ TEUR}$$

Geschäftsjahr	Tatsächlicher Forderungsausfall	Jahr Nr.
2021	85 TEUR	1
2020	69 TEUR	2
2019	75 TEUR	3
2018	92 TEUR	4
2017	64 TEUR	5
2016		

Vom durchschnittlichen tatsächlichen Forderungsausfall der vergangenen fünf Geschäftsjahre werden pauschal 40 %, jedoch max. die Summe der Einzelwertberichtigungen des Bilanzstichtages abgezogen. Mit dem Abzug dieses pauschalen Satzes sollen die tatsächlichen Forderungsausfälle um die akuten, d. h. bereits erkennbaren Ausfallrisiken gemindert werden. Hierdurch sollen die PWB auf die latenten Ausfallrisiken beschränkt werden.

Durchschnittlicher tatsächlicher Forderungsausfall	77,0 TEUR
– 40 % des durchschnittlichen tatsächlichen Forderungsausfalls (max. EWB am Bilanzstichtag)	30,8 TEUR
= maßgeblicher Forderungsausfall	46,2 TEUR

b) Bestimmung des „durchschnittlichen risikobehafteten Kreditvolumens"

Das risikobehaftete Kreditvolumen berechnet sich aus dem Debitorenendbestand lt. Inventur abzüglich der Forderungen, die

- aus Gründen, die nicht in der Person des Schuldners liegen, wertberichtigt werden (z. B. aufgrund bestehender Transfer- oder Länderrisiken),
- als sicher anzusehen sind (vgl. hierzu Seite 90).

Jahr Nr.	Bilanzstichtage	Risikobehaftetes Kreditvolumen in TEUR
1	31.12.2021	14.390
2	31.12.2020	14.120
3	31.12.2019	13.670
4	31.12.2018	12.780
5	31.12.2017	13.100
6	31.12.2016	12.880

Durchschnittliches risikobehaftetes Kreditvolumen:

$$\frac{14.120 + 13.670 + 12.780 + 13.100 + 12.880}{5} = 13.310 \text{ TEUR}$$

c) Ermittlung des Prozentsatzes der Pauschalwertberichtigung

$$\text{PWB-Satz: } \frac{\text{maßgeblicher Forderungsausfall} \cdot 100}{\text{durchschnittliche risikobehaftete Kreditvolumen}}$$

$$= \frac{46{,}2 \cdot 100}{13.310} = 0{,}35\,\% \text{ (gerundet)}$$

Angewandt auf die anscheinend intakten Forderungen von 12.030 TEUR (Betrag frei gewählt) am 31.12.2021, ergibt sich eine erforderliche Pauschalwertberichtigung in Höhe von 42,105 TEUR.

Aufgaben

1. *Die Rhein-Ruhr-Bank AG ermittelte im Rahmen der Inventur folgende Ergebnisse in Mio. Euro.*

Durchschnittliches risikobehaftetes Kreditvolumen der letzten 5 Bilanzstichtage	*270,0*
Durchschnittlicher maßgeblicher Forderungsausfall der letzten 5 Geschäftsjahre	*3,2*
Höhe der Einzelwertberichtigungen zum Bilanzstichtag	*17,0*
Bestand an Pauschalwertberichtigungen	*2,5*
Debitorenendbestand lt. Inventur	*256,0*
davon: Forderungen an die örtliche Sparkasse, durch NRW verbürgt	*3,6*
Einzelwertberichtigte Forderungen	*23,0*

   a) Wie hoch ist der Pauschalwertberichtigungssatz, den die Rhein-Ruhr-Bank AG im Rahmen der Erstellung des Jahresabschlusses anwenden muss? (auf 2 Stellen nach dem Komma runden)
   b) Ermitteln Sie den erforderlichen Bestand an Pauschalwertberichtigungen.
   c) Buchen Sie die Auffüllung der PWB im Grundbuch.
   d) Berechnen Sie den Bilanzwert der Debitoren.

2. *Die Rhein-Ruhr-Bank AG ermittelte im Rahmen der Inventur folgende Ergebnisse in Mio. Euro.*

Durchschnittliches risikobehaftetes Kreditvolumen der letzten 5 Bilanzstichtage	*853,0*
Durchschnittlicher maßgeblicher Forderungsausfall der letzten 5 Geschäftsjahre	*6,2*
Höhe der Einzelwertberichtigungen zum Bilanzstichtag	*16,0*
Bestand an Pauschalwertberichtigungen	*3,5*
Debitorenendbestand lt. Inventur	*763,9*
davon: Forderungen an das Land Sachsen-Anhalt	*43,6*
durch Delkredere-Versicherung gesichert	*12,0*
durch Grundpfandrechte gesichert	*107,0*
Einzelwertberichtigte Forderungen	*34,0*

   a) Wie hoch ist der Pauschalwertberichtigungssatz, den die Rhein-Ruhr-Bank AG im Rahmen der Erstellung des Jahresabschlusses anwenden muss? (Auf 2 Stellen nach dem Komma runden)
   b) Ermitteln Sie den erforderlichen Bestand an Pauschalwertberichtigungen.
   c) Buchen Sie die Auffüllung der PWB im Grundbuch.
   d) Berechnen Sie den Bilanzwert der Debitoren.

3. *Die Forderungen der Rhein-Ruhr-Bank AG entwickelten sich in den letzten 5 Jahren wie folgt:*

Forderungen an	31.12.2016	31.12.2017	31.12.2018	31.12.2019	31.12.2020
Öffentlich rechtliche Körperschaften	421.000,00	513.000,00	546.000,00	498.000,00	462.000,00
Privat- und Geschäftskunden	899.000,00	1.023.000,00	1.106.000,00	1.234.000,00	1.212.000,00
Summe	1.320.000,00	1.536.000,00	1.652.000,00	1.732.000,00	1.674.000,00

   In den Jahren 2017 bis 2021 beliefen sich
   - *die direkten Abschreibungen auf durchschnittlich 26.800,00 EUR*
   - *der Verbrauch von EWB auf durchschnittlich 35.000,00 EUR*
   - *die Zahlungseingänge auf abgeschriebene Forderungen auf durchschnittlich 3.200,00 EUR.*

   Der maßgebliche Forderungsausfall beträgt durchschnittlich 35.160,00 EUR.
   Berechnen Sie
   a) das durchschnittliche risikobehaftete Kreditvolumen,
   b) den Durchschnitt des tatsächlichen Forderungsausfalles der letzten fünf Jahre in Euro,
   c) den Pauschalwertberichtigungssatz, der auf die Bilanz des 31.12.2021 anzuwenden ist.

5.3 Bewertung von Wertpapieren

5.3.1 Wertpapierkategorien

Im Hinblick auf die Bewertung von Wertpapieren unterscheidet man zwischen Wertpapieren des Anlagevermögens und des Umlaufvermögens.

Bewertung des Wertpapierbestandes

Wertpapiere des Anlagevermögens	**Wertpapiere des Umlaufvermögens**	
	Wertpapiere der Liquiditätsreserve	**Wertpapiere des Handelsbestandes**
gemildertes Niederstwertprinzip	strenges Niederstwertprinzip	Zeitwertprinzip (fair value)
Das Kreditinstitut **kann** bei der Bewertung aus zwei zur Wahl stehenden Kursen (Erwerbskurs oder Kurs am Bilanzstichtag) den niedrigeren Kurs wählen.	Das Kreditinstitut **muss** bei der Bewertung der Wertpapiere aus zwei zur Wahl stehenden Kursen (Erwerbskurs oder Kurs am Bilanzstichtag) den niedrigeren Kurs wählen.	Das Kreditinstitut **muss** die Wertpapiere mit dem Kurs am Bilanzstichtag bewerten, d. h. mit dem aktuellen Börsenkurs, evtl. abzüglich eines Risikoabschlags.

Wertpapiere werden dem Anlagevermögen des Kreditinstitutes zugeschrieben, wenn der Vorstand beschließt, dass die Wertpapiere langfristig dem Geschäftsbetrieb dienen sollen. Dieser Beschluss ist aktenkundig zu machen. Bewertet werden Wertpapiere des Anlagevermögens grundsätzlich zu historischen Anschaffungskosten. Diese stellen die Bewertungsobergrenze dar. Abgeschrieben werden müssen diese Wertpapiere nur dann, wenn eine dauerhafte Wertminderung eingetreten ist.

In die Kategorie Wertpapiere des Umlaufvermögens fallen sowohl die Wertpapiere des Handelsbestandes als auch die Wertpapiere der Liquiditätsreserve. Wertpapiere des Handelsbestandes dienen zur Abwicklung des Handels mit Kunden und anderen Kreditinstituten. Maßgebliches Kriterium hierfür ist die Absicht der kurzfristigen Weiterveräußerung. Der Gesetzgeber schreibt seit dem Geschäftsjahr 2010 zwingend vor, diese Wertpapiere mit dem aktuellen Börsenkurs, dem sog. fair value zu bewerten.

Wertpapiere der Liquiditätsreserve hingegen liegen immer dann vor, wenn sie weder langfristig dem Geschäftsbetrieb dienen noch kurzfristig weiterveräußert werden sollen. Es handelt sich somit um eine Restgröße, deren Ziel es ist, liquide Mittel kurz- bis mittelfristig ertragsbringend in Aktien oder Gläubigerpapieren anzulegen. Für sie gilt bei der Bewertung das strenge Niederstwertprinzip, wonach am Bilanzstichtag der Erwerbskurs und der Kurs am Bilanzstichtag zu vergleichen ist und der niedrigere von beiden zur Bewertung herangezogen werden muss.

Nur diese Wertpapiere der Liquiditätsreserve sollen im Folgenden näher betrachtet werden.

5.3.2 Bewertung der Wertpapiere der Liquiditätsreserve nach strengem Niederstwertprinzip

Situation

Die Rhein-Ruhr-Bank AG unterhält in ihrem Depot E.ON- und VW-Aktien als Liquiditätsreserve. Die nachstehenden Skontren geben die Situation über Käufe und Verkäufe dieser beiden Wertpapiere an. Die Skontren und das Hauptbuchkonto Eigene Wertpapiere sind zum Bilanzstichtag abzuschließen.

Vorgehen zum Abschluss der Wertpapiere der Liquiditätsreserve

① Ermittlung des Endbestandes

Soll — Skontro E.ON-Aktien — Haben

Stück	Kurs	Kurswert	Stück	Kurs	Kurswert
150	50,00	7.500,00	70	60,00	4.200,00
50	54,00	2.700,00	EB 130		

Soll — Skontro VW-Aktien — Haben

Stück	Kurs	Kurswert	Stück	Kurs	Kurswert
100	40,00	4.000,00	180	41,00	7.380,00
200	46,00	9.200,00	EB 120		

② Bewertung des Endbestandes nach strengem Niederstwertprinzip

E.ON-Aktien:

Kurs am 31.12.: 45,00 EUR

Durchschnittserwerbskurs:

$$\frac{7.500,00 + 2.700,00}{150 + 50} = 51,00 \text{ EUR}$$

Die Bewertung erfolgt zum niedrigeren von beiden Kursen, also zu 45,00 EUR.

VW-Aktien:

Kurs am 31.12.: 50,00 EUR

Durchschnittserwerbskurs:

$$\frac{4.000,00 + 9.200,00}{100 + 200} = 44,00 \text{ EUR}$$

Die Bewertung erfolgt zum niedrigeren von beiden Kursen, also zu 44,00 EUR.

③ Ermittlung des realisierten Erfolges

E.ON-Aktien		VW-Aktien	
Verkaufskurs:	60,00 EUR/St.	Verkaufskurs:	41,00 EUR/St.
– Durchschnittserwerbskurs:	51,00 EUR/St.	– Durchschnittserwerbskurs:	44,00 EUR/St.
Kursgewinn	9,00 EUR/St.	Kursverlust	3,00 EUR/St.
· 70 Stück Verkäufe		· 180 Stück Verkäufe	
= 630,00 EUR realisierter Kursgewinn		= 540,00 EUR realisierter Kursverlust	

④ Ermittlung des nicht realisierten Erfolges

Kauft ein Kreditinstitut Wertpapiere, und deren Kurs

- steigt bis zum Bilanzstichtag, so wurde ein nicht realisierter Gewinn erzielt.
- sinkt bis zum Bilanzstichtag, so wurde eine nicht realisierter Verlust erzielt.

Aus Vorsichtsgründen **darf ein nicht realisierter Gewinn nicht** gebucht werden, da er einen Tag nach Erstellung der Bilanz evtl. schon nicht mehr vorhanden ist.

Ein **nicht realisierter Verlust muss** aus Vorsichtsgründen ausgewiesen werden.

E.ON-Aktien		VW-Aktien	
Durchschnittserwerbskurs:	51,00 EUR	Kurs am 31.12.	50,00 EUR
– Kurs am 31.12.	45,00 EUR	– Durchschnittserwerbskurs:	44,00 EUR
nicht realisierter Verlust	6,00 EUR	nicht realisierter Gewinn	6,00 EUR
· 130 Stück Endbestand		· 120 Stück Endbestand	
= 780,00 EUR nicht realisierter Kursverlust		= 720,00 EUR nicht realisierter Kursgewinn	

Abschluss der Skontren:

Soll — Skontro E.ON-Aktien — Haben

Stück	Kurs	Kurswert	Stück	Kurs	Kurswert
150	50,00	7.500,00	70	60,00	4.200,00
50	54,00	2.700,00	EB 130	45,00	5.850,00
real. Kursgewinn		630,00	Abschr. a. WP		780,00
		10.830,00			10.830,00

Soll — Skontro VW-Aktien — Haben

Stück	Kurs	Kurswert	Stück	Kurs	Kurswert
100	40,00	4.000,00	180	41,00	7.380,00
200	46,00	9.200,00	EB 120	44,00	5.280,00
			real. Kursverlust		540,00
		13.200,00			13.200,00

Hauptbuch:

Soll	Eigene Wertpapiere		Haben
Summe Käufe	23.400,00	Summe Verkäufe	11.580,00
③ real. Kursgewinn	630,00	② SBK	11.130,00
		③ real. Kursverlust	540,00
		④ Abschr. a. WP	780,00
	24.030,00		24.030,00

Geschäftsfall	EUR	Buchungssatz
1) Buchung des Endbestandes der eigenen Wertpapiere	11.130,00 EUR	SBK an Eigene Wertpapiere
2) Buchung der realisierten Erfolge a) Realisierter Kursgewinn der E.ON-Aktie b) Realisierter Kursverlust der VW-Aktie	 630,00 EUR 540,00 EUR	 Eigene Wertpapiere an Kursgewinne Kursverluste an Eigene Wertpapiere
3) Buchung der nicht realisierten Erfolge a) Nicht realisierter Kursverlust der E.ON-Aktie b) Nicht realisierter Kursgewinn der VW-Aktie	 780,00 EUR 720,00 EUR	Abschreibung auf Wertpapiere an Eigene Wertpapiere darf nicht gebucht werden.

Das **Imparitätsprinzip** fordert die unterschiedliche Behandlung von realisierten und nicht realisierten Erfolgen. Gewinne müssen ausgewiesen werden, wenn sie realisiert, d. h. sicher sind. Sie dürfen nicht ausgewiesen werden, wenn sie noch nicht realisiert, d. h. unsicher sind. Hierdurch wird verhindert, dass Gewinne ausgewiesen und an die Anteilseigner ausgeschüttet werden, bevor sie realisiert werden. Verluste hingegen müssen aus Gläubigerschutzgründen immer ausgewiesen werden, egal ob sie schon realisiert wurden oder nicht. Hierdurch werden Gläubiger und Anteilseigner nicht nur auf die bereits eingetretenen Verluste hingewiesen, sondern auch auf potenzielle Risiken, die zu weiteren realisierten Verlusten führen können.

Imparitätsprinzip verhindert den Ausweis nicht realisierter Gewinne

Der Abschluss des Kontos „Eigene Wertpapiere" im Falle von Schuldverschreibungen verläuft grundsätzlich nach dem gleichen Schema, mit nur einer Ausnahme. Im Zusammenhang mit der Bewertung des Endbestandes müssen die bis zum Bilanzstichtag angelaufenen, noch nicht vereinnahmten Stückzinsen mit ausgewiesen werden, da sie den Wert der Schuldverschreibung erhöhen. Im Falle eines Verkaufs der Schuldverschreibung würde das Kreditinstitut neben dem Kurswert auch die angelaufenen Stückzinsen vom Käufer erhalten. Folglich setzt sich der Inventarwert der Schuldverschreibung am Bilanzstichtag aus zwei Komponenten zusammen.

Endbestand der Schuldverschreibung, nach strengem Niederstwertprinzip bewertet
\+ bis zum Bilanzstichtag angelaufene, noch nicht vereinnahmte Stückzinsen
= Bilanzwert einer Schuldverschreibung

Abschluss des Kontos „Eigene Wertpapiere" bei Schuldverschreibungen der Liquiditätsreserve

① Ermittlung des Endbestandes

Soll — 1,5 % KfW-Anleihe 16.08. gzj. — Haben

Nominal	Kurs	Kurswert	Nominal	Kurs	Kurswert
100.000,00	101,0 %	101.000,00	180.000,00	100,7 %	181.260,00
200.000,00	100,4 %	200.800,00	**120.000,00 Endbestand**		

② Bewertung des Endbestandes nach Niederstwertprinzip zzgl. aufgelaufener, noch nicht vereinnahmter Stückzinsen

Kurs am 31.12.: 100,20 %

Durchschnittserwerbskurs: $\frac{\text{Summe der Kurswerte}}{\text{Summe der Nennwerte}} = \frac{101.000,00 + 200.800,00}{100.000,00 + 200.000,00} = 100,60\,\%$

Die Bewertung erfolgt zum niedrigeren von beiden Kursen, also zu 100,20 %.

120.000,00 EUR nom. Endbestand · 100,20 % =	120.240,00 EUR
+ aufgelaufene Stückzinsen vom 16.08. inkl. - 31.12. $= \frac{120.000,00 \cdot 1,5 \cdot 138}{365 \cdot 100} =$	680,55 EUR
Bilanzwert der Anleihe:	120.920,55 EUR

③ Ermittlung des realisierten Erfolges

Verkaufskurs: 100,70 %
− Durchschnittserwerbskurs: 100,60 %
realisierter Kursgewinn 0,10 % · 180.000,00 EUR nom. Verkäufe
= 180,00 EUR realisierter Kursgewinn

④ Ermittlung des nicht realisierten Erfolges

Durchschnittserwerbskurs: 100,60 %
− Kurs am 31.12.: 100,20 %
nicht realisierter Kursverlust: 0,40 % · 120.000,00 EUR nom. Endbestand
= 480,00 EUR nicht realisierter Kursverlust

Geschäftsfall	EUR	Buchungssatz
1) Buchung der aufgelaufenen, noch nicht vereinnahmten Stückzinsen	680,55	Eigene Wertpapiere an Wertpapier-Zinserträge
2) Buchung des Bilanzwertes der Anleihe	120.920,55	SBK an Eigene Wertpapiere
3) Buchung des realisierten Erfolgs	180,00	Eigene Wertpapiere an Kursgewinne
4) Buchung der nicht realisierten Erfolge	480,00	Abschreibung auf Wertpapiere an Eigene Wertpapiere

Soll — 1,5 % KfW-Anleihe 16.08.gzj. — Haben

Nominal	Kurs	Kurswert	Nominal	Kurs	Kurswert
100.000,00	101,0 %	101.000,00	180.000,00	100,7 %	181.260,00
200.000,00	100,4 %	200.800,00	② Bilanzwert der Anleihe		120.920,55
① Zinserträge		680,55	④ Abschreibung auf WP		480,00
③ real. Kursgewinne		180,00			
		302.660,55			302.660,55

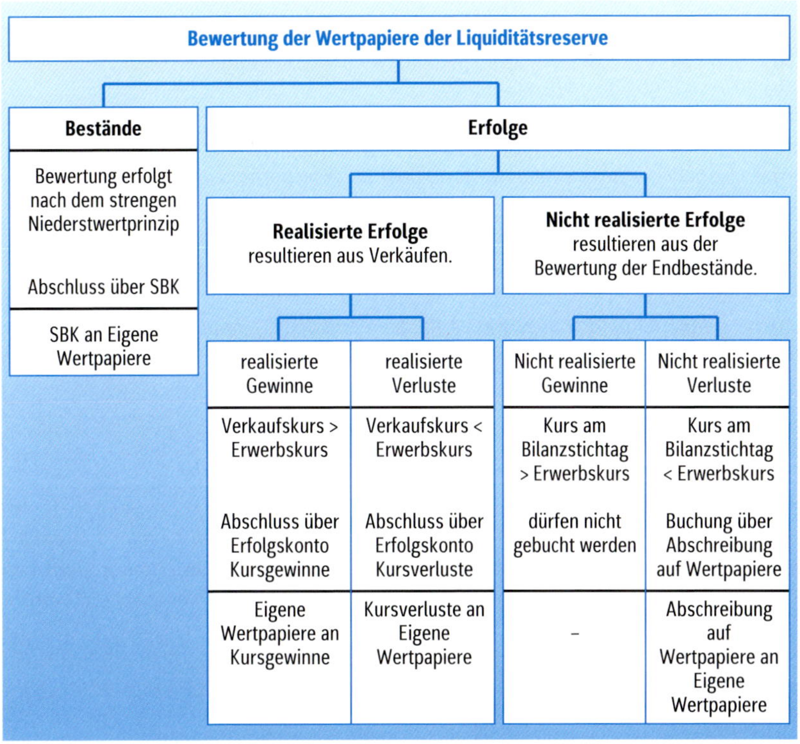

Merke:

Realisierte Erfolge werden über Kursgewinne oder Kursverluste gebucht. Nicht realisierte Verluste werden abgeschrieben.

Wertpapiere der Liquiditätsreserve	
Bewerteter Endbestand nach Niederstwertprinzip	**Aufgelaufene, noch nicht vereinnahmte Stückzinsen** Buchung: Eigene WP an WP-Zinserträge
Bilanzwert der Wertpapiere der Liquiditätsreserve Buchung: SBK an Eigene Wertpapiere	

Aufgaben

1. *Die Rhein-Ruhr-Bank AG bewertet die Wertpapiere der Liquiditätsreserve nach den Vorschriften des HGB. Welche der folgenden Aussagen sind in diesem Zusammenhang richtig?*
   a) *Realisierte Kursgewinne werden mit nicht realisierten Kursgewinnen in der Gewinn-und-Verlust-Rechnung kompensiert.*
   b) *Realisierte Kursverluste erhöhen die Aufwendungen in der Gewinn-und-Verlust-Rechnung.*
   c) *Nicht realisierte Kursverluste werden in der Gewinn-und-Verlust-Rechnung nicht erfasst.*
   d) *Realisierte Kursgewinne können in der Gewinn-und-Verlust-Rechnung ausgewiesen werden.*
   e) *Realisierte Kursverluste haben keine Auswirkung auf die Gewinn-und-Verlust-Rechnung.*
   f) *Nicht realisierte Kursverluste müssen in der Gewinn-und-Verlust-Rechnung ausgewiesen werden.*

2. *Prüfen Sie folgende Aussagen über die Anwendung des Niederstwertprinzipes und des Imparitätsprinzipes in der Rhein-Ruhr-Bank AG. Ordnen Sie richtigen Aussagen eine [1], falschen Aussagen eine [9] zu.*

a) Das Niederstwertprinzip ist im HGB kodifiziert.

b) Das Niederstwertprinzip ist im Aktiengesetz kodifiziert.

c) Das Niederstwertprinzip ist ein Bewertungsgrundsatz für Gegenstände des Umlaufvermögens.

d) Das Niederstwertprinzip bewirkt, dass eine Bewertung über die Anschaffungskosten hinaus ermöglicht wird.

e) Das Imparitätsprinzip bewirkt, dass nicht realisierte Gewinne ausgewiesen werden.

f) Das Imparitätsprinzip bewirkt, dass nicht realisierte Verluste ausgewiesen werden.

3. *Die Rhein-Ruhr-Bank AG tätigte folgende Käufe und Verkäufe in Aktien der Liquiditätsreserve im abgelaufenen Geschäftsjahr.*

Käufe:	*300 Stk.*	*600,00 EUR/Stk.*
	200 Stk.	*550,00 EUR/Stk.*
Verkäufe:	*250 Stk.*	*620,00 EUR/Stk.*

Bewerten Sie den Endbestand der Aktien am Ende des Geschäftsjahres nach den Bestimmungen des HGB. Berechnen Sie den realisierten und den nicht realisierten Erfolg. Nehmen Sie alle erforderlichen Buchungen zum Abschluss des Kontos Eigene Wertpapiere vor. Der Kurs am Bilanzstichtag beträgt 500,00 EUR/Stk.

4. *Die Rhein-Ruhr-Bank AG tätigte folgende Käufe und Verkäufe in Aktien der Liquiditätsreserve im abgelaufenen Geschäftsjahr.*

Käufe:	*300 Stk.*	*600,00 EUR/Stk.*
	200 Stk.	*550,00 EUR/Stk.*
Verkäufe:	*150 Stk.*	*500,00 EUR/Stk.*

Bewerten Sie den Endbestand der Aktien am Ende des Geschäftsjahres nach den Bestimmungen des HGB. Berechnen Sie den realisierten und den nicht realisierten Erfolg. Nehmen Sie alle erforderlichen Buchungen zum Abschluss des Kontos Eigene Wertpapiere vor. Der Kurs am Bilanzstichtag beträgt 800,00 EUR/Stk.

5. *Im abgelaufenen Geschäftsjahr hatte die Rhein-Ruhr-Bank AG die nachstehend aufgeführten Pfandbriefe als Liquiditätsreserve im Eigenbestand.*

Käufe	1,1% p. a. DG Hyp Pfandbriefe, Serie 29; 15.10. gzj.						Verkäufe
Datum	Nennwert in EUR	Kurs in%	Kurswert in EUR	Datum	Nennwert in EUR	Kurs in%	Kurswert in EUR
06.01.	20.000,00	99,5	19.900,00	21.07.	340.000,00	99,0	336.600,00
27.02.	200.000,00	98,0	196.000,00				
03.04.	260.000,00	98,5	256.100,00				

Ermitteln Sie

a) den Durchschnittserwerbskurs der Pfandbriefe in Prozent.

b) den realisierten Erfolg in Euro unter Berücksichtigung des Durchschnittserwerbskurses.

c) die bis zum Bilanzstichtag aufgelaufenen, noch nicht vereinnahmten Stückzinsen (act/act).

d) den Bilanzwert der Pfandbriefe (Kurs am Bilanzstichtag 99,5 %).

e) den nicht realisierten Erfolg aus dem Konto.
f) Buchen Sie die anteiligen, noch nicht vereinnahmten Stückzinsen.
g) Nehmen Sie, sofern erforderlich, die Buchung des nicht realisierten Erfolges vor.
h) Buchen Sie den realisierten Erfolg aus dem Konto.
i) Buchen Sie den Bilanzwert des Pfandbriefes.

6. *Folgende Angaben wurden aus dem Hauptbuchkonto „Eigene Wertpapiere“ der Rhein-Ruhr-Bank AG entnommen.*

Anfangsbestand und Sollumsätze	*6.920.000,00 EUR*
Habenumsätze	*6.780.000,00 EUR*
Nicht realisierter Kursverlust	*34.000,00 EUR*
Bis zum Bilanzstichtag aufgelaufene, noch nicht vereinnahmte Stückzinsen	*7 000,00 EUR*
Inventarwert der Wertpapiere (nach Niederstwertprinzip, ohne Stückzinsen)	*250.000,00 EUR*

a) Buchen Sie den nicht realisierten Kursverlust.
b) Buchen Sie die anteiligen, noch nicht vereinnahmten Stückzinsen.
c) Wie hoch ist der Bilanzwert der Wertpapiere?
d) Buchen Sie den Bilanzwert der Wertpapiere.
e) Berechnen Sie den realisierten Kursgewinn.
f) Buchen Sie den realisierten Kursgewinn.

7. *Die Rhein-Ruhr-Bank AG hat per 01.06.2014 eine Inhaberschuldverschreibung mit den nachstehenden Bedingungen emittiert und vollständig bei ihren Kunden platziert.*

2.000.000,00 EUR Inhaberschuldverschreibung 14/19
Zinssatz 3,75 % p.a.
Zinstermin 01.06.
Emissionskurs 100,50 %

a) Ermitteln Sie die Anzahl der Tage, für die am 31.12.2014 anteilige Stückzinsen berechnet werden müssen.
b) Berechnen Sie die Höhe der anteiligen, noch nicht vereinnahmten Stückzinsen in Euro per 31.12.2014.

8. *Im abgelaufenen Geschäftsjahr hatte die Rhein-Ruhr-Bank AG die nachstehend aufgeführten Kommunalobligationen als Liquiditätsreserve im Eigenbestand.*

Käufe 1,3 % p. a. Rheinische Hypothekenbank Kommunal-Obl. 30.09. gzj.				Verkäufe			
Datum	Nennwert in EUR	Kurs in %	Kurswert in EUR	Datum	Nennwert in EUR	Kurs in %	Kurswert in EUR
07.01.	40.000,00	98	39.200,00	30.10.	70.000,00	97,5	68.250,00
20.03.	50.000,00	97	48.500,00				
15.10.	140.000,00	99	138.600,00				

Ermitteln Sie
a) den Durchschnittserwerbskurs der Kommunalobligation in Prozent.
b) den realisierten Erfolg in Euro unter Berücksichtigung des Durchschnittserwerbskurses.
c) die bis zum Bilanzstichtag aufgelaufenen, aber noch nicht vereinnahmten Stückzinsen.
d) den Bilanzwert der Kommunalobligation (Kurs am Bilanzstichtag 98,2 %).

e) den nicht realisierten Erfolg aus dem Konto.
f) Buchen Sie die anteiligen, noch nicht vereinnahmten Stückzinsen.
g) Nehmen Sie, sofern erforderlich, die Buchung des nicht realisierten Erfolges vor.
h) Buchen Sie den realisierten Erfolg aus dem Konto.
i) Buchen Sie den Bilanzwert der Eigenen Wertpapiere im Grundbuch.

9. *Prüfen Sie die nachfolgenden Aussagen jeweils auf ihre Richtigkeit.* [1] *= richtig* [9] *= falsch*

a) Bei Wertpapieren des Handelsbestandes, die an der Börse notiert werden, können Kreditinstitute auf die Anwendung des Niederstwertprinzips verzichten.
b) Das strenge Niederstwertprinzip schreibt vor, dass nicht realisierte Kursgewinne nicht ausgewiesen werden dürfen.
c) Am Bilanzstichtag muss ein Kreditinstitut eine Verrechnung der nicht realisierten Kursgewinne und Kursverluste vornehmen.
d) Durch den Ausweis von nicht realisierten Gewinnen in der Bilanz erhöht das Kreditinstitut seine stillen Reserven.
e) Nach dem Niederstwertprinzip werden der Anschaffungskurs und der Kurs am Bilanzstichtag der jeweiligen Wertpapiere verglichen und der Bestand zum niedrigeren der beiden Kurse bewertet.

10. *Das Konto Schuldverschreibungen im Eigenbestand weist folgende Umsätze in Euro auf:*

Soll			Haben
Umsätze	2.500.000,00	Umsätze	2.000,000,00

a) Buchen Sie die zum Bilanzstichtag aufgelaufenen, noch nicht vereinnahmten Stückzinsen in Höhe von 19.000,00 EUR.
b) Buchen Sie den nicht realisierten Kursverlust in Höhe von 17.000,00 EUR.
c) Berechnen und buchen Sie den Endbestand der Schuldverschreibungen im Eigenbestand. Laut Inventur befinden sich nominal 400.000,00 EUR Schuldverschreibungen im Bestand, die zu 98 % zu bewerten sind.
d) Berechnen Sie den realisierten Erfolg in Euro.
e) Buchen Sie den realisierten Erfolg.

11. *Kennzeichnen Sie richtige Aussagen mit einer* [1] *und falsche Aussagen mit einer* [9].
a) Wichtige Vorschriften für die Bewertung der Wertpapiere finden sich im Handelsgesetzbuch.
b) Für die Bewertung von Wertpapieren des Umlaufvermögens gilt das gemilderte Niederstwertprinzip.
c) Wertpapiere des Anlagevermögens können unter bestimmten Voraussetzungen zu einem höheren Kurs angesetzt werden, als nach dem strengen Niederstwertprinzip erforderlich ist.
d) Kreditinstitute können unter bestimmten Voraussetzungen auch eine Bewertung der Wertpapiere unter dem Niederstwert vornehmen.

5.4 Zeitliche Abgrenzung des Jahreserfolges am Beispiel von Rückstellungen

Situation

Die Anwaltskosten für einen laufenden Prozess schätzt die Rhein-Ruhr-Bank AG auf 7.500,00 EUR. Im März des nächsten Jahres wird der Prozess beendet. Die Rhein-Ruhr-Bank AG überweist die tatsächlich in Rechnung gestellten Kosten in Höhe von 6.000,00 EUR über DBB.

Für Aufwendungen, die im abgelaufenen Geschäftsjahr entstanden sind,
- deren tatsächliches Bestehen,
- deren Höhe oder
- deren Fälligkeit aber ungewiss sind, muss ein Kreditinstitut Rückstellungen bilden. Gründe für eine solche Rückstellung können sein:

• Schwebende Prozesse • Vereinbarte Boni bei Bonussparverträgen • Pensionszusagen an Mitarbeiter • Strittige Steuern	Bestehen, Höhe oder Fälligkeit unbekannt
• Reparatur- und Telefonrechnungen aus dem abgelaufenen Geschäftsjahr, die erst im neuen Jahr dem Kreditinstitut zugehen • Aufwendungen für die gesetzlich vorgeschriebene Prüfung des Jahresabschlusses • Im abgelaufenen Geschäftsjahr unterlassene Aufwendungen für Instandhaltung, die im neuen Geschäftsjahr innerhalb von drei Monaten nachgeholt werden	Höhe und Fälligkeit unbekannt

Da es sich bei Rückstellungen um ungewisse Verbindlichkeiten handelt, sind sie der Passivseite der Bilanz zuzuordnen. Unter der Passivposition Nr. 7 „Rückstellungen“ werden drei Rückstellungskategorien gebildet:

a) Rückstellungen für Pensionen
b) Steuerrückstellungen
c) Andere Rückstellungen

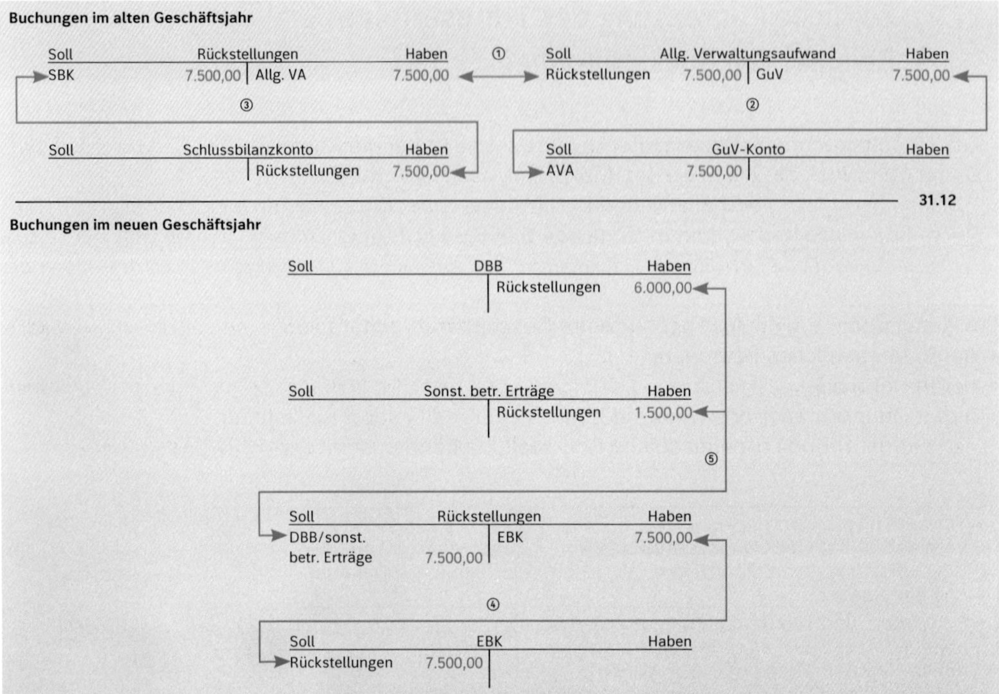

Buchungen im alten Geschäftsjahr		**Buchungen im neuen Geschäftsjahr**	
Geschäftsfall	**Buchung**	**Geschäftsfall**	**Buchung**
Vorbereitende Abschlussbuchung: 1) Die Kosten für einen laufenden Prozess werden auf 7.500,00 EUR geschätzt. (Buchung des Aufwands)	Allg. Verwaltungsaufwendungen an Rückstellungen 7.500,00 EUR	4) Eröffnung des Kontos Rückstellungen 7.500,00 EUR	EBK an Rückstellungen 7.500,00 EUR
Abschlussbuchungen: 2) Abschluss des Kontos Allg. Verwaltungsaufwendungen 3) Abschluss des Kontos Rückstellungen	GuV an Allg. Verwaltungsaufwendungen 7.500,00 EUR Rückstellungen an SBK 7.500,00 EUR	5) Nach Prozessende werden 6.000,00 EUR Anwaltskosten durch DBB-Überweisung beglichen. Die in diesem Zusammenhang gebildete Rückstellung ist aufzulösen.	Rückstellungen 7.500,00 EUR an DBB 6.000,00 EUR an Sonstige betriebliche Erträge 1.500,00 EUR
Ergebnis: • Die Anwaltskosten für den in diesem Jahr begonnenen Prozess fließen periodengerecht in die Gewinn-und-Verlust-Rechnung dieses Geschäftsjahres ein. • Die in der Höhe ungewisse Verbindlichkeit gegenüber dem Rechtsanwalt wird als Rückstellung auf der Passivseite der Bilanz erfasst.		**Ergebnis:** • Das neue Geschäftsjahr wird nicht mit Aufwendungen, die dem alten Geschäftsjahr zuzuordnen sind, belastet. • Wurde eine zu hohe Rückstellung gebildet, so ist bei deren Auflösung die Differenz über das Konto **„Sonstige betriebliche Erträge“** auszubuchen. • Wurde eine zu niedrige Rückstellung gebildet, so ist bei deren Auflösung die **Differenz über das entsprechende Aufwandskonto** auszugleichen.	

Aufgabe

1. *Buchen Sie die folgenden Geschäftsfälle im Grundbuch:*

   a) Wir zahlen an das Finanzamt (unseren Kunden) die Steuerrestzahlung, für die beim Jahresabschluss des Vorjahres die entsprechende Rückstellung gebildet worden ist.
   b) Wir erhielten kurz vor Ende des Geschäftsjahres eine Handwerkerrechnung für bereits erledigte Renovierungsarbeiten, die erst im nächsten Geschäftsjahr beglichen werden soll. Am 02.01. des neuen Jahres erteilen wir dem Handwerker, unserem KK-Kunden, die Gutschrift in Höhe des Rechnungsbetrages.
   c) Wir haben einen langjährigen Rechtsstreit gewonnen. Die in diesem Zusammenhang gebildete Risikovorsorge ist daher aufzulösen.
   d) Wir berücksichtigen Pensionsverpflichtungen aus laufenden Verträgen und dotieren unsere entsprechenden Rückstellungen um weitere 1,2 Mio. EUR.
   e) Wir leisten Pensionszahlungen in Höhe von 700.000 EUR durch Gutschrift auf KKK im Hause.

5.5 Vorsorge für allgemeine Bankrisiken

Situation

Die Rhein-Ruhr-Bank AG hat den Jahresabschluss für das abgelaufene Geschäftsjahr aufgestellt, in dem ein Verlust in Höhe von 100.000,00 EUR ausgewiesen wird. Der Vorstand überlegt, was zu tun ist, sodass der Verlustausweis in der Gewinn-und-Verlust-Rechnung des Kreditinstitutes nicht auch zu einem Vertrauensverlust bei den Gläubigern des Kreditinstitutes führt. Es wird befürchtet, dass nach der Veröffentlichung des Jahresabschlusses viele Gläubiger ihre Einlagen abziehen und der Rhein-Ruhr-Bank AG damit ihre wirtschaftliche Grundlage entziehen.

Kreditinstitute versorgen alle Wirtschaftsteilnehmer mit Liquidität und Krediten, die in Form von Konsum- und Investitionsausgaben das Wirtschaftsgeschehen vorantreiben. Sie sind somit Voraussetzung für einen reibungslosen Waren- und Dienstleistungsaustausch zwischen den Wirtschaftssubjekten. Um diese Funktionsfähigkeit aufrechtzuerhalten und damit die Volkswirtschaft vor Krisen zu schützen, bestehen zahlreiche Schutzvorschriften wie z. B.

- Festlegung eines Mindesteigenkapitals für Kreditinstitute,
- Prüfung der fachlichen Eignung der Vorstandsmitglieder,
- Pflicht zur Großkredit- und Millionenkreditmeldung,
- Pflicht zur Prüfung und Veröffentlichung des Jahresabschlusses,
- Risikobegrenzung durch Kopplung risikobehafteter Aktiva an das haftende Eigenkapital,
- Einräumung von Bewertungsspielräumen zur Bildung stiller Reserven im Gewinnfall und deren Auflösung im Verlustfall, um hierdurch unbemerkt von der Öffentlichkeit Verluste ausgleichen zu können.

5.5.1 Instrumente der Risikovorsorge in Kreditinstituten

Neben der Bildung von Rückstellungen haben Kreditinstitute verschiedenste Möglichkeiten, für wirtschaftliche Risiken vorzusorgen.

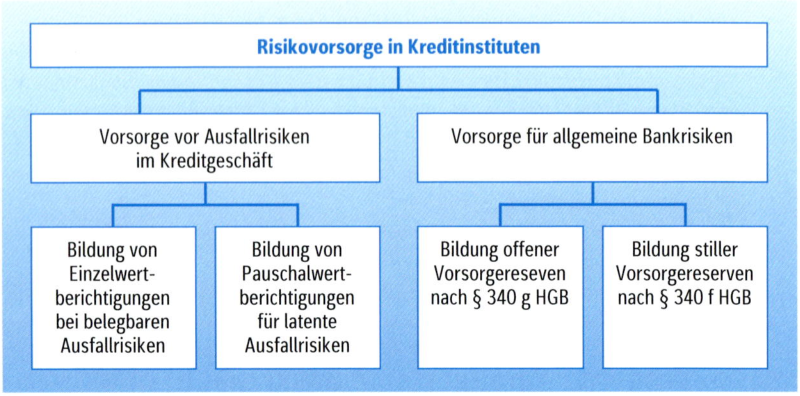

5.5.1.1 Bildung offener Vorsorgereserven nach § 340 g HGB (Fonds für allgemeine Bankrisiken)

Jedem Kreditinstitut ist es erlaubt, Teile des versteuerten Gewinns in den „Sonderposten Fonds für allgemeine Bankrisiken“ auf der Passivseite der Bilanz unter der Nr. 11 einzustellen. De facto werden also Gewinnbestandteile mit einer Ausschüttungssperre belegt, um sie im Falle eines Verlustes als Ausgleich verwenden zu dürfen.

Beispiel

Die Rhein-Ruhr-Bank AG hat in der Vergangenheit 1.000.000,00 EUR in den Fonds für allgemeine Bankrisiken eingestellt und passivisch bilanziert. Zum Ausgleich des Verlustes in Höhe von 100.000,00 EUR soll der Sonderposten in gleicher Höhe aufgelöst werden.

A Eröffnungsbilanz P

A	P
	Fonds für allg. Bankrisiken 1 Mio.
	EK 10 Mio.

Ausgleich zulasten des Eigenkapitals

S Gewinn-und-Verlust-Konto H

S	H
Aufwendungen 12 Mio.	Erträge 11,9 Mio.
	Verlust 0,1 Mio.

A Schlussbilanz P

A	P
	Fonds für allg. Bankrisiken 1 Mio.
	EK 9,9 Mio.

Ausgleich zulasten des Fonds für allgemeine Bankrisiken

S Gewinn-und-Verlust-Konto H

S	H
Aufwendungen 12 Mio.	Erträge 11,9 Mio.
	Auflösung des Fonds für allg. Bankrisiken 0,1 Mio.

A Schlussbilanz P

A	P
	Fonds für allg. Bankrisiken 0,9 Mio.
	EK 10 Mio.

Wie aus dem Beispiel ersichtlich, kann ein Kreditinstitut einen Verlust zulasten des Eigenkapitals oder zulasten des Fonds für allgemeine Bankrisiken ausgleichen. Negativ aus Sicht des Kreditinstitutes ist in beiden Fällen, dass der Verlustausgleich für die Öffentlichkeit sowohl aus der Bilanz als auch aus der Gewinn-und-Verlust-Rechnung ersichtlich ist, da Zuführungen und Auflösungen des Sonderpostens in der Gewinn-und-Verlust-Rechnung gesondert auszuweisen sind. Aus diesem Grunde wurde den Kreditinstituten die Möglichkeit zur Bildung stiller Reserven im Gewinnfall und deren Auflösung im Verlustfall gegeben, um hierdurch unbemerkt von der Öffentlichkeit Verluste ausgleichen zu können.

5.5.1.2 Bildung stiller Vorsorgereserven nach § 340 f HGB (Versteuerte Pauschalwertberichtigungen)

Nach § 340 f HGB dürfen Kreditinstitute in ihrer Bilanz Forderungen an Kunden und Kreditinstitute sowie die Wertpapiere der Liquiditätsreserve um 4 % niedriger bewerten, als sie es nach dem strengen Niederstwertprinzip tun müssten. Durch diese Unterbewertung der Aktiva sind die tatsächlich vorhandenen Vermögenswerte mehr wert, als aus der Bilanz ersichtlich ist. Diese sog. „stillen Reserven" können Kreditinstitute mit Billigung des Gesetzgebers nutzen, um Verluste unbemerkt von der Öffentlichkeit auszugleichen. Wie funktioniert dies? Wenn Gewinne erzielt werden, werden stille Vorsorgereserven gebildet. Im Verlustfall werden sie still wieder aufgelöst, ohne dass die Öffentlichkeit hiervon etwas erfährt.

Beispiel

Bildung stiller Vorsorgereserven für allgemeine Bankrisiken

TEUR	Buchwert	Niederstwert	Bilanzwert = Niederstwert-4 %
Forderungen an Kunden	4.000,00	3.700,00	3.552,00
Forderungen an Kreditinstitute	2.000,00	1.950,00	1.872,00
Wertpapiere der Liquiditätsreserve	1.000,00	900,00	864,00

Korrektur auf Niederstwert: 7.000,00 → 6.550,00
Korrektur um stille Vorsorgereserven in Höhe von 4 % des Niederstwertes: -262,00 → 6.288,00

Die Bildung stiller Vorsorgereserven nach § 340 f HGB erfolgt durch Abschreibung der Aktiva und Bildung eines Wertberichtigungspostens auf der Passivseite der Bilanz.

Bildung von stillen Vorsorgereserven in der Bilanz

Soll	Schlussbilanzkonto	Haben	
Forderungen an Kunden	3.700,00	Vorsorgewertberichtigung für allgemeine Bankrisiken	262,00
Forderungen an Kreditinstitute	1.950,00		
Wertpapiere der Liquiditätsreserve	900,00		

Aktiva	Schlussbilanz	Passiva
Forderungen an Kunden	3.552,00	
Forderungen an Kreditinstitute	1.872,00	
Wertpapiere der Liquiditätsreserve	864,00	

Die gebildete passivische **Vorsorgewertberichtigung wird in der Bilanz von den entsprechenden Aktivposititionen abgesetzt.** Angaben über die Bildung oder Auflösung von Vorsorgereserven brauchen im Jahresabschluss nicht gemacht zu werden. Aus diesem Grunde ist die Bildung der Vorsorgereserven von einem externen Bilanzleser nicht ersichtlich.

Bildung von stillen Vorsorgereserven in der Gewinn-und-Verlust-Rechnung

Soll	GuV-Konto	Haben	
Abschreibungen auf Forderungen	226,00	Realisierte Kursgewinne	500,00
Abschreibungen auf Wertpapiere	36,00		

Aufwendungen	GuV-Rechnung	Erträge	
		Realisierte Kursgewinne	238,00

In der Gewinn-und-Verlust-Rechnung wird bei der Bildung der Vorsorgereserve die **erforderliche Abschreibung mit bestimmten Erträgen wie z. B. mit realisierten Kursgewinnen kompensiert** und nur der Saldo wird ausgewiesen. Aus diesem Grunde ist auch aus der Gewinn-und-Verlust-Rechnung des Kreditinstitutes die Bildung einer stillen Vorsorgereserve nicht ersichtlich.

Im Verlustfall wird die gebildete Vorsorgereserve durch die Buchung: „Vorsorgewertberichtigung für allgemeine Bankrisiken an Erträge aus der Zuschreibung bei Auflösung stiller Vorsorgereserven" aufgelöst. Im Ausgangsfall reicht eine Auflösung von 100.000,00 EUR, um den entstandenen Verlust auszugleichen.

Auflösung von stillen Vorsorgereserven in der Bilanz

Schlussbilanzkonto

Soll		Haben	
Forderungen an Kunden	3.700,00	Vorsorgewertberichtigung für allgemeine Bankrisiken (minus 100,00)	162,00
Forderungen an Kreditinstitute	1.950,00		
Wertpapiere der Liquiditätsreserve	900,00		

Schlussbilanz

Aktiva		Passiva
Forderungen an Kunden	3.608,49	Die Zuschreibung der Aktivpositionen in Höhe von 100 erfolgte anteilig.
Forderungen an Kreditinstitute	1.901,77	
Wertpapiere der Liquiditätsreserve	877,74	

Die Vorsorgewertberichtigungen für allgemeine Bankrisiken werden in Höhe von 100.000,00 EUR aufgelöst, es verbleiben 162 TEUR auf der Habenseite des Schlussbilanzkontos. Da die verbleibenden Vorsorgewertberichtigungen in der Bilanz von den aktiven Beständen abgezogen werden, erfährt die Aktivseite der Bilanz eine Zuschreibung in Höhe der Auflösung der Vorsorgereserven. Für einen externen Bilanzleser ist die Auflösung der Vorsorgereserven nicht ersichtlich.

Auflösung von stillen Vorsorgereserven in der Gewinn-und-Verlust-Rechnung

GuV-Konto

Soll		Haben	
Summe der Aufwendungen	1.678,00	Summe der Erträge	1.578,00
		Erträge aus der Zuschreibung bei Auflösung der Vorsorgewertberichtigung	100,00

GuV-Rechnung

Aufwendungen		Erträge	
Summe der Aufwendungen	1.578,00	Summe der Erträge	1.578,00

Im Gewinn-und-Verlust-Konto wird die Auflösung der Vorsorgereserve als Ertrag aus der Zuschreibung bei Auflösung von Vorsorgewertberichtigungen in Höhe von 100.000,00 EUR ausgewiesen. In der Gewinn-und-Verlust-Rechnung wird der Ertrag aus der Zuschreibung von bestimmten Aufwandsposten wie z. B. Abschreibungen auf Forderungen abgezogen. Der ohne Auflösung der Vorsorgereserven resultierende Verlust in Höhe von 100.000,00 EUR ist damit genau ausgeglichen, ohne dass ein externer Bilanzleser hiervon erfährt.

Ein Kreditinstitut kann durch die Bildung und Auflösung von stillen Vorsorgereserven eine Ergebnisglättung im Laufe der Jahre erreichen, sodass in gewinnstarken Jahren nicht zu viel an die Anteilseigner ausgeschüttet werden muss und in Verlustjahren nicht das Vertrauen der Einleger verloren geht.

Die Saldierung von Aufwendungen und Erträgen nach § 340 f Abs. 3 HGB wird als **spartenübergreifende Kompensation** bezeichnet. In der Gewinn-und-Verlust-Rechnung sind folgende Verrechnungen von Aufwendungen und Erträgen möglich:

Spartenübergreifende Kompensation von Aufwendungen und Erträgen

Erfolge / Sparten	Aufwendungen	Erträge
Wertpapiergeschäft Wertpapiere der Liquiditätsreserve	• Abschreibungen auf Wertpapiere • Abschreibungen auf Wertpapiere zur Bildung stiller Vorsorgereserven • realisierte Kursverluste	• Erträge aus der Zuschreibung zu Wertpapieren • Erträge aus der Zuschreibung zu Wertpapieren bei Auflösung stiller Vorsorgereserven • realisierte Kursgewinne
Kreditgeschäft Forderungen an Kunden Forderungen an Kreditinstitute	• Abschreibungen auf Forderungen • Abschreibungen auf Forderungen zur Bildung stiller Vorsorgereserven • Zuführungen zu Rückstellungen für Eventualverbindlichkeiten	• Erträge aus der Zuschreibung zu Forderungen • Erträge aus der Zuschreibung zu Forderungen bei Auflösung stiller Vorsorgereserven • Erträge aus dem Eingang teilweise oder vollständig abgeschriebener Forderungen

Diese Aufwendungen und Erträge können in der Gewinn-und-Verlust-Rechnung miteinander verrechnet werden, um stille Vorsorgereserven zu bilden oder aufzulösen.

- Überwiegen die Aufwendungen, so wird der Saldo unter der Position „Abschreibungen und Wertberichtigungen auf Forderungen und bestimmte Wertpapiere“ in der GuV-Rechnung ausgewiesen.
- Überwiegen die Erträge, so wird der Saldo unter der Position „Erträge aus Zuschreibungen zu Forderungen und bestimmten Wertpapieren“ in der GuV-Rechnung ausgewiesen.

Aufgaben

1. Die Rhein-Ruhr-Bank AG möchte stille Vorsorgereserven in Höhe von 4 % nach § 340 f HGB bilden. Sie hat zum Jahresende folgende Werte nach Anwendung des Niederstwertprinzips ermittelt.

Soll — Ausschnitt aus dem Schlussbilanzkonto (in Mio. Euro) — Haben

Soll		Haben	
Forderungen an Kunden	18,4	Einzelwertberichtigungen a. Forderungen	3,7
Forderungen an Kreditinstitute	22,6	Pauschalwertberichtigungen a. Forderungen	1,8
Wertpapiere	15,8	Vorsorgewertberichtigungen	
davon		für allgemeine Bankrisiken	0,27
Wertpapiere des Anlagevermögens	2,0		
Wertpapiere des Handelsbestandes	7,8		
Wertpapiere der Liquiditätsreserve	6,0		

a) Welche Werte können bei der Berechnung der stillen Vorsorgereserven einbezogen werden?
1. Forderungen an Kunden
2. Forderungen an Kreditinstitute
3. Wertpapiere des Anlagevermögens
4. Wertpapiere des Handelsbestandes
5. Wertpapiere der Liquiditätsreserve

b) Wie hoch ist die nach § 340 HGB maximal zulässige stille Vorsorgereserve, die die Rhein-Ruhr-Bank AG bilden darf?

2. *Die Rhein-Ruhr-Bank AG möchte erstmals stille Vorsorgereserven nach § 340 f HGB bilden. Folgende Bilanzwerte in TEUR liegen am Ende des Geschäftsjahres vor:*

Barreserve:	12.000	Verbindlichkeiten gegenüber KI:	173.800
Forderungen an KI:	142.660	Verbindlichkeiten gegenüber Kunden:	644.500
Forderungen an Kunden:	543.500	Rückstellungen:	150.500
Festverzinsliche Wertpapiere:	170.600	Fonds für allgemeine Bankrisiken:	90.000
Aktien:	45.200	Eigenkapital:	64.500

Auszug aus dem Anhang:
In der Position Festverzinsliche Wertpapiere sind 25 % dem Anlagevermögen, 30 % der Liquiditätsreserve und 45 % dem Handelsbestand zuzuordnen.
In der Position Aktien sind 40 % dem Anlagevermögen, 25 % der Liquiditätsreserve und 35 % dem Handelsbestand zuzuordnen.

a) Berechnen Sie die Gesamtsumme in TEUR, von der die Rhein-Ruhr-Bank AG stille Vorsorgereserven bilden darf.

b) Berechnen Sie die maximale Höhe der stillen Vorsorgereserven, die die Rhein-Ruhr-Bank AG in diesem Jahr bilden darf.

5.5.1.3 Stille und offene Vorsorgereserven im Vergleich

Web

	Stille Vorsorgereserven 340 f HGB	Offene Vorsorgereserven 340 g HGB
Zweck	Vorsorge für allgemeine Bankrisiken	
Vorgehen	• Unterbewertung der Wertpapiere der Liquiditätsreserve sowie der Forderungen an Kunden und an Kreditinstitute • Bildung einer Vorsorgewertberichtigung in Höhe der Unterbewertung • Aktivische Absetzung der Vorsorgewertberichtigung von den entsprechenden Aktivpositionen in der Bilanz • Überkreuzkompensation in der Gewinn-und-Verlust-Rechnung	• Aus der Bilanz und der Gewinn-und-Verlust-Rechnung ersichtliche Einstellung in die Passivpostition: „Fonds für Allgemeine Bankrisiken" zulasten des Gewinns
Obergrenze	4 % der nach strengem Niederstwertprinzip bewerteten Wertpapiere der Liquiditätsreserve sowie der Forderungen an Kunden und an Kreditinstitute	Keine Obergrenze
Steuerliche Anerkennung	Die Bildung von Vorsorgereserven darf nicht den steuerpflichtigen Gewinn mindern. Eine Bildung von Vorsorgereserven erfolgt insofern immer aus dem bereits versteuerten Gewinn.	

Merke: Durch die Anwendung des Niederstwertprinzipes und durch die Bildung stiller Vorsorgereserven nach § 340f HGB werden Aktiva zu einem Wert ausgewiesen, der unter deren tatsächlichem Wert liegt. Hierdurch werden sog. Stille Reserven gelegt, die ein externer Bilanzleser ohne Zusatzinformationen nicht erkennen kann.

Beispiel

Ein Bankgebäude steht in der Bilanz mit 1,00 EUR Erinnerungswert, der Verkehrswert liegt jedoch bei 10 Mio. EUR. Sollte es zu einem (Bar-)Verkauf kommen, werden die Stillen Reserven offengelegt (Buchung: Kasse 10 Mio. an Gebäude 1,00 EUR an Sonstige betriebliche Erträge 9.999.999,00 EUR). Es kommt zu einer Bilanzverlängerung, bei der die bisher versteckten stillen Reserven offen als Eigenkapital ausgewiesen werden.

5.5.1.4 Bildung stiller Reserven

Bei stillen Reserven handelt es sich um Eigenkapital, das aus der Bilanz nicht ersichtlich ist.

Stille Reserven entstehen aus der	
Unterbewertung von Aktiva	**Überbewertung von Passiva**
a) durch überhöhte Abschreibungen (d. h., der angenommene Wertverlust ist größer als tatsächlich eingetreten)	a) Überhöhte Rückstellungen
b) durch Bewertung des Vermögens nach dem Niederstwertprinzip, falls der Kurs am 31.12. größer ist als der Durchschnittserwerbskurs	

Unterbewertung von Aktiva

Wird ein Vermögensgegenstand z. B. aufgrund der Bestimmung des Niederstwertprinzipes in der Bilanz mit einem geringeren als seinem aktuellen Wert ausgewiesen, so entsteht eine stille Reserve.

Beispiel

Die Rhein-Ruhr-Bank AG weist in ihrer Bilanz Goldbestände in Höhe von 100.000,00 EUR aus, die lt. aktuellem Marktwert 250.000,00 EUR wert sind. Sollte die Rhein-Ruhr-Bank AG diese Goldbarren gegen Barzahlung verkaufen, so würde der Kassenbestand um 250.000,00 EUR steigen, der Goldbestand sinkt um 100.000,00 EUR auf null und der Ertrag aus der Transaktion in Höhe von 150.000,00 EUR würde über das Konto Sonstige betriebliche Erträge gebucht.

Bei der Bewertung nach Niederstwertprinzip werden folglich stille Reserven gebildet, die aus der Bilanz selbst nicht zu erkennen sind. Erst bei Verkauf werden sie aufgedeckt und erhöhen dann das offen ausgewiesene Eigenkapital.

Überbewertung von Passiva

Berücksichtigt die Rhein-Ruhr-Bank AG Pensionsverpflichtungen ihrer ausgeschiedenen Mitarbeiter, so bildet sie hierfür Pensionsrückstellungen. Stellt sich im Nachhinein heraus, dass diese Rückstellungen zu hoch waren, da z. B. die Lebenserwartung der ausgeschiedenen Mitarbeiter zu hoch kalkuliert waren, dann kann die Pensionsrückstellung aufgelöst werden. Aus der Verbindlichkeit gegenüber ehemaligen Angestellten im Ruhestand wird Eigenkapital. In Höhe der nicht benötigten Rückstellung verfügt das Kreditinstitut de facto über Eigenkapital, welches in der Bilanz als Schulden, d. h. als Fremdkapital, ausgewiesen ist.

6 Bankcontrolling als integratives System von Planung, Steuerung und Kontrolle

6.1 Was bedeutet Controlling?

Controlling (engl.: von „to control“ sinngemäß „planen, steuern, kontrollieren“) ist ein Konzept, das zur Durchsetzung von ertragsorientierten Unternehmensstrategien entwickelt wurde.

Eine Unternehmensstrategie setzt sich aus langfristigen (strategischen) und kurzfristigen (operativen) Zielen zusammen. Das Controlling sorgt dafür, dass die Erreichung strategischer Ziele durch geeignete operative Entscheidungen vorbereitet wird.

Unternehmensziele	
langfristige Ziele	**kurzfristige** Ziele
z. B. • Steigende Eigenkapitalrentabilität • Innovatives Marktleistungsprogramm • Effiziente Struktur der Geschäftsbereiche • Sicherheit der Einlagen	z. B. • Zielvorgaben für den Verkauf von Bankleistungen • Marktgerechte Kalkulation von Zinssätzen • Information über den Ertrag von einzelnen Kunden, Produkten, Geschäftsbereichen
Strategisches Controlling ↓	**Operatives Controlling** ↓
Unternehmensstrategie	

Zur Erreichung von abstrakten Unternehmenszielen, z. B. die Erhöhung des Marktanteils des Kreditinstitutes, muss die Controlling-Abteilung verständliche Ziele, z. B. Steigerung des Kreditvolumens um 10% im laufenden Geschäftsjahr, für die nachgeordneten Entscheidungsebenen (Filialen, Abteilungen, Gruppen, Mitarbeiter) formulieren und festlegen (sog. Budgetierung).
An diesen konkreten Zielvorgaben (Budgets), die für einen bestimmten Zeitraum, z. B. ein Geschäftsjahr, gelten, werden die betroffenen Mitarbeiter gemessen. Ziel ist es, dem einzelnen Mitarbeiter genau darzulegen, welchen Beitrag er zur Erreichung der langfristigen Unternehmensziele zu leisten hat.

6.2 Aufgaben des Controllings

Die Controlling-Abteilung ist eine Stabsstelle der Geschäftsleitung. Sie ist zuständig für die Beschaffung, Bereitstellung und Auswertung von Informationen, die für eine zielgerichtete Unternehmensführung benötigt werden. Hierzu muss sie folgende Aufgaben erfüllen:

Aufgaben des Controllings

Planung	Steuerung	Kontrolle
z. B. • Bereitstellung von Informationen • Formulierung von Unternehmenszielen	z. B. • Formulierung von konkreten Zielvorgaben für Abteilungen und Mitarbeiter • Laufende Analyse der aktuellen Unternehmens-situation	z. B. Kontrolle der Zielerreichung durch ständige Soll-Ist-Vergleiche

Die Aufgaben des Controllings sind als kontinuierlicher Prozess zu verstehen. Sie lassen sich daher auch als Regelkreis darstellen:

Regelkreis-Modell

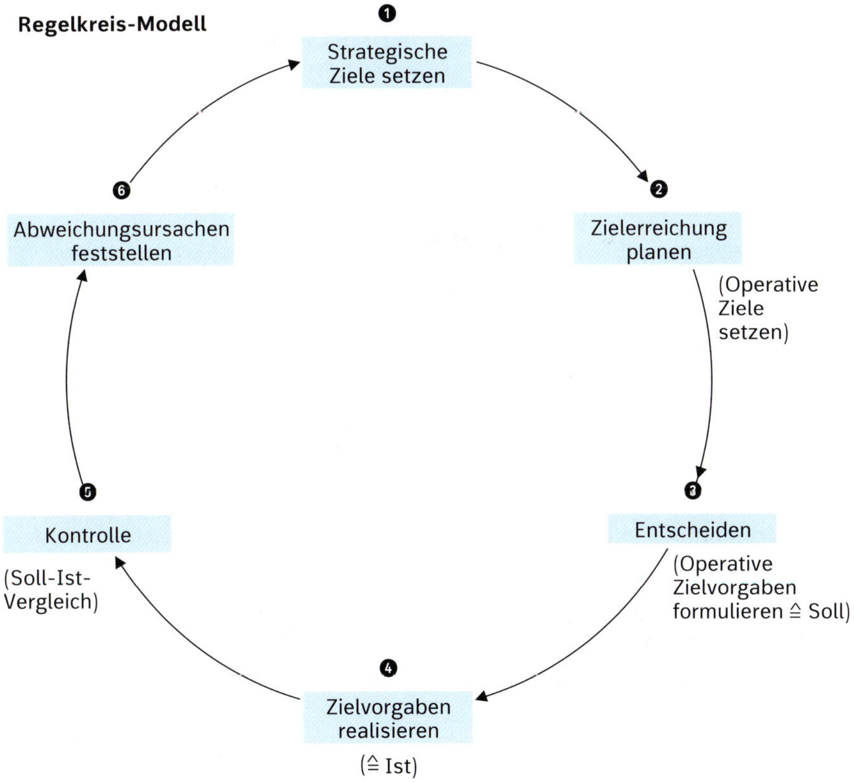

6.3 Internes Rechnungswesen als Element des operativen Controllings

Die Zielvorgaben können nicht immer in vollem Umfang erreicht werden, sodass kurzfristige Maßnahmen zur Zielkorrektur umgehend in den betrieblichen Ablauf eingebunden werden müssen. Hierzu führt das Controlling Soll-Ist-Vergleiche auf Basis einer detaillierten Dokumentation der **tatsächlich** erreichten Werte durch. Diese Aufgabe übernimmt das **Interne Rechnungswesen** eines Kreditinstituts, als Element des operativen Controllings.

Im Gegensatz zur Finanzbuchhaltung **(Externes Rechnungswesen)** ist das **Interne Rechnungswesen** eines Kreditinstitutes frei von gesetzlichen Vorgaben und kann auf Basis betriebswirtschaftlicher Ziele individuell auf den Betrieb zugeschnitten werden.

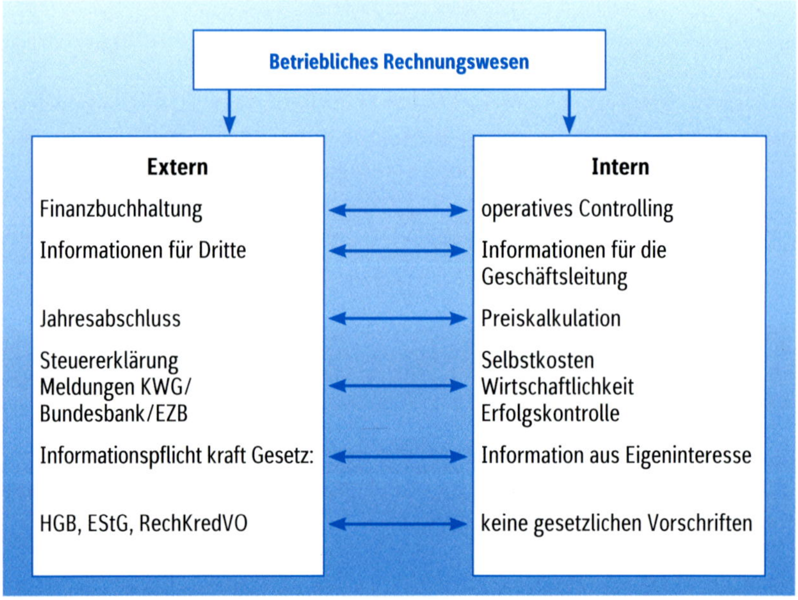

Im **Internen Rechnungswesen** kommt einer marktgerechten Preiskalkulation für Bankleistungen besondere Bedeutung zu. Hierzu verwenden die Kreditinstitute mehrstufige Verfahren, die in ihrer Gesamtheit als **Bankkalkulation** oder **Kosten-und-Erlös-Rechnung** bezeichnet werden. Weitere Aufgaben des Internen Rechnungswesens sind die Erfassung und Dokumentation des betrieblichen Geschehens **(Betriebsstatistik)** sowie die ständige **Analyse der aktuellen Marktbedingungen.**
Die Kosten-und-Erlös-Rechnung steht im Folgenden im Mittelpunkt der Betrachtungen.

Kosten-und-Erlös-Rechnung 7

7.1 Grundlagen der Kosten-und-Erlös-Rechnung

7.1.1 Aufgaben der Kosten-und-Erlös-Rechnung

Eine marktgerechte Preiskalkulation setzt voraus, dass ein Kreditinstitut möglichst genau über die Kosten informiert ist, die bei der Erstellung des Produktes oder der Dienstleistung entstehen. Die Summe aller Kosten nennt man **Selbstkosten**.

Würde ein Kreditinstitut eine Leistung am Markt zu einem Preis anbieten, der den Selbstkosten entspricht, könnten durch die Verkaufserlöse alle entstandenen Kosten wieder erwirtschaftet werden. Man spricht hierbei von **Kostendeckung**. Insofern könnte ein Kreditinstitut stets alle seine Leistungen zum Selbstkostenpreis veräußern, ohne dass Verluste entstehen würden. Die Selbstkosten stellen daher im Rahmen der Preiskalkulation die langfristige Preisuntergrenze dar.
Ein Kreditinstitut ist allerdings bestrebt, rentabel zu arbeiten. Um Gewinne zu erzielen, wird auf die Selbstkosten ein **Gewinnzuschlag** erhoben. Die Kalkulation dieser Größe orientiert sich am erzielbaren **Marktpreis.**

Elemente der Preiskalkulation

Selbstkosten	= Summe aller Kosten einer Bankleistung *(= langfristige Preisuntergrenze)*
+ Gewinnzuschlag	Er wird u. a. beeinflusst von • den Vorstellungen der Unternehmensleitung • den Nachfragern nach Bankleistungen • der Konkurrenz am Markt
= Marktpreis	Verkaufserlös der Bankleistung

Der Marktpreis für eine Bankleistung kann somit nicht autonom durch das Kreditinstitut festgelegt werden. In der Praxis ist es üblich, dass Bankleistungen aus Konkurrenzgründen (z. B. Buchungsposten) unter dem Selbstkostenpreis angeboten werden müssen. Um insgesamt kostendeckend bzw. gewinnbringend arbeiten zu können, müssen andere Produkte (z. B. Überziehungskredite) mit hohen Gewinnzuschlägen verkauft werden. Man spricht hierbei von **Mischkalkulation**.

Auf Basis der Kosten und Erlöse von Bankleistungen lassen sich weiterführende Kennzahlen ermitteln. Das Controlling beschäftigt sich mit der Wirtschaftlichkeit und dem Erfolg. Die Kennziffern können sich dabei sowohl auf das gesamte Institut als auch auf beliebig kleine Einheiten (Profit/Cost-Center, Filialen, Gruppen, Mitarbeiter, Produkte, ...) beziehen.

7.1.2 Grundbegriffe der Kosten-und-Erlös-Rechnung

Die Preiskalkulation von Bankleistungen erfolgt auf Basis von Kosten und Erlösen. Zur Ermittlung der Kosten und Erlöse einer Bankleistung baut die Kosten-und-Erlös-Rechnung auf den Erfolgsgrößen (Aufwendungen und Erträge) der Finanzbuchhaltung auf.

7.1.2.1 Grundkosten und Zusatzkosten

Situation

Der Vorstand der Rhein-Ruhr-Bank AG hat einen neuen Geschäftswagen zu einem Preis in Höhe von 60.000,00 EUR erworben. Die Abteilung Controlling erhält hierzu folgenden Auftrag:
„Stellen Sie durch eine entsprechende Preiskalkulation sicher, dass durch den Verkauf von Bankleistungen bis zum Ende der Nutzungsdauer in sechs Jahren genügend Finanzmittel erwirtschaftet werden, die den Erwerb eines neuen Vorstandswagens ermöglichen."

Die in der Abteilung Finanzbuchhaltung ermittelten Aufwendungen für den Wertverlust des Wagens werden als Basis für eine Kalkulation von Preisen für Bankleistungen herangezogen.

Im betrachteten Beispiel entstehen der Rhein-Ruhr-Bank AG aus der Anschaffung des Vorstandswagens jährliche Aufwendungen in Höhe von 10.000,00 EUR. Dabei wird eine lineare Abschreibung des Kraftfahrzeuges bei einer betriebsgewöhnlichen Nutzungsdauer von sechs Jahren unterstellt.

Um nun in sechs Jahren einen neuen Vorstandswagen zu einem Preis von 60.000,00 EUR erwerben zu können, müssen durch den Verkauf von Bankleistungen im Durchschnitt jährlich 10.000,00 EUR erwirtschaftet und zurückgelegt werden. Dies ist nur möglich, wenn die Abschreibungen bei der Preiskalkulation in voller Höhe als Selbstkosten berücksichtigt werden. Im Beispiel entspricht der in der Abteilung Finanzbuchhaltung ermittelte Gesamtaufwand in Höhe von 60.0000,00 EUR daher den zu berücksichtigenden Kosten der Abteilung Controlling.

Abteilung Finanzbuchhaltung
Zweckaufwand 60.000,00 EUR in 6 Jahren
≙
Grundkosten 60.000,00 EUR in 6 Jahren
Abteilung Controlling

Müssen zur Preiskalkulation für Bankleistungen durch das Controlling die in der Finanzbuchhaltung ermittelten Aufwendungen in voller Höhe als Kosten berücksichtigt werden, so spricht man auch von Grundkosten bzw. Zweckaufwendungen.

Zweckaufwand
≙
Grundkosten

Situation

Die Controlling-Abteilung erwartet aufgrund der allgemeinen Preisentwicklung, dass ein vergleichbarer Neuwagen in sechs Jahren ca. 12,5 % mehr kostet als heute.

Die erste Situation nimmt vereinfachend an, dass sich der Preis des Vorstandswagens auch in Zukunft nicht verändert. Es reicht daher aus, dass der durch die Abschreibungen erfasste Wertverlust für die Rhein-Ruhr-Bank AG in Höhe von insgesamt 60.000,00 EUR durch den Verkauf von Bankleistungen wieder erwirtschaftet wird.

Erfahrungsmäß bewirken Preissteigerungen jedoch, dass ein vergleichbarer Pkw in Zukunft mehr „kostet" als heute. In der Preiskalkulation muss daher nicht der heutige Anschaffungspreis, sondern die geschätzten Wiederbeschaffungskosten zum festgelegten Zeitpunkt in der Zukunft angesetzt werden. Dies geschieht unabhängig davon, dass die unterstellte Preissteigerung bei den Abschreibungen steuerrechtlich nicht berücksichtigt werden darf.

Beispiel

Bei der Preiskalkulation muss nun berücksichtigt werden, dass für ein vergleichbares Fahrzeug in sechs Jahren ein Wiederbeschaffungspreis in Höhe von 67.500,00 EUR zu zahlen ist.
Die Abteilung Controlling muss nun in sechs Jahren zusätzlich zu den 60.000,00 EUR Grundkosten weitere 7.500,00 EUR über den Verkauf von Bankleistungen verdienen. In der Preiskalkulation müssen daher Selbstkosten in Höhe von insgesamt 67.500,00 EUR zugrunde gelegt werden.

Zusatzkosten

Die **zusätzlich** zu den 60.000,00 EUR Grundkosten einzukalkulierenden Kosten in Höhe von 7.500,00 EUR werden daher als **Zusatzkosten** oder kalkulatorische Kosten bezeichnet.

Grundkosten
+
Zusatzkosten

≙ Gesamt- bzw. Selbstkosten

Abteilung Finanzbuchhaltung	
Zweckaufwand 60.000,00 EUR in 6 Jahren	
Grundkosten 60.000,00 EUR in 6 Jahren	**Zusatzkosten** 7.500,00 EUR in 6 Jahren
Abteilung Controlling	

Am Beispiel der Zusatzkosten kann nun eine erste Preiskalkulation vorgenommen werden:

Beispiel

Die Controlling-Abteilung entscheidet, dass die kalkulierten Zusatzkosten durch eine Preiserhöhung beim Keramiksparschwein „Ulrich“ erwirtschaftet werden sollen. Zurzeit verkauft die Rhein-Ruhr-Bank AG pro Jahr ca. 1.250 Keramiksparschweine zu einem Preis von 6,00 EUR je Stück.
Wie hoch muss der Preis für ein Sparschwein bei konstanten Absatzmengen zukünftig kalkuliert werden, damit der Vorstand in sechs Jahren ein gleichwertiges Ersatzfahrzeug anschaffen kann?

Lösung:
Momentane Verkaufserlöse:
- pro Jahr 1.250 Stück · 6,00 EUR = 7.500,00 EUR
- in sechs Jahren: 7.500 Stück · 6,00 EUR = 45.000,00 EUR

Erforderliche Verkaufserlöse in sechs Jahren:

	Momentane Verkaufserlöse	45.000,00 EUR
+	Zusatzkosten	7.500,00 EUR
=	Erforderliche Verkaufserlöse	52.500,00 EUR

Ermittlung des zukünftigen Preises pro Sparschwein:

$$\frac{52.500{,}00\text{ EUR (erforderliche Verkaufserlöse)}}{7.500\text{ Stück (Absatzmenge)}}$$

= 7,00 EUR pro Stück

Der Preis muss um 1,00 EUR auf 7,00 EUR ansteigen.

Zusatzkosten stehen keine Aufwendungen gegenüber.

Bei der Kalkulation von Preisen für Bankleistungen müssen Kreditinstitute mitunter zusätzliche Kosten berücksichtigen, die aus rechtlichen Gründen nicht oder nicht in vollem Umfang als Aufwand in der Abteilung Finanzbuchhaltung erfasst werden dürfen. Sie stellen Zusatzkosten dar und müssen im Rahmen der Preiskalkulation berücksichtigt werden.
Zusatzkosten stehen keine Aufwendungen gegenüber.

Weitere Beispiele für Zusatzkosten:

Kalkulatorische Eigenmiete:

Nutzt ein Kreditinstitut eigene Immobilien als Geschäftsräume, so fallen keine Mietaufwendungen an. Die „gesparten" Aufwendungen sind jedoch in Höhe des Nutzungswertes der Räumlichkeiten (z. B. ortsübliche Miete) als Zusatzkosten zu berücksichtigen.

Beispiel

Die Filiale Bonn der Rhein-Ruhr-Bank AG, Raumgröße 250 m², ist im bankeigenen Gebäude untergebracht. Die ortsübliche Kaltmiete für vergleichbare Gewerbeobjekte beträgt lt. Mietspiegel 15,00 EUR pro m² und Monat.
Kalkulatorische Eigenmiete p. a.:
250 m² · 15,00 EUR · 12 Monate = 45.000,00 EUR

Die kalkulatorische Eigenmiete muss bei der Ermittlung der Selbstkosten der Filiale zusätzlich berücksichtigt werden.

Kalkulatorische Eigenkapitalkosten:

Risikobehaftete Aktiva müssen bei Kreditinstituten mit Eigenkapital unterlegt sein. Die Herausgabe von Krediten setzt daher voraus, dass ein Kreditinstitut über entsprechendes Eigenkapital verfügt. Die durch gewährte Kredite gebundenen Teile des Eigenkapitals können dann für weitere Aktivgeschäfte nicht mehr herangezogen werden.
Die Eigenkapitalgeber des Kreditinstitutes erwarten eine angemessene Verzinsung des zur Verfügung gestellten Kapitals in Form einer Gewinnausschüttung. Die Anlage in Unternehmensanteile birgt ein größeres Risiko als ein Engagement in sichere Anlageformen (z. B. Bundesanleihen), sodass die Eigenkapitalrendite höher als bei sicheren Anlagen sein muss.

$$\textbf{Eigenkapitalrendite} = \frac{\text{Gewinn}}{\text{Eigenkapital}} \cdot 100$$

Ein Kreditinstitut muss daher entsprechend hohe Gewinne erzielen. Hierzu muss es bei der Kalkulation von Zinssätzen im Aktivgeschäft, Kosten in Höhe der erwarteten Eigenkapitalrendite als Preisbestandteil miteinrechnen. Diese Kosten werden als kalkulatorische Eigenkapitalkosten bezeichnet.

Preisbestandteile von Kreditzinsen	
Eigenkapitalkosten	**Angestrebte Rendite des benötigten Eigenkapitals**
Risikokosten	Risikoaufschlag zur Deckung der erwarteten Verluste bei Forderungsausfällen
Betriebskosten	Kosten des technisch-organisatorischen Bereiches
Alternativzinssatz	Alternativzinssatz für eine fristengleiche Geldanlage am Kapitalmarkt

Die Höhe der Eigenkapitalkosten hängt in erster Linie von dem erforderlichen Eigenkapital für den jeweils zu gewährenden Kredit ab. Nach Basel III gilt ein Eigenkapitalunterlegungssatz von maximal 10,5 %. Die konkrete Höhe der

Eigenkapitalunterlegung wird individuell für jeden Kredit errechnet und orientiert sich am Rating des Kreditnehmers. Durch die Stellung von Sicherheiten kann das erforderliche Eigenkapital reduziert werden.

Kreditinstitute, die ein internes Rating erstellen, gruppieren ihre Kreditkunden in Abhängigkeit von ihrer Bonität in sog. Ratingklassen ein. Diese Ratingklassen gliedern sich nach der Ausfallwahrscheinlichkeit eines Kredites. Je geringer die Ausfallwahrscheinlichkeit, desto geringer ist auch die erforderliche Eigenkapitalunterlegung.

Beispiel

Die Rhein-Ruhr-Bank AG gewährt der Baumaschinen Löffler GmbH einen Betriebsmittelkredit in Höhe von 300.000,00 EUR. Die Kreditgewährung soll ohne bestimmte Sicherheiten erfolgen. Nach dem internen Ratingverfahren der Rhein-Ruhr-Bank AG wird die Löffler GmbH in die Risikoklasse 7 eingestuft. Bei der Bemessung der kalkulatorischen Eigenkapitalkosten unterstellt die Rhein-Ruhr-Bank AG eine Eigenkapitalverzinsung von 12 % p. a.

Interne Ratingklassen der Rhein-Ruhr-Bank AG		
Ratingklasse	Ausfallwahrscheinlichkeit in Prozent p. a.	Notwendiges Eigenkapital in Prozent p. a.
1	0,08	0,72
...	...	...
7	0,88	**3,44**
...	...	...
15	20,00	10,5
16 bis 18	Ausfall eingetreten	–

1. Ermittlung des erforderlichen Eigenkapitals

Kreditbetrag	· Eigenkapitalsatz lt. Tabelle	= notwendiges Eigenkapital in Euro
300.000,00 EUR	· 3,44 %	= 10.320,00 EUR

2. Ermittlung der kalkulatorischen Eigenkapitalkosten in Euro

Notwendiges Eigenkapital	· EK-Verzinsung in % p. a.	= kalkul. Eigenkapitalkosten EUR
10.320,00 EUR	· 12,00 % p. a.	= 1.238,40 EUR

3. Ermittlung des kalkulatorischen Eigenkapitalkostensatzes

kalkul. Eigenkapitalkosten	: Kreditbetrag	· 100	= kalk. Eigenkapitalkostensatz
1.238,40 EUR	: 300.000,00 EUR	· 100	= 0,4128 % p. a.

Bei der Kalkulation des Zinssatzes berücksichtigt die Rhein-Ruhr-Bank AG einen kalkulatorischen Eigenkapitalkostensatz von 0,4128 % p. a. für die Löffler GmbH. Dieser Eigenkapitalkostensatz gilt für alle Kreditnehmer dieser Ratingklasse.

Kalkulatorische Abschreibungen

In der Finanzbuchhaltung werden Gegenstände des Anlagevermögens im Rahmen ihrer steuerrechtlich vorgeschriebenen, betriebsgewöhnlichen Nutzungsdauer abgeschrieben. Aufgrund des technischen Fortschrittes werden sie i. d. R. vor Ende der betriebsgewöhnlichen Nutzungsdauer ersetzt. In der Kostenrechnung wird die kürzere Nutzungsdauer von Anfang an berücksichtigt. Die internen Abschreibungsquoten werden entsprechend höher angesetzt und das Gut wird über die Dauer der tatsächlichen Nutzung abgeschrieben. Insofern fallen in der Abteilung Controlling in den Jahren der tatsächlichen Nutzung kontinuierlich Zusatzkosten an.

Beispiel

Die EDV-Ausstattung für einen Kundenberaterplatz im Firmenkundengeschäft der Rhein-Ruhr-Bank AG kostet 10.000,00 EUR inkl. Umsatzsteuer. Die betriebsgewöhnliche Nutzungsdauer der Anlage beträgt 4 Jahre, obgleich sie in der Vergangenheit aufgrund des stetigen technischen Fortschritts schon nach 3 Jahren komplett erneuert wurde. Die Anlage wird in der Finanzbuchhaltung linear abgeschrieben. Intern wird der Anschaffungswert gleichmäßig auf die tatsächliche Nutzungsdauer umgelegt.

Zeit	Steuerrechtliche AfA p. a.		Interne Abschreibung p. a.		Zusatzkosten p. a.
	in EUR	in %	in EUR	in %	in EUR
AK	10.000,00	100,00	10.000,00	100,00	
Jahr 1	2.500,00	25,00	3.333,33	33 1/3	833,33
Jahr 2	2.500,00	25,00	3.333,33	33 1/3	833,33
Jahr 3	2.500,00	25,00	3.333,33	33 1/3	833,33
Jahr 4	2.500,00	25,00	–	–	–

Kalkulatorischer Unternehmerlohn (nur OHG und KG)

Persönlich haftende Gesellschafter einer Unternehmung bestreiten ihr Einkommen aus den ihnen zufließenden Gewinnanteilen. Sind sie im Institut selbst tätig, so muss ein angemessenes Entgelt für die zur Verfügung gestellte Arbeitsleistung als Kosten berücksichtigt werden. Es fallen jedoch keine Personalaufwendungen für den mitarbeitenden Gesellschafter in der Finanzbuchhaltung an. Die Abteilung Controlling muss für die Preiskalkulation ein entsprechendes Entgelt berücksichtigen, um kostendeckende Preise zu bestimmen.

Beispiel

Der persönlich haftende Gesellschafter des Bankhauses Feinbein KGaA ist gleichzeitig Leiter der Filiale Münster. Die Personalkosten für eine vergleichbare Position in Kreditinstituten belaufen sich auf ca. 140.000,00 EUR. Diese Summe ist als Personalkosten in die Selbstkostenermittlung der Filiale Münster mit einzubeziehen.

Kalkulatorische Wagniskosten

Kalkulatorische Wagniskosten entstehen für nicht versicherbare Risiken des Bankgeschäfts.

Beispiel

Kosten für Schäden infolge höherer Gewalt (z. B. Streiks)

7.1.2.2 Neutrale Aufwendungen

Neutrale Aufwendungen

Die in der Abteilung Finanzbuchhaltung ermittelten Zweckaufwendungen werden zur Preiskalkulation in der Abteilung Controlling herangezogen. Allerdings erfasst die Abteilung Finanzbuchhaltung auch **Aufwendungen, die nicht in die Preiskalkulation einfließen dürfen,** die sog. **neutralen Aufwendungen:**

Neutrale Aufwendungen

außerordentliche Aufwendungen	**periodenfremde Aufwendungen**	**betriebsfremde Aufwendungen**
Der Aufwand ist nicht planbar, er kann grundsätzlich nicht wiederholt werden.	Der Aufwand ist einer anderen Rechnungsperiode zuzuordnen.	Der Aufwand resultiert aus nicht bankbetrieblichen Zwecken.
• Reparatur von Schäden infolge eines Banküberfalls • Außerplanmäßige Abschreibungen, z. B. wegen eines Autounfalls	• Steuernachzahlungen aus dem Vorjahr • Gehaltszahlungen, die das Vorjahr betreffen, wie z. B. im nachhinein gewährte Bonifikationen	• Aufwendungen zur Renovierung von instituts-eigenen Wohnungen • Spenden

Neutrale Aufwendungen sind keine Kosten.

Im Rahmen der Preiskalkulation müssen neutrale Aufwendungen unbeachtet bleiben. Ihnen stehen daher in der Abteilung Controlling keine Kosten gegenüber.

Abteilung Finanzbuchhaltung		
Neutraler Aufwand	**Zweckaufwand**	
	Grundkosten	**Zusatzkosten**
	dienen zur Preiskalkulation in der	
	Abteilung Controlling	

7.1.2.3 Grunderlöse und Zusatzerlöse

Wie bereits bei der Kalkulation des Preises für das Keramiksparschwein „Ulrich“ ersichtlich, werden im Rahmen einer Preiskalkulation den Selbstkosten eines Kreditinstitutes die Erlöse aus dem Verkauf gegenübergestellt. Analog zu der Aufteilung der Kosten in Grundkosten und Zusatzkosten findet eine Unterteilung der Erlöse in Grunderlöse und Zusatzerlöse statt.

Situation

Die Rhein-Ruhr-Bank AG hat 10 Mio. EUR Kredite an Kunden und 0,5 Mio. EUR Kredite an Mitarbeiter vergeben. Die durchschnittliche Kundenkondition beträgt 6,8 % p. a., die Mitarbeiterkondition liegt einen Prozentpunkt darunter. Die Rhein-Ruhr-Bank AG plant eine Gewinnspanne von 1,2 % p. a. auf den Refinanzierungssatz ein. Der Vorstand möchte wissen, wie hoch der durchschnittliche Refinanzierungssatz aus dem Passivgeschäft maximal sein darf.

Aus dem Kundengeschäft erlöst die Rhein-Ruhr-Bank AG durchschnittlich 680.000,00 EUR Zinsen, aus dem Mitarbeiter-Kreditgeschäft durchschnittlich 29.000,00 EUR. Der Zinsertrag beträgt folglich insgesamt 709.000,00 EUR. Diese Erträge sind die Basis für eine Preiskalkulation der Abteilung Controlling im Passivgeschäft.

Abteilung Finanzbuchhaltung
Zweckertrag 709.000,00 EUR
Grunderlöse 709.000,00 EUR
Abteilung Controlling

Zweckertrag
≙
Grunderlöse

Problematisch ist, dass die Mitarbeiterkondition trotz gleicher Bankleistung um einen Prozentpunkt günstiger ist als die Kundenkondition. Die Rhein-Ruhr-Bank AG erwirtschaftet dadurch geringere Erlöse. Die Abteilung Controlling muss bei der Preiskalkulation daher davon ausgehen, dass alle Kredite zu Kundenkonditionen vergeben werden könnten.

Zusätzlich zu den Grunderlösen werden deshalb die Erlöse in Höhe des Zinsvorteils (1 % p. a. von 0,5 Mio. EUR = 5.000,00 EUR) für die Mitarbeiter bei der Preiskalkulation berücksichtigt.[1] Sie werden als **Zusatzerlöse** bezeichnet.

Zusatzerlöse

Abteilung Finanzbuchhaltung	
Zweckertrag 709.000,00 EUR	
Grunderlöse 709.000,00 EUR	**Zusatzerlöse** 5.000,00 EUR
Abteilung Controlling	

Grunderlöse
+ Zusatzerlöse
≙ Gesamterlöse

Beispiel

Kreditvolumen:	**Erlöse insgesamt**	**Erlöse in Prozent**
10.500.000,00 EUR	714.000,00	6,80 % Zinssatz Kredit – 1,20 % Gewinnspanne = 5,60 % maximaler durchschnittlicher Refinanzierungszinssatz

[1] *In gleicher Höhe entstehen Zusatzkosten im Personalbereich.*

Würde die Rhein-Ruhr-Bank AG die Zusatzerlöse in Höhe von 5.000,00 EUR nicht berücksichtigen, so ergäbe sich ein geringerer durchschnittlicher Refinanzierungssatz von ca. 5,55 % p. a. Dieser hätte zur Folge, dass Anlagewünsche der Kunden im Passivgeschäft abgewiesen würden, obwohl sich mit ihnen eine Gewinnspanne von 1,2 % erzielen lassen könnte. In einem konkurrenzfähigen System der Kreditinstitute kann dies bewirken, dass ein Kreditinstitut notwendige Einlagen verliert.

7.1.2.4 Neutrale Erträge

Die in der Abteilung Finanzbuchhaltung ermittelten Erträge werden zur Preiskalkulation in der Abteilung Controlling herangezogen. Allerdings erfasst die Abteilung Finanzbuchhaltung auch **Erträge, die nicht in die Preiskalkulation einfließen dürfen,** die sog. **neutralen Erträge.**

Neutrale Erträge

Neutrale Erträge

außerordentliche Erträge	**periodenfremde Erträge**	**betriebsfremde Erträge**
Der Ertrag ist nicht planbar, er kann nicht wiederholt werden.	Der Ertrag ist einer anderen Rechnungsperiode zuzuordnen.	Der Ertrag resultiert aus nicht bankbetrieblichen Zwecken.
• Verkauf des Bankgebäudes im Rahmen eines „sale and lease back-Vertrages“ über Restbuchwert • Auflösung von offenen Rücklagen zur Ergebnisverbesserung	• Steuererstattungen aus dem Vorjahr	• Erträge aus der Vermietung von bankeigenen Wohnungen • Erträge aus dem Verkauf von Anlagegegenständen über Restbuchwert

Neutrale Erträge sind keine Erlöse.

Im Rahmen der Preiskalkulation müssen neutrale Erträge unbeachtet bleiben. Ihnen stehen daher in der Abteilung Controlling keine Erlöse gegenüber.

Abteilung Finanzbuchhaltung		
Neutraler Ertrag	**Zweckerträge**	
	Grunderlöse	**Zusatzerlöse**
	dienen zur Preiskalkulation in der	
	Abteilung Controlling	

7.1.3 Ermittlung von Kosten und Erlösen aus der Gewinn-und-Verlust-Rechnung

Die Überführung der Aufwendungen und Erträge der Gewinn-und-Verlust-Rechnung in die Systematik der Kosten-und-Erlös-Rechnung kann durch eine tabellarische Abgrenzung erfolgen, den sog. Kosten- und Erlösüberleitungsbogen.
Die Differenz aus den ermittelten Erlösen und Kosten bezeichnet man als Betriebsergebnis.

Kosten- und Erlösüberleitungsbogen (in Euro):

Beispiel

GuV Rechnung	Gesamter Aufwand	Neutraler Aufwand	Zweckaufwand = Grundkosten	Zusatz-kosten	Gesamte Kosten
1. Abschreib. auf Anlagen	3.000,00	-	3.000,00	1.000,00	4.000,00
2. Sonstiger betrieblicher Aufwand	2.000,00	2.000,00	-	-	-
3. Kalkulat. Eigenmiete	-	-	-	45.000,00	45.000,00

Anmerkungen zu den Positionen der Gewinn-und-Verlust-Rechnung:

Zu 1:
Eine PC-Anlage (Anschaffungswert 12.000,00 EUR) wird gemäß ihrer betriebsgewöhnlichen Nutzungsdauer über vier Jahre linear abgeschrieben. Sie wird jedoch tatsächlich schon nach drei Jahren aufgrund des technischen Fortschritts ersetzt.

Zu 2:
Die Rhein-Ruhr-Bank AG hat anlässlich der 100-Jahr-Feier des ortsansässigen Bankkollegs eine Spende von 2.000,00 EUR überreicht.

Zu 3:
Die Geschäftsräume (300 m^2) der Filiale Koblenz der Rhein-Ruhr-Bank AG befinden sich im eigenen Bankgebäude. Die ortsübliche Miete pro Quadratmeter beträgt monatlich 12,50 EUR.

Zusammenfassung

I. Grundbegriffe der Kosten-und-Erlös-Rechnung

Die Abteilung Controlling kalkuliert Preise für Bankleistungen auf der Basis von Kosten und Erlösen.

Abteilung Finanzbuchhaltung		
Neutraler Ertrag • periodenfremd • außerordentlich • betriebsfremd	**Zweckerträge** betrieblich ordentliche Erträge	
	Grunderlöse	**Zusatzerlöse** z. B. Zinsvorteil für Mitarbeiterkredite
	dienen zur Preiskalkulation in der	
	Abteilung Controlling	

Abteilung Finanzbuchhaltung		
Neutraler Aufwand • periodenfremd • außerordentlich • betriebsfremd	**Zweckaufwendungen** betrieblich ordentliche Aufwendungen	
	Grundkosten	**Zusatzkosten** • kalkulatorische Wagniskosten • kalkulatorische Eigenmiete • kalkulatorische EK-Kosten • kalkulatorische Risikokosten • kalkulatorische Abschreibungen • kalkulatorischer Unternehmerlohn
	dienen zur Preiskalkulation in der	
	Abteilung Controlling	

II. Merksätze zu den Grundbegriffen der Kosten-und-Erlös-Rechung

1. Aufwendungen (Erträge), aber keine Kosten (Erlöse)

Neutrale Aufwendungen und Erträge

Merkmale:
- betriebsfremd
- periodenfremd
- außerordentlich

2. Aufwendungen (Erträge) und zugleich Kosten (Erlöse)

Betrieblich ordentliche Aufwendungen (Erträge) sind Grundkosten (-erlöse)

z. B.
- Zinserträge
- Provisionserträge und -aufwendungen
- Laufende Erträge aus Finanzgeschäften (Dividenden, ...)
- Zinsaufwendungen
- Personalaufwendungen
- Allgemeine Verwaltungskosten
- Abschreibungen auf Sachanlagen in Höhe der tatsächlichen Wertminderungen
- Betriebsteuern (Kfz-Steuer, Gewerbesteuer, Grundsteuer)

3. Kosten (Erlöse), aber keine Aufwendungen (Erträge)

a) Zusatzkosten sind Kosten, aber keine Aufwendungen

z. B.
- Kalkulatorische Eigenkapitalkosten
- Kalkulatorische Abschreibungen
- Kalkulatorische Risikokosten
- Kalkulatorische Eigenmiete

b) Zusatzerlöse sind Erlöse, aber keine Erträge

z. B.
- Entgangene Zinserlöse bei Aktivgeschäften mit Mitarbeitern

III. Zusammenhang zwischen der Gewinn-und-Verlust-Rechnung und der Kosten-und-Erlös-Rechnung

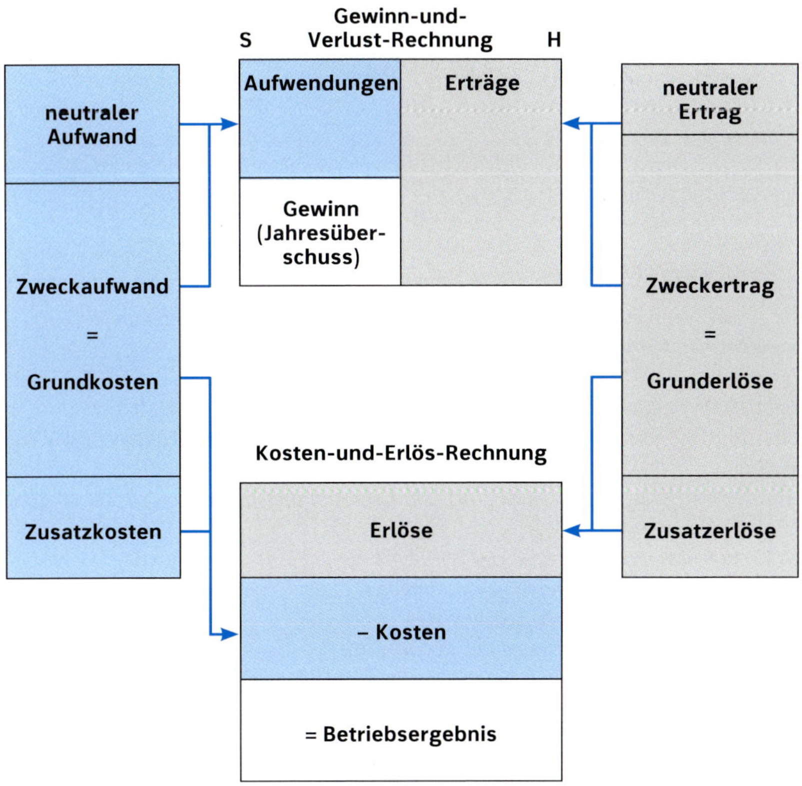

Aufgaben

1. Entscheiden Sie, ob es sich bei den folgenden Geschäftsfällen der Rhein-Ruhr-Bank AG um

[1] Grundkosten	[3] Zusatzkosten	[5] neutrale Aufwendungen
[2] Grunderlöse	[4] Zusatzerlöse	[6] neutrale Erträge

handelt.

Ordnen Sie die Ziffer [9] zu, wenn keiner der vorgenannten Begriffe den Geschäftsfällen zugeordnet werden kann.

a) Firmenkunden werden mit Kontoführungsgebühren belastet.
b) Kauf von Kopierpapier zum Preis von 291,55 EUR inkl. Umsatzsteuer für die Kreditabteilung.
c) Kauf von Möbeln für die Abteilung Anlageberatung, 13.000,00 EUR inkl. Umsatzsteuer.
d) Erfolgsrelevante Ausbuchung eines Kassenfehlbetrages am Jahresende in Höhe von 450,00 EUR.
e) Die Rhein-Ruhr-Bank AG zahlt freien Außendienstmitarbeitern Prämien für die Vermittlung von Kreditverträgen.
f) Verkauf eines Firmen-Pkw der Immobilienabteilung mit einem Restbuchwert von 7.800,00 EUR zu 9.500,00 inklusive Umsatzsteuer.
g) Aufgrund eines Bedienungsfehlers musste der Beamer der Rhein-Ruhr-Bank AG in voller Höhe abgeschrieben werden.
h) Die Geschäftsleitung kalkuliert mit einer Eigenkapitalrendite von 15 %, die durch den Verkauf von Krediten erlöst werden soll.
i) Für Debitoren werden Zinsen berechnet.

2. In der Rhein-Ruhr-Bank AG fallen die untenstehenden Geschäftsfälle an.

a) Entscheiden Sie, ob es sich um

[1] Grundkosten	[3] Zusatzkosten	[5] neutrale Aufwendungen
[2] Grunderlöse	[4] Zusatzerlöse	[6] neutrale Erträge

handelt und geben Sie die jeweiligen Beträge an.

Ordnen Sie die Ziffer [9] zu, wenn es sich nicht um einer der genannten Möglichkeiten handelt. Geben Sie in diesem Fall einen Betrag von 0 an.

aa) Kauf eines Beleglesers für die Zahlungsverkehrsabteilung, 50.000,00 EUR zzgl. 19 % USt.
ab) Die Rhein-Ruhr-Bank AG setzt den Mietwert für eigengenutzte Bankräumlichkeiten in Höhe von 37.0000,00 EUR an.
ac) KK-Kunden werden mit Zinsen (12.000,00 EUR) und Kontoführungsgebühren (14.000,00 EUR) belastet.
ad) Verkauf eines Firmen-Pkw, Buchwert 3.600,00 EUR, für 4.165,00 EUR inkl. 19 % USt.
ae) Sparkunden werden 8.500,00 EUR Zinsen gutgeschrieben.
af) Kreditnehmer werden 45.000,00 EUR Zinsen belastet.
ag) Gehaltszahlungen werden fällig in Höhe von 35.000,00 EUR.
ah) Die einbehaltene Lohnsteuer in Höhe von 15.000,00 wird über DBB an das Finanzamt überwiesen.
ai) Ein fälliges Festgeld in Höhe von 20.000,00 EUR wird zzgl. aufgelaufener Zinsen (400,00 EUR) auf KKK umgebucht.

b) Berechnen Sie das Betriebsergebnis der Rhein-Ruhr-Bank AG in Euro.

3. *In der Volksbank Pulheim eG sind im abgelaufenen Geschäftsjahr folgende Geschäftsfälle angefallen:*

a) Die Controlling-Abteilung hat einen Mietwert für die bankeigenen Immobilien in Höhe von 238.500,00 EUR ermittelt.
b) Die einbehaltene Kapitalertragsteuer wird an das Finanzamt abgeführt.
c) Im Rahmen des 100-jährigen Bestehens erhielt jeder Mitarbeiter ein zusätzliches Monatsgehalt.
d) Ersatz der alten Schließfachanlagen durch ein neues kameraüberwachtes Tresorsystem. Der Restbuchwert muss außerplanmäßig abgeschrieben werden.
e) Vorauszahlung der Sozialversicherungsbeiträge für die nächste Gehaltszahlung.
f) Verkauf eines Bankgebäudes im Rahmen eines sale and lease back-Vertrages über Buchwert.
g) Die in diesem Jahr angeschafften Mobiltelefone der Außendienstmitarbeiter (Stückpreis 120,00 EUR) sollen drei Jahre genutzt werden.
h) Die Abschreibungen für Kundenkredite wurden auf Basis des durchschnittlichen Forderungsausfalls der letzten fünf Jahre ermittelt und gebucht.

Entscheiden Sie, bei welchem Geschäftsfall es sich um

[1] Grundkosten	[3] Zusatzkosten
[2] Neutralen Aufwand	[4] keinen der genannten Begriffe

handelt.

4. *Entscheiden Sie bei den folgenden Geschäftsfällen der Rhein-Ruhr-Bank AG , ob es sich um*

[1] Grundkosten	[3] Zusatzkosten	[5] Neutrale Aufwendungen
[2] Grunderlöse	[4] Zusatzerlöse	[6] Neutrale Erträge

handelt. Geben Sie jeweils den Betrag an.

	in EUR
a) KK-Kunden werden zum Quartalsende belastet bzw. gutgeschrieben:	
Sollzinsen	13.950,00
Kontoführungsgebühren	8.777,23
Habenzinsen	1.873,24
b) Eingang von Mieten für ein Ladenlokal im Bankgebäude	2.980,45
c) Überweisung der Grundsteuer an das örtliche Finanzamt	3.917,00
d) Übertragung einer fälligen Festgeldanlage in Höhe von 30.000,00 EUR eines Kunden auf das Girokonto, Zinsen	900,00
e) Ein Dienstwagen hatte bei einem Unfall einen Totalschaden. Der Buchwert betrug noch	12.500,00
f) Dem örtlichen Kindergarten wird eine Geldspende übergeben	1.000,00
g) Erhalt einer Steuererstattung vom örtlichen Finanzamt	12.800,50
h) Überweisung der Mieten für Pkw-Stellplätze der Dienstwagen	3.500.00
i) Eine PC-Anlage aus der Depotabteilung wird zu 3.077,59 EUR inkl. 19 % Umsatzsteuer verkauft. Der Buchwert betrug	2.580,00

5. *Die Bonner Bank AG hat einen Selbstbedienungsterminal für die Abwicklung von Zahlungsverkehrsgeschäften angeschafft. Die Anschaffungskosten betrugen 130.000,00 EUR inkl. USt. Für die Selbstkostenkalkulation liegen der Controlling-Abteilung folgende Daten vor:*

Betriebsgewöhnliche Nutzungsdauer:	*4 Jahre*
Abschreibungsmethode:	*linear*
Tatsächliche Nutzungsdauer:	*3 Jahre*
geschätzte Preissteigerung:	*+ 12,5 % in drei Jahren*

Ermitteln Sie
a) den Abschreibungsbetrag in der Kostenrechnung für das 1. Jahr der Nutzung in Euro.
b) den Abschreibungsbetrag der Finanzbuchhaltung für das 2. Nutzungsjahr in Euro.
c) jeweils die Nutzungsjahre, in denen
ca) Zusatzkosten
cb) Neutrale Aufwendungen
zu berücksichtigen sind.

6. *Die Anschaffungskosten für einen neuen Beraterplatz betragen 38.991,60 EUR zzgl. Umsatzsteuer. Die betriebsgewöhnliche Nutzungsdauer beträgt 10 Jahre. Erfahrungsgemäß wird der Beraterplatz jedoch alle sechs Jahre neu ausgestattet. Darüber hinaus ist der Wiederbeschaffungswert bei der Kalkulation anzusetzen. Es wird für diesen Zeitraum mit einer Preissteigerung von 20 % gerechnet. Die kalkulatorische Abschreibung erfolgt linear.*

Stellen Sie die steuerrechtlichen und kalkulatorischen Abschreibungspläne tabellarisch nach folgendem Muster gegenüber:

Jahre	Steuerrechtliche AfA p. a.		Kalkulatorische Abschreibung p. a.		Neutraler Aufwand	Zusatzkosten
	in EUR	in %	in EUR	in %	in EUR	in EUR

7. *Der Abteilung Controlling der Raiffeisenbank Erftkreis eG liegen folgende Zahlenwerte vor (in TEUR):*

Zinserträge	*16.789*
Provisionserträge	*8.956*
Zinserträge aus Schuldverschreibungen	*3.519*
Sonstige betriebliche Erträge	*1.287*
Zinsaufwendungen	*13.624*
Provisionsaufwendungen	*1.089*
Personalaufwendungen	*7.287*
Allgemeine Verwaltungsaufwendungen	*3.287*
Sonstige betriebliche Aufwendungen	*1.150*

Ermitteln Sie folgende Werte (in TEUR):
a) Gesamtbetrag der neutralen Aufwendungen
b) Gesamtbetrag der neutralen Erträge
c) Gesamterlöse
d) Gesamtkosten

8. *Die Volksbank Bergisches Land eG erwirbt eine mobile Geschäftsstelle, um ihre Kunden auch vor Ort beraten zu können. Die Anschaffungskosten betragen 277.815,13 EUR zzgl. 19 % Umsatzsteuer. Die Volksbank kalkuliert mit einer Nutzungsdauer von 10 Jahren und einem Wiederbeschaffungswert von 350.000,00 EUR, obgleich die betriebsgewöhnliche Nutzungsdauer auf acht Jahre festgesetzt wurde. Die Abschreibung soll jeweils linear erfolgen.*

Erstellen Sie die Abschreibungspläne für die Abteilung
a) Finanzbuchhaltung
b) Controlling
c) Vergleichen Sie beide Abschreibungspläne und stellen Sie für jedes Abschreibungsjahr die Höhe der Zusatzkosten, der neutralen Aufwendungen und der Grundkosten bzw. Zweckaufwendungen dar.

9. *Das interne Rechnungswesen der Rhein-Ruhr-Bank AG hat aus der Kreditabteilung folgende Aufstellung erhalten (in TEUR):*

Jahr	Inventurbestand „Forderungen an Kunden“	Abschreibungen auf Forderungen	Tatsächlicher Ausfall
2016	487.289	2.500	2.180
2017	513.398	1.400	1.240
2018	587.209	1.900	1.390
2019	613.592	2.700	2.370
2020	699.950	2.300	1.920

Zur Kalkulation der Risikokosten werden folgende Werte benötigt:
(Runden Sie die Ergebnisse auf zwei Stellen nach dem Komma!)
a) Durchschnittliche Abschreibungen auf Forderungen von 2016–2020 in Prozent des Inventurbestandes.
b) Tatsächlicher durchschnittlicher Forderungsausfall von 2016–2020 in Prozent des Inventurbestandes.
c) Kalkulatorische Abschreibungen für das Jahr 2020 in Euro.
d) Differenz zwischen den kalkulatorischen und steuerlichen Abschreibungen auf Forderungen in Euro. im Jahr 2020.
e) Interpretieren Sie abschließend das Ergebnis aus d).

Lösen Sie bei Kahoot bitte die Aufgaben „Kompaktwissen Rewe Bank Kapitel 7.1.2“.

Mobile App

7.2 Grundprobleme der Selbstkostenermittlung

Eine effiziente Preiskalkulation von Bankleistungen setzt voraus, dass sich das Controlling eines Kreditinstituts bei der Kosten-und-Erlös-Rechnung Klarheit über folgende Fragen verschafft:

- Welche Bankleistungen werden erbracht?
- Wo werden die Bankleistungen erbracht?
- Welche Selbstkosten verursacht die erbrachte Bankleistung?
- Welche Erlöse können durch den Verkauf der Bankleistungen erwirtschaftet werden?

Hierzu ist es notwendig, dass der Zusammenhang der Begriffe Kosten, Leistungen und Erlöse im bankbetrieblichen „Produktionsprozess“ klar feststeht:

Die Produktion von Bankleistungen

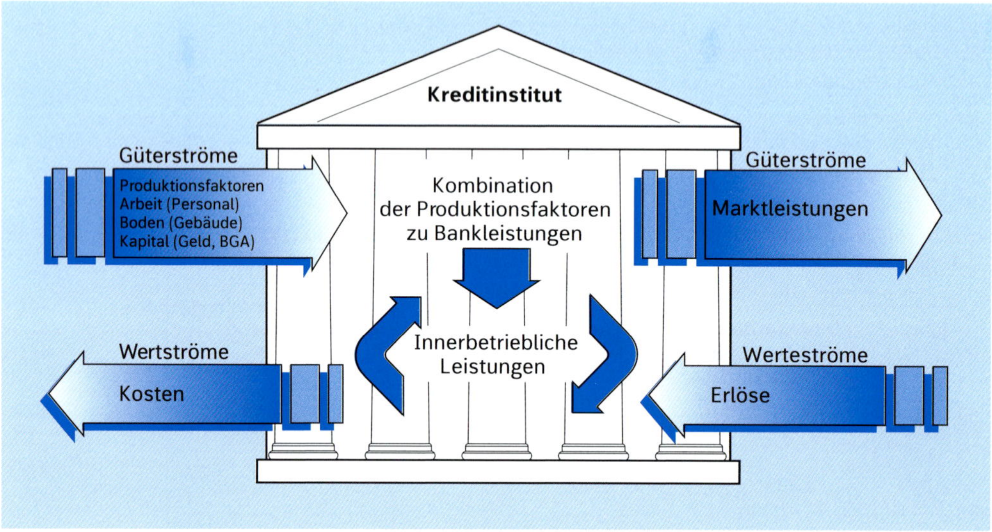

7.2.1 Innerbetriebliche Leistungen und Marktleistungen

Situation

Beim Mittagessen in der Kantine der Rhein-Ruhr-Bank AG erzählt ein Kundenberater von seinen Verkaufserfolgen. Er endet mit dem Satz: „Ohne uns Kundenberater würde die Bank längst rote Zahlen schreiben.“ Ein Mitarbeiter der Produktentwicklung entgegnet ihm daraufhin: „Und ohne unsere Leistungen könnten Sie kein Produkt verkaufen.“

Das Controlling untersucht den Bankbetrieb, um festzustellen, in welchen Bereichen Bankleistungen „produziert“ werden. Erst dann kann die Kalkulation der Selbstkosten der Bankleistung durch möglichst genaue Zuordnung der Kosten nach dem Verursacherprinzip erfolgen. Erbringt die Leistung Erlöse am Markt, ist zusätzlich die Kalkulation eines Marktpreises erforderlich.

Nach dem Ort der betrieblichen Leistungserstellung kann folgende Einteilung vorgenommen werden:

Innerbetriebliche Leistungen verursachen ausschließlich Kosten. Sie werden aber zur Erstellung von Marktleistungen benötigt.
Die Bereiche, die ausschließlich innerbetriebliche Leistungen erstellen, bezeichnet man als **cost-center** oder **back-office** (z. B. Revision, Rechnungswesen, Geschäftsleitung).

Marktleistungen werden am Markt angeboten und erzielen Erlöse. Bei der Feststellung der Selbstkosten einer Marktleistung sind daher auch die Kosten der mit ihr verbundenen innerbetrieblichen Leistungen zu berücksichtigen. Marktleistungen werden daher auch als Kostenträger bezeichnet. Geschäftsbereiche, die Marktleistungen erstellen, bezeichnet man als **profit-center** oder **front-office** (z. B. Kreditabteilung, Vermögensberatung, Kasse).

7.2.2 Dualismus von Marktleistungen

Situation

Eine Kundin der Rhein-Ruhr-Bank AG möchte 600,00 EUR auf ihr Sparbuch einzahlen.
Welche einzelnen Leistungen muss die zuständige Mitarbeiterin erbringen, um den Wunsch der Kundin zu erfüllen?

7.2.2.1 Betriebsleistungen

Überlegen Sie, welche **Tätigkeiten** Sie im Einzelnen ausführen müssen, um eine Sparbucheinzahlung zu bearbeiten.

Dies könnten z. B. sein:
- Entgegennahme und Zählen des Geldes
- Kontrolle des Einzahlungsbeleges hinsichtlich Kontonummer und Betrag
- Buchung der Einzahlung am Terminal
- Einführen der Sparurkunde in den Drucker
- Anbringen eines Kontrollvermerkes im Sparbuch usw.

Die Tätigkeiten im Rahmen dieses einfachen Geschäftsganges sind umfangreich. Zusammengefasst könnten sie als Dienstleistung „Einzahlungen auf ein Sparbuch entgegennehmen" bezeichnet werden.

Um diese Dienstleistung vollständig erbringen zu können, muss Ihr Kreditinstitut bestimmte technische und organisatorische Voraussetzungen aufweisen, wie z. B.
- ausreichend geschultes Personal
- EDV-Anlagen mit entsprechender Software
- Formulare
- ein Bankgebäude usw.

Die Gesamtheit dieser technischen und organisatorischen Elemente, die zur Erbringung von Bankleistungen notwendig sind, bezeichnet man als **Betriebsbereich**. Oder, anders ausgedrückt, ein Kreditinstitut benötigt diese Einrichtungen, um **„betriebsbereit"** zu sein.
Da die o. g. Tätigkeiten im Rahmen der Sparkontoeinzahlung durch Kombination der Einrichtungen des Betriebsbereiches zu erbringen sind, werden sie als **Betriebsleistungen** bezeichnet.

In Kreditinstituten unterscheidet man drei Arten von Betriebsleistungen:

Betriebsleistungen als ...

selbstständige Marktleistungen	Teile dualer Marktleistungen	innerbetriebliche Leistungen
z. B. Schließfachvermietung	z. B. Kontoführung	z. B. Tätigkeiten der Revision oder des Rechnungswesens

7.2.2.2 Wertleistungen

Die Betrachtung der Sparkontoeinzahlung konzentrierte sich bislang auf die beobachtbaren Tätigkeiten des Mitarbeiters. Sie stellen aber nicht den ganzen Umfang der Bankleistung „Einzahlungen auf Sparkonten entgegennehmen" dar.
Die Kundin wollte nicht nur das Geld aus Sicherheitsgründen bei der Bank deponieren oder durch den Druck im Sparbuch die Hinterlegung quittiert haben. Sie möchte mit ihrer Einzahlung Geld in Form einer Spareinlage anlegen und Zinsen erhalten.

Sie bieten somit im Rahmen der Sparkontoeinzahlung nicht nur die geschilderten Betriebsleistungen an, sondern offerieren den Kunden gleichzeitig die Möglichkeit der „Kapitalanlage".
Diese Leistung wird als **Wertleistung** bezeichnet. Sie wird durch den sog. finanzwirtschaftlichen Bereich oder **Wertbereich** eines Kreditinstituts erbracht.

Er sorgt somit dafür, dass

auf der **Aktivseite** das erhaltene Kapital wieder ertragreich investiert wird.	auf der **Passivseite** ausreichendes Kapital zur Verfügung steht.
↓	↓
Kapitalüberlassung durch die Wertleistung:	**Kapitalaufnahme** durch die Wertleistung:
Anbieten von „Kapitalbeschaffungsmöglichkeiten"	**Anbieten von „Kapitalanlagemöglichkeiten"**

7.2.2.3 Zusammenhang zwischen Wert- und Betriebsleistungen

Sobald mit der Erbringung einer Bankleistung die Verfügung über Geldkapital verbunden ist, wird eine sog. **duale** Bankleistung erbracht. Sie ist als Kombination von einer reinen Betriebsleistung mit einer Wertleistung zu verstehen.

Zur Bereitstellung von Marktleistungen, die Wertleistungen zum Gegenstand haben, sind stets auch Betriebsleistungen erforderlich. Marktleistungen können aber auch allein durch Betriebsleistungen (Wertpapierberatung, Schließfachvermietung, Zahlungsverkehr) erbracht werden.

Für eine exakte Preiskalkulation ist es notwendig, jede einzelne Bankleistung in Wert- und Betriebsleistungen zu zerlegen, damit sie kostenrechnerisch bewertbar wird:

Wertleistungen verursachen bei ihrer Erstellung **Wertkosten** und erwirtschaften durch ihren Verkauf **Werterlöse.**
Entsprechend verursacht die Erbringung von Betriebsleistungen **Betriebskosten.** Können sie am Markt verkauft werden, erzielt das Kreditinstitut **Betriebserlöse.**

Zusammenfassung:

I. Einteilung von Bankleistungen nach dem Ort der betrieblichen Leistungserstellung

Bankleistungen

Innerbetriebliche Leistungen verursachen ausschließlich Kosten.	**Marktleistungen** verursachen Kosten und erwirtschaften Erlöse.
Produktkreation Rechnungswesen Revision	Produktverkauf Kreditabteilung Filialen
Cost-Center	**Profit-Center**

II. Marktleistungen nach Art der erbrachten Leistung

Marktleistungen unterteilen sich in

Betriebsleistungen (Stück- oder Einzelleistungen) im technisch-organisatorischen Bereich	**Wertleistungen (Kapitalüberlassung, Kapitalaufnahme)** im finanzwirtschaftlichen Bereich
Sie **verursachen** bei ihrer Erbringung **Betriebskosten.** Personalkosten • Löhne und Gehälter • Soziale Abgaben • Sonstige freiwillige Leistungen • Kalkulatorischer Unternehmerlohn Sachkosten • Kosten der Geschäftsbetriebsbereitschaft • Raumkosten inkl. kalkulatorischer Eigenmiete • kalkulatorische Abschreibungen auf Sachanlagen	Sie **verursachen** bei ihrer Erbringung **Wertkosten.** Zinsen für • Sichteinlagen • Termineinlagen • Spareinlagen • begebene Schuldverschreibungen • Sonstige Refinanzierungsmittel kalkulatorische Eigenkapitalkosten Risikokosten durch Ausfälle von Kreditforderungen realisierte Kursverluste aus Wertpapier- und Devisengeschäften
Sie **erwirtschaften** durch ihren Verkauf **Betriebserlöse.** • Kontoführungsgebühr • Zahlungsverkehrsprovisionen • Akkreditivprovision • Inkassoprovision • Gebühren aus dem – Wertpapiervermittlungsgeschäft – Auslandsgeschäft – Allfinanzgeschäft	Sie **erwirtschaften** durch ihren Verkauf **Werterlöse.** Zinsen aus • Krediten • Wertpapieranlagen Avalprovision Überziehungsprovision Kalkulatorische Zinsen Laufende Erträge aus Wertpapieren Realisierte Kursgewinne aus Wertpapiergeschäften

Aufgaben

1. *Welche Einzelleistungen erbringt ein Kreditinstitut bei der Erstellung folgender Bankleistungen jeweils im Betriebs- und Wertbereich?*

   a) Gewährung eines Anschaffungsdarlehens
   b) Hereinnahme einer Termineinlage
   c) Abhebung am bankeigenen Geldautomat
   d) Einreichung eines Schecks zur Verrechnung

2. *Eine Kundin erhält am 30.09. einen Kontoauszug mit folgenden Daten:*

Saldo	*3.145,67 EUR*	*Soll*
Kontoführungsgebühren:	*15,00 EUR*	
Sollzinsen 8,25 % p. a.:	*21,45 EUR*	
Habenzinsen 1,0 % p. a.:	*1,11 EUR*	

Ordnen Sie aus Sicht des kontoführenden Kreditinstitutes diesem Geschäftsfall folgende Begriffe zu:

a) Wertleistung *c) Wertkosten* *e) Betriebskosten*
b) Betriebsleistung *d) Werterlöse* *f) Betriebserlöse*

3. *Entscheiden Sie bei den folgenden Geschäftsfällen der Sparkasse Köln des abgelaufenen Geschäftsjahres, ob es sich um*

[1] Wertkosten *[4] Betriebserlöse*
[2] Betriebskosten *[5] keinen der genannten Begriffe*
[3] Werterlöse

im betrachteten Zeitraum handelt.

a) Der Verkauf von Wertpapieren erbrachte hohe Kursgewinne.
b) Die tatsächlichen Ausfälle im Kreditgeschäft entsprachen dem langjährigen Durchschnitt.
c) Die Feuerversicherungsprämie für das Bankgebäude wurde bereits am 20.12. im Voraus überwiesen.
d) Am 15.12. wurden die jährlich fälligen Avalprovisionen belastet.
e) Das Kreditinstitut erhält eine Provision für die Vermittlung von Bausparverträgen.
f) Ein Dienstwagen wurde aufgrund eines Totalschadens bereits zwei Jahre nach dem Erwerb ersetzt.
g) Die Belastung der Depotgebühren für das Vorjahr erfolgte am 15.01.
h) Eine am 01.07. platzierte Inhaberschuldverschreibung (Zinstermin 01.07. ganzjährig) wird nach den Vorschriften des HGB am Jahresende bewertet.
i) Jeweils zum 15. des letzten Quartalsmonats erfolgt die Zinszahlung für die begebene Floating-Anleihe.
j) Zins- und Dividendenzahlungen auf Schuldverschreibungen und Aktien im Eigenbestand.
k) Die Pensionsrückstellungen wurden ordnungsgemäß dotiert.
l) Der Zinsvorteil der Mitarbeiter bei Baudarlehen betrug durchschnittlich 1,5 % p. a.gegenüber den Marktkonditionen.
m) Zum Jahresende besteht eine Umsatzsteuerschuld von 12.678,00 EUR.
n) Der Ertrag aus der Beratungstätigkeit bei Neuemissionen betrug 1,5 Mio. EUR.

4. *Welche der folgenden Begriffe sind den nachstehenden Geschäftsfällen der Rhein-Ruhr-Bank AG zuzuordnen?*

[1] Betriebskosten *[2] Betriebserlöse* *[3] Werterlöse*
[4] Wertkosten *[5] Neutrale Aufwendungen* *[6] Neutrale Erträge*
[7] keiner der genannten Begriffe

a) Verkauf eines gebrauchten Tresors über Buchwert
b) Erwerb eines Kopierers für die Ausbildungsabteilung
c) Abschreibung einer uneinbringlichen Forderung
d) Zinsgutschrift für Wertpapiere des Handelsbestandes
e) Belastung von Kreditkartengebühren
f) Überweisung der monatlichen Stromkosten an die Stadtwerke

Lösen Sie bitte bei Kahoot die Aufgaben „Kompaktwissen Rechnungswesen Kapitel 7.2".

Mobile App

7.3 Methoden der Bankkalkulation

Auf Basis der begrifflichen Festlegungen zur Kosten-und-Leistungs-Rechnung ergibt sich der mehrstufige Aufbau der Bankkalkulation:

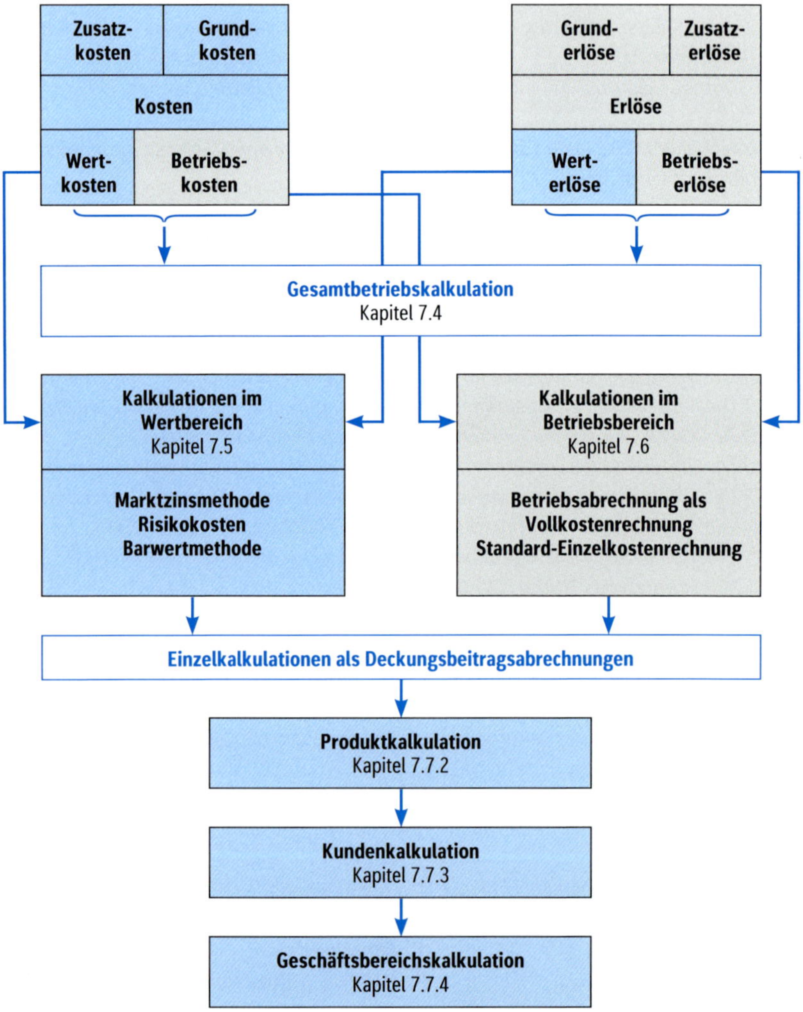

7.4 Gesamtbetriebskalkulation

Situation

In einer Vorstandssitzung der Rhein-Ruhr-Bank AG erläutert der Abteilungsleiter des Controllings, dass sich das Betriebsergebnis gegenüber dem Vorjahr um 10 % erhöht hat. Der Vorstandsvorsitzende möchte anschließend detailliert wissen, inwieweit einzelne Kosten- und Erlöspositionen hierzu beigetragen haben.

Ausgangspunkt der Bankkalkulation ist die Ermittlung des Betriebsergebnisses auf Gesamtbankbasis. Hierdurch gewinnt die Unternehmensleitung einen ersten Überblick über den Unternehmenserfolg am Markt und kann Maßnahmen zur Rentabilitätssteigerung bzw. Kostensenkung einleiten. Die hierzu entwickelten Verfahren werden in ihrer Gesamtheit als Gesamtbetriebskalkulation bezeichnet.

7.4.1 Kalkulatorisches Betriebsergebnis

Die Gesamtbetriebskalkulation wird auf absoluten Zahlen aufgebaut. Das Betriebsergebnis wird in Euro ausgedrückt.

Kalkulatorisches Betriebsergebnis

Die Berechnung des kalkulatorischen Betriebsergebnisses erfolgt auf Basis aller ermittelten Kosten und Erlöse des Kreditinstituts. Hierbei wird nach Wert- und Betriebsbereich getrennt, sodass sich folgende Grundstruktur der Gesamtbetriebskalkulation ergibt:

Grundstruktur der Gesamtbetriebskalkulation

	Werterlöse
–	Wertkosten
=	Überschuss im Wertbereich
+	Betriebserlöse (inkl. Provisionen)
–	Betriebskosten (inkl. Provisionen)
=	Kalkulatorisches Betriebsergebnis

Aufgabe

Der Abteilung Controlling der Raiffeisenbank Erftkreis eG liegen folgende Zahlenwerte vor (in TEUR):

Zinserträge	*16.789*
Provisionserträge	*8.956*
Zinserträge aus Schuldverschreibungen	*3.519*
Sonstige betriebliche Erträge	*1.287*
Zinsaufwendungen	*13.624*
Provisionsaufwendungen	*1.089*
Personalaufwendungen	*7.287*
Andere Verwaltungsaufwendungen	*3.287*
Sonstige betriebliche Aufwendungen	*1.150*

Ermitteln Sie folgende Beträge mithilfe der Grundstruktur der Gesamtbetriebskalkulation:

a) Werterlöse
b) Wertkosten
c) Betriebskosten
d) Betriebserlöse
e) Betriebsergebnis

7.4.2 Gesamtzinsspannenrechnung

Situation

Die Geschäftsleitung der Rhein-Ruhr-Bank AG betrachtet trotz der erfreulichen Erhöhung des Betriebsergebnisses mit Sorge das steigende Zinsniveau am Kapitalmarkt. Sie möchte deshalb von der Abteilung Controlling über die möglichen Auswirkungen dieser Entwicklung auf die Zinsspanne und das Betriebsergebnis der Bank informiert werden.

Während die Gesamtbetriebskalkulation der Geschäftsleitung auf Basis absoluter Zahlenwerte lediglich einen Einblick in die Quellen der Kosten- und Erlöse gewährt, kann mithilfe der Gesamtzinsspannenrechnung eine Analyse der durch die abgeschlossenen Aktiv- und Passivgeschäfte entstandenen **Zinsspanne** eines Kreditinstitutes vorgenommen werden.
Neben dem Wertbereich wird auch der Betriebsbereich in den Kalkulationen berücksichtigt, sodass Auswirkungen von Zinsniveauänderungen auf das Betriebsergebnis ebenfalls festgestellt werden können.
Die Gesamtzinsspannenrechnung gliedert sich in zwei aufeinander aufbauende Stufen:
- 1. Stufe: Gesamtzinsspannenrechnung (Wertbereich)
- 2. Stufe: Nettozinsspannenrechnung (Wert- und Betriebsbereich)

7.4.2.1 Was ist eine Zinsspanne?

Unter einer Zinsspanne bzw. -marge ist grundsätzlich die Differenz zwischen den Zinserlösen und -kosten, ausgedrückt in Prozent (p. a.) der Bilanzsumme oder des Geschäftsvolumens, zu verstehen. Margen werden in der Bankkalkulation auch für Betriebserlöse und -kosten ermittelt (Kosten- bzw. Erlösmargen).

Beispiel

1 Ermittlung einer Zinsspanne
Nehmen Sie an, die Bilanz der Rhein-Ruhr-Bank AG bestünde nur aus einem Termingeld über 100.000,00 EUR (Zinssatz 3,00 % p. a.) und einem Kredit in gleicher Höhe mit einem Zinssatz von 7,00 % p. a.

Zinserlöse:	7.000,00 EUR p. a.	= 7,00 % p. a. **Zinssatz Kredit**
Zinskosten:	– 3.000,00 EUR p. a.	= 3,00 % p. a. **Zinssatz Termingeld**
Zinsüberschuss:	= 4.000,00 EUR p. a.	= **4,00 % p. a. Zinsspanne**

2 Ermittlung einer Kostenmarge:
Die Anlage des oben genannten Festgeldes verursacht einmalige Betriebskosten in Höhe von 70,00 EUR. Provisionserlöse können aus Konkurrenzgründen nicht erwirtschaftet werden.

Betriebskosten: 70,00 EUR p. a. für ein Festgeld von 100.000,00 EUR

Kostenmarge = 70,00 EUR/100.000,00 EUR · 100 = **0,07 % p. a.**
Bei der Kalkulation des Kundenzinssatzes für das Termingeld ist eine Betriebskostenmarge in Höhe von 0,07 % p. a. zu berücksichtigen. Sie mindert die Zinsspanne.

7.4.2.2 Gesamtzinsspannenrechnung im engeren Sinne

Die Gesamtzinsspannenrechnung im engeren Sinne betrachtet nur den Wertbereich. Die Gesamtzinsspanne stellt dabei die Differenz zwischen der durchschnittlichen Verzinsung der Aktiv- und der Passivseite der Bilanz dar. Sie wird mithilfe einer sog. Zinsertragsbilanz ermittelt, indem den durchschnittlichen Jahresbeständen der einzelnen Bilanzpositionen die entsprechenden Werterlöse und -kosten zugeordnet werden.

Gesamtzinsspanne
= durchschnittliche Verzinsung der Aktivseite
– durchschnittliche Verzinsung der Passivseite

Beispiel

1. Schritt: Aufbereitung der Bilanz
Die Controlling-Abteilung ordnet hierzu den einzelnen Bilanzpositionen ihre durchschnittlichen Jahresbestände zu. Es ergibt sich folgende Struktur:

Aktiva — **Bilanz Rhein-Ruhr-Bank AG** — **Passiva**

Position	Ø-Bestand TEUR	Position	Ø-Bestand TEUR
Barreserve	12.900	Sichteinlagen	21.000
Kredite	33.300	Termineinlagen	14.000
Wertpapiere	13.200	Spareinlagen	24.000
BGA/Anlagen	1.600	Eigenkapital	2.000
Bilanzsumme	61.000	Bilanzsumme	61.000

2. Schritt: Zuordnung der Werterlöse und -kosten zu den Bilanzpositionen
Die Controlling-Abteilung nutzt zur Zuordnung der Werterlöse und -kosten folgende Gewinn-und-Verlust-Rechnung:

G.u.V.-Rechnung

Aufwendungen	TEUR	Erträge	TEUR
Zinsen für		Zinsen aus	
– Sichteinlagen	105	– Krediten	2.664
– Termineinlagen	770	– Schuldverschreibungen	1.188
– Spareinlagen	1.200	– Provisionserträge	3.170
Personalkosten	3.500	– neutrale Erträge	1.490
neutrale Aufwendungen	1.300		
Jahresüberschuss	1.637		
	8.512		8.512

Aktiva — **Zinsertragsbilanz Rhein-Ruhr-Bank AG** — **Passiva**

Position	TEUR Ø-Bestand	Zinserlöse in TEUR	Position	TEUR Ø-Bestand	Zinskosten in TEUR
Barreserve	12.900	-.-	Sichteinlagen	21.000	105
Kredite	33.300	2.664	Termineinlagen	14.000	770
Wertpapiere	13.200	1.188	Spareinlagen	24.000	1.200
BGA/Anlagen	1.600	-.-	Eigenkapital	2.000	-.-
Bilanzsumme	61.000	3.852	Bilanzsumme	61.000	2.075

Beispiel

3. Schritt: Ermittlung der durchschnittlichen Verzinsung der Bilanzseiten

Aktiva — **Zinsertragsbilanz Rhein-Ruhr-Bank AG** — **Passiva**

Position	TEUR Ø-Bestand	Zinserlöse in TEUR	Zinserlöse in % p. a.	Position	TEUR Ø-Bestand	Zinskosten in TEUR	Zinskosten in % p. a.
Barreserve[1]	12.900	–,–	–,–	Sichteinlagen	21.000	105	0,50
Kredite	33.300	2.664	8,00	Termineinlagen	14.000	770	5,50
Wertpapiere	13.200	1.188	9,00	Spareinlagen	24.000	1.200	5,00
BGA/Anlagen	1.600	–,–	–,–	Eigenkapital	2.000	–,–	–,–
Bilanzsumme	61.000	3.852	**6,31**	Bilanzsumme	61.000	2.075	**3,40**

Aktivseite:

$$\frac{\text{Summe der Zinserlöse} \cdot 100}{\text{(durchschnittliche) Bilanzsumme}} = \textbf{Verzinsung der Aktivseite in \% p. a.}$$

$$\frac{3.852 \text{ TEUR} \cdot 100}{61.000 \text{ TEUR}} = 6{,}31\ \%\ \text{p. a. (gerundet)}$$

Passivseite:

$$\frac{\text{Summe der Zinskosten} \cdot 100}{\text{(durchschnittliche) Bilanzsumme}} = \textbf{Verzinsung der Passivseite in \% p. a.}$$

$$\frac{2.075 \text{ TEUR} \cdot 100}{61.000 \text{ TEUR}} = 3{,}40\ \%\ \text{p. a. (gerundet)}$$

4. Schritt: Ermittlung der Gesamtzinsspanne:

	Verzinsung der Aktivseite in % p. a.	6,31 % p. a.
–	Verzinsung der Passivseite in % p. a.	– 3,40 % p. a.
=	**Gesamtzinsspanne in % p. a.**	**= 2,91 % p. a.**

Die Gesamtzinsspanne der Rhein-Ruhr-Bank AG beträgt 2,91 % p. a.

Das gestiegene Zinsniveau stellt für die Bank dann ein Risiko dar, wenn den grundsätzlich kürzerfristigen Passiva langfristige Festzinspositionen auf der Aktivseite gegenüberstehen. Durch Neuabschlüsse von Passivgeschäften zu gestiegenen Marktkonditionen würde sich die Gesamtzinsspanne verringern.

7.4.2.3 Nettozinsspannenrechnung

Nettozinsspanne ≙ Betriebsergebnis in Prozent p. a.

Die Nettozinsspannenrechnung baut auf der Gesamtzinsspannenrechnung auf und berücksichtigt zusätzlich die Betriebskosten und -erlöse eines Kreditinstituts in Form von Margen. Die Gesamtzinsspanne wird hierzu als sog. Bruttozinsspanne, verstanden als Überschuss des Wertbereichs, mit eingebunden. Als Ergebnis erhält man die **Nettozinsspanne,** die dem Betriebsergebnis in Prozent p. a. entspricht.

[1] *Auf Zinserträge für Mindestreserveguthaben wird in diesem Beispiel verzichtet.*

Beispiel

Nettozinsspannenrechnung der Rhein-Ruhr-Bank AG:
Aus der Gewinn-und-Verlust-Rechnung ergeben sich für den Betriebsbereich folgende Kosten und Erlöse (siehe Kapitel 7.4.2.2):

Betriebskosten (Personalkosten): 3.500 TEUR
Betriebserlöse (Provisionserträge): 3.170 TEUR

Die Bruttozinsspanne kann der Gesamtzinsspannenrechnung entnommen werden:

	Zinserlöse (Aktiva)		6,31 % p. a.	
–	Zinskosten (Passiva)	–	3,40 % p. a.	
= (1)	**Bruttozinsspanne** *(= Überschuss im Wertbereich)*	=	**2,91 % p. a.**	
	Betriebserlöse	+	5,20 % p. a. (gerundet)	(3.170 TEUR · 100) / 61.000 TEUR
–	Betriebskosten	–	5,74 % p. a. (gerundet)	(3.500 TEUR · 100) / 61.000 TEUR
= (2)	**Betriebsspanne** *(= Ergebnis des Betriebsbereiches)*	–	**0,54 % p. a.**	

Ermittlung der Nettozinsspanne:

	(1)	Bruttozinsspanne		2,91 % p. a.
+	(2)	Betriebsspanne	–	0,54 % p. a.
=	**(3)**	**Nettozinsspanne** *(= Betriebsergebnis in % p. a.)*	=	**2,37 % p. a.**

Die Bezeichnung **Betriebsspanne**, als Saldo der Betriebserlös- und Betriebskostenmarge, resultiert daher, dass Kreditinstitute traditionell ein defizitäres Ergebnis im Betriebsbereich aufweisen.

7.4.2.4 Zusammenhang zwischen Gesamtbetriebskalkulation und Nettozinsspannenrechnung

Die Grundstruktur der Gesamtbetriebskalkulation und die Nettozinsspannenrechnung besitzen den gleichen formalen Aufbau und führen jeweils zum Betriebsergebnis:

Beispiel

Rhein-Ruhr-Bank AG:

	Gesamtbetriebskalkulation in TEUR	**Nettozinsspannenrechnung** in % p. a. der Bilanzsumme
Werterlöse – **Wertkosten**	3.852 – 2.075	6,31 – 3,40
= **Zinsüberschuss**	= 1.777	= 2,91 **Bruttozinsspanne**
+ **Betriebserlöse** – **Betriebskosten**	+ 3.170 – 3.500	+ 5,20 – 5,74
= **Ergebnis Betriebsbereich**	= – 330	= – 0,54 **Betriebsspanne**
= **Betriebsergebnis**	= 1.447	= 2,37 **Nettozinsspanne** (Betriebsergebnis in % der Bilanzsumme)

Aufgaben

1. *Die vorbereitete Zinsertragsbilanz der Volksbank Mosel eG weist folgende Jahresdurchschnittsbestände auf:*

Aktiva				**Zinsertragsbilanz (in TEUR)**			**Passiva**
Position	**Ø Bestand**	**Zins-erlöse**	**Zinssatz in % p. a.**	**Position**	**Ø Bestand**	**Zins-kosten**	**Zinssatz in % p. a.**
Barreserve	2.550			Verbind. KI	9.500		
Wechsel	8.850			Sparein-lagen	57.300		
Forderungen an KI	30.600			Sicht-einlagen	25.500		
Forderungen an Kunden	87.900			Termin-einlagen	33.200		
Wertpapiere	6.500			Anleihen	5.000		
Sachanlagen	13.600			Eigen-kapital	19.500		
Summe Aktiva	150.000			Summe Passiva	150.000		

Zur Zuordnung der Werterlöse und -kosten wird die Gewinn-und-Verlust-Rechnung der Volksbank herangezogen:

Gewinn-und-Verlust-Rechnung

Aufwendungen	TEUR	Erträge	TEUR
Zinsen für		Zinsen aus	
– Verbindlichkeiten ggü. Kreditinstituten	380	– Barreserven	51
– Spareinlagen	3.438	– Wechseln	531
– Sichteinlagen	127,5	– Forderungen an Kreditinstitute	1.071
– Termineinlagen	1.328	– Forderungen an Kunden	9.669
– eigene Anleihen	426,5	– Wertpapieren	513
Personalkosten	2.980	Provisionserträge	3.450
Sachkosten	2.795	andere Erträge	283
sonstige betriebliche Aufwendungen	965		
Jahresüberschuss	3.128		
	15.568		15.568

a) Ordnen Sie den Bilanzpositionen die zutreffenden Werterlöse und -kosten zu.

b) Ermitteln Sie jeweils die durchschnittliche Verzinsung der einzelnen Bilanzpositionen.

c) Berechnen Sie jeweils für die Volksbank Mosel eG
ca) die durchschnittliche Verzinsung der Aktiv- und Passivseite.
cb) die Gesamt- bzw. Bruttozinsspanne.
cc) die Nettozinsspanne der Volksbank.

d) Berechnen Sie anschließend das Betriebsergebnis der Volksbank in Euro.

2. *Für die Kosten-und-Erlös-Rechnung der Rhein-Ruhr-Bank AG liegen folgende Zahlenangaben (in TEUR) vor:*

Bilanzsumme	*400.000*	*Betriebserlöse*	*1.200*	*Zinskosten*	*14.000*
Zinserlöse	*24.000*	*Betriebskosten*	*5.800*		

a) Ermitteln Sie in Prozent
aa) die Betriebsspanne, ab) die Nettozinsspanne.

Die Geschäftsleitung der Rhein-Ruhr-Bank AG beabsichtigt, die Nettozinsspanne auf 1,50 % zu erhöhen. Dies soll durch eine Erhöhung der Zinserlöse um 400 TEUR und eine Reduzierung der Betriebskosten erreicht werden.

b) Um wie viel TEUR müssen die Betriebskosten gesenkt werden?

3. *Der Controlling-Abteilung der Volksbank Kassel eG liegt folgende vereinfachte Zinsertragsbilanz sowie die vorläufigen Ergebnisse der Betriebsabrechnung vor.*

Aktiva — **Zinsertragsbilanz (in TEUR)** — **Passiva**

	Bestand	Zinsen	Zinssatz p. a.		Bestand	Zinsen	Zinssatz p. a.
Barreserve	2.550	-		Vblk. KI	9.500	380	
Wechselford.	8.850	531		Sichteinlagen	25.500	127,5	
Ford. KI	30.600	1.071		Termineinlagen	33.200	1.328	
Ford. Kunden	87.900	9.669		Spareinlagen	57.300	3.438	
Finanzanlagen	6.500	520		Schuldverschr.	5.000	425	
unverzinsliche Aktiva	13.600	-		Eigenkapital	19.500	-	
Summe				Summe			

Betriebskosten 5.689,34 TEUR Betriebserlöse 1.699,34 TEUR

a) Ermitteln Sie jeweils in Prozent der Bilanzsumme (auf zwei Stellen nach dem Komma runden):
aa) die Zinserlöse
ab) die Zinskosten
ac) die Bruttozinsspanne
ad) die Betriebsspanne
ae) die Nettozinsspanne
af) das Betriebsergebnis

b) Um wie viel TEUR müssten die Werterlöse gesteigert werden, wenn die Bank eine Nettozinsspanne von 2 % anstrebt und die Betriebskosten um 5 % steigen?

4. *a) Die nachstehende Bilanz weist u. a. die Zinserlöse und Zinskosten eines Kreditinstituts aus. Ermitteln Sie*
aa) den durchschnittlichen Zinserlös aus den gesamten Aktiva in Prozent,
ab) die durchschnittlichen Zinskosten für die gesamten Passiva in Prozent,
ac) die Gesamtzinsspanne des Kreditinstituts in Prozent.

b) Die Geschäftsleitung strebt eine Gesamtzinsspanne von 3 % an. Um dies zu erreichen, sollen die Kredite zulasten der Wertpapiere aufgestockt werden.
ba) Um wie viel Mio. Euro müssten die gesamten Zinserlöse steigen, um eine Zinsspanne von 3 % zu erreichen?
bb) Um wie viel Mio. Euro müssten die Kredite zulasten der Wertpapiere erhöht werden?

Aktiva — **Bilanz eines Kreditinstituts (Kurzfassung)** — **Passiva**

	Jahresdurchschnitts-bestand in Mio. EUR	Jahresdurchschnitts-zinssatz in v.H.	Zinserlöse in Mio. EUR		Jahresdurchschnitts-bestand in Mio. EUR	Jahresdurchschnitts-zinssatz in v.H.	Zinskosten in Mio. EUR
Barreserve	20	-	-	Sichteinlagen	20	0,5	0,1
Wertpapiere	60	6,5	3,9	Termineinl.	60	4,5	2,7
Kredite	100	8,5	8,5	Spareinl.	100	4,0	4,0
Übrige Aktiva	20	3,0	0,6	Übrige Passiva	20	3,0	0,6
	200		13,0		200		7,4

7.4.3 Ermittlung der Nettogewinnspanne

Unter Verwendung des Schemas zur Ermittlung des Betriebsergebnisses auf Basis der Gewinn-und-Verlust-Rechnung (siehe Anhang IV) lässt sich die **Nettogewinnspanne** berechnen. Sie entspricht dem Betriebsergebnis in Prozent der durchschnittlichen Bilanzsumme eines Kreditinstituts.

Information Die durchschnittliche Bilanzsumme beträgt 2.400 Mio. EUR.

Position der Gewinn-und-Verlust-Rechnung	Betrag in Mio. EUR	Saldogrößen bzw. Spannen	Anteil in %
(1) Zinsüberschuss			
Zinserträge	192,00	**Zinserträge**	10,50
+ Laufende Erträge aus Aktien und Beteiligungen	+ 60,00		
+ Erträge aus Gewinnabführungsverträgen etc.	+ 0,00		
– Zinsaufwendungen	– 96,00	**Zinsaufwendungen**	– 4,00
= Zinsüberschuss	**= 156,00**	**Bruttozinsspanne**	**= 6,50**
(2) Provisionsüberschuss			
Provisionserträge	78,00		3,25
– Provisionsaufwendungen	– 66,00		– 2,75
= Provisionsüberschuss	**= 12,00**	**Provisionsspanne**	**= 0,50**
(3) Verwaltungsaufwand			
Personalaufwand	72,00	**Personalaufwandsspanne**	3,00
+ Andere Verwaltungsaufwendungen	+ 48,00	**Sachaufwandsspanne**	+ 2,75
+ Abschreibungen und Wertberichtigungen auf Sachanlagen und immaterielle Anlagewerte	+ 18,00		
= Verwaltungsaufwand	**= 138,00**	**Bruttobedarfsspanne**	**= 5,75**
Teilbetriebsergebnis = (1) + (2) – (3) **Zinsüberschuss + Provisionsüberschuss – Verwaltungsaufwand**	**= 30,00**		**= 1,25**
(4) +/– Nettoergebnis aus Finanzgeschäften	+ 24,00	**Handelsspanne (Handelsergebnis)**	+ 1,00
(5) +/– Saldo der Sonstigen betrieblichen Erträge und Aufwendungen • Sonstige betriebliche Erträge • Sonstige betriebliche Aufwendungen	+ 6,00 (+ 28,00) (– 22,00)	**Sonstige Ertragsspanne**	+ 0,25
(6) +/– Bewertungsergebnis (Risikovorsorge) • Abschreibungen und Wertberichtigungen auf Forderungen und Wertpapiere der Liquiditätsreserve sowie Zuführungen zu Rückstellungen im Kreditgeschäft • Erträge aus Zuschreibungen zu Forderungen und Wertpapieren der Liquiditätsreserve sowie aus der Auflösung von Rückstellungen im Kreditgeschäft	– 18,00 (– 19,00) (+ 1,00)	**Bewertungsspanne (Risikospanne)**	– 0,75
Betriebsergebnis aus normaler Geschäftstätigkeit (1)-(6)	**= 42,00**	**Nettogewinnspanne**	**= 1,75**

Zusammenfassung

	in Mio. EUR	in % der Bilanzsumme
Bruttozinsspanne (1)	156,00	6,50
+ Provisionsspanne (2)	+ 12,00	+ 0,50
+ Handelsergebnis (4)	+ 24,00	+ 1,00
+ Sonstige Ertragsspanne (5)	+ 6,00	+ 0,25
= Bruttoertragsspanne	**= 198,00**	**= 8,25**

	in Mio. EUR	in % der Bilanzsumme
Bruttoertragsspanne	198,00	8,25
– Bruttobedarfsspanne (3)	– 138,00	– 5,75
= Bruttogewinnspanne	= 60,00	= 2,50
– Risikospanne (6)	– 18,00	– 0,75
= Nettogewinnspanne	42,00	= 1,75

Aufgaben

1. *Zur detaillierten Analyse der Gewinn-und-Verlust-Rechnung für das abgelaufene Geschäftsjahr (siehe nachfolgenden Auszug) möchte die Controlling-Abteilung der Rhein-Ruhr-Bank AG folgende Größen ermitteln:*

a) Teilbetriebsergebnis — *e) Bruttobedarfsspanne*
b) Betriebsergebnis — *f) Bruttoertragsspanne*
c) Bruttozinsspanne — *g) Bruttogewinnspanne*
d) Provisionsspanne — *h) Nettogewinnspanne*

Auszug aus der Gewinn-und-Verlust-Rechnung

Aufwendungen	**(in Mio. Euro)**		**Erträge**
1. Zinsaufwendungen	600	1. Zinserträge	950
2. Provisionsaufwendungen	120	2. Laufende Erträge aus Aktien und Beteiligungen	180
4. a) Personalaufwand	240	3. Erträge aus Gewinnabführungsverträgen etc.	10
4. b) Andere Verwaltungsaufwendungen	125	4. Provisionserträge	135
5. Abschreibungen und Wertberichtigungen auf Sachanlagen und immaterielle Anlagewerte	25	5. Nettoertrag aus Finanzgeschäften	40
6. Sonstige betriebliche Aufwendungen	34	6. Erträge aus Zuschreibungen zu Forderungen und Wertpapieren der Liquiditätsreserve sowie aus der Auflösung von Rückstellungen im Kreditgeschäft	2
7. Abschreibungen und Wertberichtigungen auf Forderungen und Wertpapiere der Liquiditätsreserve sowie Zuführungen zu Rückstellungen im Kreditgeschäft	26		
		8. Sonstige betriebliche Erträge	38

Die durchschnittliche Bilanzsumme der Rhein-Ruhr-Bank AG im abgelaufenen Geschäftsjahr betrug 5.000 Mio. EUR.

2. *Zur detaillierten Analyse der Gewinn-und-Verlust-Rechnung für das abgelaufene Geschäftsjahr (siehe nachfolgenden Auszug) möchte die Controlling-Abteilung der Volksbank Erftkreis eG folgende Größen ermitteln:*

a) Teilbetriebsergebnis — *e) Bruttobedarfsspanne*
b) Betriebsergebnis — *f) Bruttoertragsspanne*
c) Bruttozinsspanne — *g) Bruttogewinnspanne*
d) Provisionsspanne — *h) Nettogewinnspanne*

Auszug aus der Gewinn-und-Verlust-Rechnung

Aufwendungen	**(in Mio. Euro)**		**Erträge**
1. Zinsaufwendungen	560	1. Zinserträge	900
2. Provisionsaufwendungen	110	2. Laufende Erträge aus Aktien und Beteiligungen	160
4. a) Personalaufwand	210	3. Erträge aus Gewinnabführungsverträgen etc.	10
4. b) Andere Verwaltungsaufwendungen	120	4. Provisionserträge	160
5. Abschreibungen und Wertberichtigungen auf Sachanlagen und immaterielle Anlagewerte	30	5. Nettovertrag aus Finanzgeschäften	60
6. Sonstige betriebliche Aufwendungen	28	6. Erträge aus Zuschreibungen zu Forderungen und Wertpapieren der Liquiditätsreserve sowie aus der Auflösung von Rückstellungen im Kreditgeschäft	3
7. Abschreibungen und Wertberichtigungen auf Forderungen und Wertpapiere der Liquiditätsreserve sowie Zuführungen zu Rückstellungen im Kreditgeschäft	27		
		8. Sonstige betriebliche Erträge	32

Die durchschnittliche Bilanzsumme der Volksbank Erftkreis eG im abgelaufenen Geschäftsjahr betrug 4.000 Mio. EUR.

3. Zur Beurteilung der momentanen Ertragslage liegen der Universalbank AG folgende Werte vor:

Bruttozinsspanne	5,55 %
Provisionsaufwendungen	652,64
Provisionserträge	731,60
Personalaufwand	771,92
Andere Verwaltungsaufwendungen	380,32
Abschreibungen auf Sachanlagen	190,08
Nettoergebnis aus Finanzgeschäften	126,90
Sonstige Ertragsspanne	0,24 %
Risikospanne	0,86 %
Durchschnittliche Bilanzsumme	28.200

Ermitteln Sie

a) den Zinsüberschuss in Mio. Euro.

b) die Provisionsspanne in Prozent.

c) Stellen Sie fest, ob Ihr Ergebnis aus b)

[1] positiv oder

[2] negativ

ist.

d) den Verwaltungsaufwand in Mio. Euro.

e) die Bruttobedarfsspanne in Prozent.

f) das Betriebsergebnis in Mio. Euro.

g) Die Geschäftsleitung beabsichtigt eine Steigerung der Nettogewinnspanne um 20 % durch Steigerung der Zins- und Provisionserlöse zu gleichen Teilen. Um welchen Betrag in Mio. Euro müssen beide Werte jeweils steigen?

4. In einem Kreditinstitut werden für die Firmenkundschaft und für die Privatkundschaft das Geschäftsvolumen und der Zinsüberschuss getrennt erfasst.

a) Im 1. Geschäftsjahr betrugen

aa) im Bereich der Firmenkunden das Geschäftsvolumen 150 Mio. EUR und der Zinsüberschuss 3,15 Mio. EUR. Ermitteln Sie die Bruttozinsspanne in Prozent des Firmenkunden-Geschäftsvolumens.

ab) im Bereich der Privatkunden das Geschäftsvolumen 300 Mio. EUR bei einer Bruttozinsspanne von 3 %. Ermitteln Sie den Zinsüberschuss in Mio. Euro.

ac) Ermitteln Sie für das Gesamtgeschäft die Bruttozinsspanne.

b) Für das 2. Geschäftsjahr gibt das Kreditinstitut die Zielvorgabe aus: „Erwirtschaftung einer höheren Bruttozinsspanne“.

ba) Dem Geschäftsbereich Firmenkundschaft gelingt es, bei unverändertem Altgeschäft ein Neugeschäft von 70 Mio. EUR mit einem Zinsüberschuss von 1,69 Mio. EUR abzuschließen.
Ermitteln Sie die Bruttozinsspanne aus dem Altgeschäft und dem Neugeschäft für den Geschäftsbereich Firmenkundschaft.

bb) Auch dem Geschäftsbereich Privatkundschaft gelingt es bei gleichfalls unverändertem Altgeschäft ein Neugeschäft von 10 Mio. EUR mit einer Bruttozinsspanne von 3,64 % abzuschließen.
Ermitteln Sie die Bruttozinsspanne aus dem Altgeschäft und dem Neugeschäft für den Geschäftsbereich Privatkundschaft (auf zwei Stellen nach dem Komma runden).

bc) Ermitteln Sie die Bruttozinsspanne aus dem Altgeschäft und dem Neugeschäft für den Gesamtgeschäftsbereich (auf zwei Stellen nach dem Komma runden).

7.5 Kalkulationen im Wertbereich

Situation

Innerhalb kurzer Zeit werden an einen Kundenberater der Rhein-Ruhr-Bank AG folgende Wünsche herangetragen:
Ein Kunde hat 100.000,00 EUR geerbt, die er bei Ihnen als Termingeld anlegen möchte.
Die Walterscheid AG benötigt einen Investitionskredit in Höhe von 100.000,00 EUR.
Beiden Kunden soll der Kundenberater kurzfristig einen Zinssatz nennen.
Welche Vorgehensweise würden Sie dem Kundenberater empfehlen?

In beiden Fällen fragen die Kunden duale Marktleistungen nach. Das Problem für den Berater besteht darin, den Kunden Zinssätze (Konditionen) zu offerieren, die die Selbstkosten des Kreditinstitutes decken bzw. einen kleinen Gewinn erwirtschaften und zugleich marktgerecht sind.
In der Praxissituation stehen dem Berater hierzu Konditionentabellen zur Verfügung. Sie enthalten für jedes mögliche Kundengeschäft einen entsprechenden Zinssatz.
Die Kalkulation dieser Zinssatzvorgaben ist Aufgabe der Kosten- und Leistungsrechnung. Sie erfolgt getrennt für den Wert- und den Betriebsbereich.
Das Controlling muss für den Wertbereich folgende Größen kalkulieren:

Preisobergrenze für Passivgeschäfte

- Preis**ober**grenzen für das jeweilige Passivgeschäft, d. h. den Zinssatz, der maximal für ein Passivgeschäft gewährt werden kann,

Preisuntergrenze für Aktivgeschäfte

- Preis**unter**grenzen für das jeweilige Aktivgeschäft, d. h. den Zinssatz, der mindestens für ein Aktivgeschäft in Rechnung gestellt werden muss.

Sie dienen als Grundlage für die Erstellung von Konditionentabellen. Die Kreditinstitute wenden zur Preiskalkulation von Wertleistungen verschiedene Methoden an. Sie bauen jeweils auf festen Konditionen für die gesamte Laufzeit der Kundengeschäfte auf. Sie werden als **Teilzinsspannenrechnungen** (Margenkalkulationen) auf Einzelgeschäftsbasis vorgenommen.

7.5.1 Marktzinsmethode

Situation

Der Kundenberater schließt die Geschäfte der Eingangssituation zu folgenden Zinssätzen ab:
Festgeld: 100.000,00 EUR, Laufzeit sechs Monate zu 2,50 % p. a.
Investitionskredit: 100.000,00 EUR, Laufzeit fünf Jahre zu 6,75 % p. a.
Lohnt sich der Abschluss dieser Geschäfte für die Rhein-Ruhr-Bank AG?

7.5.1.1 Grundstruktur der Marktzinsmethode

Die Marktzinsmethode betrachtet jedes Kundengeschäft einzeln.
Es wird dabei unterstellt, dass
- jedes Passivgeschäft geeignet ist, ein Aktivgeschäft zu finanzieren bzw. jedes Aktivgeschäft durch ein Passivgeschäft refinanziert werden kann.
- die Refinanzierung kein Liquiditätsproblem darstellt.
- für hereingenommenes Kapital stets eine Anlagemöglichkeit zur Verfügung steht.

Grundgedanke der Marktzinsmethode ist das sog. Opportunitätsprinzip. Es besagt, dass ein Kreditistitut anstelle eines Kundengeschäfts stets ein alternatives Interbankengeschäft mit gleicher Laufzeit am Geld- oder Kapitalmarkt (sog. Opportunitätsgeschäft) abschließen könnte.
Hieraus erwächst für einen Kundenberater die grundsätzliche Vorgabe, nur solche Kundengeschäfte abzuschließen, die günstiger als das alternative Interbankengeschäft sind.

Das Opportunitätsprinzip der Marktzinsmethode

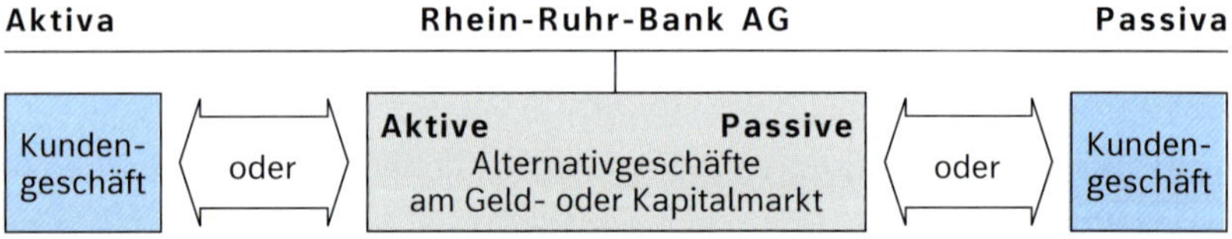

7.5.1.2 Aufbau der Marktzinsmethode

1. Schritt:
Geeignete Alternativgeschäfte für die am Markt angebotenen Kundengeschäfte finden

Den in einem Kreditinstitut angebotenen Kundengeschäften müssen alternative Geschäfte **mit gleicher Laufzeit** zugeordnet werden. Hierzu werden Interbankengeschäfte herangezogen, da sie grundsätzlich für jede Laufzeit abgeschlossen werden können, ausreichende Liquidität aufweisen und daher stets einen Marktzinssatz haben.

Des Weiteren können auch Wertpapiergeschäfte (z. B. Erwerb von Bundesanleihen, -obligationen, Pfandbriefen, ...) als Alternativgeschäfte verwendet werden.

Im beschriebenen Grundmodell der Marktzinsmethode können dabei ausschließlich Kundengeschäfte betrachtet werden, die eine Festzinsvereinbarung für die gesamte Laufzeit besitzen und in einer Summe zurückgezahlt werden.

Beispiele für aktive und passive Alternativgeschäfte am Geld- und Kapitalmarkt

Aktivgeschäfte		Rhein-Ruhr-Bank AG			Passivgeschäfte
Kundengeschäft		Geschäft am Geld- oder Kapitalmarkt	Geschäft am Geld- oder Kapitalmarkt		Kundengeschäft
KK-Kredite	←→	Tagesgeldanlagen	Tagesgeldaufnahmen	←→	Sichteinlagen
Kredite Laufzeit 5 Jahre	←→	Bundesobligationen	Termineinlagen Geldmarktpapiere	←→	Termineinlagen
Kredite Laufzeit 10 Jahre	←→	Bundesanleihen	Bankenschuldverschreibungen (Pfandbriefe)	←→	Spareinlagen Sparbriefe

Beispiel

Aktiva	Rhein-Ruhr-Bank AG		Passiva
Kundengeschäft ←→	**Alternativgeschäft**	**Alternativgeschäft** ←→	**Kundengeschäft**
Investitionskredit Laufzeit 5 Jahre	Kauf einer Bundesobligation (Neuemission)	Termingeldaufnahme am Geldmarkt Laufzeit 6 Monate	Termineinlage Laufzeit 6 Monate

2. Schritt:
Aktuelle Alternativzinssätze und Konkurrenzkonditionen bereitstellen.

Der Kundenberater muss stets darüber informiert sein, ob er mit einem möglichen Kundengeschäft besser oder schlechter als mit dem potenziellen Alternativgeschäft gestellt wäre. Er benötigt hierzu die aktuellen Konditionen am Geld- und Kapitalmarkt. Weiterhin muss er auch über die Konditionen der Konkurrenz informiert sein.

Die Kostenrechnung muss daher für eine präzise Preiskalkulation stets aktuelle und vergleichbare Alternativkonditionen bereitstellen und eine sorgfältige Marktpreisanalyse durchführen.
Für die Preiskalkulation im Wertbereich bestehen daher folgende Rahmenbedingungen:

Aktivgeschäfte:
Preis**ober**grenze: Zinssatz lt. Konditionentabelle
maximal Konkurrenzpreis
Preis**unter**grenze: Alternative Kondition am Geld- oder Kapitalmarkt

Passivgeschäfte:
Preis**ober**grenze: Alternative Kondition am Geld- oder Kapitalmarkt
Preis**unter**grenze: Zinssatz lt. Konditionentabelle
mindestens Konkurrenzpreis

Beispiel

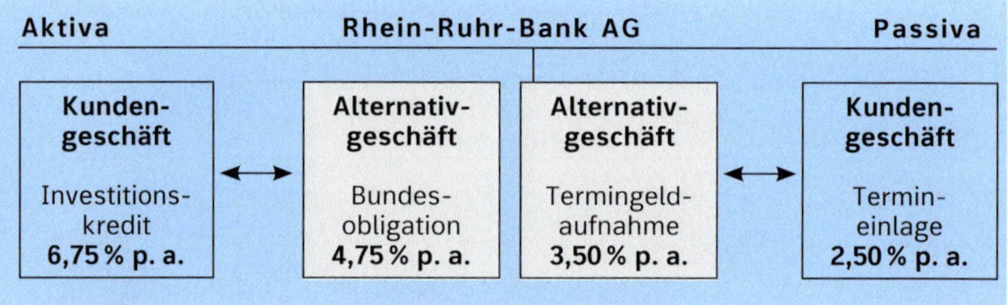

3. Schritt:
Ermittlung des Konditionenbeitrages

Schließt der Kundenberater ein Kundengeschäft zu einem aus Sicht des Kreditinstituts günstigeren Zinssatz (Kondition) ab als das Interbankengeschäft, erwirtschaftet er für das Kreditinstitut einen positiven Erfolgsbeitrag in Höhe der Differenz zwischen dem Kundenzinssatz und dem Zinssatz des Interbankengeschäftes. Diese Zinsspanne wird als **Konditionenbeitrag** des Kundengeschäftes bezeichnet.

Beispiel

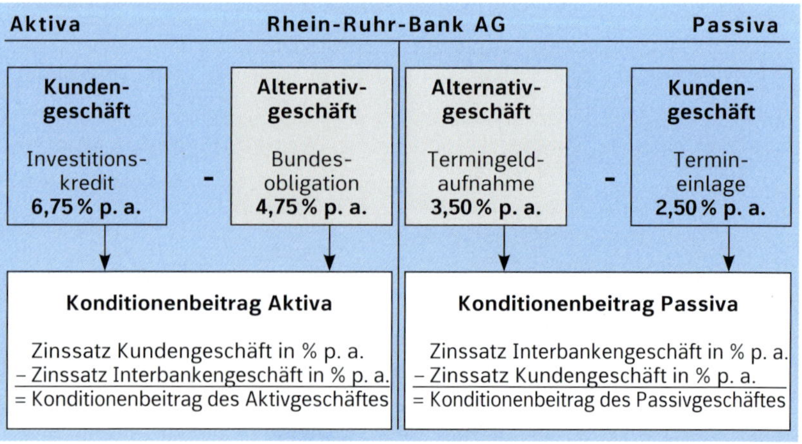

Der Konditionenbeitrag stellt entweder die **Mehrerlöse** (bei Aktivgeschäften) oder die **Minderkosten** (bei Passivgeschäften) dar, die dem Kreditinstitut durch das Kundengeschäft entstanden sind.

Er wird grundsätzlich für das Geschäftsjahr (p. a.) ermittelt und dem Mitarbeiter zugerechnet, der das Kundengeschäft abgeschlossen hat.

Beispiel

1. Konditionenbeitrag Passiva

Termingeld, 100.000,00 EUR, Anlagedauer 6 Monate:

Alternativgeschäft: Termingeldaufnahme am Geldmarkt für 6 Monate
Alternativzinssatz: Euribor (6 Monate) 3,50 % p. a.
Kundengeschäftszinssatz: 2,50 % p. a.

Art des Geschäftes	**Volumen**	**Zinssatz p. a.**	**Zinskosten p. a.**
Alternativgeschäft	100.000,00 EUR	3,50 % p. a.	3.500,00 EUR
Kundengeschäft	100.000,00 EUR	– 2,50 % p. a.	– 2.500,00 EUR
Konditionenbeitrag →		**= 1,00 % p. a.**	= 1.000,00 EUR (= Minderkosten)

Das Kundengeschäft hat einen Konditionenbeitrag von 1.000,00 EUR zum Gesamtergebnis des Kreditinstituts geleistet, da für die Termineinlage geringere Zinskosten in Höhe von 1.000,00 EUR bezogen auf ein Jahr anfallen. Das Ergebnis setzt voraus, dass nach 6 Monaten ein ähnliches Geschäft zu gleichen Bedingungen abgeschlossen werden kann.

2. Konditionenbeitrag Aktiva

Investitionskredit, 100.000,00 EUR, Laufzeit 5 Jahre

Alternativgeschäft: Kauf von Bundesobligationen, Laufzeit 5 Jahre
Alternativzins: Rendite für Bundesobligationen 4,75 % p. a.
Kundengeschäftszinssatz: 6,75 % p. a.

Art des Geschäftes	**Volumen**	**Zinssatz p. a.**	**Zinserlöse p. a.**
Kundengeschäft	100.000,00 EUR	6,75 % p. a.	6.750,00 EUR
Alternativgeschäft	100.000,00 EUR	– 4,75 % p. a.	– 4.750,00 EUR
Konditionenbeitrag →		**= 2,00 % p. a.**	= 2.000,00 EUR (= Mehrerlöse)

Der Investitionskredit erbringt einen Konditionenbeitrag bzw. Mehrerlöse von 2.000,00 EUR für ein Jahr.

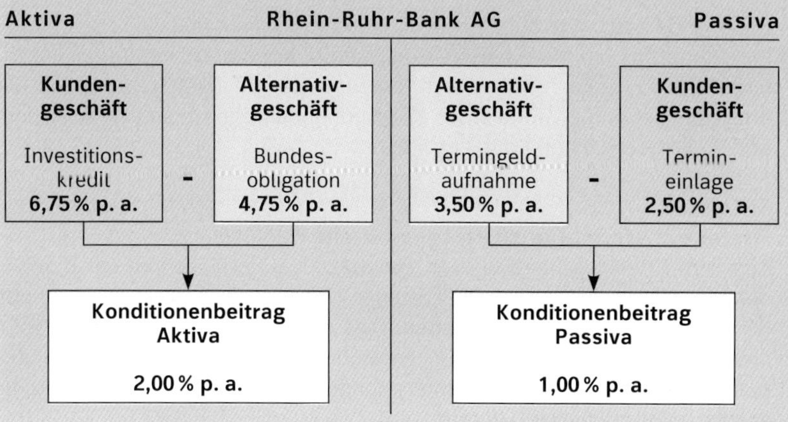

Betrachtet man beide Einzelgeschäfte zusammen, so hat der Kundenberater durch geschickte Wiederanlage der beschafften Termineinlage als Investitionskredit für sein Institut einen Beitrag zum Betriebsergebnis in Höhe von insgesamt 3.000,00 EUR erwirtschaftet.

siehe Kapitel 7.7

Die Konditionenbeiträge Aktiva und Passiva bilden die Grundlage für Preiskalkulationen in Form von Deckungsbeitragsrechnungen.

4. Schritt:
Bruttozinsspanne ermitteln

Aufbauend auf den Konditionsbeiträgen der Einzelgeschäfte, interessiert es die Geschäftsleitung, welche Zinsmargen zwischen Aktiv- und Passivgeschäften am Markt erzielt werden können. Die Differenz der Zinssätze zwischen Aktiv- und Passivgeschäften mit Kunden wird dabei als Bruttozinsspanne bezeichnet.

Beispiel

Nehmen Sie im Folgenden an, die Bilanz der Rhein-Ruhr-Bank AG bestünde nur aus den beiden Geschäften der Einstiegssituation:

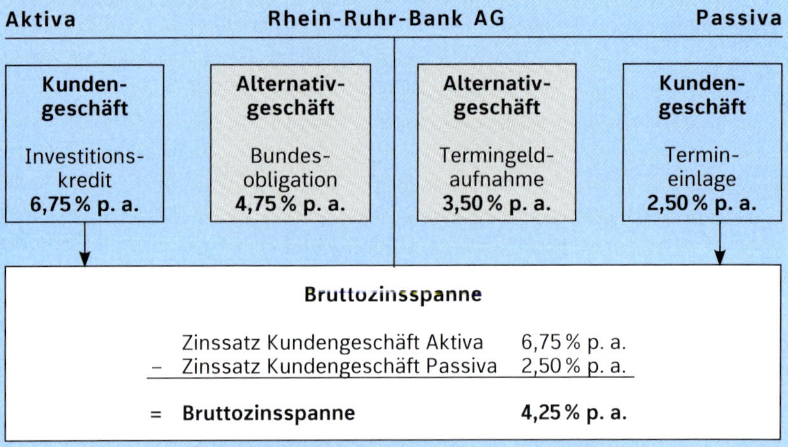

Die Bruttozinsspanne der Marktzinsmethode wird für weitere Kalkulationen ins Verhältnis zu den bereits ermittelten Konditionenbeiträgen Aktiva und Passiva gesetzt. Hierdurch erkennt die Geschäftsleitung, ob die Bruttozinsspanne allein aus den Konditionenbeiträgen resultiert oder noch andere Faktoren einen Rolle gespielt haben.

5. Schritt:
Fristentransformationsbeitrag ermitteln

Aus dem Einzelgeschäftsvolumen von 100.000,00 EUR konnte der Kundenberater Mehrerlöse bzw. Minderkosten in Höhe von insgesamt 3.000,00 EUR für sein Kreditinstitut erwirtschaften. Dies entspricht bezogen auf das Volumen von 100.000,00 EUR einem gesamten Konditionenbeitrag von 3,00 % p. a. Vergleicht man den gesamten Konditionenbeitrag mit der Bruttozinsspanne, ergibt sich eine Differenz von 1,25 % p. a.

	Bruttozinsspanne		4,25 % p. a.
–	Konditionenbeitrag Aktiva	–	2,00 % p. a.
–	Konditionenbeitrag Passiva	–	1,00 % p. a.
=	**Differenz**	=	**1,25 % p. a.**

Die Differenz basiert darauf, dass bei der Ermittlung der Konditionenbeiträge auf der Aktiv- und Passivseite jeweils mit unterschiedlichen Laufzeiten kalkuliert wurde. Das Festgeld mit einer Laufzeit von sechs Monaten wurde als Investitionskredit für fünf Jahre langfristig ausgeliehen. Aufgrund der mit den Geschäften betriebenen Fristentransformation wird diese Differenz als **Fristentransformationsbeitrag** bezeichnet.

Beispiel

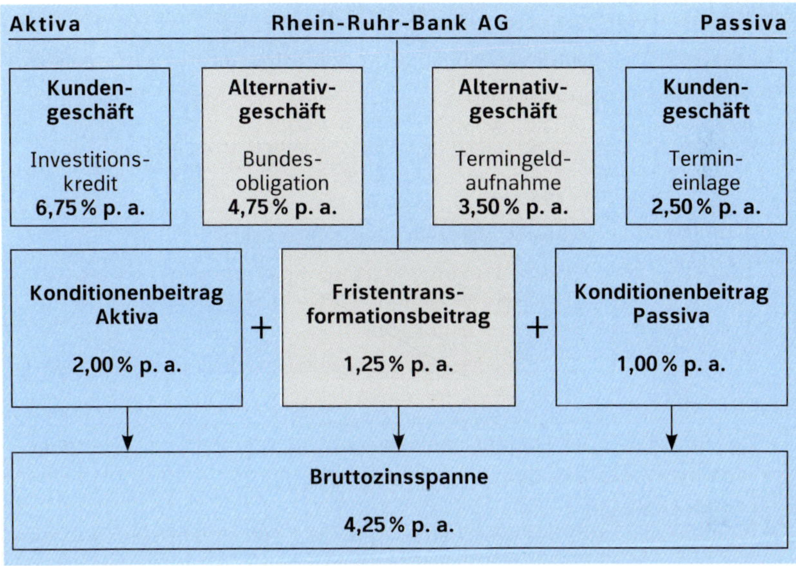

Für Geschäfte mit unterschiedlichen Laufzeiten gelten grundsätzlich verschiedene Zinssätze. Unter Annahme einer normal verlaufenden Zinsstrukturkurve werden längerfristige Geschäfte höher verzinst.

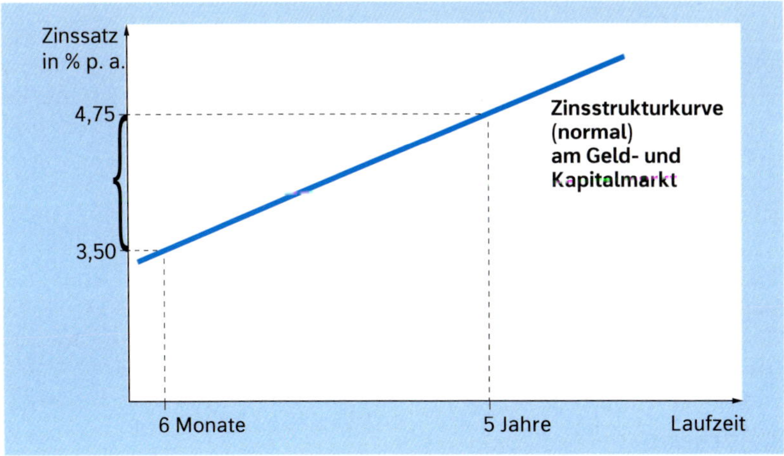

Im Beispiel beträgt die Zinsdifferenz 1,25 % p. a. Sie resultiert aus der Zinsstruktur am Geld- und Kapitalmarkt und wird daher auch als **Strukturbeitrag** bezeichnet.

Der Fristentransformations- oder Strukturbeitrag wird der Geschäftsleitung zugerechnet, da er allein durch den Abschluss der Alternativgeschäfte, d. h. ohne das Einwirken der Kundenberater, hätte erwirtschaftet werden können:

Beispiel

	Zinssatz-Alternativgeschäft Aktiva	4,75 % p. a.
–	Zinssatz-Alternativgeschäft Passiva	– 3,50 % p. a.
=	**Fristentransformations- bzw. Strukturbeitrag**	**= 1,25 % p. a.**

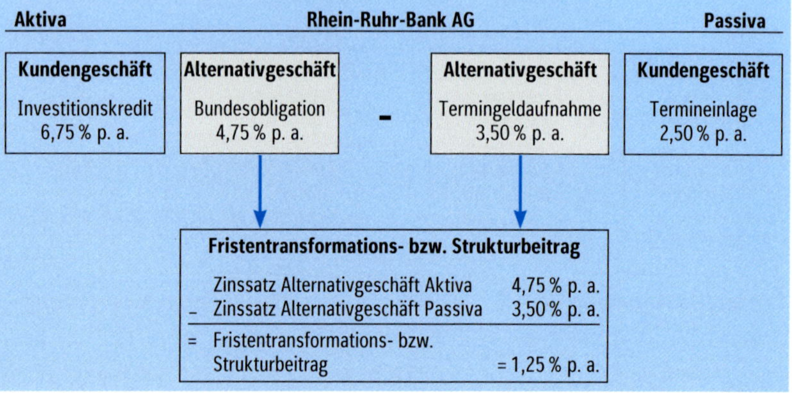

Merke:

- Der Struktur- oder Fristentransformationsbeitrag stellt die Zinsmarge/-spanne zwischen den Alternativgeschäften mit unterschiedlichen Fristigkeiten dar.
- Werden Aktiv- und Passivgeschäfte mit gleicher Laufzeit verglichen, so basieren die Konditionenbeiträge jeweils auf dem gleichen Alternativzinssatz. Ein Strukturbeitrag entsteht nicht.
- Hat dagegen das aktive Kundengeschäft eine kürzere Laufzeit als das passive, so würde sich ein negativer Strukturbeitrag ergeben.

6. Schritt:
Aktiver und Passiver Strukturbeitrag

Der Strukturbeitrag kann in einen aktiven und passiven Strukturbeitrag aufgegliedert werden. Als Referenzgröße wird der Tagesgeldsatz des Interbankenmarktes herangezogen. Es wird dabei unterstellt, dass jedes Interbankengeschäft durch die revolvierende Aufnahme bzw. Ausleihung von Tagesgeld ersetzt werden könnte.

Zur Ermittlung der aktiven und passiven Strukturbeiträge wird der aktuelle Tagesgeldsatz von den Konditionen der Alternativgeschäfte abgesetzt.

Beispiel

Ermittlung von aktiven und passiven Strukturbeiträgen
(Zinssätze lt. Eingangssituation)

Strukturbeitrag gesamt:		1,25 % p. a.	
Tagesgeldsatz		3,25 % p. a.	
	Alternativkondition Aktiva	4,75 % p. a.	
–	Tagesgeldsatz	– 3,25 % p. a.	
=	**Strukturbeitrag Aktiva**	= **1,50 % p. a.**	**Mehrerlöse**
	Tagesgeldsatz	3,25 % p. a.	
–	Alternativkondition Passiva	– 3,50 % p. a.	
=	**Strukturbeitrag Passiva**	= **–0,25 % p. a.**	**Mehrkosten**

Die Investition des Kapitals in Bundesobligationen würde Mehrerlöse in Höhe von 1,50 % p. a. erwirtschaften, eine Refinanzierung über ein Interbankentermingeld mit einer Laufzeit von 6 Monaten Mehrkosten in Höhe von 0,25 % p. a. verursachen, jeweils gegenüber einer (arbitragefreien) Abwicklung beider Geschäfte über den Referenzzinssatz. Per Saldo wäre also durch die beiden Alternativgeschäfte ein Mehrerlös in Höhe von 1,25 % p. a. erwirtschaftet worden.
Verändert sich während der Laufzeit der beiden Geschäfte nun der Referenzzinssatz, lassen sich durch die Neuberechnung der Strukturbeiträge Aktiva und Passiva jeweils die Auswirkungen auf die Stukturbeiträge und somit auch auf die Wiederanlage des Kapitals erkennen.

Zusammenfassung

Zusammenfassende Übersicht zur Marktzinsmethode

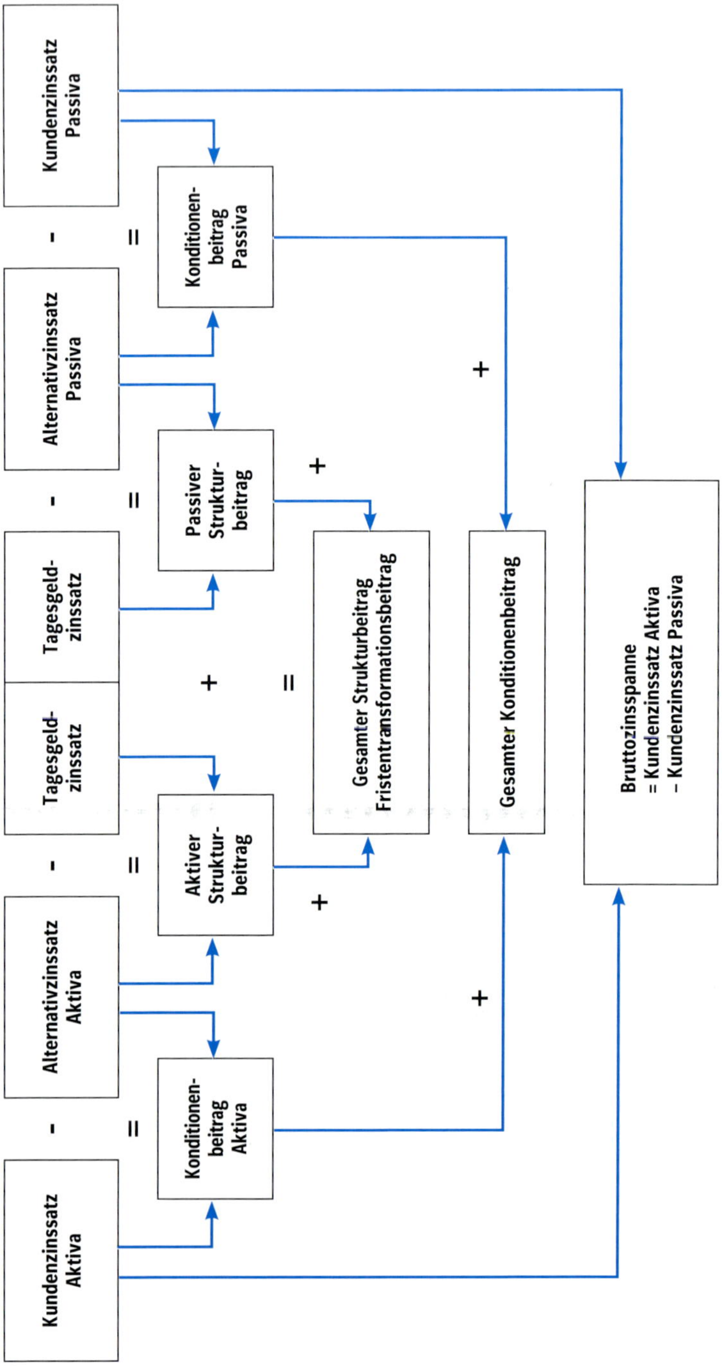

II. Erfolgsaufspaltung bei Einzelgeschäften

Mit der Marktzinsmethode ist es möglich, die Bruttozinsspanne in Konditionenbeiträge und Strukturbeiträge zu gliedern und eine differenziertere Erfolgsverteilung vorzunehmen. Wendet man die Marktzinsmethode auf die gesamte Zinsertragsbilanz an, so können für jede Bilanzposition die erwirtschafteten Ergebnisbeiträge ermittelt werden.

III. Erfolgsgrößen der Marktzinsmethode

1. Ermittlung von Konditionenbeiträgen

a) Konditionenbeitrag Aktiva:

  Zinssatz des Kundengeschäftes in % p. a.
– Zinssatz des Interbankengeschäftes in % p. a.
= **Konditionenbeitrag des Aktivgeschäftes**

b) Konditionenbeitrag Passiva:

  Zinssatz des Interbankengeschäftes in % p. a.
– Zinssatz des Kundengeschäftes in % p. a.
= **Konditionenbeitrag des Passivgeschäftes**

c) Gesamter Konditionenbeitrag

  Konditionenbeiträge Aktiva
+ Konditionenbeiträge Passiva
= **Gesamter Konditionenbeitrag**

2. Ermittlung der Bruttozinsspanne

a) Bei Betrachtung von zwei Einzelgeschäften

  Zinssatz für aktives Kundengeschäft
– Zinssatz für passives Kundengeschäft
= **Bruttozinsspanne**

b) Bei Betrachtung der Gesamtbilanz

  Durchschnittliche Verzinsung der Aktivseite
– Durchschnittliche Verzinsung der Passivseite
= **Bruttozinsspanne der Gesamtbilanz**

3. Ermittlung des Fristentransformations- bzw. Strukturbeitrages:

a) Über die Bruttozinsspanne

  Zinssatz Aktivgeschäft
– Zinssatz Passivgeschäft
= Bruttozinsspanne
– Konditionenbeitrag Aktiva
– Konditionenbeitrag Passiva
= **Strukturbeitrag**

b) Als Zinsmarge der Alternativgeschäfte

  Alternativzinssatz Aktiva
– Alternativzinssatz Passiva
= **Strukturbeitrag**

Aufgaben

1. *Eine Kundenberaterin hat folgende Geschäfte abgeschlossen:*

Aktivgeschäft: *Gewährung eines Bauzwischenkredites in Höhe von 300.000,00 EUR zu 6,95 % p. a. mit einer Laufzeit von drei Monaten.*

Alternativgeschäft: *3-Monats-Termineinlage am Geldmarkt zu 4,68 % p. a.*

Passivgeschäft: *Hereinnahme einer Termineinlage mit einer Anlagedauer von 6 Monaten über 300.000,00 EUR zu 3,75 % p. a.*

Alternativgeschäft: *Aufnahme von 6-Monats-Termingeld zu 4,150 % p. a.*

Ermitteln Sie jeweils in Prozent und Euro p. a.
a) den Konditionenbeitrag des Aktivgeschäfts.
b) den Konditionenbeitrag des Passivgeschäfts.
c) den gesamten Konditionenbeitrag.
d) die Bruttozinsspanne.
e) den Fristentransformationsbeitrag.

2. *Die Kreditbank AG hat die nachstehende vereinfachte Zinsertragsbilanz erstellt:*

Aktiva **Zinsertragsbilanz** **Passiva**

	% p. a.	**Ø-Bestand in TEUR**		**% p. a.**	**Ø-Bestand in TEUR**
Kundendarlehen	9,25	3.000	Termineinlagen	3,25	3.000
Bilanzsumme		3.000	Bilanzsumme		3.000

Zur Ermittlung der Erfolgsbeiträge des Aktiv- und Passivgeschäftes zum Betriebsergebnis verwendet die Kreditbank AG die Marktzinsmethode.

Am Geld- und Kapitalmarkt gelten folgende Alternativzinssätze für
– Kundendarlehen 6,75 % p. a.
– Termineinlagen 3,75 % p. a.

a) Ermitteln Sie in Prozent p. a.
aa) den Konditionenbeitrag der Kundendarlehen.
ab) den Konditionenbeitrag der Termineinlagen.
ac) den Fristentransformationsbeitrag.
ad) die Bruttozinsspanne.
ae) den aktiven und passiven Fristentransformationsbeitrag unter Verwendung eines Tagesgeldzinssatzes von 3,15 % p. a.

b) Berechnen und erläutern Sie die Auswirkungen für Ihre Ergebnisse aus ae), wenn der Tagesgeldsatz auf 3,40 % p. a. steigt.

3. *Zur Ermittlung der Erfolgsbeiträge ihrer Bankprodukte im Wertbereich wendet die Rhein-Ruhr-Bank AG die Marktzinsmethode an.*

Welche der folgenden Erfolgsbeiträge der Marktzinsmethode sind den nachstehenden Aussagen zuzuordnen?
[1] *Konditionenbeitrag Aktiv*
[2] *Konditionenbeitrag Passiv*
[3] *Aktiver Strukturbeitrag*
[4] *Passiver Strukturbeitrag*
[5] *Bruttozinsspanne*
[6] *keine der genannten Erfolgsbeiträge*

Tragen Sie die Ziffer vor den zutreffenden Erfolgsbeiträgen/Elementen in die Kästchen ein.

a) Dieser Erfolgsbeitrag wird den Kreditberatern zugerechnet. ☐

b) Mehrerlös eines Alternativgeschäftes am Geld- und Kapitalmarkt gegenüber einer täglich fälligen Geldanlage ☐

c) Maßstab zur Beurteilung der Fristenkongruenz ☐

d) Minderkosten eines Kundengeschäftes gegenüber einem Alternativgeschäft am Geld- und Kapitalmarkt ☐

e) Maßstab zur Beurteilung des relativen Zinsüberschusses aus allen Aktiv- und Passivgeschäften ☐

4. *Der Controlling-Abteilung der Universalbank AG liegen folgende Informationen zur Auswertung vor:*

	KK-Kredite	**Investitions-kredite**	**Wert-papiere**	**Sichtein-lagen**	**Termin-einlagen**	**Spar-einlagen**
Volumen in TEUR	50.000	20.000	30.000	10.000	25.000	65.000
Laufzeit in Jahren	5	3	8	1	5	5
Zinssatz p. a.	10,50	6,25	4,75	1,25	3,75	3,25
Alternativer Geld- und Kapitalmarktzins	2,25	3,50	3,95	2,45	3,65	3,85

Ermitteln Sie folgende Werte:

a) durchschnittliche Verzinsung der Aktivseite in Prozent p. a.

b) die Zinskosten in TEUR

c) die Bruttozinsspanne in Prozent p. a.

d) den Zinskonditionenbeitrag in Prozent p. a. für Investitionskredite

e) Stellen Sie fest, ob der Betrag aus d)

[1] *positiv oder*

[2] *negativ*

ist.

f) den Zinskonditionenbeitrag in TEUR p. a. für Termineinlagen

g) Stellen Sie fest, ob der Betrag aus f)

[1] *positiv oder*

[2] *negativ*

ist.

h) Die Universalbank beabsichtigt, die Bruttozinsspanne für die dargestellten Geschäfte auf 4,98 % p. a. zu erhöhen. Hierzu sollen Teile des Wertpapierbestandes in Investitionskredite umgeschichtet werden. Ermitteln Sie den Betrag in TEUR, um den sich die Investitionskredite erhöhen müssen.

5. *Der Controlling-Abteilung der Rhein-Ruhr-Bank AG liegen folgende Informationen zur Auswertung vor:*

	Raten-kredite	Investitions-kredite	Wert-papiere	Spar-einlagen	Sicht-einlagen	Termin-einlagen
Volumen in TEUR	60.000	50.000	40.000	66.750	50.000	33.250
Laufzeit in Jahren	5	10	8	1	0	0.5
Zinssatz p.a.	6,65	7,45	4,75	1,00	0,665	2,00
Geld- und Kapitalmarktzins	3,95	4,10	4,05	3,50	3,45	3,60

Ermitteln Sie

a) die Bruttozinsspanne in Prozent p.a.

b) den Zins-Konditionenbeitrag in TEUR p.a. für Investitionskredite.

c) den Zins-Konditionenbeitrag in TEUR p.a. für Sichteinlagen.

d) Die Rhein-Ruhr-Bank AG beabsichtigt, die Bruttozinsspanne für die dargestellten Geschäfte auf 5,50 % p.a. zu erhöhen. Der Bestand an Wertpapieren soll reduziert und die Vergabe von Ratenkrediten in gleicher Höhe ausgeweitet werden. Die Bilanzsumme bleibt unverändert.
Ermitteln Sie den Betrag in TEUR, um den sich der Bestand der Ratenkredite zulasten der Wertpapiere erhöhen müsste.

6. *Die Rhein-Ruhr-Bank AG gewährt einem Kunden ein Darlehen in Höhe von 250.000,00 EUR mit einer Laufzeit von 8 Jahren zu einem Zinssatz von 4,95 % p.a.*
Von einem anderen Kunden nimmt sie eine Termineinlage über 250.000,00 EUR herein. Die Laufzeit beträgt 6 Monate, der Zinssatz 0,15 % p.a.

Am Geld- und Kapitalmarkt gelten die folgenden Konditionen:

Zinssatz für alternative Kapitalanlagen	***- 0,75 % p.a.***
Zinssatz für alternative Kapitalaufnahmen	***- 0,38 % p.a.***
Tagesgeldzinssatz	***- 0,26 % p.a.***

Ermitteln Sie unter Anwendung der Marktzinsmethode in Prozent p.a.

a) die Bruttozinsspanne,

b) den Konditionenbeitrag Aktiva,

c) den Konditionenbeitrag Passiva,

d) den passiven Strukturbeitrag,

e) den aktiven Strukturbeitrag,

f) den gesamten Strukturbeitrag.

7. *Zur Ermittlung der Erfolgsbeiträge ihrer Bankprodukte im Wertbereich wendet die Rhein-Ruhr-Bank AG die Marktzinsmethode an.*

Zur Kalkulation liegen folgende Informationen aus dem internen Rechnungswesen vor:

	Baudarlehen	Konsumkredite	KK-Kredite	Spareinlagen	Sichteinlagen	Termineinlagen
Volumen in TEUR	500.000	300.000	200.000	400.750	250.000	350.250
Laufzeit in Jahren	25	5	8	1,0	0	0,5
Kunden-Zinssatz p.a.	5,75	8,50	4,75	1,75	0,25	3,50
GKM-Zinssatz p.a.	4,0	5,00	4,30	4,40	4,30	4,40

Ermitteln Sie

a) die durchschnittliche Verzinsung der Passivseite in Prozent.

b) die Bruttozinsspanne in Prozent p.a.

c) den Zins-Konditionenbeitrag in Prozent p.a. für die Konsumkredite.
Ergänzen Sie eine
1, wenn das Ergebnis positiv ist,
2, wenn das Ergebnis negativ ist. ☐

d) den Zins-Konditionenbeitrag in TEUR p.a. für Termineinlagen.
Ergänzen Sie eine
1, wenn das Ergebnis positiv ist,
2, wenn das Ergebnis negativ ist. ☐

e) den gesamten Konditionenbeitrag aller aktiven Kundengeschäfte in TEUR.

f) Die Rhein-Ruhr-Bank AG strebt für das neue Geschäftsjahr eine Bruttozinsspanne von 4,75 % p.a. an. Die Ergebnissteigerung soll durch eine Umschichtung von KK-Krediten in Konsumkredite erreicht werden. Berechnen Sie das Umschichtungsvolumen in TEUR.

8. *Der Controlling-Abteilung der Rhein-Ruhr-Bank AG liegen die folgenden Informationen zur Auswertung vor:*

	Ratenkredite	Investitionskredite	Wertpapiere	Spareinlagen	Sichteinlagen	Termineinlagen
Volumen in TEUR	60.200	57.000	41.000	66.000	54.000	33.200
Zinssatz	6,65	7,45	4,75	2,00	0,30	2,55
Zinssatz für Alternativgeschäfte am Geld- und Kapitalmarkt	3,95	4,10	4,05	3,50	3,45	3,60

Der Tagesgeldsatz liegt bei 2,4 %.

a) Ermitteln Sie den Strukturbeitrag in TEUR für Investitionskredite.

b) Ermitteln Sie den Konditionenbeitrag in TEUR für Spareinlagen.

c) Die Kreditbank AG beabsichtigt, den Konditionenbeitrag für Spareinlagen um 10,0 TEUR zu erhöhen. Ermitteln Sie den Betrag in TEUR, um den der Bestand der Spareinlagen ausgeweitet werden muss, wenn gleichzeitig deren Verzinsung auf 2,25 % steigt.

Lösen Sie bitte bei Kahoot die Aufgaben „Kompaktwissen Rechnungswesen Kapitel 7.5.1".

Mobile App

7.5.2 Kalkulation von Risikokosten

Situation

Der Kreditabteilungsleiter der Rhein-Ruhr-Bank AG erfährt aus der Zeitung, dass die Walterscheid AG, der noch vor kurzem ein Investitionskredit über 600.000,00 EUR gewährt wurde, aufgrund unvorhergesehener Ausfälle im internationalen Geschäft, Insolvenz anmelden muss. Er schätzt den Ausfall auf ca. 60 %.
Welche Konsequenzen hat der Forderungsausfall für die Preiskalkulation?

Durch den Abschluss von Aktivgeschäften mit Kunden (Kredite) entstehen trotz gewissenhafter Kreditwürdigkeitsprüfung und Kreditüberwachung Risiken, die zum teilweisen oder vollständigen Ausfall des Kredites führen können.

Vgl. Kapitel 5.2.1

In der Finanzbuchhaltung wird das Ausmaß des Ausfallrisikos durch Abschreibungen auf die betreffende Forderung bzw. durch Einzel- und Pauschalwertberichtigungen berücksichtigt. Während Abschreibungen Aufwand darstellen, sind Wertberichtigungen ein Mittel der Risikovorsorge, die in der Schlussbilanz vom intakten Forderungsvolumen abgesetzt werden dürfen. Darüber hinaus können Kreditinstitute begründet bis zu 4 % der nach Niederstwert bestimmten Forderungen an Kunden sowie der Wertpapiere der Liquiditätsreserve in die sog. Vorsorgereserve für allgemeine Bankrisiken einstellen. Diese Position wird auch als versteuerte Pauschalwertberichtigung bezeichnet.

Vgl. Kapitel 5.5.1

7.5.2.1 Wie entstehen Risikokosten?

Soweit die erforderlichen Abschreibungen dem tatsächlichen Ausfall der Forderungen entsprechen, stellen sie (Grund-)Kosten dar. Sie müssen bei der Kalkulation der Wertleistung als Risikokosten berücksichtigt werden und mindern den erzielbaren Konditionenbeitrag des Aktivgeschäfts. Die Bemessung der Risikokosten kann daher auf den Größen aufbauen, die den tatsächlichen Ausfall eines Kredites beschreiben:

- **Direkte Abschreibungen auf uneinbringliche Forderungen**
- **Einzelwertberichtigungen auf zweifelhafte Forderungen, die für erkennbare und/oder belegbare Risiken gebildet wurden**

Pauschalwertberichtigungen, ob versteuert oder unversteuert, werden auf Basis gesetzlicher Vorgaben (HGB, EStG) gebildet. Sie bilden das Ausmaß des latenten Kreditrisikos bei ansonsten einwandfreien Forderungen ab. In Höhe des tatsächlichen durchschnittlichen Ausfalls der letzten 5 Jahre sind Pauschalwertberichtigungen Grundkosten, der diese Kosten übersteigende Betrag neutrale Aufwendungen.

Es kommt jedoch vor, dass ein Kreditinstitut unerwartete Eingänge auf bereits vollständig abgeschriebene Forderungen erhält. Oder eine gebildete Einzelwertberichtigung erweist sich, z. B. nach Abschluss des Insolvenzverfahrens, als zu hoch bzw. als nicht erforderlich.
Diese unerwarteten Zahlungseingänge stellen in der Finanzbuchhaltung Erträge dar. Übertragen auf die Kostenrechnung mindern sie die bisher ermittelten Risikokosten der Abrechnungsperioden.
Bei der Ermittlung des tatsächlichen Ausfalls sind sie von den aus direkten Abschreibungen und Einzelwertberichtigungen ermittelten Risikokosten abzusetzen:

Schema zur Ermittlung der Risikokosten von Aktivgeschäften mit Kunden	
	Direkte Abschreibungen auf uneinbringliche Forderungen
+	Einzelwertberichtigungen
–	Zahlungseingänge aus der Auflösung von Einzelwertberichtigungen
–	Zahlungseingänge auf bereits abgeschriebene uneinbringliche Forderungen
=	**Tatsächlicher Ausfall (= Risikokosten)**

Das Schema findet Anwendung für die Ermittlung der Risikokosten auf Gesamtbankebene, für Filialen, Kundengruppen, einzelne Kreditarten oder ein Einzelgeschäft und bezieht sich grundsätzlich auf das abgelaufene Geschäftsjahr.

7.5.2.2 Berücksichtigung von Risikokosten bei der Zinssatzkalkulation

Jedes einzelne Kundenkreditgeschäft weist ein individuelles Ausfallrisiko auf. Dieses Ausfallrisiko kann aber noch nicht zum Zeitpunkt der Kreditgewährung mit Risikokosten bewertet werden, da das Risiko erst während der Kreditlaufzeit offensichtlich wird. Zudem können Ausfälle in verschiedenen Perioden anfallen, sodass es unmöglich wird, das individuelle Ausfallrisko im Voraus zu ermitteln. Als ausgefallen gilt ein Kreditnehmer, wenn er mit seinen Zahlungen mehr als 90 Tage im Verzug ist.

Aufgrund von Erfahrungswerten hat jedes Kreditinstitut Anhaltspunkte für die Beurteilung eines potenziellen Ausfallrisikos von einzelnen Kreditarten oder bestimmten Kundengruppen aus der Vergangenheit. Diese Größen werden für das Einzelgeschäft durch Scoringmodelle und in- und externe Ratings konkretisiert. Auf Basis dieser Ergebnisse werden institutsindividuelle Ratingklassen gebildet und dem Einzelgeschäft jeweils eine bestimmte Ausfallwahrscheinlichkeit zugeordnet.

Damit die Risikokosten bei einem neu abzuschließenden Einzelgeschäft berücksichtigt werden können, kalkuliert das Controlling für alle angebotenen Kreditarten sog. Verlustquoten. Sie drücken aus, wie hoch der tatsächliche Forderungsausfall bei einem als „ausgefallen“ geltenden Kreditnehmer ist. Nach Aussagen befragter Kreditinstitute ist eine Verlustquote von 30 % bis 50 % realistisch.

7.5.2.3 Ermittlung von Risikokostensätzen

Beispiel

Die Rhein-Ruhr-Bank AG kalkuliert mit folgenden Ratingklassen:

Ratingklasse	Ausfallwahrscheinlichkeit in Prozent p. a.
1	0,08
2	0,12
3	0,17
4	0,26
5	0,39
6	0,59
7	0,88
8	1,32
9	1,98
10	2,96
11	4,44
12	6,67
13	10,00
14	15,00
15	20,00
16 bis 18	Ausfall eingetreten

Die Rhein-Ruhr-Bank AG hat aufgrund der Erfahrungen der Vergangenheit festgestellt, dass es bei Kreditnehmern, die mit ihren Zahlungen mehr als 90 Tage in Verzug sind, zu einem durchschnittlichen Forderungsausfall von 40 % (Verlustquote bei „ausgefallenen" Krediten) des Restkredites kommt.

In der Ratingklasse 10 beträgt die Ausfallwahrscheinlichkeit 2,96 %.

Dies bedeutet, dass voraussichtlich von 100 Kreditnehmern dieser Kategorie 2,96 Kreditnehmer mit ihren Zahlungen in Verzug geraten. Bei einer Verlustquote von 40 % beträgt der erwartete Forderungsausfall bei den säumigen Kreditnehmern 1,184 % (40 % von 2,96 %) des Forderungsbetrages.

Bei der Kalkulation von Zinssätzen für Kredite an Kunden der Ratingklasse 10, die ohne weitere Sicherheiten gewährt werden, berücksichtigt die Rhein-Ruhr-Bank AG folglich Risikokosten in Höhe von 1,184 % p. a.

Aufgaben

1. *Aus der Kreditabteilung der Sparkasse Werne liegen dem Controlling folgende Daten als Durchschnittswerte der letzten fünf Geschäftsjahre vor.*

Direkte Abschreibungen	*1.986.150,00 EUR*
Einzelwertberichtigungen	*970.500,00 EUR*
Pauschalwertberichtigungen	*186.250,00 EUR*
Zahlungseingang auf bereits in den Vorjahren direkt abgeschriebene Forderungen	*173.000,00 EUR*
Durchschnittlicher Jahresbestand „Forderungen an Kunden"	*422.350.000,00 EUR*

Ermitteln Sie die tatsächlichen durchschnittlichen Risikokosten der Sparkasse Werne in Euro und in Prozent.

2. *Zur Ermittlung der Risikokostensätze für die einzelnen Ratingklassen liegen aus der Kreditabteilung der Rhein-Ruhr-Bank AG folgende Daten vor:*

Ratingklasse	Ausfallwahrscheinlichkeit in % p. a.	Verlustquote in % p. a.	Risikokostensatz in % p. a.
3	0,17	40	?
14	15,00	35	?
9	1,98	45	?
12	6,67	50	?

3. *Erläutern Sie kurz, weshalb Risikokosten bei der Preiskalkulation im Aktivgeschäft berücksichtigt werden sollten.*

7.6 Kalkulationen im Betriebsbereich

Situation

Der Vorstand der Rhein-Ruhr-Bank AG möchte wissen, ob die Schließfachabteilung noch kostendeckend arbeitet. Die Controlling-Abteilung erhält hierzu den Auftrag, die Selbstkosten der Schließfachabteilung zu ermitteln.

Die Ermittlung der Selbstkosten für Betriebsleistungen ist Aufgabe der Betriebskalkulation. Hierzu müssen folgende Fragen beantwortet werden:

- Welche Tätigkeiten sind zur Erstellung der Betriebsleistung notwendig?
- Welche Kosten entstehen für die jeweilige Tätigkeit?
- Wie hoch sind die verursachten Selbstkosten für die Betriebsleitung insgesamt?
- Welcher Preis kann/soll für die Dienstleistung am Markt erzielt werden?

7.6.1 Kostenarten der Betriebskalkulation

Die Betriebskalkulation unterscheidet im Rahmen der Selbstkostenermittlung verschiedene Kostenarten:

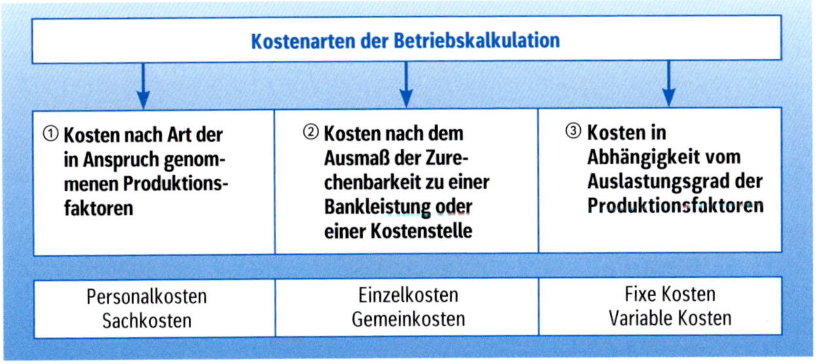

Zu ① Kosten nach der Art der in Anspruch genommenen Produktionsfaktoren

Zur Erstellung von Betriebsleistungen benötigt ein Kreditinstitut Personal, Formulare etc. sowie die entsprechenden Einrichtungen (Büroeinrichtungen, Bankgebäude, EDV-Ausstattung, ...).
In Anlehnung an die volkswirtschaftlichen Produktionsfaktoren Arbeit, Boden und Kapital werden folgende Kostengruppen unterschieden:

Personalkosten
- Löhne und Gehälter
- Soziale Abgaben
- Sonstige Personalkosten

Sachkosten
- Raumkosten
- EDV-Kosten
- Kosten der Geschäftsausstattung
- Kosten für Büromaterial und Formulare
- Sonstige Kosten

Zu ② Einzelkosten und Gemeinkosten

Situation

Die Schließfachabteilung ist in der Zentrale der Rhein-Ruhr-Bank AG untergebracht. Dort arbeiten acht Mitarbeiter.
Die Betriebsleistung „Schließfächer vermieten" besteht in der diskreten Begleitung der Mieter zu ihren Schließfächern. Hierzu muss jeder Mieter ein Formular unterschreiben, anhand dessen die Verfügungsberechtigung geprüft wird. Das Formular wird anschließend kopiert und abgelegt.

Einzelkosten entstehen unmittelbar im Zusammenhang mit der Erbringung einer Bankleistung. Für die Betriebsleistung „Schließfächer vermieten" stellen z. B. die Kosten für das Formular und die Kosten für das verwendete Kopierpapier Einzelkosten dar.

Gemeinkosten hingegen sind einer Bankleistung nicht unmittelbar zurechenbar. Hierunter fallen z. B. die Stromkosten für den Kopierer, der unabhängig von einem Kundenbesuch den ganzen Tag betriebsbereit sein muss.

Die Rhein-Ruhr-Bank AG ordnet darüber hinaus auch die in den einzelnen Abteilungen (Kostenstellen) anfallenden Kosten zu. Hierzu führt sie für jede Kostenstelle entsprechende Konten, auf denen sie die in der Kostenstelle direkt verursachten **Stelleneinzelkosten** (z. B. Personalkosten aller Mitarbeiter der Schließfachabteilung, Instandhaltungskosten des Kopierers etc.) erfasst.
Die Zuordnung der **Stellengemeinkosten** (z. B. anteiliger Stromverbrauch der Schließfachabteilung, Personalkosten des Pförtners, ...) erfolgt bei der Rhein-Ruhr-Bank AG pauschal nach der anteilig genutzten Fläche der einzelnen Abteilungen:

Gesamte Bürofläche:	3.000 m^2	=	100 %
Schließfachabteilung:	300 m^2	=	10 %

Die Rhein-Ruhr-Bank AG rechnet pauschal 10 % der Personalkosten des Pförtners als Stellengemeinkosten der Schließfachabteilung zu.

Zu ③ Fixe und variable Kosten

Situation

An manchen Tagen erscheinen nur wenige Kunden in der Schließfachabteilung. Die festangestellten Mitarbeiter aktualisieren in dieser Zeit die Kundenkartei und legen die ausgefüllten Besucherformulare alphabetisch ab.

Unabhängig von der Häufigkeit der Schließfachbesuche verursachen die festangestellten Mitarbeiter unveränderte Personalkosten. Sie müssen daher stets bei der Selbstkostenkalkulation der Schließfachmiete berücksichtigt werden. Sie stellen **fixe Kosten** dar.
Im Gegensatz dazu entstehen Sachkosten für ein Formular nur dann, wenn ein Schließfachbesuch durchgeführt wird. Ihre Höhe ist somit abhängig von der Häufigkeit der Kundenbesuche. Sie stellen bei der Selbstkostenermittlung für ein Schließfach **variable Kosten** dar.

Beispiel

Die Personalkosten der Mitarbeiter der Schließfachabteilung betragen monatlich 50.000,00 EUR, die Sachkosten für ein Formular 0,10 EUR.
Die Anzahl der Schließfachbesuche im Mai betrug 1.200 und im Juni 850.

Die Selbstkosten für die beiden Monate setzen sich wie folgt zusammen:

	Personalkosten (fixe Kosten)	**Sachkosten (variable Kosten)**	**Selbstkosten**
Mai	50.000,00 EUR	120,00 EUR *(1.200 Besuche · 0,10)*	50.120,00 EUR
Juni	50.000,00 EUR	85,00 EUR *(850 Besuche · 0,10)*	50.085,00 EUR

Das Ergebnis zeigt, dass die Personalkosten jeweils in voller Höhe in die Selbstkosten eingehen, während die Höhe der Sachkosten je nach Häufigkeit der Kundenbesuche variiert.

Neben der Selbstkostenermittlung spielen die Effekte von fixen und variablen Kosten auch bei **Kostenvergleichen** (z. B. bei Neuanschaffungen und Rationalisierungen) eine Rolle:

Beispiel

Der Kopierer der Schließfachabteilung ist defekt und soll durch ein neues Gerät ersetzt werden. Es liegen folgende Angebote vor:

Typ	**Fixe Kosten** *(z. B. Abschreibungen)* **pro Jahr**	**Variable Kosten** *(z. B. Papier, Toner)* **je Kopie**
Copy-Star	4.500,00 EUR	0,08 EUR
PH 350	5.000,00 EUR	0,07 EUR

Bei einer Kopienanzahl von 50.000 Stück jährlich ergibt sich folgende Rechnung:

	Fixe Kosten	Variable Gesamtkosten	Selbstkosten
Copy-Star	4.500,00 EUR	4.000,00 EUR *(0,08 EUR · 50.000 Kopien)*	8.500,00 EUR
PH 350	5.000,00 EUR	3.500,00 EUR *(0,07 EUR · 50.000 Kopien)*	8.500,00 EUR

Bei einer Kopienzahl von 50.000 Stück pro Jahr verursachen beide Geräte die gleichen Selbstkosten. Eine Entscheidung ist aus Kostengründen nicht möglich.

Beispiel

Der Controller kalkuliert erneut und unterstellt folgende Kopiermengen:
a) 50.001 Stück pro Jahr
b) 49.999 Stück pro Jahr

Zu a):

	Fixe Kosten	Variable Gesamtkosten	Selbstkosten
Copy-Star	4.500,00 EUR	4.000,08 EUR *(0,08 EUR · 50.001 Stück)*	8.500,08 EUR
PH 350	5.000,00 EUR	3.500,07 EUR *(0,07 EUR · 50.001 Stück)*	**8.500,07 EUR**

Trotz höherer Fixkosten wird das zweite Gerät (PH 350) günstiger. Entscheidend für das Ergebnis sind die geringeren variablen Kosten. Dieser Kostenvorteil erweitert sich bei steigender Kopienanzahl, da der Anteil der fixen Kosten an den Selbstkosten immer weiter sinkt.

Zu b):

	Fixe Kosten	Variable Gesamtkosten	Selbstkosten
Copy-Star	4.500,00 EUR	3.999,92 EUR *(0,08 EUR · 49.999 Stück)*	**8.499,92 EUR**
PH 350	5.000,00 EUR	3.499,93 EUR *(0,07 EUR · 49.999 Stück)*	8.499,93 EUR

Bei einer geringeren Kopienanzahl ist Gerät 1 (Copy-Star) günstiger, da er geringere Fixkosten hat. Die geringeren variablen Kosten des zweiten Gerätes können daher bei einer Kopienanzahl von unter 50.000 Stück den Fixkostennachteil noch nicht ausgleichen.

Aufbauend auf dem Kostenvergleich kann der Controller nun folgende Entscheidungen treffen:

1. Anschaffung von Gerät 1 (Copy Star)
   Festsetzung der Kopienanzahl der Schließfachabteilung auf maximal 49.999 Stück.
2. Anschaffung von Gerät 2 (PH 350)
   Festsetzung der Kopienanzahl auf mindestens 50.001 Stück ggf. durch Mitbenutzung des Kopierers durch andere Abteilungen.

Aufgaben

1. *Entscheiden Sie bei den folgenden Sachverhalten, ob es sich für die Rhein-Ruhr-Bank AG um*
   1 *fixe Kosten oder*
   2 *variable Kosten*
   handelt.

   a) *Überweisung der fälligen Prämien für die Gebäudeversicherung*
   b) *Die Kundenberater erhalten neben einem Grundgehalt eine leistungsorientierte Vergütung.*
   c) *Die EDV-Anlagen werden aufgrund der schnellen Entwicklungen in der Informationstechnologie degressiv abgeschrieben.*
   d) *Die Dienstwagen werden einmal wöchentlich aufgetankt.*
   e) *Gutschrift der Jahreszinsen für die Spareinlagen*
   f) *Die Auszubildenden erhalten ihre Ausbildungsvergütung.*
   g) *Im Rahmen der fusionsbedingten Umstellung des EDV-Systems müssen Überstundenzuschläge gezahlt werden.*
   h) *Das Bankgebäude wird nach der steuerlich zulässigen Methode abgeschrieben.*
   i) *Alle Schulanfänger erhalten einen Spargeschenkgutschein über 5,00 EUR, der bei einer Sparkontoeröffnung eingelöst wird.*
   j) *Bestellung von Kontoeröffnungsformularen*

2. *Die Rhein-Ruhr-Bank AG möchte in einer Filiale einen Selbstbedienungsterminal aufstellen, an dem die Kunden „rund um die Uhr“ Ein- und Auszahlungen vornehmen können.*
   Hierzu liegen der Controlling-Abteilung zwei Angebote vor:

Gerät 1:		*Gerät 2:*	
Fixkosten pro Jahr:	*30.000,00 EUR*	*Fixkosten pro Jahr:*	*28.000,00 EUR*
Variable Kosten je Vorgang:	*1,50 EUR*	*Variable Kosten je Vorgang:*	*1,55 EUR*

   Die Rhein-Ruhr-Bank AG geht davon aus, dass pro Jahr zwischen 35.000 und 45.000 Vorgänge abgewickelt werden könnten.

   Für welches Gerät sollte sich die Controlling-Abteilung entscheiden?

3. *Die Rhein-Ruhr-Bank AG macht die Entscheidung über die Anschaffung eines weiteren Geldautomaten von der Voraussetzung abhängig, dass die Selbstkosten des Gerätes unter den Personalkosten eines Kassierers liegen.*

   Zur Entscheidung liegen folgende Daten vor:

	Geldausgabeautomat:	*Kassierer:*
Fixe Kosten:	*40.000,00 EUR p. a.*	*3.000,00 EUR je Monat (Personalkosten)*
Variable Kosten:	*1,50 EUR je Vorgang*	*1,60 EUR je Vorgang (Formulare, ...)*

   a) *Wie viele Vorgänge müsste der Geldausgabeautomat pro Jahr abwickeln, damit er kostengünstiger als ein Kassierer wäre?*

   b) *Stellen Sie Ihr Ergebnis aus a) grafisch dar.*

   c) *Für eine Abhebung am Geldautomat erhebt die Rhein-Ruhr-Bank AG eine Buchungspostengebühr von 0,40 EUR. Der gleiche Vorgang kostet an der Kasse 0,60 EUR.*
   Welchen Einfluss hat die praktizierte Preisdifferenzierung auf das Ergebnis aus a)?

4. *Der Selbstbedienungsautomat für das Spargeschäft der Filiale Neuss der Rhein-Ruhr-Bank AG wird von der Kundschaft akzeptiert. Im ersten Nutzungsjahr wurden 49.998 Vorgänge abgewickelt. Es wird überlegt, eine Benutzungsgebühr je Vorgang einzuführen, die die Selbstkosten decken soll.*

Ermitteln Sie hierzu die

a) Selbstkosten des Selbstbedienungsautomates für das erste Nutzungsjahr in Euro.

Fixkosten pro Jahr:	*30.000,00 EUR*
Variable Kosten je Vorgang:	*1,50 EUR*

b) die Benutzungsgebühr in Euro, die zur Deckung der Selbstkosten ausreichen würde.

c) Aus Konkurrenzgründen ist die Rhein-Ruhr-Bank AG gezwungen, die Nutzungsgebühr auf 2,00 EUR zu senken.

Unter welchen Voraussetzungen kann sie trotz Anpassung der Betriebserlöse eine Kostendeckung erzielen?

7.6.2 Verfahren der Betriebskalkulation

In der Betriebskalkulation unterscheidet man die Verfahren der Vollkosten- und der Teilkostenrechnung. Während man bei der Vollkostenrechnung alle im Betrieb entstandenen Kosten auf die angebotenen Marktleistungen verteilt, versucht die Teilkostenrechnung nur die der Marktleistung direkt zurechenbaren Kosten (Einzelkosten) zu erfassen.
Kreditinstitute mit ihren komplexen Marktleistungen nutzen heutzutage fast ausschließlich die Teilkostenrechnung in Form der prozessorientierten Standardeinzelkostenrechnung. Im Folgenden wird daher auf die ausführliche Erklärung der Betriebsabrechnung als Vollkostenrechnung verzichtet. Die bisher im Lehrbuch enthaltenen Ausführungen einschließlich der Aufgaben finden Sie online als Webmaterial (s. Hinweis S. 2).

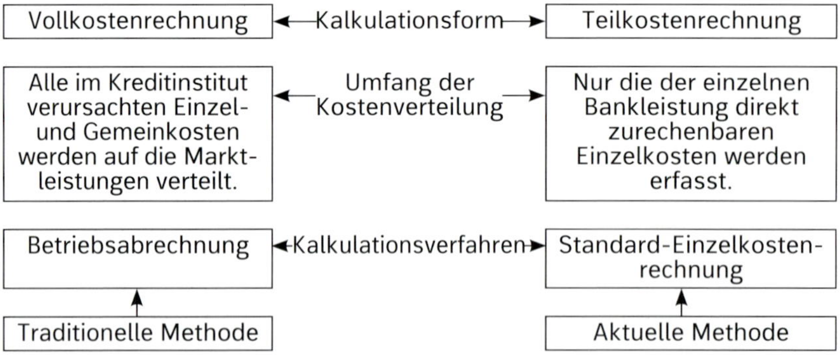

7.6.2.1 Betriebsabrechnung als Vollkostenrechnung

Unterrichtsinhalte samt Aufgaben finden Sie als Webmaterial auf der Website des Verlages (s. Hinweis S. 2). Web

7.6.2.2 Betriebskalkulation als Teilkostenrechnung

Die meisten Kreditinstitute kalkulieren heutzutage ihre Betriebskosten mithilfe der Teilkostenrechnung auf Einzelkostenbasis. Der wesentliche Unterschied zur Vollkostenrechnung besteht darin, dass nur die Einzelkosten, die bei der Erstellung der Bankleistung verursacht werden, den einzelnen Bankleistungen zugerechnet werden. Die Gemeinkosten werden erst in weiterführenden Kalkulationen berücksichtigt.

7.6.2.2.1 Merkmale der Teilkostenrechnung auf Einzelkostenbasis

- Es wird versucht, alle in einer Zeitperiode im Betrieb entstandenen Kosten möglichst vollständig als Einzelkosten zu erfassen.
- Die ermittelten Einzelkosten werden der einzelnen Bankleistung zugeordnet. Die Kalkulation größerer Betriebseinheiten (Gruppen, Filialen, ...) geschieht auf Basis der Einzelleistungen.
- Die Betriebskostenarten orientieren sich an den Produktionsfaktoren, die zur Erstellung der Bankleistungen erforderlich sind. Sie werden im Wesentlichen durch die menschliche Arbeit und die hochwertige EDV-Ausstattung verursacht. Die übrigen Sachkosten werden in einer Position zusammengefasst:

  Betriebskostenarten der Teilkostenrechnung
  → Personalkosten
  → EDV-Kosten
  → Sonstige Sachkosten

- Die Betriebskalkulation ist als Deckungsbeitragsrechnung strukturiert:

	Betriebserlöse aller Bankleistungen (Provisionsergebnis)
–	Betriebskosten aller Bankleistungen
=	Überschuss (Deckungsbeitrag) des Betriebsbereiches

- Der ermittelte Deckungsbeitrag dient der Erwirtschaftung der Gemeinkosten des Kreditinstituts. Die Gemeinkosten werden durch die innerbetrieblichen Abteilungen (Geschäftsleitung, Revision, Rechnungswesen, ...) verursacht. Sie werden als Overheadkosten bezeichnet und sind mit den Hilfskostenstellen der Vollkostenrechnung vergleichbar.

7.6.2.2.2 Standard-Einzelkostenrechnung

Das übliche Verfahren der Teilkostenrechnung ist die sog. Standard-Einzelkostenrechnung. Sie basiert auf der Prozessorientierten Einzelkostenrechnung von Industriebetrieben und wird zur Kalkulation der Betriebskosten und -erlöse für eine einzelne Bankleistung verwendet.

Zur Anwendung der Standard-Einzelkostenrechnung als Betriebskalkulation muss sich ein Kreditinstitut mit folgenden Fragen auseinandersetzen:
- Welche Marktleistungen werden erbracht?
- Welche Teilleistungen des Betriebsbereichs sind zur Erbringung der jeweiligen Marktleistung erforderlich?
- Welcher Mitarbeiter erbringt diese Teilleistungen?
- Welche Kosten und welche Erlöse entstehen für die Teilleistung?

7.6.2.2.3 Aufbau der Standard-Einzelkostenrechnung

Situation

Die sinkende Nachfrage nach Geldanlagen auf Sparkonten hat bei der Rhein-Ruhr-Bank AG zu der Überlegung geführt, diese Anlageform in Zukunft nicht mehr anzubieten.
Vor ihrer Entscheidung möchte die Geschäftsleitung jedoch wissen, welche Betriebskosten ein Sparkonto verursacht.
In Arbeitsablaufstudien hat man festgestellt, dass die Bearbeitung einer Sparkontoanlage unabhängig von der konkreten Form der Spareinlage stets in gleichen Schritten abläuft.

1. Schritt: Identifizierung der angebotenen Marktleistungen

Zwecks Zuordnung der Einzelkosten werden alle vom Kreditinstitut erstellten Bankleistungen in hinreichend voneinander abgrenzbare und bewertbare Betriebsleistungen gegliedert. Dieser Schritt ist systematisch für alle Marktleistungsbereiche vorzunehmen.

Beispiel

Marktleistungsbereich:	Geld- und Vermögensanlage
Marktleistungsart:	Anlage auf Sparkonten
Betriebsleistungen:	Kontoeröffnung, Kontoführung, Kontoauflösung

2. Schritt: Standardisierung der Arbeitsabläufe bei der Leistungserstellung

Um einer Bankleistung möglichst viele Einzelkosten zurechnen zu können, werden die Betriebsleistungen noch weiter in einzeln bewertbare Teilleistungen (Module) zerlegt.
Dies geschieht durch Arbeitsablaufstudien. Sie umfassen folgende Schritte:
- Beobachtung der Arbeitsschritte, die zur Erbringung der Betriebsleistungen in der Praxis notwendig sind (Prozessorientierung)
- Zuordnung der Teilleistungen zu den zuständigen Mitarbeitern und Abteilungen
- Dokumentation der Beobachtungen in Arbeitsablaufbeschreibungen
- Erneute Überprüfung in der Praxis
- Erstellung von endgültigen Arbeitsablaufbeschreibungen als einheitliches Bearbeitungsschema für die zuständigen Mitarbeiter

Betriebsleistungen, für die eine einheitliche Arbeitsablaufbeschreibung vorliegt, werden als **Standardisierte Bankleistungen**[1] bezeichnet.
Für das Controlling steht nun fest, welche Produktionsfaktoren bei einer standardisierten Erbringung einer Betriebsleistung verbraucht werden.

Beispiel

Die Rhein-Ruhr-Bank AG hat anhand von Arbeitsablaufstudien für die Betriebsleistungen Kontoeröffnung, -führung und -auflösung folgende bewertbare Teilleistungen als Standardleistungen festgestellt:

1. Kontoeröffnung	2. Kontoführung	3. Kontoauflösung
Beratung Kontodaten erfassen inkl. Legitimationsprüfung Erstellen des Buches per EDV Einzahlungen entgegennehmen und buchen Freistellungsauftrag entgegennehmen	Einzahlungen buchen Auszahlungen buchen Zinsabrechnungen erfassen Steuerbescheinigungen erstellen	Konto abrechnen Auszahlungsbetrag buchen Steuerbescheinigungen erstellen

3. Schritt: Ermittlung des Produktionsfaktorverbrauches (Standardverbrauchsmengen)

Die bei jeder Teilleistung benötigten Mengen an Produktionsfaktoren werden durch folgende Maßnahmen festgestellt:

1. Zeitmessungen
- Dauer von EDV-Eingaben (→ anteilige EDV-Kosten)
- Beratungsleistungen (→ anteilige Personalkosten)

2. Zählen
- Anzahl der verwendeten Formulare (→ anteilige Sonstige Sachkosten)

Die Einzelergebnisse werden zu Durchschnittsgrößen je Teilleistung zusammengefasst und anschließend den einzelnen Teilleistungen als sog. Standardverbrauchsmengen zugeordnet. Als Ergebnis erhält man ein Zeit-Mengen-Gerüst für die Zuordnung der Einzelkosten.

Beispiel

Die Rhein-Ruhr-Bank AG hat zur Bewertung der Teilleistungen des Betriebsbereichs für eine Sparkontoanlage folgendes Zeit-Mengen-Gerüst erstellt. Es sieht bereits eine Zuordnung der Standardverbrauchsmengen zu den Kostenarten vor:

1. Kontoeröffnung	Zeit/Menge	Kostenart
Beratung	10 Minuten	Personal
Kontodaten erfassen inkl. Legitimationsprüfung	12 Minuten 8 Minuten 2 Vertragsformulare	Personal EDV Sonstige Sachkosten
Erstellung des Buches per EDV	3 Minuten 2 Minuten 1 Sparurkunde	Personal EDV Sonstige Sachkosten

[1] *Nicht alle Bankleistungen sind standardisierbar. Vor allem das Individualkundengeschäft (Firmenkunden, Vermögende Privatkunden) bietet auf den Einzelkunden zugeschnittene Lösungen an, die untereinander kaum vergleichbar und somit auch nicht standardisierbar sind. Aus diesem Grund werden in diesem Bereich überwiegend Individualabrechnungen auf Basis der jeweils erbrachten Teilleistungen vorgenommen.*

1. Kontoeröffnung	Zeit/Menge	Kostenart
Einzahlung entgegennehmen und buchen	2 Minuten 1 Minute 1 Formular	Personal EDV Sonstige Sachkosten
Freistellungsauftrag entgegennehmen	1 Formular 2 Minuten 2 Minuten	Sonstige Sachkosten Personal EDV-Kosten

2. Kontoführung	Zeit/Menge	Kostenart
Einzahlung entgegennehmen und buchen	2 Minuten 1 Minute 1 Formular	Personal EDV Sonstige Sachkosten
Auszahlungen vornehmen und buchen	2 Minuten 1 Minute 1 Formular	Personal EDV Sonstige Sachkosten
Zinskapitalisierung	1 Minute	EDV
Steuerbescheinigungen erstellen	2 Minuten 1 Formular	EDV Sonstige Sachkosten

3. Kontoauflösung	Zeit/Menge	Kostenart
Kontoabrechnung erstellen und buchen	3 Minuten 1 Minute	Personal EDV
Auszahlungsbetrag buchen	2 Minuten 1 Minute 1 Formular	Personal EDV Sonstige Sachkosten
Steuerbescheinigungen erstellen	2 Minuten 1 Formular	EDV Sonstige Sachkosten

Die genaue Bewertung von Standardverbrauchsmengen ist bei bestimmten Teilleistungen schwierig:

Für die Teilleistung „Telefonische Kundenkontakte" wird zum Beispiel eine Standardverbrauchsmenge von 3 Minuten ermittelt. Die verursachten Kosten hängen vom Gesprächstarif und der Grundgebühr ab. Sie werden durch nicht standardisierbare Merkmale wie der Entfernung, der Tageszeit oder des verwendeten Mediums (Standardleitung, Handy etc.) bestimmt. Eine genaue Zuordnung der Einzelkosten kann nur über Einzelabrechnungen der jeweiligen Gespräche erfolgen.

4. Schritt: Festlegung von Standardkostensätzen

Zur Bewertung der standardisierten Teilleistungen und ihrer Verbrauchsmengen werden Kostenstellen gebildet. Auf Grundlage aller verursachten Einzelkosten im Betriebsbereich einer Kostenstelle ermittelt das Kreditinstitut sog. Standardkostensätze. Die Zeitperiode beträgt ein Jahr.

Standardkostensatz in Euro pro Minute einer Kostenstelle:

$$\frac{\text{Summe aller Einzelkosten der Kostenstelle in Euro}}{(\text{Anzahl der Mitarbeiter} \cdot \text{maximale Arbeitszeit in Minuten})}$$

Hierauf aufbauend sind verfeinerte Kalkulationen für die einzelnen Betriebskostenarten möglich:

a) **Standardbearbeitungszeiten** von Teilleistungen werden mit Standardpersonalkostensätzen des zuständigen Mitarbeiters bzw. den Standard-EDV-Kostensätzen ermittelt.

aa) Standardpersonalkostensatz

Rhein-Ruhr-Bank AG — Beispiel

Die zuständigen Angestellten für den Sparbereich verursachen Personaleinzelkosten von durchschnittlich 75.000,00 EUR pro Jahr und Person. Sie arbeiten hierzu an durchschnittlich 220 Tagen jeweils 8 Stunden (= 105.600 Minuten).

Standardpersonalkostensatz in Euro/Minute:

$$\frac{75.000,00 \text{ EUR}}{105.600 \text{ Minuten}} = \textbf{ca. 0,71 EUR/Minute}$$

Jede Arbeitsminute der Angestellten wird in der Kalkulation mit 0,71 EUR bewertet.

Die dargestellte Kalkulation der Standard-Personalkostensätze geht von folgenden Voraussetzungen aus:

- Die zuständigen Angestellten sind zu 100 % ausgelastet.
  „Kleine" Pausen oder „Leerlaufzeiten", die bei der täglichen Arbeit stets entstehen, können nicht standardisiert und somit nicht berücksichtigt werden. Eine Unterauslastung würde jedoch die „tatsächlichen" Kosten der einzelnen Teilleistung erhöhen.
- Die Teilleistungen werden stets von denselben Angestellten mit konstanten Personalkosten ausgeführt. Der Einsatz von Auszubildenden und Aushilfskräften würde die „tatsächlichen" Kosten der einzelnen Teilleistung senken.

ab) Standard-EDV-Kosten-Satz

Rhein-Ruhr-Bank AG — Beispiel

Die Kosten der EDV-Anlage im Sparbereich betragen 300.000,00 EUR pro Jahr. Sie ist im Jahr durchschnittlich 150.000 Minuten im Einsatz.

Standard EDV-Kosten-Satz in Euro/Minute:

$$\frac{300.000,00 \text{ EUR}}{150.000,00 \text{ Minuten}} = \textbf{2,00 EUR/Minute}$$

b) Standard-Stückkosten

Für die Sonstigen Sachkosten errechnen sich die Standard-Kostensätze auf Grundlage der Selbstkosten pro Stück (sog. Standard-Stückkosten). Hierzu wird auf die Bezugspreiskalkulation zurückgegriffen.

Beispiel

Die Rhein-Ruhr-Bank AG benötigt jährlich ca. 10.000 Sparurkunden. Sie werden einmal im Jahr bestellt. Der Einkaufspreis beträgt 5.000,00 EUR zzgl. 19 % Umsatzsteuer. Es fallen Versand- und Verpackungskosten in Höhe von 200,00 EUR an.

	Einkaufspreis netto	5.000,00 EUR
+	19 % Umsatzsteuer	950,00 EUR
+	Bezugskosten	200,00 EUR
=	Gesamtkosten	6.150,00 EUR

Standard-Stückkosten:

6.150,00 EUR : 10.000 Sparurkunden = **0,62 EUR/Stück**

5. Schritt: Bewertung der Teilleistung mit den verursachten Kosten (Standard-Einzelkosten je Teilleistung)

Die Standard-Einzelkosten je Teilleistungen werden getrennt nach Kostenarten ermittelt:

1. Personalkosten:

Standardbearbeitungszeit in Min. · Standardkostensatz je Min.

Beispiel Teilleistung „Beratung“:
10 Minuten · 0,71 EUR = 7,10 EUR

2. EDV-Kosten:

Standardbearbeitungszeit in Min. · Standardkostensatz je Min.

Beispiel Teilleistung „Kontodaten erfassen“:
8 Minuten · 2,00 EUR = 16,00 EUR

3. Sonstige Sachkosten:

Standardverbrauchsmengen in Stück · Standardkosten pro Stück

im Beispiel Sparurkunde:
1 Stück · 0,62 EUR = 0,62 EUR

Durch Addition der Standard-Einzelkosten aller Teilleistungen werden die gesamten Betriebskosten der Marktleistung ermittelt.

Beispiel

Rhein-Ruhr-Bank AG
Die Standard-Einzelkosten der Marktleistung „Anlage auf Sparkonten“ werden getrennt nach Kostenarten ermittelt. Die Häufigkeit der Teilleistungen je Sparkonto sind Durchschnittsgrößen (siehe 2. Spalte „Einheiten“). Sie werden der Betriebsstatistik entnommen.

Personalkosten

Teilleistung	Einheiten	Arbeitszeit in Minuten	Standard-Kostensatz in EUR	Standard-Einzelkosten in EUR
Beratung	1	10	0,71	7,10
Kontodaten erfassen	1	12	0,71	8,52
Ein-/Auszahlungen	16	2	0,71	22,72
Freistellungsauftrag	2	2	0,71	2,84
Kontoabrechnungen	1	3	0,71	2,13
Summe	–	–	–	**43,31**

EDV-Kosten

Teilleistung	Einheiten	Zeit in Minuten	Standard-Kostensatz in EUR	Standard-Einzelkosten in EUR
Kontodaten erfassen	1	8	2,00	16,00
Sparbuch erstellen	1	2	2,00	4,00
Ein-/Aus-zahlungen	16	1	2,00	32,00
Freistellungs-auftrag	2	2	2,00	8,00
Zinskapitali-sierung	1	1	2,00	2,00
Steuer-bescheinigung	1	2	2,00	4,00
Kontoabrech-nungen	1	1	2,00	2,00
Summe	–	–	–	**68,00**

Sonstige Sachkosten

Kostenfaktor	Einheiten	Standard-Stückkosten in EUR	Standard-Einzelkosten in EUR
Kontovertrag	2	1,50	3,00
Ein-/ Auszahlungsbeleg	16	0,13	2,08
Sparurkunde	1	0,62	0,62
Steuerbescheinigung	1	0,25	0,25
Freistellungsauftrag	1	0,44	0,44
Summe	–	–	**6,39**

Standard-Einzelkosten eines Sparbuches pro Jahr (in Euro):

Personalkosten	43,31
EDV-Kosten	68,00
Sonstige Sachkosten	6,39
Summe	**117,70**

Betriebserlöse werden durch die Marktleistung „Anlage auf Sparkonten“ nicht erzielt.

Beispiel

Rhein-Ruhr-Bank AG
Die Anlage einer Spareinlage über 10.000,00 EUR verursacht in der Rhein-Ruhr-Bank AG in einem Jahr Standard-Einzelkosten in Höhe von 117,70 EUR. Betriebserlöse werden nicht erwirtschaftet.

Ermittlung des Standard-Einzelkostensatzes:

$$\frac{\text{Standard-Einzelkosten p. a.}}{\text{Einzelgeschäftsvolumen}} \quad \frac{117{,}70 \text{ EUR} \cdot 100}{10.000{,}00 \text{ EUR}}$$

Standard-Einzelkostensatz: ca. 1,18 % p. a.

Deckungsbeitragsrechnung:

Annahme: Die Spareinlage 10.000,00 EUR erbringt im Wertbereich einen Konditionenbeitrag von 2 % p. a.

	Konditionenbeitrag (= Deckungsbeitrag I)	2,00 % p. a.
+	Direkt zurechenbare Betriebserlöse	–,–
–	Direkt zurechenbare Standard-Einzelkosten	– 1,18 % p. a.
=	Nettokonditionenbeitrag (= Deckungsbeitrag II)	= 0,82 % p. a.

Aufgaben

1. *Ermitteln Sie die Standard-Einzelkosten für ein Sparkonto in Euro pro Jahr: Berücksichtigen Sie hierzu folgende Kostenfaktoren:*
   Personalkosten 51,00 EUR/Stunde
   EDV-Kosten 108,00 EUR/Stunde

Personalkosten

Teilleistung	Einheiten	Arbeitszeit in Minuten	Standard-Kostensatz in EUR/Minute	Standard-Einzelkosten in EUR
Beratung	1	11		
Kontodaten erfassen	1	15		
Ein-/Aus-zahlungen	32	3		
Freistellungs-auftrag	2	1		
Kontoab-rechnungen	1	4		
Summe	–	–	–	

EDV-Kosten

Teilleistung	Einheiten	Zeit in Minuten	Standard-Kostensatz in EUR/Minute	Standard-Einzelkosten in EUR
Kontodaten erfassen	1	8		
Sparbuch erstellen	1	1		
Ein-/Aus-zahlungen	32	2		
Freistellungs-auftrag	2	3		
Zinskapitali-sierung	1	1		
Steuer-bescheinigung	1	2		
Kontoab-rechnungen	1	1		
Summe	–	–	–	

Sonstige Sachkosten

Kostenfaktor	Einheiten	Standard-Stückkosten in EUR	Standard-Einzelkosten in EUR
Kontovertrag	2	1,30	
Ein-/Auszahlungsbeleg	20	0,22	
Sparurkunde	1	1,65	
Steuerbescheinigung	1	0,58	
Freistellungsauftrag	2	0,99	
Summe	–	–	

b) Zeitweise werden auch Auszubildende in der Kontoführung des Sparbereichs eingesetzt. Berechnen Sie die Kostenersparnis in Euro pro Jahr, wenn der Einsatz von Auszubildenden nur Personalkosten in Höhe von 15,00 EUR/Stunde verursachen würde.

2. *Die Kunden der Kölnbank AG bevorzugen aufgrund der unsicheren Zinsentwicklung zurzeit überwiegend Termineinlagen mit einmonatiger Laufzeit. Hierdurch sind der Arbeitsaufwand und die verursachten Betriebskosten bei gleichzeitig sinkenden Konditionenbeiträgen erheblich gestiegen.*
Anhand von Arbeitsablaufstudien weiß man, dass die Bearbeitung von Termingeldanlagen unabhängig von der Anlagehöhe und Dauer weitestgehend nach gleichem Muster erfolgt.
Zur Deckung der gestiegenen Betriebskosten möchte der Vorstand des Kreditinstituts eine pauschale Bearbeitungsgebühr erheben, die auf Basis der Einzelkosten je Anlagevorgang kalkuliert werden soll.
Der Controlling-Abteilung liegen folgende Daten vor:

Personalkosten

Teilleistung	Einheiten	Arbeitszeit in Minuten	Standard-Kostensatz in EUR/Minute	Standard-Einzelkosten in EUR
Beratung bei Anlage	1	15		
Kontodaten erfassen	1	10		
Einzahlung/ Umbuchung	1	3		
Freistellungs-auftrag	2	5		
Kontoab-rechnungen	1	2		
Beratung bei Fälligkeit	1	5		
Summe				

EDV-Kosten

Teilleistung	Einheiten	Zeit in Minuten	Standard-Kostensatz in EUR/Minute	Standard-Einzelkosten in EUR
Kontodaten erfassen	1	8		
Einzahlung Umbuchung	1	2		
Freistellungs-auftrag	2	6		
Zinsgutschrift	1	1		
Steuer-bescheinigung	1	2		
Umbuchung bei Fälligkeit	1	3		
Summe				

Sonstige Sachkosten

Kostenfaktor	Einheiten	Standard-Stückkosten in EUR	Standard-Einzelkosten in EUR
Kontokarte	1	1,20	
Einzahlungs-beleg/Überwei-sungen	3	0,61	
Steuerbe-scheinigung	1	0,95	
Freistellungs-auftrag	2	0,78	
Summe			

Standardeinzelkosten je Anlage	

Ermitteln Sie die Standard-Einzelkosten je Termingeldanlage in Euro unter Berücksichtigung folgender Kostensätze:

Standard-Personalkostensatz: *1,03 EUR/Minute*

Standard-EDV-Kostensatz: *1,31 EUR/Minute*

3. *In der Privatkundenkreditabteilung der Rhein-Ruhr-Bank AG häufen sich die Beschwerden der Kreditnehmer darüber, dass die Bearbeitungsgebühr in Höhe von 2 % für ein Anschaffungsdarlehen in Abhängigkeit von der Höhe des Kreditbetrages zu entrichten ist. Es wird daher erwogen, eine die Betriebskosten deckende Pauschalgebühr je Kreditvorgang einzuführen.*

Die Controlling-Abteilung erhält hierzu den Auftrag, die Betriebskosten je Anschaffungsdarlehen zu ermitteln. Auf Basis der weitestgehend standardisierten Arbeitsabläufe wird folgende Übersicht erstellt:

Personalkosten

Teilleistung	Einheiten je Darlehen	Arbeitszeit in Minuten	Standard-Kostensatz EUR/Minute	Standard-Einzelkosten in EUR
Beratung	1	25		
Kreditwürdigkeitsprüfung	1	20		
Kundendaten in EDV erfassen	1	10		
SCHUFA-Meldung	1	4		
Kreditakte anlegen	1	10		
EDV-Abfragen	12	5		
Summe				

EDV-Kosten

Teilleistung	Einheiten	Zeit in Minuten	Standard-Kostensatz EUR/Minute	Standard-Einzelkosten in EUR
Kundendaten erfassen	1	10		
SCHUFA-Meldung	1	4		

Noch EDV-Kosten

Kreditüberwachung	12	5		
Kundendaten ändern	3	3		
Kontoauflösung	1	8		
Summe				

Sonstige Sachkosten

Kostenfaktor	Einheiten	Standard-Stückkosten in EUR/Einheit	Standard-Einzelkosten in EUR
Kreditantrag	1	1,20	
Kreditvertrag	2	1,49	
Widerrufs-erklärung	1	0,30	
Aktenordner	1	1,80	
Telefon, Porto	12	0,44	
Summe			

Standardeinzelkosten je Vorgang	

Ermitteln Sie die Standard-Einzelkosten in Euro für ein Anschaffungsdarlehen. Berücksichtigen Sie hierbei folgende Angaben:

Personalkosten pro Jahr	*(230 Arbeitstage zu je acht Stunden)*	*99.360,00 EUR*
EDV-Kosten pro Jahr	*(310 Betriebstage zu je acht Stunden)*	*171.120,00 EUR*

4. *Eine Sparkontoeröffnung durch einen Kundenberater dauert bei der Sparkasse Werne durchschnittlich 16 Minuten.*
Zur Kalkulation der Betriebskosten stehen folgende Daten zur Verfügung:

Personalkosten-Satz	*0,73 EUR/Minute*
EDV-Kosten-Satz	*1,45 EUR/Minute*
Sonstige Sachkosten	*(16,40 EUR)*

a) Ermitteln Sie die Standard-Einzelkosten für eine Kontoeröffnung in Euro.

Zur Eröffnung von Sparkonten werden zeitweise auch Auszubildende eingesetzt.
Ihre Personalkosten betragen 6,60 EUR pro Stunde.

b) Berechnen Sie die Kostenersparnis in Euro für die Sparkasse, wenn sie ein Sparkonto durch einen Auszubildenden eröffnen lässt.

Die Erfahrung hat gezeigt, dass Auszubildende etwas mehr Zeit für eine Kontoeröffnung benötigen.

c) Wie viele Minuten dürften Auszubildende maximal für eine Kontoeröffnung benötigen, damit sie immer noch kostengünstiger als ein Kundenberater arbeiten?

7.7 Einzelkalkulationen als Deckungsbeitragsrechnungen

Einzelkalkulationen für Produkte, Kunden und Geschäftsbereiche werden in Kreditinstituten als Teilkostenrechnung mithilfe von Deckungsbeiträgen (Deckungsbeitragsrechnung) durchgeführt.

7.7.1 Merkmale der Deckungsbeitragsrechnung in Kreditinstituten

7.7.1.1 Begriff des Deckungsbeitrages

Unter dem Deckungsbeitrag (DB) versteht man in der Bankkalkulation im Unterschied zur Kostenrechnung in Nichtbanken den Überschuss der Erlöse aus dem Verkauf aller Marktleistungen über die Einzelkosten der erstellten Betriebs- und Wertleistungen. Der Deckungsbeitrag dient dazu, die im Kreditinstitut entstandenen Gemeinkosten zu decken. Gemeinkosten entstehen durch die innerbetrieblichen Abteilungen (Geschäftsleitung, Stäbe, Rechnungswesen, ...) und nicht direkt zurechenbarer kalkulatorischer Eigenkapitalkosten. Sie werden auch als Overheadkosten bezeichnet.

Merke:

	Erlöse	aus dem Verkauf von Marktleistungen
–	**Einzelkosten**	der Betriebs- und Wertleistungen
=	***Deckungsbeitrag***	***Überschuss der Erlöse über die Einzelkosten***
–	**Gemeinkosten**	(Overheadkosten der innerbetrieblichen Abteilungen)
=	**Betriebsergebnis**	**Überschuss der Erlöse über die Gesamtkosten**

Ist der Deckungsbeitrag höher als die Gemeinkosten, ergibt sich ein positives Betriebsergebnis; entspricht er den Gemeinkosten, spricht man von Kostendeckung.

Merke:

Deckungsbeitrag > Gemeinkosten → positives Betriebsergebnis
Deckungsbeitrag = Gemeinkosten → Kostendeckung
Deckungsbeitrag < Gemeinkosten → negatives Betriebsergebnis

7.7.1.2 Grundstruktur der Deckungsbeitragsrechnung in Kreditinstituten

Die Deckungsbeitragsrechnung baut auf den Ergebnissen der Kalkulationen für den Wertbereich (Marktzinsmethode, Barwertkalkulation, Standard-Risikokosten) und den Betriebsbereich (Standard-Einzelkostenrechnung) auf. Berücksichtigt man **alle** im Kreditinstitut anfallenden Erlöse und Kosten, ergibt sich folgende Grundstruktur der Deckungsbeitragsrechnung für das gesamte Kreditinstitut:

Grundstruktur der Deckungsbeitragsrechnung in Kreditinstituten (in EUR)

	Konditionenbeiträge aller Aktivgeschäfte	
+	Konditionenbeiträge aller Passivgeschäfte	
=	**Zinsüberschuss, Zins-Konditionenbeitrag**	(Deckungsbeitrag I)
+	Direkt zurechenbare Provisionserlöse	
–	Direkt zurechenbare Betriebskosten	
=	**Nettokonditionenbeitrag**	(Deckungsbeitrag II)
–	Direkt zurechenbare Standard-Risikokosten der Aktivgeschäfte	
–	Direkt zurechenbare Eigenkapitalkosten der Aktivgeschäfte	
=	**Deckungsbeitrag** (auf **Einzelkostenbasis**)	(Deckungsbeitrag III)
+	Gemeinerlöse (z. B. Strukturbeiträge)	
–	Gemein- bzw. Overheadkosten	
=	**Betriebsergebnis** (auf **Gesamtkostenbasis**)	

Die stufenweise Ermittlung der Deckungsbeiträge orientiert sich am organischen Aufbau eines Kreditinstitutes und berücksichtigt die Dualität der erstellten Bankleistungen.
Die Trennung des Wertbereiches (DB I und II) und des Betriebsbereiches (DB III – DB II) ermöglicht eine differenzierte Betrachtung der dort jeweils erwirtschafteten Ergebnisbeiträge zum Gesamtbetriebsergebnis. Deckungsbeitrag III berücksichtigt alle im Betriebs- und Wertbereich entstandenen Einzelkosten und -erlöse. Er dient nun zur Deckung der nicht direkt zurechenbaren Kosten (Gemeinkosten).
Die Grundstruktur der Deckungsbeitragsrechnung wird bei den Einzelkalkulationen für Produkte, Kunden und Geschäftsbereiche den speziellen Erfordernissen angepasst.

7.7.2 Produktkalkulationen

Die Produktkalkulation für ein Einzelgeschäft bildet die Basis für Deckungsbeitragsrechnungen in Kreditinstituten. Hierauf aufbauend können Kalkulationen für beliebige Objekte (Kunden, Kundengruppen, Filialen, Gesamtbank, ...) durchgeführt werden.
Ziel der Produktkalkulation ist es zum einen, den anteiligen Deckungsbeitrag des Einzelgeschäfts zum Gesamtbetriebsergebnis, unter Berücksichtigung aller direkt zurechenbarer Kosten und Erlöse des Betriebs- und Wertbereiches, zu ermitteln. Zum anderen soll der Mitarbeiter am Markt gezielte Informationen für seinen Preissetzungsspielraum durch die Kalkulation von Preisober- und -untergrenzen bekommen.
Die Produktkalkulation gliedert sich im Hinblick auf die am Markt erforderlichen Preisinformationen in drei Gruppen:

- Kalkulation von Aktivprodukten
- Kalkulation von Passivprodukten
- Kalkulation von Dienstleistungen

7.7.2.1 Kalkulation von Aktivprodukten

Situation

Ein langjähriger Geschäftskunde mit einwandfreier Bonität benötigt einen Saisonkredit in Höhe von 200.000,00 EUR. Durch Geschäftsfreunde weiß er, dass die Konkurrenz derartige Finanzierungen zu einem durchschnittlichen Zinssatz von 5,50 % p. a. anbietet. Der Kunde ist der Ratingklasse 4 zugeordnet. Könnten Sie ihm in etwa gleiche Konditionen anbieten, würde er Ihrem Institut treu bleiben.
Erörtern Sie, welche Kosten für Ihr Kreditinstitut im Rahmen eines Saisonkredites (Bereitstellung auf Kontokorrent) anfallen.

Der Mitarbeiter im Aktivbereich benötigt für eine Beratung im Kreditgeschäft genaue Angaben über die Kosten, die dem Kreditinstitut für die Bereitstellung des Kapitals entstehen (Preisuntergrenze). Nur bei Kenntnis dieser Größe ist er in der Lage, dem Kunden einen konkreten Zinssatz unter Berücksichtigung des Konkurrenzangebotes (im Beispiel: Preisobergrenze) zu nennen.

Kalkulation der Preisuntergrenze

Die Ermittlung der Preisuntergrenzen für Aktivprodukte geschieht mithilfe der Margen aus dem Wert- und Betriebsbereich. Hierbei sind folgende Kostenfaktoren zu berücksichtigen:

	Alternativzinssatz am Geld- oder Kapitalmarkt	Mindestkonditionenmarge
+	Direkt zurechenbare Standard-Einzelkosten	
+	Risikokosten des Kundengeschäfts lt. Ratingklasse	
+	kalkulatorische Eigenkapitalkosten des Einzelgeschäfts	
=	**Preisuntergrenze für das Aktivprodukt**	

Der Alternativzinssatz für Interbankengeschäfte wird der Datenbasis zur Marktzinsmethode entnommen werden. Die Standard-Einzelkosten für Kontokorrentkredite werden aus der Betriebskalkulation und die Standard-Risikokosten aus der Wertbereichskalkulation bzw. der Betriebsstatistik übernommen.
Die kalkulatorischen Eigenkapitalkosten für das Einzelgeschäft müssen im Rahmen einer Vorkalkulation als Kostensatz in Prozent p. a. ermittelt werden. Hiermit wird der Tatsache Rechnung getragen, dass Kredite Risikoaktiva darstellen, die mit bis zu 10,5 % der Kreditsumme durch Eigenkapital unterlegt werden müssen. Auf das gebundene Eigenkapital ist die vom Kreditinstitut angestrebte Eigenkapitalrendite als Zins- bzw. Kostensatz in Prozent p. a. anzuwenden.

Beispiel

Ermittlung der Preisuntergrenze für einen Saisonkredit über 200.000,00 EUR mit dreimonatiger Laufzeit, die Betriebskosten betragen je Kreditvorgang 890,00 EUR:

Kosten- und Erlösfaktoren:	**Margen/Kostensätze:**
1) Alternativzinssatz am Geldmarkt:	
Euribor (3 Monate)	**3,198 % p. a.**
2) Risikokosten:	
Risikokostensatz in Ratingklasse 4	+ **0,12 % p. a.**
3) Standard-Einzelkosten (lt. Betriebskalkulation):	
890,00 EUR für drei Monate Laufzeit	
3.560,00 EUR für ein Jahr	
3.560,00 EUR/200.000,00 EUR · 100 =	+ **1,78 % p. a.**
4) Kalkulatorische Eigenkapitalkosten:	
EK-Unterlegung lt. Ratingklasse 4: 1,76 %	
Angestrebte EK-Rendite 20 % p. a.	
a) EK-Unterlegung:	
200.000,00 EUR · 1,76 % = 3.520,00 EUR Eigenkapital erforderlich	
b) EK-Kosten in Euro:	
3.520,00 · 20,0 % p. a. = 704,00 EUR p. a.	
c) EK-Kostensatz:	
704,00 EUR/200.000,00 EUR · 100	+ **0,352 % p. a.**
5) Preisuntergrenze (= Selbstkostensatz):	
Summe der Positionen 1–4 =	**5,45 % p. a.**

Der Kundenberater hätte bei diesem Geschäft eine Preisuntergrenze von 5,45 % p. a. zu berücksichtigen. Unter Berücksichtigung der Konkurrenzkonditionen von 5,50 % p. a. hätte er einen Margenspielraum von 0,05 % p. a. bei der Kalkulierung seines konkreten Konditionenangebots.

Konsequenzen für die Deckungsbeitragsrechnung

Würden alle Kundengeschäfte zum Selbstkostensatz abgeschlossen, hätte man Kostendeckung erreicht. Allerdings wäre somit kein Beitrag zum Gesamtergebnis der Bank erwirtschaftet worden.

Es ist zu bedenken, dass die Kalkulation der Preisuntergrenze lediglich direkt zurechenbare Einzelkosten berücksichtigt. Das einzelne Geschäft sollte jedoch einen Deckungsbeitrag sowohl für die Overheadkosten als auch für ein angemessenes Betriebsergebnis erwirtschaften. Zur Erreichung dieses Deckungsbeitrages könnte bei ausreichendem Preissetzungsspielraum in der Vorkalkulation bereits ein entsprechender Overhead-Kostensatz (**Overheadkosten : Gesamtkosten · 100)** oder eine bestimmte Mindestmarge (**Gewinnmarge**) zusätzlich als Aufschlag auf die Selbstkosten berücksichtigt werden. Als Ergebnis würde man die sog. Kunden- oder Normalkondition erhalten, die den Beratern in Konditionentabellen vorliegen.

	Preis**unter**grenze (Selbstkostensatz)
+	Overheadkostenzuschlag
+	Gewinnmarge
=	Kundenzinssatz (Mindestzinssatz)

Merke:

Bieten die Marktbedingungen kaum Spielraum für die Berücksichtigung dieser Größen, sollten die erzielbaren Margen (im Beispiel 0,05 % p.a) jedoch durch Geschäftsabschlüsse zur Preisobergrenze (**hier:** Konkurrenzkondition) erreicht werden (im Beispiel: Abschluss zu 5,50 % p. a.).

Beispiel

Deckungsbeitragsrechnung für Aktivprodukte: Saisonkredit über 200.000,00 EUR, Laufzeit drei Monate, Zinssatz 5,50 % p. a.

	Deckungsbeiträge	Kostensatz in % p. a. (lt. Beispiel)	in EUR für Laufzeit von drei Monaten
Kondition Kundengeschäft (Normalkondition)		5,50	2.750,00
– Alternativzinssatz Geldmarkt		– 3,198	– 1.599,00
= **Zins-Konditionenbeitrag Zinsüberschuss**	Deckungsbeitrag I	= 2,302	= 1.151,00
+ Direkt zurechenbare Provisionserlöse		+ 0,00	+ 0,00
– Direkt zurechenbare Standard-Einzelkosten		– 1,78	– 890,00
= **Nettokonditionenbeitrag**	Deckungsbeitrag II	= 0,522	= 261,00
– Standard-Risikokosten		– 0,12	– 60,00
– Kalkulatorische Eigenkapitalkosten		– 0,352	– 176,00
= **Beitrag zum Betriebsergebnis**	Deckungsbeitrag III	= 0,05	= 25,00

Aufgaben

1. *Ein Privatkunde möchte ein Darlehen über 48.000,00 EUR mit einer Laufzeit von 4 Jahren bei der Rhein-Ruhr-Bank AG aufnehmen.*

a) Ermitteln Sie die Preisuntergrenze für den Kredit in Prozent p. a. unter Berücksichtigung folgender Angaben:

Alternativzinssatz am Kapitalmarkt:	*5,50 % p. a.*
Provision für die Restschuldversicherung:	*1,00 % vom Kreditbetrag*
Risikokosten lt. Ratingklasse:	*1,10 % p. a.*
Kalkulatorische Eigenkapitalkosten:	*0,9 % p. a.*
Standard-Einzelkosten je Kreditvorgang:	*134,40 EUR*

b) Berechnen Sie den Deckungsbeitrag III in Euro p. a. und Prozent p. a., wenn der Kunde das Darlehen zu 7,80 % p. a. nominal in Anspruch genommen hat.

2. a) Ermitteln Sie unter Berücksichtigung der nachstehenden Angaben die Preisuntergrenze für einen gesamtfälligen Saisonkredit in Höhe von 250.000,00 EUR und einer Laufzeit von 5 Monaten in Prozent p. a.

Alternativzinssatz am Kapitalmarkt:	5,55 % p. a.
Provision für die Restschuldversicherung:	1,50 % vom Kreditbetrag
Standard-Einzelkosten je Vorgang:	150,00 EUR
Risikokosten:	0,56 % p. a.
Erforderliche Eigenkapitalunterlegung:	8,00 %
Angestrebte Eigenkapitalverzinsung:	15 % p. a.

b) Ermitteln Sie den Deckungsbeitrag III in Euro p. a. und Prozent p. a., wenn aus Konkurrenzgründen maximal 7,70 % p. a. am Markt verlangt werden können.

3. Die Obst- und Gemüsehandlung Zirwes oHG beantragt bei der Rhein-Ruhr-Bank AG einen gesamtfälligen Saisonkredit in Höhe von 125.000,00 EUR für eine Laufzeit von drei Monaten.
Zur Kalkulation der Kreditkondition legt die Rhein-Ruhr-Bank AG folgende Werte zugrunde:

Alternativzinssatz am Geldmarkt:	4,25 % p. a.
Bearbeitungsgebühr:	0,25 % vom Kreditbetrag
Standard-Einzelkosten je Kreditvorgang:	250,00 EUR je Vorgang
Risikokosten lt. Ratingklasse:	0,60 % p. a.
Eigenkapitalkostensatz:	1,20 % p. a.
Anteilige Overheadkosten:	0,35 % p. a.
Gewinnzuschlag:	0,75 % p. a.

Ermitteln Sie
a) die direkt zurechenbaren Betriebskosten in Prozent p. a.
b) die Preisuntergrenze in Prozent p. a.
c) die Kundenkondition (Mindestzinssatz) in Prozent p. a.
d) den Deckungsbeitrag III in Euro für die beantragte Laufzeit, wenn der Saisonkredit zum Mindestzinssatz aus c) gewährt wird.

4. Die Maschinenbau AG beantragt bei der Rhein-Ruhr-Bank AG ein Investitionsdarlehen zur Finanzierung einer neuen Produktionsanlage in Höhe von 500.000,00 EUR. Das Darlehen soll eine Laufzeit von 5 Jahren haben und in fünf gleichen Jahresraten getilgt werden.
Zur Kalkulation des Kreditzinssatzes für dieses Investitionsdarlehen legt die Rhein-Ruhr-Bank AG folgende Werte zugrunde:

Alternativzinssatz am Geldmarkt:	4,45 % p. a.
Bearbeitungsgebühr einmalig:	0,50 %
Standard-Einzelkosten:	450,00 EUR p. a.
Risikokosten lt. Ratingklasse:	1,75 % p. a.
Eigenkapitalkostensatz:	1,80 % p. a.
Anteilige Overheadkosten:	0,28 % p. a.
Gewinnzuschlag:	0,52 % p. a.

Ermitteln Sie
a) den durchschnittlichen Darlehenbetrag in Euro.
b) die direkt zurechenbaren Betriebskosten in Prozent p. a.
c) die Preisuntergrenze in Prozent p. a.
d) den Kundenzinssatz (Mindestzinssatz) in Prozent p. a.
e) den Deckungsbeitrag III in Euro für die gesamte Laufzeit, wenn das Investitionsdarlehen zum Mindestzinssatz aus d) gewährt wird.

5. *Die Holzbau GmbH beantragt bei der Rhein-Ruhr-Bank AG ein Investitionsdarlehen zur Finanzierung einer neuen Bandsäge in Höhe von 48.000,00 EUR Darlehen mit einer Laufzeit von vier Jahren. Die Holzbau GmbH wünscht eine Tilgung in vier gleichen Jahresraten.*
Zur Kalkulation der Kreditkondition dieses Investitionsdarlehens legt die Rhein-Ruhr-Bank AG folgende Werte zugrunde:

Alternativzinssatz am Geldmarkt:	*4,30 % p. a.*
Bearbeitungsgebühr:	*0,25 % p. a.*
Standard-Einzelkosten je Kreditvorgang:	*150,00 EUR p. a.*
Risikokosten lt. Ratingklasse:	*1,55 % p. a.*
Eigenkapitalkostensatz:	*0,96 % p. a.*

Ermitteln Sie
a) den durchschnittlichen Darlehenbetrag in Euro.
b) die direkt zurechenbaren Betriebskosten in Prozent p. a.
c) die Preisuntergrenze in Prozent p. a.
d) den realisierten Gewinnzuschlag in Prozent p. a., wenn das Darlehen der Holzbau GmbH zu einem Zinssatz von 8,50 % p. a. gewährt wird und Overheadkosten in Höhe von 0,25 % p. a. berücksichtigt wurden.
e) den Deckungsbeitrag III in Euro des Investitionsdarlehens für die gesamte Laufzeit.

6. *a) Welcher Mindestzinssatz in Prozent p. a. müsste unter Berücksichtigung der nachstehenden Angaben für einen gesamtfälligen Realkredit in Höhe von 500.000,00 EUR erzielt werden?*

Alternativzins am Kapitalmarkt:	*5,55 % p. a.*
Standard-Einzelkosten:	*1.750,00 EUR p. a.*
Risikokosten:	*0,33 % p. a.*
erforderliches EK:	*4 %*
Angestrebte Eigenkapitalverzinsung:	*18 % p. a.*
Gewinnzuschlag:	*1,15 % p. a.*

b) Erläutern Sie die Konsequenzen für den Deckungsbeitrag III, wenn die Marktkondition 6,70 % p. a. betragen.

7.7.2.2 Kalkulation von Passivprodukten

Situation

Eine Kundin möchte 500.000,00 EUR für einen Monat als Festgeld anlegen. Ihre Zinsvorstellung liegt bei 3,00 % p. a., während die Konditionentabelle einen Zinssatz von 2,75 % p. a. für gleichartige Anlagen vorsieht.
Können Sie der Vorstellung der Kundin entsprechen?

Als Kundenberater benötigt man in diesem Fall genaue Informationen über die Betriebskosten, die Ihrem Kreditinstitut für die Bereitstellung dieser Anlagemöglichkeit entstehen sowie über die Wertkosten einer alternativen Kapitalbeschaffung. Das Controlling muss in diesem Fall eine **Preisobergrenze** bereitstellen, zu der das Kundenkapital maximal hereingenommen werden könnte, damit das Kundengeschäft nicht teurer als eine Alternativfinanzierung wäre. Die Preisuntergrenze ist im Beispiel der Konkurrenzzinssatz.

Kalkulation der Preisobergrenze

Passivprodukte stellen kein Risikokapital dar und binden deshalb kein Eigenkapital. Ebenso fallen keine Standard-Risikokosten an.
Es könnten jedoch kalkulatorische Kosten für die Beiträge zu einer Einlagensicherungseinrichtung angesetzt werden. Auch Kosten, die für eine unter Umständen erforderliche Mindestreservehaltung bei dem ESZB anfallen, könnten mit einbezogen werden. Auf eine Berücksichtigung dieser Aspekte wird jedoch verzichtet, da die Einlagensicherungskosten für alle Kreditinstitute in etwa gleicher Höhe anfallen und Mindestreserven marktgerecht verzinst und daher weitestgehend kostenneutral sind.
Es ergibt sich folgendes Kalkulationsschema für die Preisobergrenze von Passivprodukten:

	Alternativzinssatz am Geld- oder Kapitalmarkt
–	Direkt zurechenbare Standard-Einzelkosten
=	**Preisobergrenze für das Passivprodukt**

Beispiel

Ermittlung der Preisobergrenze für eine einmonatige Termineinlage, 500.000,00 EUR, Betriebskosten je Anlage 100,00 EUR:

Kostenfaktoren:	**Margen/Kostensätze:**
1) Alternativzinssatz am Geldmarkt:	
Euribor (1 Monat)	**3,25 % p. a.**
2) Standard-Einzelkosten (lt. Betriebskalkulation):	
Anlage und Kontoführung 100,00 EUR	
a) Gesamtkosten pro Jahr:	
1.200,00 EUR	
(Annahme: Revolvierende Anlage zu jeweils gleicher Laufzeit)	
b) Ermittlung des Standard-Einzelkostensatzes:	
1.200,00 EUR/500.000,00 EUR · 100 =	– **0,24 % p. a.**
3) Preisobergrenze (= Selbstkostensatz):	
Position 1) – 2)	= **3,01 % p. a.**

Der Kundenberater darf, um zumindest kostendeckend vorzugehen, die ermittelte Preisobergrenze von 3,01 % p. a. nicht überschreiten. Im vorliegenden Beispiel hätte er, bezogen auf die Normalkondition, einen Margenspielraum von + 0,26 % p. a. Er könnte der Kundin die gewünschte „Sonderkondition“ von 3,00 % p. a. gerade noch anbieten.

Konsequenzen für die Deckungsbeitragsrechnung

Es ist zu beachten, dass die Preisobergrenze auf Einzelkostenbasis ermittelt wurde. Der im Beispiel bestehende Margenspielraum von 0,26 % p. a. zwischen Normalkondition und Preisobergrenze dient daher zur Deckung der Overheadkosten sowie der Erzielung eines angemessenen Betriebsergebnisses.

Ein Geschäftsabschluss zu Normalkondition sollte daher stets angestrebt werden.
Muss der Berater allerdings, wie im Beispiel angedeutet, das Kundengeschäft zu einer Sonderkondition abschließen, sinkt entsprechend der Ergebnisbeitrag dieses Einzelgeschäfts zur Deckung der Gemeinkosten. Gleiches gilt für den vom Kundenberater selbst erwirtschafteten Ergebnisbeitrag. Wird hingegen eine am Deckungsbeitrag orientierte Zusatzvergütung gewährt, sind tendenziell Abschlüsse zu Normalkonditionen zu erwarten.

Beispiel

Deckungsbeitragsrechnung für Passivprodukte:
Termineinlage, 500.000,00 EUR, Laufzeit 1 Monat, Zinssatz 3,00 % p. a.

	Deckungsbeiträge	Kostensatz in % p. a. (lt. Beispiel)	in EUR für eine Laufzeit von 1 Monat
Alternativzinssatz (Geldmarkt)		3,25	1.354,17
– Kondition Kundengeschäft (Normalkondition)		– 3,00	– 1.250,00
= Zins-Konditionenbeitrag Zinsüberschuss	Deckungsbeitrag I	= 0,25	= 104,17
+ Direkt zurechenbare Provisionserlöse		+ 0,00	+ 0,00
– Direkt zurechenbare Standard-Einzelkosten		– 0,24	– 100,00
= Nettokonditionenbeitrag	Deckungsbeitrag II	= 0,01	= 4,17
= Beitrag zum Betriebsergebnis	Deckungsbeitrag III	= 0,01	= 4,17

Aufgaben

1. *a) Ermitteln Sie die Preisobergrenze für eine Zwei-Monats-Termineinlage eines Kunden in Höhe von 60.000,00 EUR in Prozent p. a.*
Alternativzinssatz am Geldmarkt: 4,35 % p. a.
Standard-Einzelkosten: 48,00 EUR je Festgeldanlage
b) Berechnen Sie den Deckungsbeitrag II in Euro, wenn der Kunde 3,46 % p. a. Zinsen erhält.

2. *a) Ermitteln Sie die Preisobergrenze für eine Sechs-Monats-Termingeldanlage eines Kunden in Höhe von 120.000,00 EUR in Prozent p. a. unter nachfolgenden Bedingungen.*
Alternativzinssatz am Geldmarkt: 4,75 % p. a.
Standard-Einzelkosten: 60,00 EUR je Festgeldanlage
b) Berechnen Sie den Deckungsbeitrag III der Termineinlage in Euro bei einem Kundenzinssatz von 4,50 % p. a.
c) Stellen Sie fest, inwieweit sich Ihre Ergebnisse aus a) und b) ändern, wenn der Kunde
ca) 50.000,00 EUR zu 4,27 % p. a.
cb) 200.000,00 EUR zu 4,495 % p. a.
angelegt hätte.

7.7.2.3 Kalkulation von Marktleistungen des Betriebsbereichs

Situation

In Ihrem Kreditinstitut häufen sich die Kundenbeschwerden über die neu eingeführte obligatorische Zeichnungsgebühr bei Neuemissionen von Aktien in Höhe von 10,00 EUR, die nur für nicht erfüllte Zuteilungswünsche erhoben wird.
Suchen Sie nach Argumenten, die Sie Ihren Kunden entgegnen könnten.

Die steigende Konkurrenz im Kampf um den Kunden, dessen wachsende Preissensibilität sowie ein steigendes Angebot von „kostenlosen" Dienstleistungen und Pauschalgebühren setzen dem einzelnen Kreditinstitut einen engen Spielraum bei der Kalkulation von Provisionen als Entgelt für reine Betriebsleistungen. Sie müssen daher i. d. R. zu kostendeckenden Preisen angeboten werden.
Bestimmender Faktor für die Ermittlung einer Preisuntergrenze für eine Provision sind daher die Standard-Einzelkosten der Betriebsleistung. Um kostendeckend wirtschaften zu können, müssen jedoch auch die anteiligen Overheadkosten sowie zum Teil Deckungsbeiträge für andere Produkte, die aufgrund der Konkurrenzsituation zu einem nicht kostendeckenden Preis bzw. „kostenlos" (Preisobergrenze/Konkurrenzpreis < Selbstkosten) angeboten werden müssen, abgegolten werden.
Berücksichtigt werden muss auch, dass bei der Kalkulation der Standard-Einzelkosten stets von einer hundertprozentigen Auslastung der Mitarbeiter ausgegangen wird. Erkennbare Leerlaufzeiten bzw. Unterauslastungen müssen daher in Form eines Kostenzuschlages mit einkalkuliert werden.

Beispiel

Zuschlag für Unterauslastung der Mitarbeiter
Die Standard-Einzelkosten für eine Bankleistung betragen bei 100 %iger Auslastung 10,00 EUR. Durch Arbeitszeitmessungen wurde festgestellt, dass die Mitarbeiter im Durchschnitt nur 80 % ihrer Arbeitszeit zur Erstellung dieser Bankleistung verwenden.

Welche Auswirkungen ergeben sich für die Kosten?

a) Ermittlung der „tatsächlichen" Standard-Einzelkosten:
   100 % Auslastung ———————— 10,00 EUR
   80 % Auslastung ———————— 12,50 EUR
   Gegenüber den Standard-Einzelkosten entstehen Mehrkosten in Höhe von 2,50 EUR.

b) Ermittlung eines Kostensatzes für die Unterauslastung

$$\frac{\text{Mehrkosten 2,50 EUR} \cdot 100}{\text{Standard-Einzelkosten 10,00 EUR}} = 25\,\%\ \text{Unterauslastungszuschlag}$$

Es müsste bei der Preiskalkulation ein Zuschlag für die Unterauslastung in Höhe von 25 % der Standard-Einzelkosten berücksichtigt werden.

Für die Kalkulation der **Preisuntergrenze** einer Provision für Dienstleistungen (Stückleistungen) gilt folgende Struktur:

	Standard-Einzelkosten der Marktleistung des Betriebsbereichs
+	Anteilige Overheadkosten
=	**Preisuntergrenze I**
+	*ggf. Deckungsbeiträge für nicht kostendeckend angebotene Produkte*
+	*ggf. Zuschlag für Unterauslastung der zuständigen Mitarbeiter (freie Kapazitäten)*
=	**Preisuntergrenze II**

Ist die Höhe einer Provision abhängig vom getätigten Umsatz (Provisionen bei Wertpapieran- und -verkäufen, Bearbeitungsgebühren im Kreditgeschäft), wird sie als Prozentsatz vom Einzelgeschäftsvolumen erhoben. Bei der Kalkulation dieser Provisionen orientiert sich das Controlling an den durchschnittlichen Umsätzen der in der Vergangenheit getätigten Kundengeschäfte. Die Abhängigkeit vom Einzelgeschäftsvolumen führt i. d. R. dazu, dass der Provisionssatz bei steigendem Volumen abnimmt. Der Grund dafür ist, dass die Standard-Einzelkosten allein durch den Bearbeitungsvorgang verursacht werden. Sie sind unabhängig vom Volumen des Einzelgeschäftes und daher fixe Kosten. Der Fixkostencharakter drückt sich auch dadurch aus, dass Kreditinstitute neben der umsatzabhängigen Provision eine Mindestgebühr (als Mindestdeckungsbeitrag) verlangen.
In der Praxis besteht bei Provisionen für den Berater kaum ein Preissetzungsspielraum. Die kalkulierten Gebührensätze werden i. d. R. in Gebührentabellen fest vorgegeben.

Aufgaben

1. *Die Rhein-Ruhr-Bank AG hat festgestellt, dass ein Großteil der Zeichnungsaufträge ihrer Kunden bei Neuemissionen von Aktien aufgrund der hohen Gesamtnachfrage keine Zuteilung erhält. Den steigenden Betriebskosten durch die Entgegennahme der Zeichnungsaufträge stehen in diesen Fällen keine Erlöse (Umsatzprovision, Depotgebühren) gegenüber.*
Der Vorstand plant daher, eine kostendeckende Gebühr für nicht zugeteilte Zeichnungsaufträge zu erheben.
Durch Arbeitsablaufstudien hat man folgende Teilleistungen bei der Bearbeitung der Zeichnungsaufträge festgestellt:

Teilleistung:	*Standardverbrauchsmengen*	*Stückkosten in Euro*
Beratung	*9 Minuten*	
EDV-Eingabe der Zeichnungsaufträge	*3,50 Minuten*	
Beratungsformular gemäß Wertpapierhandelsgesetz	*2 Stück*	*1,50*
Schriftliche Information über Nichtzuteilung	*1 Stück*	*1,60*
Personalkosten pro Stunde	*24,00 EUR*	
EDV-Kosten pro Stunde	*78,00 EUR*	

a) Ermitteln Sie die Höhe der kostendeckenden Gebühr in Euro als Preisuntergrenze.
b) Aus Konkurrenzgründen muss die Rhein-Ruhr-Bank AG die Gebühr auf 10,00 EUR senken. Kalkulieren Sie die Konsequenzen für das Betriebsergebnis.

2. *Die Kosten für einen Geldautomaten (Abschreibungen, Instandhaltung, Auffüllung etc. ...) betragen 127.800,00 EUR.*
Unter Berücksichtigung von „Störungen" steht er an 355 Tagen im Jahr rund um die Uhr zur Verfügung.
a) Ermitteln Sie die Höhe einer kostendeckenden Gebühr in Euro, unter der Annahme, dass eine Geldabhebung im Durchschnitt drei Minuten dauert und 480 Abhebungen pro Tag erfolgen.
b) Berechnen Sie den Deckungsbeitrag pro Jahr in Euro, wenn eine Benutzungsgebühr von 1,50 EUR je Vorgang festgelegt wird und pro Tag im Durchschnitt 400 Abhebungen erfolgen.

Zusammenfassung: Produktkalkulation im Überblick

Aktivprodukte		Alternativzinssatz am Geld- oder Kapitalmarkt	
	+	Direkt zurechenbare Standard-Einzelkosten	Mindest-konditionen-marge
	+	Risikokosten des Kundengeschäfts/der betreffenden Kreditart	
	+	kalkulatorische Eigenkapitalkosten des Einzelgeschäfts	
	=	**Preisuntergrenze für das Aktivprodukt**	
	+	Anteilige Overheadkosten	
	+	Gewinnzuschlag	
	=	**Kundenkondition (Mindestzinssatz)**	
Passivprodukte		Alternativzinssatz am Geld- oder Kapitalmarkt	
	–	Direkt zurechenbare Standard-Einzelkosten	
	=	**Preisobergrenze für das Passivprodukt**	
	–	Anteilige Overheadkosten	
	–	Gewinnzuschlag	
	=	**Kundenkondition (Höchstzinssatz)**	
Marktleistungen des Betriebsbereiches		Standard-Einzelkosten der Dienstleistung	
	+	Anteilige Overheadkosten	
	=	**Preisobergrenze I**	

7.7.3 Kundenkalkulationen

Situation

Eine Kundin Ihres Kreditinstituts wünscht aufgrund einer Leitzinserhöhung durch die Europäische Zentralbank um 0,25 % p. a. eine Konditionenanpassung für ihr Festgeld in gleicher Höhe.
Können Sie dem Wunsch entsprechen?

Um eine Antwort auf den Kundenwunsch zu geben, ist es notwendig, nicht nur das Festgeld, sondern alle von der Kundin in Anspruch genommenen Produkte und Dienstleistungen in der betrachteten Zeitperiode zu ermitteln und zu bewerten. Die Informationsgrundlage bildet daher das aktuelle Gesamtengagement oder eine Kontenübersicht der Kundin.
Grundsätzlich kann dem Kundenwunsch nur entsprochen werden, wenn die Kundenverbindung weiterhin einen positiven Deckungsbeitrag zum Betriebsergebnis erwirtschaftet.

7.7.3.1 Formaler Aufbau

Kundenkalkulationen werden als Deckungsbeitragsrechnungen durchgeführt. Je nach Struktur der Kundenverbindung wird auf die einzelnen Arten der Produktkalkulation zurückgegriffen. Für jedes Konto sowie alle in der Zeitperiode in Anspruch genommenen Dienstleistungen wird der jeweils erwirtschaftete Deckungsbeitrag je Einzelgeschäft ermittelt. Anschließend werden diese Werte in einem Gesamt-Deckungsbeitrag für die Kundenverbindung zusammengefasst.

Beispiel

Die Kundin besitzt ein Festgeld, ein Sparbuch und ein Wertpapierdepot.

  Deckungsbeitrag Festgeld
\+ Deckungsbeitrag Sparkonto
\+ Deckungsbeitrag Wertpapierdepot
= Deckungsbeitrag Kundenverbindung > 0?

Ist der Deckungsbeitrag der Kundenverbindung auch nach Gewährung der Sonderkondition positiv, kann dem Kundenwunsch grundsätzlich entsprochen werden.
Anhand dieses Kalkulationsschemas lassen sich auch Deckungsbeiträge für Kundengruppen ermitteln.

7.7.3.2 Zweck

Kreditinstitute sind stets bestrebt, positive Deckungsbeiträge im Geschäft mit Kunden zu erreichen bzw. zu erhalten. Die Kundenkalkulation gibt der Unternehmensleitung Aufschluss darüber, welche Kunden bzw. Kundengruppen tendenziell das Betriebsergebnis belasten und welche es positiv beeinflussen.
Es gibt allerdings Bankleistungen (z. B. Zahlungsverkehrsprodukte), die aus Konkurrenzgründen negative Deckungsbeiträge erwirtschaften. Andere Geschäfte (Wertpapierkommissionsgeschäfte, Emissionsgeschäfte, ...) hingegen sind sehr lukrativ. Eine Konsequenz der Kreditinstitute daraus ist daher die weitestgehende Automatisierung des Zahlungsverkehrs.
Auch Beratungen, als Bestandteil fast jeder Marktleistung, sind sehr kostenintensiv, erzielen aber nur selten Erlöse. Sie lohnen sich nur, wenn durch sie im Endeffekt auch ein Geschäftsabschluss erzielt wird.

7.7.3.3 Kalkulation eines debitorisch und kreditorisch geführten Kundenkontos

Beispielhaft wird im Folgenden die Kundenkalkulation für ein Girokonto dargestellt, das sowohl ein Aktivprodukt (Überziehungskredit) als auch ein Passivprodukt (Sichteinlage) beinhaltet.

Beispiel

Die Rhein-Ruhr-Bank AG führt für die Walterscheid KG ein Geschäftskonto, das monatlich abgerechnet wird. Das bankinterne Ratingsystem ordnet die Walterscheid KG der Ratingklasse 5 zu.
Im abgelaufenen Monat ergaben sich für das Geschäftskonto folgende Daten:

Durchschnittlicher Sollsaldo:	57.380,00 EUR
Sollzinssatz:	9,25 % p. a.
Durchschnittlicher Habensaldo:	12.825,00 EUR
Habenzinssatz:	0,50 % p. a.
Kontoführungsgebühr:	25,00 EUR
Buchungsposten:	358 Stück
Buchungspostengebühr:	0,50 EUR je Posten

Beispiel

Zur Ermittlung des Deckungsbeitrags legt die Rhein-Ruhr-Bank AG folgende Werte aus dem internen Rechnungswesen zugrunde:

Alternativzinssatz für täglich fällige Geldanlagen und -aufnahmen:	1,20 % p. a.
Standard-Einzelkosten	
– je Buchungsposten	0,55 EUR
– für die Kontoführung	80,00 EUR p. M.
Risikokosten lt. Ratingklasse 5	1,25 % p. a.
Eigenkapitalkosten lt. Ratingklasse 5	1,40 % p. a.

Es stellt sich die Frage, ob die Walterscheid KG das Betriebsergebnis der Rhein-Ruhr-Bank AG erhöht oder vermindert.
Ermitteln Sie daher für den abgelaufenen Monat den Deckungsbeitrag III in Euro.

Lösung:
Zu beachten ist, dass der Deckungsbeitrag stets in Euro für den betrachteten Zeitraum (hier: einen Monat) zu ermitteln ist. Die dargestellten Lösungsschritte orientieren sich am Schema der IHK-Prüfung.

1. Konditionenbeiträge ermitteln:

a) Aktivgeschäft: Durchschnittliche Überziehung (Sollsaldo)

Tatsächliche Zinserlöse vom Kunden	
57.380,00 EUR · 9,25 % p. a. : 12 Monate →	442,30 EUR
– entgangene Zinserlöse aus dem Alternativgeschäft:	
57.380,00 EUR · 1,20 % p. a. : 12 Monate	– 57,38 EUR
= Konditionenbeitrag Aktivgeschäft	= 384,92 EUR

b) Passivgeschäft: Durchschnittliche Sichteinlage (Habensaldo)

Ersparte Zinskosten aus dem Alternativgeschäft	
12.825,00 EUR · 1,20 % p. a. : 12 Monate →	12,83 EUR
– tatsächliche Zinskosten für das Kundengeschäft	
12.825,00 EUR · 0,50 % p. a. : 12 Monate	– 5,34 EUR
= Konditionenbeitrag Passivgeschäft	= 7,49 EUR

→ **Deckungsbeitrag I (Zinsüberschuss, Zins-Konditionenbeitrag) = 392,41 EUR**

2. Direkt zurechenbare Provisionserlöse und Betriebskosten ermitteln:

a) Provisionserlöse (Kontoführungsgebühr, Buchungspostengebühr, ...):

Kontoführungsgebühr pro Monat	25,00 EUR
+ Buchungspostengebühren 358 Posten · 0,50 EUR	+ 179,00 EUR
= direkt zurechenbare Provisionserlöse	**= 204,00 EUR**

b) Betriebskosten
Standard-Einzelkosten für

– die Buchungsposten	358 Posten · 0,55 EUR	196,90 EUR
– für die Kontoführung	80,00 EUR	+ 80,00 EUR
= direkt zurechenbare Betriebskosten		**= 276,90 EUR**

3. Bonitätsabhängige Kosten (nur für risikobehaftete Aktivgeschäfte)

a) Direkt zurechenbare Risikokosten der Aktivgeschäfte (Sollsaldo)

57.380,00 EUR · 1,25 % p. a. : 12 Monate **= 59,77 EUR**

b) Direkt zurechenbare Eigenkapitalkosten der Aktivgeschäfte (Sollsaldo)

57.380,00 EUR · 1,40 % p. a. : 12 Monate **= 66,94 EUR**

Zusammenfassende Darstellung lt. Lösungschema der IHK/ZPA	
Konditionenbeitrag Aktivgeschäft	384,92 EUR
+ Konditionenbeitrag Passivgeschäft	+ 7,49 EUR
= Deckungsbeitrag I (Zinsüberschuss, Zins-Konditionenbeitrag)	**= 392,41 EUR**
+ Direkt zurechenbare Provisionserlöse	+ 204,00 EUR
– Direkt zurechenbare Betriebskosten	– 276,90 EUR
= Deckungsbeitrag II (Nettokonditionenbeitrag)	**= 319,51 EUR**
– Direkt zurechenbare Risikokosten der Aktivgeschäfte	– 59,77 EUR
– Direkt zurechenbare Eigenkapitalkosten der Aktivgeschäfte	– 66,94 EUR
= Deckungsbeitrag III (Deckungsbeitrag des Kunden)	**= 192,80 EUR**

Die Walterscheid KG hat der Rhein-Ruhr-Bank AG einen positiven Deckungsbeitrag von 192,80 EUR für den abgelaufenen Monat erbracht, d. h., das Betriebsergebnis steigt um diesen Betrag.
Zur genaueren Analyse der Erfolgsfaktoren ist es daher sinnvoll, die Deckungsbeiträge getrennt nach Wert- und Betriebsbereich zu ermitteln.

Deckungsbeitrag im Wertbereich	
Konditionenbeitrag Aktivgeschäft	384,92 EUR
+ Konditionenbeitrag Passivgeschäft	+ 7,49 EUR
= Deckungsbeitrag I (Zinsüberschuss, Zins-Konditionenbeitrag)	**= 392,41 EUR**
– Direkt zurechenbare Risikokosten der Aktivgeschäfte	– 59,77 EUR
– Direkt zurechenbare Eigenkapitalkosten der Aktivgeschäfte	– 66,94 EUR
= Deckungsbeitrag im Wertbereich	**= 265,70 EUR**

Deckungsbeitrag im Betriebsbereich	
+ Direkt zurechenbare Provisionserlöse	204,00 EUR
– Direkt zurechenbare Betriebskosten	– 276,90 EUR
= Deckungsbeitrag im Betriebsbereich	**= –72,90 EUR**

Durch die getrennte Darstellung wird deutlich, dass im Betriebsbereich eine Unterdeckung entsteht, die Kosten also höher als die erzielten Provisionserlöse sind. Maßgeblicher Faktor für den insgesamt positiven Deckungsbeitrag war die hohe Zinsmarge (+8,05 % p. a.) des Überziehungskredites.

Zusammenfassung:

Deckungsbeitrag im Wertbereich	**265,70 EUR**
+ Deckungsbeitrag im Betriebsbereich	**– 72,90 EUR**
= Deckungsbeitrag des Kunden	**= 192,80 EUR**

7.7.3.4 Konsequenzen der Kundenkalkulation für die Beratung

Aus diesen Erkenntnissen lassen sich nun strategische Entscheidungen ableiten, welche Kunden in Zukunft stärker beraten werden sollen und bei welchen Kundengruppen eine kostendämpfende Rationalisierung z. B. durch eine stärkere Automatisierung sinnvoll erscheint. Ein Ergebnis dieser Kalkulationen ist z. B. die übliche Trennung der Kundschaft in

Standardkunden (Privat- und Firmenkunden mit begrenzter Produktnachfrage,
hoher Automatisierungsgrad und geringer Beratungsbedarf) und

Individualkunden (vermögende Privatkunden bzw. umsatzstarke Firmenkunden,
hoher individueller Beratungsbedarf, differenzierte Produktnachfrage).

Im operativen Geschäft äußern sich die Analysen der Kundenbeziehung dadurch, dass den Kundenberatern Ziel- bzw. Sollvorgaben hinsichtlich Volumen und Konditionen für Einzelgeschäfte unterbreitet werden. Sie haben dann die Aufgabe, die Kundenbeziehung derart zu gestalten, dass sie positive Ergebnisbeiträge erwirtschaften kann. Hierzu benötigen sie Informationen über die aktuelle Situation in Form von Ist-Ergebnisbeiträgen, um durch den Abschluss möglichst ertragreicher Geschäfte die gesetzten Zielvorgaben zu erreichen. Sie bilden die Entscheidungsgrundlage für die zukünftige Beratungsstrategie.

Grundsätzlich sind folgende Situationen zu unterscheiden:

I. Deckungsbeitrag des Kunden/der Kundengruppe ist positiv:

Zielgruppe: Standard- und Individualkunden

Zukünftige Strategie: Kundenbeziehung intensivieren

Maßnahmen:
- „Cross-Selling"
- ggf. Sonderkonditionen für neue Geschäfte anbieten
- engeren Kundenkontakt anstreben, z. B. Außendienstbetreuung

II. Deckungsbeitrag des Kunden/der Kundengruppe ist 0 bzw. negativ:

a)

Zielgruppe: Standardkunden mit begrenzter Nachfrage und geringem Zukunftspotenzial

Zukünftige Strategie: Kostenanalyse und -dämpfung anstreben

Maßnahmen:
- Sonderkonditionen reduzieren bzw. streichen
- Provisionen für besonders kostenintensive Leistungen er- bzw. anheben:
- Buchungsposten für beleghafte Zahlungen, Kostenpauschale für die Beratung, ...
- Kostengünstigere, „standardisierte" Produkte anbieten: z. B. Homebanking, Zahlungskarten, Sparcard, ...
- entsprechende Anreize für beratungsarme Dienstleistungen anbieten: Gutschriften für Homebanking, Nutzung von Selbstbedienungsterminals, ...

b)

Zielgruppe:
- Standardkunden mit vielversprechendem Zukunftspotenzial
- Individualkunden, bei denen das momentane Geschäftsvolumen nicht ausreicht, um positive Deckungsbeiträge zu erwirtschaften

Zukünftige Strategie: Umsatzintensivierung bzw. Anhebung des individuellen Kundengeschäftsvolumens

Maßnahmen:
- Cross-Selling
- Konzentration aller Kundenaktivitäten auf die Hausbank
- Erweiterung von Kreditfazilitäten
- Information über neue Anlagemöglichkeiten

Zusammenfassung Kundenkalkulation

I. Ermittlung des gesamten Deckungsbeitrages eines Kunden

	Konditionenbeiträge aller Aktivgeschäfte	
+	Konditionenbeiträge aller Passivgeschäfte	
=	Zinsüberschuss, Zins-Konditionenbeitrag	**(Deckungsbeitrag I)**
+	direkt zurechenbare Provisionserlöse	
–	direkt zurechenbare Betriebskosten	
=	Nettokonditionenbeitrag	**(Deckungsbeitrag II)**
–	direkt zurechenbare Risikokosten der Aktivgeschäfte	
–	direkt zurechenbare Eigenkapitalkosten der Aktivgeschäfte	
=	Deckungsbeitrag des Kunden	**(Deckungsbeitrag III)**

II. Ermittlung des Deckungsbeitrages im Wertbereich

	Konditionenbeiträge aller Aktivgeschäfte	
+	Konditionenbeiträge aller Passivgeschäfte	
=	Zinsüberschuss, Zins-Konditionenbeitrag	**(Deckungsbeitrag I)**
–	direkt zurechenbare Risikokosten der Aktivgeschäfte	
–	direkt zurechenbare Eigenkapitalkosten der Aktivgeschäfte	
=	**Deckungsbeitrag im Wertbereich**	

III. Ermittlung des Deckungsbeitrages im Betriebsbereich

	direkt zurechenbare Provisionserlöse	
–	direkt zurechenbare Betriebskosten	
=	**Deckungsbeitrag im Betriebsbereich**	

Merke:

	Deckungsbeitrag im Wertbereich	
+	**Deckungsbeitrag im Betriebsbereich**	
=	Deckungsbeitrag des Kunden	**(Deckungsbeitrag III)**

Aufgaben

1. *Für das Geschäftsgirokonto der Walterscheid GmbH sind im letzten Monat die nachstehenden Werte durch die Werrabank AG ermittelt worden.*

Durchschnittlicher Sollsaldo:	*37.643,00 EUR*
Sollzinssatz:	*8,75 % p. a.*
Durchschnittlicher Habensaldo:	*1.896,00 EUR*
Habenzinssatz:	*0,25 % p. a.*
Buchungsposten:	*116 Stück*

Das Kreditinstitut erhebt folgende Kontoführungsgebühren:

Buchungspostengebühr:	*0,40 EUR*
Kontoführungsgebühr:	*40,00 EUR pauschal p. M.*

Zur Kontokalkulation verwendet die Werrabank folgende Größen:

Alternativzinssatz am Geldmarkt:	*3,50 % p. a. Tagesgeldsatz*
Standard-Einzelkosten je Buchungsposten:	*0,65 EUR*
Risikokosten lt. Ratingklasse:	*0,89 % p. a.*
Eigenkapitalkosten:	*1,20 % p. a.*

Ermitteln Sie für den betrachteten Zeitraum
a) Deckungsbeitrag im Wertbereich in Euro,
b) Deckungsbeitrag im Betriebsbereich in Euro,
c) Deckungsbeitrag III des Kontos in Euro.

2. *Der Privatkunde Paul Kaiser unterhält bei der Rhein-Ruhr-Bank AG ein Giro- und ein Sparkonto. Dem Kundeninformationssystem der Kreditbank AG können Sie für die Konten die folgenden Informationen für das abgelaufene Geschäftsjahr entnehmen:*

Girokonto:
- *durchschnittlicher Sollsaldo von 2.400,00 EUR*
- *Sollzinssatz 11 % p. a.*
- *160 Buchungsposten und 24 Kontoauszüge*
- *Kontoführungsentgelt monatlich pauschal 2,99 EUR*

Sparkonto:
- *12 Buchungsposten*
- *durchschnittliches Guthaben 7.000,00 EUR*
- *Zinssatz 2 % p. a.*

Zur Kundenkalkulation liegen folgende Daten vor:

– Risikokostensatz für Forderungsausfälle	*0,25 % p. a.*
– Eigenkapitalkostensatz	*0,45 % p. a.*
– Geld- und Kapitalmarktsatz für alternative Kapitalanlagen	*2,50 % p. a.*
– Geld und Kapitalmarktsatz für alternative Kapitalbeschaffung	*3,00 % p. a.*
– Standardkostensatz je Buchung	*0,25 EUR*
– Standardkostensatz je Kontoauszug	*0,50 EUR*

Berechnen Sie für das abgelaufene Geschäftsjahr in Euro
a) den Deckungsbeitrag I für den Kunden.
b) den Deckungsbeitrag im Betriebsbereich für den Kunden.
c) den Deckungsbeitrag III für die gesamte Kundenverbindung.

3. *Die Rhein-Ruhr-Bank AG führt für Nele König folgende Konten, zu denen aus dem letzten Quartal nachfolgende Werte vorliegen:*

Girokonto:
- *durchschnittlicher Habensaldo 1.178,00 EUR, Zinssatz 0,25 % p. a.*
- *durchschnittlicher Sollsaldo 782,55 EUR, Zinssatz 13,75 % p. a.*
- *Kontoführungsgebühren 4,50 EUR p. M.*
- *Betriebskosten 11,80 EUR p. M.*

Sparkonto:
- *durchschnittlicher Habensaldo 2.780,00 EUR, Zinssatz 0,25 % p. a.*
- *Betriebskosten 1,50 EUR pro Monat*

Im Rahmen einer umfassenden Privatkundenanalyse sollen anhand der Deckungsbeiträge für das letzte Quartal neue Verkaufschancen ermittelt werden.

Zur Kalkulation stehen folgende Informationen zur Verfügung:

– Alternativzinssatz für täglich fällige Geldanlagen	*1,05 % p. a.*
– Alternativzinssatz für täglich fällige Geldaufnahmen	*1,08 % p. a.*
– Alternativzinssatz für Spareinlagen	*1,18 % p. a.*
– Eigenkapitalkosten	*0,98 % p. a.*
– Risikokosten	*1,124 % p. a.*

Ermitteln Sie für das letzte Quartal
a) die Eigenkapitalkosten für die Kundin.
b) die Risikokosten für die Kundin.
c) den Deckungsbeitrag III für das Girokonto.
d) den Deckungsbeitrag III für das Sparkonto.
e) den gesamten Deckungsbeitrag III der Kundin.

Frau König möchte ihr Sparkonto (aktuelles Guthaben 3.000,00 EUR) in ein Tagesgeldkonto mit einem Zinssatz von 0,95 % p. a. umwandeln. Die Betriebskosten eines Tagesgeldkontos belaufen sich auf 1,25 EUR pro Monat.

f) Ermitteln Sie den Betrag, um den sich der gesamte Deckungsbeitrag der Kundin je Quartal (siehe Aufgabe e) verändern würde, wenn die Kreditbank AG dem Kundenwunsch zustimmt.

4. *Erläutern Sie, welche Maßnahmen ein Kreditinstitut in Zukunft bei folgenden Kunden ergreifen sollte. Begründen Sie Ihre Vorschläge.*

Kunde	Gesamtengagement	Kundengruppe	Deckungsbeitrag
a) Karl Weiß	Sparkonto, Girokonto	Standard-Privat	negativ
b) Schreinerei Eder	Girokonto, Investitionskredit	Firmenkunde	positiv
c) Sibelius Neunick	Wertpapierdepot	Vermögener Privatkunde	positiv
d) Europa AG	Termineinlage	Großunternehmen	negativ

5. *Frau Orienta Zacharias unterhält bei der Volksbank Altheim eG ein Girokonto. Der eingeräumte Überziehungskredit beträgt 2.000,00 EUR.*

Im letzten Geschäftsjahr wurden von der Volksbank folgende Leistungen registriert:

Betriebsbereich	Anzahl	Standard-Einzelkosten je Vorgang in EUR
Abhebungen am Geldausgabeautomat	22	0,60
Überweisungen/Daueraufträge	32	1,70
Ein-/Auszahlungen an der Kasse	22	1,10
Auslandsüberweisungen	3	7,50
Überziehungskredit einräumen/ändern	4	6,25
Kontoauszüge	12	0,20

Provisionserträge:

– Monatspauschale	5,00 EUR
– Buchungspostengebühr	0,50 EUR je Vorgang
– Auslandsüberweisungen	10,00 EUR je Vorgang

Wertbereich:

– Durchschnittlicher Saldo in Euro	2.288,00 Soll
– Überziehungszinssatz	9,75 % p. a.
– Geduldete Überziehungen	14,25 % p. a.
– Alternativzinssatz am Geldmarkt	3,75 % p. a.
– Risikokosten	0,90 % p. a. vom Kreditbetrag
– kalkulatorische Eigenkapitalkosten	1,15 % p. a. vom Kreditbetrag

Frau Zacharias möchte zur Zwischenfinanzierung eines Bausparvertrages ein Festdarlehen in Höhe von 30.000,00 EUR für einen Monat aufnehmen. Der Kundenberater vereinbart einen Zinssatz von 6,25 % p. a. und eine einmalige Bearbeitungsgebühr von 0,5 % des Kreditbetrages.

Zusatzinformationen zur Zwischenfinanzierung:

Alternativzinssatz für die Zwischenfinanzierung	*4,75 % p. a.*
Standard-Einzelkosten	*150,00 EUR je Kreditgewährung*
Standard-Risikokosten	*0,1338 % p. a. vom Kreditbetrag*
Kalkulatorische Eigenkapitalkosten	*0,80 % p. a. vom Kreditbetrag*

a) Ermitteln Sie den Deckungsbeitrag III für die Kundin Zacharias in Euro.

b) Erläutern Sie die Konsequenzen für den Deckungsbeitrag III der Zwischenfinanzierung, wenn eine Bearbeitungsgebühr aus Konkurrenzgründen nicht durchsetzbar wäre.

6. *Herr Willi Walterscheid unterhält bei der Sparkasse Werne ein Girokonto. Im letzten Geschäftsjahr wurden von der Sparkasse folgende Leistungen registriert:*

Betriebsbereich	**Anzahl**	**Standard-Einzelkosten je Vorgang in EUR**
Abhebungen am Geldausgabeautomat	37	0,70
Überweisungen	53	0,70
Ein-/Auszahlungen an der Kasse	19	1,10
Scheckeinreichungen	26	0,85
Überziehungskredit einräumen/ändern	2	3,50
Kontoauszüge	52	0,15

Kontoführungsgebühr:

– Monatspauschale	*7,50 EUR*

Wertbereich:

– Durchschnittlicher Saldo	*1.450,00 Soll*
– Überziehungszinssatz	*10,25 % p. a.*
– Habenzinssatz	*0,25 % p. a.*
– Alternativzinssatz am Geldmarkt	*3,50 % p. a.*
– Risikokosten	*0,79 % p. a.*
– Kalkulatorische Eigenkapitalkosten	*1,20 % p. a.*

a) Ermitteln Sie den Deckungsbeitrag III des Girokontos in Euro p. M.

Herr Walterscheid möchte nun zusätzlich ein Termingeld in Höhe von 10.000,00 EUR für einen Monat anlegen. Die Sparkasse Werne gewährt einen Zinssatz von 3,20 % p. a. Die einmaligen Betriebskosten für Termingeldanlagen betragen 40,00 EUR.

b) Ermitteln Sie den Deckungsbeitrag III in Euro des Termingeldes unter Berücksichtigung eines Alternativzinssatzes am Geldmarkt von 4,25 % p. a. pro Monat.

c) Berechnen und beurteilen Sie den Deckungsbeitrag III des Kunden Walterscheid für das Betriebsergebnis der Sparkasse Werne.
Welche Strategie für die weitere Kundenbeziehung würden Sie dem zuständigen Kundenberater vorschlagen?

7.7.4 Geschäftsstellenkalkulation

Unterrichtsinhalte samt Aufgaben finden Sie als Webmaterial auf der Website des Verlages (s. Hinweis S. 2). Web

8 Rücklagen- und Ausschüttungspolitik in Kreditinstituten

Gegenstand der Rücklagen- und Ausschüttungspolitik in Kreditinstituten sind die alternativen Verwendungsmöglichkeiten des erwirtschafteten Jahresüberschusses. Dabei berücksichtigt sie die Konsequenzen für das bilanzielle Eigenkapital als Haftungsbasis für eingegangene Verbindlichkeiten.
Die Rücklagen- und Ausschüttungspolitik wird exemplarisch am Beispiel der Aktiengesellschaft beschrieben.

Situation

Zwei Auszubildende der Rhein-Ruhr-Bank AG lesen aufmerksam den Geschäftsbericht ihres Instituts. Als stolze Besitzer von jeweils fünf Aktien interessieren sie sich besonders für folgende Textpassagen:

„... Der Jahresüberschuss stieg auf 100 Mio. EUR nach Steuern. Hiervon wurden neben der erforderlichen Zuführung zur Gesetzlichen Rücklage der maximal mögliche Betrag von 47,50 Mio. EUR in die Anderen Gewinnrücklagen gestellt ...

... Der Bilanzgewinn beträgt 47,50 Mio. EUR, sodass den Aktionären eine Bar-(Brutto-)Dividende von 0,25 EUR je Stückaktie (rechnerischer Nennwert 1,00 EUR) auf das unveränderte Grundkapital von 190 Mio. EUR gezahlt werden konnte. ...“

8.1 Das bilanzielle Eigenkapital von Aktiengesellschaften

8.1.1 Die Bestandteile der Bilanzposition Eigenkapital

Die Bilanzposition Eigenkapital von Kreditinstituten in der Rechtsform der Aktiengesellschaft gliedert sich nach § 272 HGB und RechKredVO in folgende Positionen:

11. Eigenkapital
    - a) gezeichnetes Kapital
    - b) Kapitalrücklage
    - c) Gewinnrücklagen
        - ca) gesetzliche Rücklage
        - cb) Rücklagen für Anteile an einem herrschenden oder mehrheitlich beteiligtem Unternehmen
        - cc) satzungsmäßige Rücklagen
        - cd) andere Gewinnrücklagen
    - d) Bilanzgewinn/Bilanzverlust

Erläuterungen zu den Eigenkapitalbestandteilen:

Eigenkapitalposition	Erläuterungen
I. Gezeichnetes Kapital § 272,1 HGB	Grundkapital der AG. Das Grundkapital ist der in Aktien zerlegte Teil des Eigenkapitals einer Aktiengesellschaft. Die Summe der Nennwerte aller Aktien entspricht dem Grundkapital, dessen Mindesthöhe auf 50.000,00 EUR festgelegt ist. Die nicht eingeforderten ausstehenden Einlagen auf das gezeichnete Kapital sind offen von dieser Position abzusetzen; der verbleibende Betrag ist als Posten „Eingefordertes Kapital" auszuweisen. Eingeforderte, aber noch nicht eingezahlte Beträge sind unter den Forderungen gesondert auszuweisen. **Eigene Anteile** • **Erwerb (§ 272, Abs. 1a HGB)** Der Nennwert bzw. rechnerische Nennwert von erworbenen eigenen Anteilen ist offen von dem Posten „Gezeichnetes Kapital" abzusetzen. Die Differenz zwischen den Anschaffungskosten und dem Nennwert bzw. rechnerischem Nennwert der erworbenen eigenen Anteile ist mit den frei verfügbaren Rücklagen zu verrechnen. Kosten des Erwerbs sind als Aufwand zu erfassen. Der Erwerb eigener Aktien ist gem. § 71 AktG auf 10% des Grundkapitals beschränkt. Werden die eigenen Aktien dem Handelsbestand zugeordnet, dürfen nur maximal 5% des Grundkapitals erworben werden. Der Erwerb ist nur zulässig, wenn in Höhe der Aufwendungen für die eigenen Aktien eine Rücklage gebildet werden könnte, ohne dass das Grundkapital oder die Gesetzliche Rücklage gemindert wird. Eigene Aktien sind nicht stimm- und dividendenberechtigt. • **Verkauf (§ 272, Abs. 1b HGB)** Nach der Veräußerung entfällt der Ausweis gem. (§ 272, Abs. 1a HGB). Die Differenz zwischen dem Veräußerungserlös und dem Nennwert bzw. rechnerischem Nennwert ist bis zur Höhe der ursprünglichen Verrechnung mit den freien Rücklagen wieder in diese Positionen einzustellen. Ein darüber hinaus erzielter Differenzbetrag ist den Kapitalrücklagen zuzuführen. Kosten der Veräußerung sind als Aufwand zu erfassen.
II. Kapitalrücklagen § 272, 2 HGB	**Außenfinanzierung** Einzustellen sind • Aufgelder (Agio) bei der Ausgabe von Aktien durch Neuemissionen oder Kapitalerhöhungen, • Aufgelder bei der Emission von Wandel- und Optionsschuldverschreibungen.
III. Gewinnrücklagen	**Innenfinanzierung** Beträge, die im Geschäftsjahr oder in Vorjahren aus dem Jahresüberschuss einbehalten worden sind
1. Gesetzliche Rücklage gem. § 150 AktG	Einzustellen sind • 5 % des Jahresüberschusses (evtl. abzüglich eines Verlustvortrages aus dem Vorjahr), • bis die Summe aus Gesetzlicher Rücklage und Kapitalrücklage 10 % des Gezeichneten Kapitals erreicht hat. Die Gesetzliche Rücklage und die Kapitalrücklage dienen • dem Ausgleich eines Jahresfehlbetrages, • dem Ausgleich eines Verlustvortrages.

Eigenkapitalposition	Erläuterungen
2. Rücklage für Anteile an einem herrschenden oder mehrheitlich beteiligten Unternehmen § 272, Abs. 4 HGB	In die Rücklage ist bei der Aufstellung der Bilanz ein Betrag aus den frei verfügbaren Rücklagen einzustellen, der dem auf der Aktivseite angesetzten Betrag entspricht. Die Rücklage ist bei Veräußerung oder Einzug der Anteile entsprechend zu kürzen. Gleiches gilt auch, wenn die Anteile auf der Aktivseite mit einem niedrigeren Betrag angesetzt werden.
3. Satzungsmäßige Rücklagen gem. § 58, 1 AktG	Ihre Dotierung ist nur dann möglich, wenn die Hauptversammlung den Jahresabschluss feststellt. (Zur Rücklagendotierung siehe Andere Gewinnrücklagen)
4. Andere Gewinnrücklagen gem. § 58, 2 AktG	Stellen Vorstand und Aufsichtsrat den Jahresabschluss fest, können sie maximal 50 % der Differenz aus dem Jahresüberschuss minus den Zuführungen zur Gesetzlichen Rücklage und dem Verlustvortrag in diese Position einstellen.
IV. Gewinnvortrag/ Verlustvortrag	Er wird aus der Bilanz des Vorjahres übernommen und erhöht bzw. mindert vorab den Jahresüberschuss des laufenden Jahres. Er entsteht u. a., wenn durch die Dividendenzahlung der Bilanzgewinn nicht in vollem Umfang (Gewinnvortrag) oder etwas mehr als der Bilanzgewinn (Verlustvortrag) ausgeschüttet wird.
V. Bilanzgewinn/-verlust	Der Bilanzgewinn ist der Teil des Jahresüberschusses, über dessen Verwendung die Hauptversammlung entscheidet. Jahresüberschuss + Gewinnvortrag bzw. Verlustvortrag – Zuführungen zu den Gewinnrücklagen = Bilanzgewinn

Eigene Aktien – Erwerb und Veräußerung

Das Eigenkapital der Rhein-Ruhr-Bank AG hat folgende Struktur (Ausschnitt):

I. Gezeichnetes Kapital	190.000.000,00 EUR	
II. Kapitalrücklagen	20.000.000,00 EUR	**„freie" Rücklagen**
III. Gewinnrücklagen		
1. Gesetzliche Rücklage	19.000.000,00 EUR	
…		
4. Andere Gewinnrücklagen	75.000.000,00 EUR	**„freie" Rücklagen**

Erwerb eigener Aktien (§ 272, Abs. 1 a HGB)

Die Rhein-Ruhr-Bank AG erwirbt 1 % (= 1,9 Mio. Stück) eigene Aktien zu einem Börsenkurs von 8,50 EUR. Der rechnerische Nennwert der Stückaktien beträgt 1,00 EUR.

<u>Anschaffungskosten:</u>
1.900.000 Aktien à 8,50 EUR = 16.150.000,00 EUR

→ Offene Absetzung vom gezeichneten Kapital in Höhe des Nennwertes
1.900.000 Aktien · 1,00 EUR = 1.900.000,00 EUR

→ Verrechnung mit den freien Rücklagen (Kapitalrücklage und Andere Gewinnrücklagen)
1.900.000 Aktien · 7,50 EUR = 14.250.000,00 EUR

Die Rhein-Ruhr-Bank AG verrechnet mit den Anderen Gewinnrücklagen:

	Bestand	75.000.000,00 EUR
–	Agio der eigenen Aktien	14.250.000,00 EUR
=	Bestand neu	60.750.000,00 EUR

Bilanzielle Wirkungen:

I. Gezeichnetes Kapital	190.000.000,00 EUR
– eigene Aktien im Bestand	**– 1.900.000,00 EUR**
	= 188.100.000,00 EUR
II. Kapitalrücklagen	20.000.000,00 EUR
III. Gewinnrücklagen	
2. Gesetzliche Rücklage	19.000.000,00 EUR
…	
4. Andere Gewinnrücklagen	**60.750.000,00** EUR

Veräußerung eigener Aktien (§ 272, Abs. 1 b HGB)

Im nächsten Geschäftsjahr veräußert die Rhein-Ruhr-Bank AG die erworbenen eigenen Aktien zu einem Kurs von 10,00 EUR je Stückaktie.

Veräußerungserlös:

1.900.000 Aktien à 10,00 EUR = 19.000.000,00 EUR

→ Wegfall der offenen Absetzung vom gezeichneten Kapital in Höhe des Nennwertes

1.900.000 Aktien · 1,00 EUR = 1.900.000,00 EUR

→ Rücknahme der Verrechnung mit den freien Rücklagen aus dem Vorjahr

1.900.000 Aktien · 7,50 EUR = 14.250.000,00 EUR

→ Bildung von **Kapitalrücklagen** in Höhe der Differenz zwischen dem Veräußerungserlös und den ursprünglichen Anschaffungskosten

Veräußerungserlös:	1.900.000 Aktien à 10,00 EUR	= 19.000.000,00 EUR
Anschaffungskosten:	1.900.000 Aktien à 8,50 EUR	= – 16.150.000,00 EUR
Bildung von Kapitalrücklagen		= 2.850.000,00 EUR

Bilanzielle Wirkungen:	
I. Gezeichnetes Kapital	190.000.000,00 EUR
II. Kapitalrücklagen	**22.850.000,00** EUR
III. Gewinnrücklagen	
3. Gesetzliche Rücklage	19.000.000,00 EUR
...	
4. Andere Gewinnrücklagen	75.000.000,00 EUR

8.1.2 Stille und offene Rücklagen

Art der Rücklage	**Stille** Rücklagen („Reserven“)	**Offene** Rücklagen
Bilanzausweis	keine Bilanzierungspflicht	Bilanzierungspflicht
entstehen bzw. erhöhen sich +	z. B. durch Unterbewertung von Aktiva: • Niederstwertprinzip • Kompensation von Wertberichtigungen • Buchwert < realisierbarer Marktwert	1. Agio aus Kapitalerhöhungen (z. B. von Aktien, Wandel und Optionsanleihen) → **Kapitalrücklagen** 2. Einbehaltung von Teilen des Jahresüberschusses → **Gewinnrücklagen**
werden aufgelöst bzw. realisiert –	z. B. durch • den Verkauf von Aktiva über dem Buchwert • den Eingang von Zahlungen auf abgeschriebene Forderungen im Kreditgeschäft • die Rückzahlung von Passiva unter dem Buchwert	z. B. • durch Kapitalerhöhungen aus Gesellschaftsmitteln (AG, KGaA) • zur Ausschüttung an die Teilhaber (Bonuszahlungen, ...) • zur Verbesserung des Jahresüberschusses

8.2 Jahresüberschuss[1]

8.2.1 Ermittlung des Jahresüberschusses

Der Jahresüberschuss bzw. Jahresfehlbetrag ist der Saldo aller Erträge und Aufwendungen in einem Geschäftsjahr. Er wird durch die Gewinn-und-Verlust-Rechnung im Rahmen des Jahresabschlusses ermittelt.

Ermittlung des Jahresüberschusses

Aufwendungen	Gewinn-und-Verlust-Rechnung Erträge
Summe aller Aufwendungen (inkl. Steuern vom Einkommen und Ertrag)	Summe aller Erträge
Jahresüberschuss	

Der Jahresüberschuss wird bei Aktiengesellschaften gemäß § 172 AktG durch den Vorstand mit Billigung des Aufsichtsrates festgestellt.

– Steuerbelastung

Der Jahresüberschuss ist das „Einkommen" der Aktiengesellschaft in einem Geschäftsjahr. Es unterliegt der Einkommensteuer. Kapitalgesellschaften, als juristische Personen, zahlen Körperschaftsteuer als spezielle Erhebungsform der Einkommensteuer.

Der Körperschaftsteuersatz beträgt 15 %. Hinzu kommt der Solidaritätszuschlag, der auf alle Einkommensteuern erhoben wird. Er beträgt zzt. 5,5 % der Körperschaftsteuer, sodass die effektive Körperschaftsteuerlast 15,825 % beträgt.

Der Solidaritätszuschlag und die Gewerbeertragsteuer, als weitere Steuer auf den Unternehmenserfolg, bleiben aus didaktischen Gründen im Folgenden unberücksichtigt.

Beispiel

Die Rhein-Ruhr-Bank AG weist in ihrer Gewinn-und-Verlust-Rechnung für das Jahr 2014 einen Jahresüberschuss nach Steuern von 100 Mio. EUR aus. Auf diesem Betrag lasten bereits die Steuern vom Einkommen und Ertrag (hier nur: Körperschaftsteuer 15 %).

	Jahresüberschuss vor Steuern	**117.647.058,80 EUR**
–	**Körperschaftsteuer 15 %**	**– 17.647.058,80 EUR**
=	**Jahresüberschuss nach Steuern**	**= 100.000.000,00 EUR**

Berücksichtigt man nur die Körperschaftsteuer, beträgt der Jahresüberschuss nach Steuern genau 85 % des Jahresüberschusses vor Steuern.

[1] *Es ist natürlich möglich, dass Jahresfehlbeträge entstehen. Ihre Betrachtung wird jedoch vernachlässigt.*

8.2.2 Verwendung des Jahresüberschusses

Über die Verwendung des Jahresüberschusses entscheidet der Vorstand der AG. Die Hauptversammlung (§ 174 AktG) hat das Recht, über die Verwendung des Bilanzgewinnes zu entscheiden. Hierzu unterbreitet der Vorstand i. d. R. einen Vorschlag.

Für die Verwendung des erzielten Jahresüberschusses bieten sich dem Vorstand einer Aktiengesellschaft grundsätzlich zwei Möglichkeiten:

1. **Bildung von Gewinnrücklagen (sog. Gewinnthesaurierung)**
   Der Jahresüberschuss wird dem Eigenkapital zugeführt. Das erwirtschaftete Kapital steht dem Unternehmen hierdurch zukünftig z. B. für Investitionen zur Verfügung. Zusätzlich verbessert es die Haftungsbasis.
   Die Gewinnthesaurierung ist eine Form der Selbstfinanzierung von Unternehmen.

2. **Gewinnausschüttung an die Aktionäre**
   Der Jahresüberschuss wird als Dividende je Aktie an die Teilhaber des Unternehmens ausgezahlt.
   Das erwirtschaftete Kapital steht dem Unternehmen zukünftig nicht mehr zur Verfügung. Durch die Ausschüttung verliert es Liquidität.

In der Praxis nutzen Aktiengesellschaften grundsätzlich beide Möglichkeiten der Gewinnverwendung gleichzeitig.

Die konkrete Entscheidung darüber, in welchem Verhältnis Gewinnthesaurierung und Gewinnausschüttung zueinander stehen sollen, wird durch folgende Faktoren beeinflusst:

– Interessenlage

Die Gewinnverwendung wurde in den letzten Jahren durch den Begriff „Shareholder-Value“ (engl.: share = Aktie, value = Wert) geprägt. Die Interessen der Aktionäre (shareholder) an einer möglichst hohen Dividende standen im Vordergrund. Die Unternehmensleitung eines Kreditinstituts hat aber auch die Interessen anderer Gruppen (Kunden, Gläubiger, ...) zu berücksichtigen, die ein solides Eigenkapital durch ausreichende Rücklagenbildung bevorzugen.
Daneben spielt in Deutschland die Tradition der Dividendenkontinuität, d. h. jedes Jahr eine möglichst gleich hohe Dividende zu zahlen, ebenfalls eine wichtige Rolle.

– Eigenkapitalausstattung des Unternehmens

Durch die Abhängigkeit des Kreditvergabevolumens von den haftenden Eigenmitteln spielt bei Kreditinstituten eine ausreichende Eigenkapitalbasis eine wichtige Rolle. Die Vernachlässigung der Rücklagendotierung kann sich somit negativ auf Expansionsbestrebungen auswirken. Zudem wird das Bilanzwachstum gemindert.

Darüber hinaus sind folgende Aspekte zu berücksichtigen:

- **Haftungsfunktion des Eigenkapitals**
  Das Eigenkapital ist die Haftungsbasis für die Verbindlichkeiten der Gläubiger. Ein angemessenes Eigenkapital ist die Voraussetzung zur Aufnahme von Fremdkapital.

- **Finanzierungsfunktion des Eigenkapitals**
  Das Eigenkapital dient der Finanzierung des Anlagevermögens (Goldene Bankregel).

- **Aktionärsstruktur**
  Bei börsennotierten Aktiengesellschaften, deren Aktien sich zu einem großen Teil im Streubesitz befinden, ist die Höhe der Dividendenzahlung eine wichtige Bewertungsgröße für die Bonität und Ertragskraft der Unternehmung.

8.2.3 Schema zur Jahresüberschussverwendung

Für die Verteilung des Jahresüberschusses einer Aktiengesellschaft ergibt sich in Abhängigkeit zur Eigenkapitalstruktur folgendes Schema:

	Jahresüberschuss vor Steuern	
–	Steuern vom Einkommen und Ertrag (nur: Körperschaftsteuer)	
=	**Jahresüberschuss nach Steuern**	
+	**Gewinnvortrag (bzw. – Verlustvortrag)**	
+	Entnahmen aus den Kapitalrücklagen	
+	Entnahmen aus den	Gewinnrücklagen Gesetzliche Rücklagen Rücklagen für Anteile an einem herrschenden oder mehrheitlich beteiligtem Unternehmen Satzungsmäßige Gewinnrücklagen Andere Rücklagen
–	**Zuführung zu den**	**Gewinnrücklagen** **Gesetzliche Rücklagen** **Rücklagen für Anteile an einem herrschenden oder mehrheitlich beteiligtem Unternehmen** **Satzungsmäßige Gewinnrücklagen** **Andere Rücklagen**
=	**Bilanzgewinn**	

Entnahmen aus den Rücklagen im Rahmen des Jahresabschlusses werden grundsätzlich nur zu folgenden Zwecken vorgenommen:

- Der erwirtschaftete Jahresüberschuss reicht nicht zur Zahlung einer angemessenen Dividende aus.

- Im abgelaufenen Geschäftsjahr erzielte das Unternehmen einen Jahresfehlbetrag.

Beispiel

Jahresüberschussverwendung der Rhein-Ruhr-Bank AG (in Mio. Euro)

Anmerkungen:
Die Gesetzliche Rücklage und die Kapitalrücklage betragen zusammen 9,50 Mio. EUR. Die übrigen Zahlenwerte wurden der Eingangssituation entnommen. Der Solidaritätszuschlag bleibt unberücksichtigt.

	Jahresüberschuss vor Steuern		**117.647.058,80 EUR**
–	**Steuern vom Einkommen und Ertrag (Körperschaftsteuer 15 %)**	–	**17.647.058,80 EUR**
=	**Jahresüberschuss nach Steuern**	=	**100.000.000,00 EUR**
–	**Dotierung der Gewinnrücklage**		
	Gesetzliche Rücklage (5 % des Jahresüberschusses)	–	**5.000.000,00 EUR**
	(Zwischensumme	=	***95.000.000,00 EUR)***
	Rücklagen für Anteile an einem herrschenden oder mehrheitlich beteiligtem Unternehmen		**–,–**
	Satzungsmäßige Rücklagen		**–,–**
	Andere Gewinnrücklagen (max. 50 % der Zwischensumme)	–	**47.500.000,00 EUR**
=	**Bilanzgewinn**	=	**47.500.000,00 EUR**

8.2.4 Verwendung des Bilanzgewinns

Wird der **Bilanzgewinn** in voller Höhe ausgeschüttet, entspricht er der gesamten Bruttodividende auf das Gezeichnete Kapital. Er bildet somit die Basis für die Berechnung der Bruttodividende pro Aktie.

Beispiel

Ermittlung der Bruttodividende der Rhein-Ruhr-Bank AG:

Das Gezeichnete Kapital von 190.000.000,00 EUR teilt sich in 190.000.000 Stückaktien.

Bilanzgewinn (= Bruttodividende)	47.500.000,00	EUR
Anzahl der Aktien	190.000.000.00	Stück

= Bruttodividende 0,25 EUR je Stückaktie

8.2.5 Konsequenzen der Jahresüberschussverwendung für das Eigenkapital

Die Überführung von Teilen des Jahresüberschusses in die Gewinnrücklagen erhöht das Eigenkapital einer Aktiengesellschaft.
Der Bilanzgewinn ist bilanziell ebenfalls Bestandteil der Bilanzposition Eigenkapital. In wirtschaftlicher Hinsicht stellt er eine kurzfristige Verbindlichkeit dar, da er am Tage nach der Hauptversammlung an die Aktionäre ausgeschüttet wird.

Beispiel

Die Verteilung des Jahresüberschusses der Rhein-Ruhr-Bank AG führt zu folgenden Veränderungen des Eigenkapitals (in Mio. Euro):

Eigenkapital	Vorjahr	Veränderung	Berichtsjahr
I. Gezeichnetes Kapital	190,00	-,-	190,00
II. Kapitalrücklagen	5,00	-,-	5,00
III. Gewinnrücklagen 1. Gesetzliche Rücklage	4,50	+ 5,00	9,50
2. Rücklagen für Anteile an einem herrschenden oder mehrheitlich beteiligtem Unternehmen	-	-,-	-
3. Satzungsmäßige Rücklagen	-	-,-	-
4. Andere Gewinnrücklagen	50,00	+ 47,50	97,50
IV. Gewinn-/Verlustvortrag	-	-	-
V. Bilanzgewinn	-	(+ 47,50)	(47,50)
Summen (ohne Bilanzgewinn)	249,50	+ 52,50	302,00

Aufgaben

1. *Ermitteln Sie den Jahresüberschuss bzw. -fehlbetrag nach Steuern der Kreditbank AG für das laufende Geschäftsjahr anhand der folgenden Angaben aus dem Rechnungswesen:*

Position	Betrag (in Mio. EUR)
Gesamte Zinserträge	386
Sonstige Vermögensgegenstände	36
Sonstige betriebliche Aufwendungen	25
Personalaufwand	121
Sonstige Verbindlichkeiten	58
Andere Verwaltungsaufwendungen	67
Rückstellungen	98
Provisionserträge	86
Abschreibungen auf Forderungen	49
Zinsaufwendungen aus begebenen Schuldverschreibungen	20
Steuern vom Einkommen und Ertrag	2,1
Abschreibungen auf Anlagen	35
Einbehaltene Kapitalertragsteuer	28
Sonstige betriebliche Erträge	27
Zinsaufwendungen im Kundengeschäft	204
Nettoerträge aus Finanzgeschäften	36

2. *Die Autofinanzierungsbank AG hat zum 01.01.2021 ihre Geschäfte aufgenommen. Die 10 Mio. Stückaktien mit einem rechnerischen Anteil von 2,00 EUR am gezeichneten Kapital wurden von den Gründern zum Nennwert übernommen.*

   a) Skizzieren Sie die Bilanzposition „Eigenkapital" der Autofinanzierungsbank AG nach der Gründung.

   Zum Ende des ersten Geschäftsjahres konnte ein Jahresüberschuss nach Steuern vom Einkommen und Ertrag in Höhe von 4,0 Mio. EUR erwirtschaftet werden.

   b) Berechnen Sie die Höhe der zu entrichtenden Körperschaftsteuer auf den Jahresüberschuss. (Der Solidaritätszuschlag bleibt unberücksichtigt.)

   Der Vorstand möchte den größtmöglichen Anteil des Jahresüberschusses in die Anderen Gewinnrücklagen überführen.

   c) Ermitteln Sie den Maximalbetrag in Euro, der gemäß Aktiengesetz insgesamt den Anderen Gewinnrücklagen zugeführt werden darf.

   Der verbleibende Restbetrag soll durch Beschluss der Hauptversammlung in vollem Umfang an die Aktionäre ausgeschüttet werden.

   d) Ermitteln Sie in diesem Zusammenhang folgende Größen (in Euro):
   da) Bilanzgewinn
   db) Bruttodividende je Stückaktie

   e) Skizzieren Sie die Bilanzposition Eigenkapital per 31.12.2021.

   f) Ermitteln Sie die Eigenkapitalrentabilität in Prozent p. a. auf Basis des Jahresüberschusses.

3. *(Berücksichtigen Sie Ihre Ergebnisse aus Aufgabe 2.)*
   Am 01.07.2022 führt die Autofinanzierungsbank AG eine Kapitalerhöhung gegen Einlagen durch. Es werden 5 Millionen neue Stückaktien (rechnerischer Nennwert 2 EUR) mit voller Gewinnberechtigung für das laufende Geschäftsjahr zu einem Ausgabepreis von 24,00 EUR platziert.

   a) Stellen Sie die Konsequenzen der Kapitalmaßnahme für das Eigenkapital der Bank dar.

   Der Jahresüberschuss vor Steuern in 2019 kann gegenüber dem Vorjahr um 12,5 % gesteigert werden. Den Anderen Gewinnrücklagen soll wiederum der maximale Betrag zugeführt werden.

   b) Ermitteln Sie hierzu folgende Beträge (in Euro):
   ba) Zuführung zu den Gesetzlichen Rücklagen,
   bb) Zuführung zu den Anderen Gewinnrücklagen,
   bc) Bilanzgewinn,
   bd) Bruttodividende je Aktie,
   be) Dividendenveränderung in Prozent gegenüber dem Vorjahr.

   c) Ermitteln Sie den Gesamtbetrag des bilanziellen Eigenkapitals inklusive des Bilanzgewinnes per 31.12.2022 in Euro.

   d) Berechnen Sie die Verzinsung des durchschnittlich im Jahr 2022 verfügbaren Eigenkapitals in Prozent p. a. Runden Sie Ihr Ergebnis auf 2 Stellen nach dem Komma.

4. *Die nachstehenden Angaben sind zur Erstellung der Gewinn-und-Verlust-Rechnung der Rhein-Ruhr-Bank AG heranzuziehen.*

	Mio. EUR
Gezeichnetes Kapital	25,00
Wertberichtigung auf Forderungen	8,10
Zinsaufwendungen	181,50
Abschreibung auf Forderungen und Sachanlagen	20,40
Zins- und Dividendenscheine	1,70
Personalaufwendungen	38,10
Rückstellungen	18,30
Zinserträge aus Kredit- und Geldmarktgeschäften	200,50
Andere Verwaltungsaufwendungen	14,70
Steuern vom Einkommen + Ertrag	2,40
Außerordentliche Aufwendungen	8,20
Laufende Erträge aus Anteilsrechten	49,65
Außerordentliche Erträge	28,75

Ermitteln Sie

a) den Jahresüberschuss nach Steuern in Mio. Euro.

b) den Bilanzgewinn in Mio. Euro, nachdem vom Jahresüberschuss außer der gesetzlichen Rücklagendotierung weitere 6,42 Mio. EUR in andere Gewinnrücklagen eingestellt wurden.

c) die Bruttodividende je Aktie im Nennwert von 5,00 EUR, wenn der Bilanzgewinn in voller Höhe ausgeschüttet wird.

5. *Die Hansebank AG hat im Rahmen des Jahresabschlusses folgende Zahlen ermittelt (in Mio. Euro):*

Grundkapital:	640,00 (5,00 EUR Nennwert je Aktie)
Gesetzliche Rücklagen:	50,80
Kapitalrücklagen:	9,50
Andere Gewinnrücklagen:	304,00
Summe der Aufwendungen inkl. KSt.:	311,20
Summe der Erträge:	508,70

Ermitteln Sie folgende Größen in Euro:

a) Jahresüberschuss nach Steuern

b) noch erforderlichen Zuführungsbetrag zu der Gesetzlichen Rücklage

c) Bilanzgewinn, nachdem 65,80 Mio. EUR in andere Gewinnrücklagen überführt wurden

d) Bruttodividende je Aktie bei voller Bilanzgewinnausschüttung

e) Betrag des neuen Eigenkapitals

f) Betrag der gezahlten Körperschaftsteuer (ohne Solidaritätszuschlag)

6. *Das bilanzielle Eigenkapital der Bodenseebank AG weist zum Bilanzstichtag des abgelaufenen Geschäftsjahres folgende Struktur auf (in Mio. Euro):*

Gezeichnetes Kapital	***40***
Kapitalrücklagen	***02***
Gesetzliche Rücklage	***01***
Andere Gewinnrücklagen	***10***

Aus der Gewinn-und-Verlust-Rechnung liegen folgende Werte vor (in Mio. Euro):

Summe der Aufwendungen (einschl. Steuern vom Einkommen und Ertrag)	***112***
Summe der Erträge	***118***

Im Rahmen der Jahresüberschussverwendung sind folgende Aspekte zu beachten:

- *Im Jahresablauf wurden gem. § 71, Abs. 1 Nr. 8 AktG. 7.000 Stück eigene Aktien zu einem Börsenkurs von 38,00 EUR (rechnerischer Nennwert 5,00 EUR) erworben.*
- *Den Anderen Gewinnrücklagen soll der höchstmögliche Betrag gem. Aktiengesetz zugeführt werden.*

Ermitteln Sie folgende Werte (in Euro):

a) Jahresüberschuss vor und nach Körperschaftsteuer (Der Solidaritätszuschlag ist nicht zu beachten)
b) Veränderungen im Eigenkapital durch die erworbenen eigenen Aktien
c) Zuführung zu den Anderen Gewinnrücklagen
d) Bilanzgewinn
e) Bruttodividende je Aktie
f) Bilanzielles Eigenkapital ohne Bilanzgewinn nach erfolgter Gewinnverwendung
g) Stellen Sie die Konsequenzen für das Eigenkapital dar, wenn die eigenen Aktien im folgenden Geschäftsjahr zu einem Bösenkurs von 45,00 EUR je Aktie wieder veräußert würden.

7. *Die Bilanzposition Eigenkapital der Universalbank AG hat vor der Gewinnverwendung die folgende Struktur (in Mio. Euro):*

Gezeichnetes Kapital	***500***	***Gesetzliche Rücklagen***	***21***
Kapitalrücklagen	***25***	***Andere Gewinnrücklagen***	***10***

Der Jahresüberschuss nach Steuern vom Einkommen und Ertrag beträgt 78 Mio. EUR. Es besteht weder ein Gewinn- noch ein Verlustvortrag aus dem Vorjahr.

Welche der nachfolgenden Aussagen treffen auf die bevorstehende Verteilung des Jahresüberschusses der Universalbank AG zu?
1 Die Gesetzliche Rücklage muss gemäß Aktiengesetz mit mindestens 4,00 Mio. EUR dotiert werden.
2 Für dieses Geschäftsjahr ist keine Dotierung der Gesetzlichen Rücklage erforderlich, da der Bestand bereits den Bestimmungen des Aktiengesetzes entspricht.
3 In die Gesetzliche Rücklage muss nur noch ein Betrag von 3,90 Mio. EUR überführt werden, um die gesetzlichen Bestimmungen zu erfüllen.
4 Die Gesetzliche Rücklage ist mit 3,90 Mio. EUR zu dotieren, da die Summe aus Gesetzlicher Rücklage und Kapitalrücklagen noch nicht 10% des Gezeichneten Kapitals erreicht hat.
5 Nach Dotierung der Gesetzlichen Rücklagen in erforderlicher Höhe können gemäß Aktiengesetz den Anderen Gewinnrücklagen noch 37,05 Mio. EUR zugeführt werden.

8. *Welche Aussage zu den Gewinnrücklagen einer AG entspricht den Bestimmungen des Aktiengesetzes?*

a) Bei jungen Unternehmen muss zur Stärkung der Investitionsfähigkeit der gesamte Jahresüberschuss in die Gewinnrücklagen eingestellt werden.
b) Betragen die Gesetzlichen Rücklagen und die Kapitalrücklagen zusammen weniger als 10% des gezeichneten Kapitals, so sind 10% des Jahresüberschusses, vermindert um einen Verlustvortrag, in die Gesetzliche Rücklage einzustellen, bis 5% des Grundkapitals erreicht sind.
c) Rücklagen für Anteile an einem herrschenden oder mehrheitlich beteiligtem Unternehmen werden in Höhe des Nennwertes gebildet.
d) Anderen Gewinnrücklagen dürfen maximal 50% des Jahresüberschusses zugeführt werden. Hiervon ist der Jahresüberschuss vorab um einen evtl. bestehenden Verlustvortrag sowie um die Zuführung zur Gesetzlichen Rücklage zu reduzieren.
e) Betragen die Gesetzliche Rücklage und die anderen Gewinnrücklagen zusammen weniger als 10% des Gezeichneten Kapitals, so sind 5% des Jahresüberschusses, vermindert um einen Verlustvortrag, in die Gesetzliche Rücklage einzustellen, bis 10% des Grundkapitals erreicht sind.

9. Ordnen Sie die nachstehenden Aussagen den entsprechenden Bilanzänderungen zu:

Bilanzänderungen:
[1] Erhöhung der Stillen Rücklagen
[2] Minderung der Stillen Rücklagen
[3] Erhöhung der Offenen Rücklagen
[4] Minderung der Offenen Rücklagen
[5] Bildung von Rückstellungen
[6] Auflösung von Rückstellungen

Tipp: Bilden Sie, falls möglich, den Buchungssatz für die einzelnen Geschäftsfälle.

a) Ein Firmenwagen konnte nur mit einem geringen Gewinn auf den Buchwert veräußert werden.
b) Dotierung des Sonderpostens für allgemeine Bankrisiken.
c) Wertpapiere im Eigenbestand sind im Jahr der Anschaffung aufgrund des Niederstwertprinzipes mit dem niedrigeren Anschaffungskurs bilanziert worden.
d) Im letzten Geschäftsjahr wurde eine nominelle Kapitalerhöhung erfolgreich durchgeführt.
e) Bei den Wertpapieren des Handelsbestandes wird der Risikoabschlag erhöht.
f) Trotz eines um 5 % gestiegenen Jahresüberschusses wurde eine unveränderte Dividende von 0,80 EUR gezahlt.
g) Aus einer Kapitalerhöhung gegen Einlagen floss der AG ein Agio in Höhe von 16,00 EUR je Aktie zu.
h) Im abgelaufenen Geschäftsjahr wurden eigene Aktien (rechnerischer Nennwert 1,00 EUR) in Höhe von 3 % des gezeichneten Kapitals zu einem Kurs von 12,00 EUR erworben.
i) Das Kreditinstitut berücksichtigt die voraussichtlichen Aufwendungen, die für die Prüfung des Jahresabschlusses des laufenden Geschäftsjahres im Folgejahr anfallen werden.
j) Das Kreditinstitut gewinnt einen seit dem Vorjahr anhängigen Prozess. Das Prozessrisiko wurde im letzten Jahr bilanziell berücksichtigt.

10. In der Rhein-Ruhr-Bank AG werden im laufenden Geschäftsjahr stille Reserven und offene Rücklagen gebildet und aufgelöst.

Ordnen Sie die folgenden Auswirkungen den unten stehenden Vorgängen zu.

Auswirkungen:
1 Bildung von stillen Rücklagen
2 Auflösung von stillen Rücklagen
3 Bildung von offenen Rücklagen
4 Auflösung von offenen Rücklagen
5 Keine Auswirkungen

Vorgänge:
a) Die Rhein-Ruhr-Bank AG verkauft ein unbebautes Grundstück. Der den Buchwert übersteigende Betrag wird ertragswirksam ausgebucht.
b) Die Rhein-Ruhr-Bank AG führt eine Kapitalerhöhung aus Gesellschaftsmitteln durch.
c) Die Rhein-Ruhr-Bank AG verkauft Wertpapiere des Eigenbestandes, die sie Ende des letzten Geschäftsjahres nach dem strengen Niederstwertprinzip bewertet hatte, zu einem Preis, der über dem Anschaffungskurs liegt.
d) Die Rhein-Ruhr-Bank AG bringt neue Aktien mit 1,00 EUR Nennwert zum Emissionskurs von 23,00 EUR in Umlauf.
e) Die Rhein-Ruhr-Bank AG verkauft einen Firmenwagen zum Buchwert an einen Kontokorrentkunden.

11. Stellen Sie den Unterschied zwischen Rückstellungen und Offenen Rücklagen dar. Gehen Sie dabei auch auf die Bilanzierung der beiden Positionen ein.

9 Jahresabschlüsse von Kunden analysieren

9.1 Unterschiede der Bilanzen von Industrie-, Handels-, Dienstleistungs- und Handwerksunternehmen

Situation

Nele Nielsen, Auszubildende der Rhein-Ruhr-Bank AG, ist seit kurzem in der Kreditabteilung eingesetzt. Der Abteilungsleiter überreicht ihr die nachfolgend abgebildeten Kundenbilanzen mit der Bitte, die Werte in das hauseigene Analyseprogramm „Bilaprognos“ zu übernehmen.
Bei der Dateneingabe fallen ihr einige Positionen auf, die sie aus dem Fach „Rechnungswesen“ des Berufskollegs noch nicht kennt.
Hat sie etwa nicht „aufgepasst“?

Bilanz 1 (in Mio. Euro):

Aktiva	Daysler Automobile AG		Passiva
I. Anlagevermögen		**I. Eigenkapital**	
1. Immaterielle Anlagewerte	2.843	1. Grundkapital	2.590
2. Sachanlagen	36.689	2. Kapitalrücklage	7.750
3. Betriebs- und Geschäftsausstattung	3.969	3. Gewinnrücklagen	24.100
II. Umlaufvermögen		**II. Fremdkapital**	
		1. Rückstellungen	13.850
1. Roh-, Hilfs- und Betriebsstoffe	15.090	2. Verbindlichkeiten gegenüber Kreditinstituten	44.000
2. fertige und unfertige Erzeugnisse	6.717	3. Verbindlichkeiten aus Lieferungen und Leistungen	20.920
3. Forderungen aus Lieferungen und Leistungen	8.902		
4. Kasse, Bankguthaben	39.000		
Bilanzsumme	113.210	Bilanzsumme	113.210

Bilanz 2 (in Euro):

Aktiva	Edgar Reppingen Schreibwaren e.K.		Passiva
I. Anlagevermögen		**I. Eigenkapital**	
1. Immaterielle Anlagewerte	–	1. Anfangskapital	123.000,00
2. Sachanlagen	35.405,00	2. Einlage	+ 5.100,00
3. Betriebs- und Geschäftsausstattung	14.109,00	3. Entnahmen	– 40.000,00
II. Umlaufvermögen		**II. Fremdkapital**	
1. Waren	233.676,00	1. Rückstellungen	8.150,00
2. Forderungen aus Lieferungen und Leistungen	1.960,00	2. Verbindlichkeiten gegenüber Kreditinstituten	200.000,00
3. Kasse, Bankguthaben	12.690,00	3. Verbindlichkeiten aus Lieferungen und Leistungen	1.590,00
Bilanzsumme	297.840,00	Bilanzsumme	297.840,00

Bilanz 3 (in Euro):

Elektro Ohm GmbH

Aktiva		Passiva	
I. Anlagevermögen		**I. Eigenkapital**	
1. Immaterielle Anlagewerte	3.590,00	Stammkapital	50.000,00
2. Sachanlagen		**II. Fremdkapital**	
– Technische Anlagen	66.700,00	1. Rückstellungen	8.886,00
– Betriebs- und Geschäftsausstattung	31.268,00	2. Verbindlichkeiten gegenüber Kreditinstituten	92.000,00
II. Umlaufvermögen		3. Erhaltene Anzahlungen auf Bestellungen	105.220,00
1. Roh-, Hilfs- und Betriebsstoffe	131.000,00	4. Verbindlichkeiten aus Lieferungen und Leistungen	144.715,00
2. Unfertige Leistungen	132.764,00	5. Sonstige Verbindlichkeiten	29.798,00
3. Waren	31.000,00		
4. Forderungen aus Lieferungen und Leistungen	28.631,00		
5. Zahlungsmittel	5.666,00		
Bilanzsumme	430.619,00	Bilanzsumme	430.619,00

Bilanz 4 (in Euro):

Globetrotter Reisen OHG

Aktiva		Passiva	
I. Anlagevermögen		**I. Eigenkapital**	
1. Immaterielle Anlagewerte	–	Kapital G. Globetrotter	596.000,00
2. Grundstücke	–	Kapital K. Wanderer	122.500,00
3. Betriebs- und Geschäftsausstattung	790.000,00	**II. Fremdkapital**	
		1. Rückstellungen	4.000,00
II. Umlaufvermögen		2. Verbindlichkeiten gegenüber Kreditinstituten	192.000,00
1. Waren	1.000,00	3. Kundenanzahlungen	13.000,00
2. Forderungen aus Lieferungen und Leistungen	124.000,00	4. Verbindlichkeiten aus Lieferungen und Leistungen	24.000,00
3. Zahlungsmittel	48.000,00	5. Sonstige Verbindlichkeiten	11.500,00
Bilanzsumme	963.000,00	Bilanzsumme	963.000,00

Aufgaben

1. *Vergleichen Sie den formalen Aufbau der Kundenbilanzen mit der letzten Bilanz Ihres Ausbildungsbetriebes.*

2. *Stellen Sie Gemeinsamkeiten und Unterschiede tabellarisch gegenüber.*

9.1.1 Strukturmerkmale von Kundenbilanzen

Um Kundenbilanzen auswerten zu können, ist es notwendig, die entscheidenden Unterschiede im Vergleich zu Kreditinstituten festzustellen.
Der Aufbau der Bilanz und der Gewinn-und-Verlust-Rechnung von Nichtbank-Unternehmen wird durch das HGB (§§ 242 ff., 265, 272) vorgegeben.

9.1.2 Bilanzgliederung

Der formale Aufbau einer Nichtbank-Bilanz weist eine andere Anordnung der Bilanzpositionen auf. Beschränkt man die Betrachtung auf die Bilanzseiten, lassen sich folgende Grundschemata ableiten:

Aktiva	Nichtbanken Passiva
I. Anlagevermögen	I. Eigenkapital
II. Umlaufvermögen	II. Fremdkapital

Aktiva	Kreditinstitute Passiva
I. Umlaufvermögen	I. Fremdkapital
II. Anlagevermögen	II. Eigenkapital

Die Aktivseite ist nach steigender Liquidität und die Passivseite nach abnehmender Fristigkeit des Kapitals gegliedert.
Trotzdem gelten für beide Bilanzarten die grundlegenden Zusammenhänge zwischen den Bilanzseiten.

Investition = Kapitalverwendung	Aktiva	Nichtbank-Bilanz Passiva	Finanzierung = Kapitalherkunft
	Anlagevermögen	Eigenkapital	
	Umlaufvermögen	Fremdkapital	

9.1.3 Bilanzpositionen im Vergleich

	Aktivseite	Passivseite
Gemeinsamkeiten	**Anlagevermögen:** • Grundstücke und Gebäude • Betriebs- und Geschäftsausstattung zur Herstellung von Leistungen **Umlaufvermögen:** • Kasse, Finanzkonten	**Eigenkapital:** Gliederung orientiert sich an Rechtsformen, nicht an Branchen **Fremdkapital:** Vergleichbare Trennung in kurz- und langfristige Verbindlichkeiten
Unterschiede	**Anlagevermögen:** • Bilanzpositionen sind bei Nichtbanken tiefer gegliedert • Teilweise unterschiedliche Bezeichnungen und Inhalte **Umlaufvermögen:** • Bestimmte Bilanzpositionen (z. B. Vorräte, fertige, unfertige Erzeugnisse, ...) sind in Bankbilanzen nicht enthalten. • Unterschiedliche Bezeichnungen und Inhalte z. B. – Forderungen aus Lieferungen und Leistungen, – Anzahlungen	**Eigenkapital:** • Eigenkapitalanteil am Gesamtkapital ist bei Nichtbanken grundsätzlich höher. • Die konkrete Kapitalstruktur wird von der Branche bestimmt. **Fremdkapital:** • Unterschiedliche Bezeichnungen und Inhalte z. B. – Verbindlichkeiten aus Lieferungen und Leistungen, – Anzahlungen

9.1.4 Erläuterungen zu besonderen Bilanzpositionen

Die Darstellung konzentriert sich auf die im Bilanzvergleich von Nichtbanken und Kreditinstituten unterschiedlichen Bilanzpositionen. Ihre Inhalte werden nach Branchen getrennt vorgestellt. Die einzelnen Bezeichnungen der Bilanzpositionen orientieren sich an den Vorgaben des HGB.

Aktivseite

Anlagevermögen

Position Nr.	Branchentypische Inhalte
II 2. Technische Anlagen und Maschinen	Sie werden unmittelbar zur Erstellung der Produkte eingesetzt. **Beispiele** **Industrie:** Fließbänder, Roboter bei der Autoproduktion **Handel:** DV-gesteuerte Lagerhaltungssysteme **Handwerk:** Sägen etc. eines Schreiners **Dienstleistung:** –
II 3. Betriebs- und Geschäftsausstattung	Anlagegüter, die mittelbar zur Erstellung der Produkte eingesetzt werden. **Beispiele** **Industrie:** Fuhrpark, EDV-Anlagen, **Handel:** Fuhrpark, EDV-Anlagen **Handwerk:** Werkbänke, Lagereinrichtungen **Dienstleistung:** Fuhrpark, EDV-/Telefonanlagen, Büroausstattung

Umlaufvermögen

I. Vorräte 1. Roh-, Hilfs- und Betriebsstoffe	Die Position ist hauptsächlich für die Industrie und das Handwerk von Bedeutung: **Rohstoffe** stellen wesentliche Bestandteile der zu erstellenden Produkte dar. **Beispiele** **Industrie:** Erdöl für Chemieprodukte **Handwerk:** Hölzer des Schreiners **Hilfsstoffe** werden neben Rohstoffen zur Erstellung der Produkte benötigt. Sie werden wesentlicher Bestandteil des Hauptproduktes. **Beispiele** Schrauben, Leim, Beschläge, ... **Betriebsstoffe** werden neben Energie zum Betrieb von Maschinen benötigt: **Beispiele** Benzin für Fahrzeuge, Motorenöl, ...

I 2. Unfertige Erzeugnisse, unfertige Leistungen	Diese Position ist hauptsächlich für die Industrie und das Handwerk von Bedeutung. Es handelt sich um Produkte, mit deren Herstellung bereits begonnen wurde. **Beispiele** **Industrie:** Karosserie eines Autos, Schiff nach dem Stapellauf **Handwerk:** Zugeschnittene Hölzer für einen Schrank Sie werden zu den bisherigen Herstellungskosten bewertet.
I 3. Fertige Erzeugnisse und Waren	**Fertige Erzeugnisse:** Die Produkte sind vollständig erstellt und verkaufsfähig. Sie sind hauptsächlich für die Industrie und das Handwerk von Bedeutung und werden zu Herstellungskosten bewertet. **Waren:** Von anderen Unternehmen bezogene Fertigwaren (Vorleistungen), insbesondere bei Einzel- und Großhandelsunternehmen. Sie werden unverändert weiterverkauft und zu ihren Anschaffungskosten bewertet.
II. Forderungen 1. Forderungen aus Lieferungen und Leistungen	Gegenwert der mit Zahlungszielen verkauften Produkte und Dienstleistungen unter Abzug von gewährten Skonti und Rabatten. Entscheidend ist die Restlaufzeit der Forderungen, die im Anhang zur Bilanz ersichtlich wird. Diese Position ist in **allen Branchen** von Bedeutung und gibt Aufschluss über die gewährten Zahlungsbedingungen des betrachteten Unternehmens.

Passivseite

Fremdkapital

Position Nr.	Branchentypische Inhalte
C. Verbindlichkeiten 2. Verbindlichkeiten gegenüber Kreditinstituten	Dokumentation aller Verbindlichkeiten gegenüber Kreditinstituten: **Langfristig** ab 4 Jahre Restlaufzeit z. B. Investitionskredite **Kurzfristig** bis 1 Jahr Restlaufzeit z. B. Betriebsmittelkredite Diese Position ist in **allen Bereichen** von Bedeutung und gibt Aufschluss über die Finanzierungsstruktur.
3. Erhaltene Anzahlungen auf Bestellungen	Von Kunden erhaltene Anzahlungen aufgrund vertraglicher Vereinbarungen zur Vorfinanzierung von Material und Anlaufkosten. **Beispiele** **Industrie:** Anzahlungen für Großprojekte im Anlagenbau **Handwerk:** Anzahlungen für Auftragsarbeiten **Dienstleistungen:** Anzahlungen für Urlaubsreisen
4. Verbindlichkeiten aus Lieferungen und Leistungen	Gegenwert der mit Zahlungszielen gekauften Produkte und Dienstleistungen unter Berücksichtigung von Skonti und Rabatten. Entscheidend ist die Restlaufzeit der Verbindlichkeiten, die im Anhang zur Bilanz ersichtlich wird. Diese Position ist für **alle Bereiche** von Bedeutung und gibt Aufschluss über die dem betrachteten Unternehmen gewährten Zahlungsbedingungen.

9.1.5 Erläuterungen zur Gewinn-und-Verlust-Rechnung von Nichtbanken

Auch die Gewinn-und-Verlust-Rechnung weist einige „neue“ Positionen auf. Ihr formaler Aufbau wird durch § 275 HGB vorgegeben.

Erträge

Position Nr.	Inhalte
1. Umsatzerlöse	Gegenwert aller im Geschäftsjahr **verkauften** geschäftstypischen Produkte und Dienstleistungen (ohne Umsatzsteuer, Skonti, Rabatte)
2. Bestandsveränderungen	Erhöhung oder Verminderung des Bestandes an fertigen und unfertigen Erzeugnissen bzw. Waren gegenüber dem Vorjahr, bewertet zu Herstellungskosten
3. Andere aktivierte Eigenleistungen	Wert der selbsterstellten Anlagen und Vermögensgegenstände, bewertet zu Herstellungskosten

Die Summe dieser drei Positionen stellt die **Gesamtleistung** dar, die den Gesamtwert aller im abgelaufenen Geschäftsjahr hergestellten Produkte bzw. verkauften Waren und Dienstleistungen beschreibt.

Aufwendungen

Position Nr.	Inhalte
5. Materialaufwand	**Industrie und Handwerk:** Gegenwert der erworbenen Roh-, Hilfs- und Betriebsstoffe (ohne Umsatzsteuer, Skonti, Rabatte) **Handel und Dienstleistungen:** Gegenwert der erworbenen Waren (ohne Umsatzsteuer, Skonti, Rabatte)

Aufgaben

1. *Im Rahmen einer Gründungsfinanzierung legt Schreinermeister Karl Eder, Inhaber der Schreinerei Eder e. K., dem Firmenkundenberater der Rhein-Ruhr-Bank AG die nachfolgende Aufstellung über seine bewerteten Vermögensgegenstände vor, die er bereits aus seinem Anfangskapital von 50.000,00 EUR erworben hat:*

Werkzeuge:	*2.598,00 EUR*
Fräsmaschine:	*3.890,00 EUR*
Bandsäge:	*4.500,00 EUR*
Lagereinrichtung:	*7.500,00 EUR*
Holzvorrat:	*10.000,00 EUR*
PC-Anlage:	*2.500,00 EUR*
Büroeinrichtung:	*1.500,00 EUR*
Kleinmaterial (Schrauben, Nägel, ...):	*2.500,00 EUR*

*a) Erstellen Sie aus den Angaben eine formgerechte Bilanz, indem Sie die Vermögensgegenstände den zutreffenden Positionen nach HGB zuordnen.
Unterstellen Sie, dass der Restbetrag als Bargeld gehalten wird.*

Die Rhein-Ruhr-Bank AG gewährt der Schreinerei Eder e. K. folgende Kredite:

Kredithöhe in EUR	**Verwendungszweck**	**Laufzeit**
12.000,00	Lagereinrichtung	10 Jahre
25.000,00	Kleinlaster	5 Jahre
10.000,00	Vorfinanzierung Holzvorrat	bis auf Weiteres
15.000,00	CNC-Säge	3 Jahre

b) Erstellen Sie eine zweite Bilanz, die die Kreditfinanzierung und die Investitionen berücksichtigt. Unterstellen Sie dabei, dass alle Kredite in voller Höhe ausgeschöpft werden.
Berücksichtigen Sie bei der Bilanzerstellung auch folgende Geschäftszahlen:
– Verkäufe mit Zahlungsziel 14.987,45 EUR
– Offene Rechnungen von Lieferanten 10.239,18 EUR
– Erhaltene Anzahlungen für Auftragsarbeiten 4.748,27 EUR

2. *Positionen aus der Bilanz und der Gewinn-und-Verlust-Rechnung:*

1	Materialaufwand	9	Fertige Erzeugnisse und Waren
2	Betriebs- und Geschäftsausstattung	10	Verbindlichkeiten gegenüber Kreditinstituten
3	Unfertige Erzeugnisse und Leistungen	11	Wertpapiere
4	Roh-, Hilfs- und Betriebsstoffe	12	Umsatzerlöse
5	Erhaltene Anzahlungen	13	Forderungen aus Lieferungen und Leistungen
6	Bestandsveränderungen	14	Technische Anlagen und Maschinen
7	Grundstücke und Gebäude	15	Rechnungsabgrenzungsposten
8	Forderungen an Kunden	16	Verbindlichkeiten aus Lieferungen und Leistungen

a) Stellen Sie fest, ob die oben aufgeführten Positionen in

[1] *der Bilanz eines Kreditinstituts,*
[2] *der Bilanz eines Nichtbank-Unternehmens,*
[3] *der Gewinn-und-Verlust-Rechnung eines Nichtbank-Unternehmens,*
[4] *keiner der vorgenannten Rechenwerke*

zu finden sind. Ordnen Sie die zutreffenden Ziffern der einzelnen Position zu.

b) Stellen Sie jeweils für die in a) ermittelten Bilanzpositionen fest, ob es sich um eine Position auf der

[1] *Aktivseite* [2] *Passivseite*

der betreffenden Bilanz handelt.

c) Erläutern Sie den Inhalt der oben aufgeführten Positionen.

d) Finden Sie, jeweils getrennt nach Branchen, geeignete Beispiele, die in den einzelnen Positionen erfasst werden. Nutzen Sie hierzu auch Jahresabschlüsse der Firmenkunden Ihres Hauses.

9.2 Auswertung von Jahresabschlüssen der Kunden im Hinblick auf Kredit- und Anlageentscheidungen

Situation

Die Leisefluss Sanitärbau AG hat der Rhein-Ruhr-Bank AG ihren Jahresabschluss 2014 einschließlich Vorjahrszahlen überreicht.
Als Kreditgeber und Teilhaber ist die Rhein-Ruhr-Bank AG an der aktuellen Unternehmenslage interessiert und wertet den Jahresabschluss aus.

Jahresabschluss Leisefluss Sanitärbau AG

I. Bilanz

Aktiva — Leisefluss Sanitärbau AG (in TEUR) — Passiva

A. Anlagevermögen	Vorjahr	Berichtsjahr	**A. Eigenkapital**	Vorjahr	Berichtsjahr
I. Immaterielle Anlagewerte			I. Gezeichnetes Kapital	500	500
2. Konzessionen	20	20	II. Kapitalrücklagen	150	150
II. Sachanlagen			III. Gewinnrücklagen	150	100
1. Grundstücke	670	690	...		
2. Technische Anlagen	300	241	V. Bilanzgewinn	310	180
3. Betriebs- und			**B. Rückstellungen**		
Geschäftsausstattung	310	260	1. Pensionsrückstellungen	227	206
III. Finanzanlagen			2. Steuerrückstellungen	140	190
5. Wertpapiere des			3. sonstige Rückstellun-		
Anlagevermögens	150	150	gen	30	20
B. Umlaufvermögen			**C. Verbindlichkeiten**		
I. Vorräte			2. Verbindlichkeiten		
1. Roh-, Hilfs und			gegenüber Kreditinsti-		
Betriebsstoffe	210	201	tuten		
2. unfertige Erzeugnisse			– langfristig (ab 4		
und Leistungen	280	193	Jahre Restlaufzeit)	410	454
3. fertige Erzeugnisse			– kurzfristig (bis 1		
und Waren	195	149	Jahre Restlaufzeit)	235	140
II. Forderungen und sonstige			3. Erhaltene		
Vermögensgegenstände			Anzahlungen	52	54
1. Forderungen aus			4. Verbindlichkeiten aus		
Lieferungen und			Lieferungen und		
Leistungen	522	512	Leistungen	483	418
III. Wertpapiere	–	–	8. Sonstige Verbindlich-		
IV. Zahlungsmittel	83	71	keiten	60	63
C. Rechnungsabgren-			**D. Rechnungsabgren-**		
zungsposten	48	16	**zungsposten**	41	28
Bilanzsumme	**2.788**	**2.503**	**Bilanzsumme**	**2.788**	**2.503**

(Die Nummerierung orientiert sich an § 266 HGB. Positionen ohne Bestände wurden aus Gründen der Übersichtlichkeit nicht aufgeführt.)

II. Gewinn-und-Verlust-Rechnung (in TEUR)

Position	Berichtsjahr	Vorjahr
1. Umsatzerlöse	6.276	5.744
2. Erhöhung oder Verminderung des Bestandes an fertigen und unfertigen Erzeugnissen	+ 142	- 34
3. andere aktivierte Eigenleistungen	7	11
4. Sonstige betriebliche Erträge	44	27
5. Materialaufwand	3.062	2.857
6. Personalaufwand	2.270	2.108
7. a.) Planmäßige Abschreibungen auf Sachanlagen	295	240
8. Sonstige betriebliche Aufwendungen	118	68
10. Erträge aus Wertpapieren	11	9
11. Sonstige Zinsen und ähnliche Erträge	6	4
13. Zinsen und ähnliche Aufwendungen	97	83
14. Steuern vom Einkommen und Ertrag	272	198
15. Ergebnis nach Steuern	**372**	**207**

(Die Nummerierung orientiert sich an § 275 HGB. Positionen ohne Werte wurden aus Gründen der Übersichtlichkeit nicht aufgeführt.)

Zusätzliche Angaben lt. Anhang:

- Die Abschreibungsmethoden orientieren sich an den steuerrechtlichen Vorschriften.
- Der Bilanzgewinn soll als Dividende vollständig an die Aktionäre ausgeschüttet werden.

9.2.1 Jahresabschlussanalyse als Basis der Unternehmensanalyse

Die Unternehmensanalyse auf Basis von Jahresabschlüssen dient der Entscheidungsvorbereitung im Kredit- oder Anlagebereich. Für die Entscheidungsträger (z. B. Vorstand, Kredit- oder Anlageberater) besteht ein grundlegendes Zeitproblem, da die Entscheidungen heute für einen Zeitraum in der Zukunft auf Grundlage von vergangenheitsorientierten Daten getroffen werden müssen.

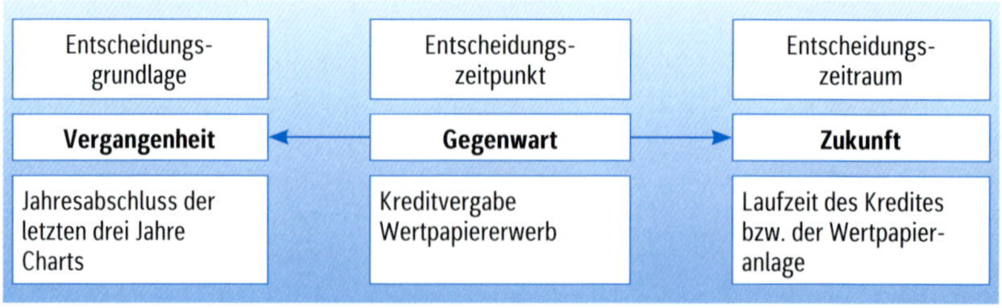

Beispiel

- **Kreditvergabe**
  Zur Entscheidung über die Vergabe eines Investitionskredites ist heute die Kapitaldienstfähigkeit für die Laufzeit des Kredites zu beurteilen. Als Informationsgrundlage liegen nur die Jahresabschlüsse der letzten zwei Jahre vor.
- **Anlageentscheidung**
  Die Beurteilung einer ertragsorientierten Aktienanlage kann nur auf vergangenheitsorientierten Unternehmensdaten und Charts erfolgen.

Aufgrund des zeitlichen Auseinanderfallens von Entscheidungszeitpunkt, -zeitraum und -grundlage reicht die Jahresabschlussanalyse zu einer gewissenhaften Unternehmensanalyse nicht aus.
Kreditinstitute müssen sich daher auch über die aktuelle und zukünftige Situation des Unternehmens informieren. Neben den Jahresabschlüssen der letzten drei Jahre werden deshalb aktuelle Unternehmensdaten (z. B. betriebswirtschaftliche Auswertungen) eingefordert. Darüber hinaus werden Planungsrechnungen (Investitions- und Finanzierungspläne) der Unternehmen und Informationen, die nicht im direkten Zusammenhang zu den wirtschaftlichen Zahlen stehen (Qualität des Managements, Entwicklung der Markt- und Branchensituation, Qualität des Controllings, ...) durch persönliche Gespräche mit der Unternehmensleitung und durch Betriebsbesichtigungen laufend und zeitnah beschafft und ausgewertet.
Die Unternehmensanalyse ist insofern als kontinuierlicher Prozess bis zur Rückzahlung des Kredites bzw. bis zur Liquidierung der Wertpapieranlage zu verstehen.
Stützt sich die Analyse von Anlageentscheidungen in Wertpapieren im Wesentlichen auf externe Bewertungen der Wertpapiere und deren Emittenten durch bekannte Ratingagenturen (Standard & Poor's, Moody's, Finch, ...) so müssen die Kreditinstitute bei der Kreditvergabeentscheidung eigene Ratingverfahren anwenden. Im Folgenden wird daher exemplarisch die Vorgehensweise der bankinternen Ratings (BIR) dargestellt.

9.2.2 Bankinternes Rating (BIR)

Kreditinstitute müssen zur Beurteilung von Kreditrisiken bei der Entscheidung über eine Kreditvergabe eigene, standardisierte Ratingverfahren anwenden, die im Vorfeld von der BaFin genehmigt und zertifiziert wurden. Die Ratingverfahren der verschiedenen Kreditinstitutsgruppen müssen sich an den vorgegebenen Kriterien des Basel-II-Abkommens orientieren. Es wird dabei zwischen sog. „harten“ und „weichen“ Kriterien unterschieden. Ein gewisser Spielraum bleibt den Kreditinstituten bei der Gewichtung der einzelnen Kriterien für die Bildung der Gesamtnote, da bei jedem Kreditnehmer die Qualität und Quantität der zur Verfügung stehenden Informationen unterschiedlich sein wird. So gehen bei mittelständischen Unternehmen die harten Faktoren mit einem Anteil von 60 % und die weichen Faktoren mit 40 % in die Gesamtnote mit ein.
Ziel des BIR ist die Bestimmung der Ausfallwahrscheinlichkeit eines Kredites bzw. eines Kreditkunden in Abhängigkeit von seiner Bonität. Durch das BIR werden die Kunden daher auf Basis ihrer ermittelten Ratingnote in Ratingklassen (siehe Seite 178) eingeteilt, denen jeweils eine bestimmte Ausfallwahrscheinlichkeit zugeordnet wurde.

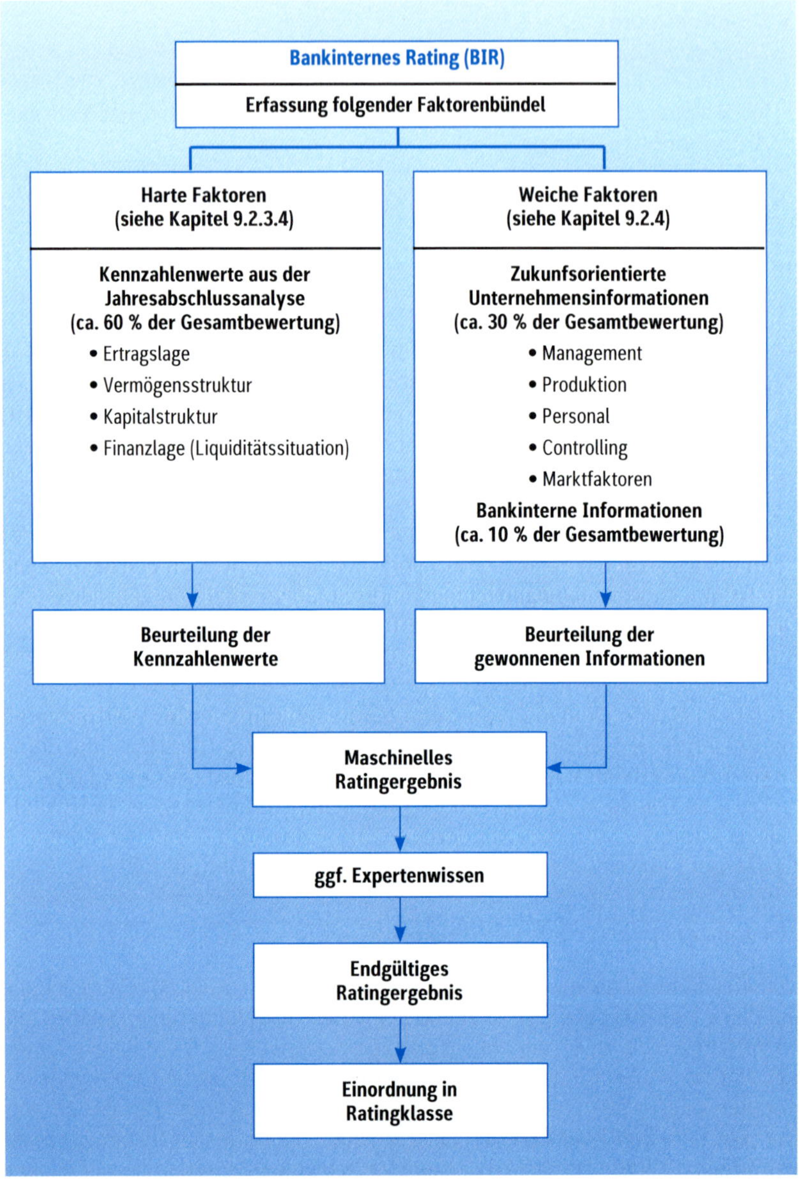
Bankinternes Rating (BIR)
Erfassung folgender Faktorenbündel
Harte Faktoren (siehe Kapitel 9.2.3.4)
Kennzahlenwerte aus der Jahresabschlussanalyse (ca. 60 % der Gesamtbewertung)
• Ertragslage
• Vermögensstruktur
• Kapitalstruktur
• Finanzlage (Liquiditätssituation)
Weiche Faktoren (siehe Kapitel 9.2.4)
Zukunfsorientierte Unternehmensinformationen (ca. 30 % der Gesamtbewertung)
• Management
• Produktion
• Personal
• Controlling
• Marktfaktoren
Bankinterne Informationen (ca. 10 % der Gesamtbewertung)
Beurteilung der Kennzahlenwerte
Beurteilung der gewonnenen Informationen
Maschinelles Ratingergebnis
ggf. Expertenwissen
Endgültiges Ratingergebnis
Einordnung in Ratingklasse

Kreditrating Firmenkunden

Kunden-Nr.:	Kundenbetreuer:				Jahresabschluss per	
Firma/Kunde:						
Branche:				Gesamtengagement: TEUR		
Einzelwertberichtigung	Ja		nein		Risikoklasse alt:	

1. Jahresabschlussdaten						
1.1 Ertragslage	**1**	**2**	**3**	**4**	**5**	
Return on Investment						
Betriebsergebnis						
Rohertragsquote						
Personalaufwandsquote						
Zinsaufwandsquote						
Summe der Einzelnoten : Anzahl der bewerteten Kriterien			:		=	
1.2 Vermögensstruktur	**1**	**2**	**3**	**4**	**5**	
Kapitalumschlag						
Gesamtvermögensumschlag						
Lagerumschlag						
Lagerdauer						
Umschlagdauer der Forderungen						
Summe der Einzelnoten : Anzahl der bewerteten Kriterien			:		=	
1.3 Kapitalstruktur	**1**	**2**	**3**	**4**	**5**	
Eigenkapitalquote						
Fremdkapitalquote langfristig						
Fremdkapitalquote kurzfristig						
Summe der Einzelnoten : Anzahl der bewerteten Kriterien			:		=	
1.4 Finanzlage	**1**	**2**	**3**	**4**	**5**	
Liquiditätsgrade						
Net Working Capital						
Anlagendeckungsgrad						
Cashflow						
Cashflowrate						
Cashflow – kurzfristiges Fremdkapital						
Schuldentilgungsdauer						
Kreditorenlaufzeit						
Summe der Einzelnoten : Anzahl der bewerteten Kriterien			:		=	

Gesamtnote Jahresabschlussdaten	**Summe der Einzelnoten (1.1 bis 1.4) : 4**	=	
Anteil an Gesamtratingnote → Gesamtnote Jahresabschlussdaten · 60%		=	

Beispiel eines Ratingbogens zur Bewertung der Jahresabschlusskennzahlen (Harte Faktoren) für den Mittelstand

Die gewonnenen Unternehmensinformationen werden in Ratingbögen zusammengefasst und nach einheitlichen Beurteilungskriterien mit Punkten oder Noten bewertet, die jeweils mit institutsspezifischen Gewichtungen in eine Gesamtnote eingehen. Die Gesamtbeurteilung stellt das sog. „Rating“ als Maßzahl für die Bonität des Unternehmens dar.

Das „Rating“ ist im Rahmen der Kreditvergabe Grundlage für folgende Entscheidungen:

- Einteilung der Kunden in Risikoklassen
- Sicherheitenstellung nach Art und Höhe
- Kalkulation des Zinssatzes (Risikokosten, Eigenkapitalkosten)

Bei Anlagen in Wertpapieren bildet neben eigenen Analysen das Rating von führenden Rating-Agenturen (z. B. Moody's, Standard & Poor's) eine wichtige Orientierungsgrundlage. Dies gilt im Besonderen bei Anlagen in Schuldverschreibungen. Je besser das Rating, desto näher liegt der Zinssatz an der Marktrendite und desto sicherer ist die Schuldverschreibung zu beurteilen.

Neben externen Bonitätsbeurteilungen von international anerkannten Unternehmensberatungsgesellschaften spielen auch Prüfungsberichte und -testate zum Jahresabschluss, die von den bestellten Wirtschaftsprüfern erstellt werden, eine Rolle bei der Unternehmensbeurteilung.

9.2.3 Jahresabschlussanalyse

9.2.3.1 Grundprobleme der Jahresabschlussanalyse

Jahresabschlüsse sind modellhafte Darstellungen des betrieblichen Geschehens. Sie dokumentieren die wirtschaftlichen Ergebnisse in einem Geschäftsjahr. Die Jahresabschlussanalyse wird vor allem durch die Bilanzpolitik des betrachteten Unternehmens beeinträchtigt.

Instrumente der Bilanzpolitik eines Unternehmens

Neben der Zeitpunktbezogenheit und der Vergangenheitsorientierung des Datenmaterials können die Ausnutzung von Ansatz- und Bewertungswahlrechten nach HGB die Aussagekraft des Jahresabschlusses beeinträchtigen. Nähere Angaben hierzu können dem Anhang des Jahresabschlusses entnommen werden.

Instrumente der Bilanzpolitik

Instrumente der Bilanzpolitik	Beispiele
• **Passivierungswahlrechte** durch Verschiebung von Aufwendungen in die Zukunft erhöhen das Fremdkapital und mindern den zukünftigen Gewinn.	Bildung von Rückstellungen gem. § 249 HGB
• **Bewertungsspielräume** bei bestimmten Aktiva erhöhen den Aufwand und mindern den Wert des Vermögensgegenstandes.	Gemildertes Niederstwertprinzip bei Wertpapieren des Anlagevermögens nach § 253, 3 HGB
• **Stille Reserven** sind in der Bilanz nicht ersichtlich.	Unterbewertungen von Aktiva durch Bewertung zum Zeit- und Niederstwertprinzip gem. § 253 HGB
• **Window-dressing** durch bilanzsummenwirksame Maßnahmen, die ohne direkten Bezug zur wirtschaftlichen Tätigkeit stehen.	Aufnahme von kurzfristigen Darlehen kurz vor dem Bilanzstichtag zur Erhöhung der Bilanzsumme und der liquiden Mittel

Informationspolitik

Eine rechtzeitige und umfangreiche Bereitstellung der benötigten Daten erleichtert die Analyse und unterstützt das Vertrauensverhältnis der Kunde-Bank-Beziehung (siehe auch § 18 KWG).

9.2.3.2 Aufbau der Jahresabschlussanalyse

Die Jahresabschlussanalyse durch Kreditinstitute vollzieht sich als komplexer Prozess, bei dem die Institute individuelle Schwerpunkte setzen. Es können grundsätzlich die folgenden Stufen unterschieden werden.

Stufen der Jahresabschlussanalyse

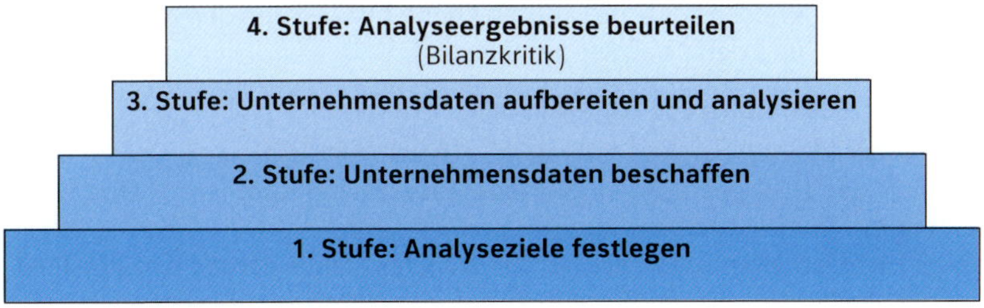

Stufe 1: Analyseziele festlegen:
Bevor mit der Analyse begonnen wird, muss feststehen, welche Zielsetzungen sie verfolgen soll:

- **Kreditentscheidungen,** z. B.
  Kapitaldienstfähigkeit
  Risikopotenziale
  Verschuldungssituation
- **Anlageentscheidungen,** z. B.
  Ertragskraft
  Gewinnentwicklung

Stufe 2: Unternehmensdaten beschaffen

Die Analyseziele bestimmen, welche Unternehmensdaten beurteilt werden müssen. Externen Analytikern, wie Kreditinstituten, steht grundsätzlich nur der Jahresabschluss zur Verfügung. Er sollte zur Beurteilung der Unternehmensentwicklung mindestens für die letzten drei Geschäftsjahre vorliegen. Neben der **Gewinn-und-Verlust-Rechnung** und der **Bilanz** können auch **Lagebericht** und **Anhang** wichtige Informationen liefern.
Entscheidend ist, dass Kreditinstituten der Jahresabschluss kurzfristig zur Verfügung gestellt wird (§ 18 KWG). Zu beachten ist dabei, dass eine zeitliche Differenz zwischen der Feststellung der Jahresabschlussdaten, der Erstellung des Jahresabschlusses und dessen Veröffentlichung besteht.

Zusätzlich sollten auch folgende Informationen beschafft werden:

- Bankinterne Daten (z. B. Konto-/Kundenauswertungen)
- Daten der Industrie- und Handelskammern
- Berichte über die konjunkturelle Entwicklung der Branche (Bundesbank)
- Externe Auskünfte von Kreditinstituten und gewerblichen Auskunfteien
- Externe Ratingergebnisse

Stufe 3: Unternehmensdaten aufbereiten und analysieren

Die Unternehmensdaten werden EDV-gestützt nach einem einheitlichen Schema aufbereitet und durch Kennzahlen analysiert (siehe Kapitel 9.2.3.3).

Stufe 4: Analyseergebnisse beurteilen (Bilanzkritik)

Die ermittelten Jahresabschlusskennzahlen werden im internen Zeitvergleich sowie im Vergleich zur Branche ausgewertet. Die Entwicklungen werden von den Kreditberatern benotet und fließen als Teilnoten in das gesamte Ratingergebnis mit ein.
Bei der Beurteilung der Kennzahlen sollten folgende Aspekte berücksichtigt werden:

Zielbezug: Ist die Kennzahl geeignet, das Analyseziel hinreichend zu beschreiben?

Genauigkeit: Stimmen die Analyseergebnisse mit den tatsächlichen Gegebenheiten im Unternehmen überein?

Zeitbezug: Welche zeitliche Differenz besteht zwischen den Analysedaten und den Analyseergebnissen?

9.2.3.3 Aufbereitung von Jahresabschlussunterlagen

Die Firmenkunden reichen Jahresabschlüsse ein, die nach den Bestimmungen des HGB gestaltet sind. Diese gesetzliche Form ist für eine Beurteilung durch ein Kreditinstitut zu detailliert und erschwert einen späteren Vergleich zu anderen Unternehmen der Branche. Daher werden einzelne Positionen der Bilanz und der Gewinn-und-Verlust-Rechnung nach einem einheitlichen Schema umgruppiert und zu neuen Positionen zusammengefasst.

9.2.3.3.1 Aufbereitung der Gewinn-und-Verlust-Rechnung

Die Gewinn-und-Verlust-Rechnung von Unternehmen kann gemäß § 275 HGB nach dem Gesamtkosten- oder dem Umsatzkostenverfahren aufgebaut sein. Entsprechend der häufigeren Anwendung in der Praxis wird im Folgenden nur das Gesamtkostenverfahren betrachtet.

Bei der Aufbereitung der Gewinn-und-Verlust-Rechnung werden die Positionen nach einem einheitlichen Muster (siehe Schema auf dieser Seite) teilweise neu angeordnet.

Das Betriebsergebnis ist das Ergebnis der gewöhnlichen Geschäftstätigkeit vor dem Finanzergebnis und den Steuern aus Einkommen und Ertrag.

Aufbereitete Gewinn-und-Verlust-Rechnung (Gesamtkostenverfahren) der Leisefluss Sanitärbau AG				
Position	**Berichtsjahr**	**Vorjahr**	**Veränderungen**	
	TEUR	**TEUR**	**TEUR**	**in %**
Umsatzerlöse	6.276	5.744	+ 532	+ 9,26
+/– Bestandsveränderungen	+ 142	– 34	+ 176	+ 517,65
+ andere aktivierte Eigenleistungen	+ 7	+ 11	– 4	– 36,36
+ sonstige betriebliche Erträge	+ 44	+ 27	+ 17	+ 62,96
– Materialaufwand	– 3.062	– 2.857	– 205	+ 7,18
– Personalaufwand	– 2.270	– 2.108	+ 162	+ 7,69
– planmäßige Abschreibungen auf Sachanlagen	– 295	– 240	+ 55	+ 22,92
– sonstige betriebliche Aufwendungen	– 118	– 68	+ 50	+ 73,53
= Betriebsergebnis	= 724	= 475	= 249	+ 52,42

9.2.3.3.2 Aufbereitung der Bilanz

Kundenbilanzen werden zur Beurteilung nach zwei Arten aufbereitet:

1. Neustrukturierung nach Fristigkeit und Liquidität

Die Bilanzpositionen werden hierzu neu gegliedert und zusammengefasst. Die aufbereitete Bilanz wird auch als **Strukturbilanz** bezeichnet.

Aufbereitete Bilanz (Strukturbilanz)

Aktiva	**Passiva**
1. Immaterielles Anlagevermögen Patente, Konzessionen, ... **2. Sachanlagen** – Grundstücke – Technische Anlagen und Maschinen – Betriebs- und Geschäftsausstattung	**1 Eigenkapital** – Gezeichnetes Kapital – Rücklagen (inkl. Zuführungen aus dem Jahresüberschuss)
	Eigenkapital
3. Finanzanlagen – Beteiligungen – Wertpapiere des Anlagevermögens – Sonstige Finanzanlagen	**2 Langfristige Rückstellungen** – Pensionsrückstellungen **3 Langfristige Verbindlichkeiten** – Langfristige Verbindlichkeiten gegenüber Kreditinstituten (ab 1 Jahr)
Summe 1–3 Anlagevermögen	**Summe 2–3 Langfristiges Fremdkapital**
4. Vorräte – Roh-, Hilfs- und Betriebsstoffe – Unfertige Erzeugnisse – Fertige Erzeugnisse und Waren **5. Forderungen und sonstige Vermögensgegenstände** – Forderungen aus Lieferungen und Leistungen – Sonstige Vermögensgegenstände (inkl. Rechnungsabgrenzungsposten) – Wertpapiere des Umlaufvermögens **6. Liquide Mittel**	**4 Kurzfristige Rückstellungen** – Steuerrückstellungen – Sonstige kurzfristige Rückstellungen **5 Kurzfristige Verbindlichkeiten** – Kurzfristige Verbindlichkeiten gegenüber Kreditinstituten – Verbindlichkeiten aus Lieferungen und Leistungen – Erhaltene Anzahlungen auf Bestellungen – Sonstige Verbindlichkeiten (inkl. Rechnungsabgrenzungsposten) – Zur Ausschüttung vorgesehener Anteil des Bilanzgewinns
Summe 4–6 Umlaufvermögen	**Summe 4–5 Kurzfristiges Fremdkapital**
= Bilanzsumme	**= Bilanzsumme**

2. Veränderungen der einzelnen Bilanzbestände:
Auf Basis der Strukturbilanz werden die Veränderungen der Bilanzbestände im Zeitvergleich gegenübergestellt (Bewegungs- oder Veränderungsbilanz). Hierdurch gewinnt man einen Überblick über die Veränderungen der einzelnen Positionen. Die erhaltenen Werte dienen zudem als Grundlage für die Ermittlung der Bilanzkennziffern.

Beispiel

Aufbereitete Bilanzen der Leisefluss Sanitärbau AG

Aktiva	**Berichtsjahr**		**Vorjahr**		**Veränderungen**	
	TEUR	**%**	**TEUR**	**%**	**TEUR**	**%**
Immaterielles Anlagevermögen	20	0,7	20	0,8	–	–
Sachanlagen	1.280	45,9	1.191	47,6	+ 89	+ 7,47
Finanzanlagen	150	5,4	150	6,0	–	–
Anlagevermögen	1.450	52,0	1.361	54,4	+ 89	+ 6,54
Vorräte	685	24,6	543	21,7	+ 142	+ 26,15
Forderungen und sonstige Vermögensgegenstände	570	20,4	528	21,1	+ 42	+ 7,95
Liquide Mittel	83	3,0	71	2,8	+ 12	+ 16,90
Umlaufvermögen	1.338	48,0	1.142	45,6	+ 196	+ 17,16
Gesamtvermögen	2.788	100	2.503	100	+ 285	+ 11,39

Passiva	**Berichtsjahr**		**Vorjahr**		**Veränderungen**	
	TEUR	**%**	**TEUR**	**%**	**TEUR**	**%**
Eigenkapital	800	28,7	750	30	+ 50	+ 6,67
Langfristige Rückstellungen	227	8,1	206	8,2	+ 21	+10,19
Langfristige Verbindlichkeiten	410	14,7	454	18,1	- 44	- 9,69
Langfristiges Fremdkapital	637	22,8	660	26,3	- 23	- 3,84
Kurzfristige Rückstellungen	170	6,1	210	8,4	- 40	- 19,05
Kurzfristige Verbindlichkeiten	1.181	42,4	883	35,3	+ 298	+ 33,75
Kurzfristiges Fremdkapital	1.351	48,5	1.093	43,7	+ 258	+ 23,60
Gesamtkapital	2.788	100	2.503	100	+ 285	+ 11,39

Zusammenhänge zwischen Gewinn-und-Verlust-Rechnung und Bilanz
Trotz getrennter Aufbereitung der Bilanz und der Gewinn-und-Verlust-Rechnung stehen beide Unterlagen in engem Zusammenhang und werden gemeinsam ausgewertet.

Die nachfolgende Übersicht zeigt den Zusammenhang zwischen bestimmten Positionen.

Bilanz Aktiva	 Passiva	Gewinn-und- Verlust-Rechnung
Forderungen aus Lieferungen und Leistungen	↔	Umsatzerlöse
- Unfertige Erzeugnisse - Fertige Erzeugnisse und Waren	↔	Bestandsveränderungen an - fertigen/unfertigen Erzeugnissen und Waren
Roh-, Hilfs- und Betriebsstoffe	Verbindlichkeiten aus Lieferungen und Leistungen	Materialaufwand
Sachanlagen	↔	Planmäßige Abschreibung auf Sachanlagen
Finanzanlagen Wertpapiere	↔	Abschreibungen auf Finanzanlagen und Wertpapiere des Umlaufvermögens
	Lang- und kurzfristige Verbindlichkeiten	Zinsen und zinsähnliche Aufwendungen

9.2.3.4 Kennzahlen der Jahresabschlussanalyse

Kreditinstitute verwenden ähnliche Verfahren der Jahresabschlussanalyse. Sie greifen hierzu auf überwiegend gleiche Kennzahlensysteme zurück. Die Kennziffern stellen mit wenigen Ausnahmen Verhältniszahlen dar und werden in Prozent ausgedrückt.

a) Gewinn-und-Verlust-Rechnung
Im Gegensatz zur Bilanz stellt die Gewinn-und-Verlust-Rechnung eine **Zeitraumrechnung** dar. Sie lässt konkrete Rückschlüsse auf den **Unternehmungsprozess** und dessen Ablaufgeschwindigkeit im Geschäftsjahr zu.
Gegenstand der Auswertung sind die

- Ertragslage
- Kapitaldienstfähigkeit
- Prozessgeschwindigkeit

des Unternehmens.

Als Gewinngröße wird das **Betriebsergebnis** verwendet.

1. Ertragslage

Bezeichnung	Formel	Berichtsjahr	Vorjahr	Aussagekraft
Cashflow	Betriebsergebnis + planmäßige Abschreibungen auf das Anlagevermögen + Erhöhung langfristiger Rückstellungen (Nettobetrag) = Cashflow	724 + 295 + 21 = 1.040	475 + 240 + 21 = 736	Der Cashflow ist der Nettozufluss an liquiden Mitteln, den eine Unternehmung innerhalb eines Geschäftsjahres regelmäßig aus den Umsatzerlösen erwirtschaften kann. Er stellt somit die verfügbaren liquiden Mittel dar, die z. B. als Kapitaldienst für Kredite eingesetzt werden können. **Erläuterungen:** Abschreibungen auf Sachanlagen sind Aufwendungen, aber keine Ausgaben. Sie werden bei der Preiskalkulation berücksichtigt und führen über die Umsatzerlöse zu Einnahmen. Aufwendungen für langfristige Rückstellungen stehen i. d. R. geringere Auflösungsbeträge für Pensionen etc. gegenüber. In Höhe der Differenz sind sie daher als liquide Mittel verfügbar.
Cashflow-Rate	$\frac{\text{Cashflow} \cdot 100}{\text{Umsatzerlöse}}$	$\frac{1.040 \cdot 100}{6.276} = 16{,}57\,\%$	$\frac{736 \cdot 100}{5.744} = 12{,}81\,\%$	Anteil der von der Gesamtleistung im Unternehmen verbliebenen Liquidität
Umsatzrentabilität	$\frac{\text{Betriebsergebnis} \cdot 100}{\text{Umsatzerlöse}}$	$\frac{724 \cdot 100}{6.276} = 11{,}54\,\%$	$\frac{475 \cdot 100}{5.744} = 8{,}27\,\%$	Diese Kennzahl verdeutlicht, wie viel Euro Gewinn je 100,00 EUR Umsatzerlöse erzielt wurden.
Eigenkapitalrentabilität	$\frac{\text{Betriebsergebnis} \cdot 100}{\text{Eigenkapital}}$	$\frac{724 \cdot 100}{800} = 90{,}5\,\%$	$\frac{475 \cdot 100}{750} = 63{,}33\,\%$	Je größer die Eigenkapital- bzw. Gesamtkapitalrentabilität, desto höher ist die Rendite, die ein Teilhaber durch die Investition in die Unternehmung erzielt hat. Zur Beurteilung der Investition ist die jeweilige Rendite mit alternativen Anlagen am Kapitalmarkt zu vergleichen. Eine zusätzliche Kreditaufnahme ist immer dann lohnenswert, wenn sich hierdurch die Eigenkapitalrentabilität steigern lässt. Dies ist immer dann der Fall, wenn die Erträge aus dem investierten Fremdkapital höher als die Fremdkapitalzinsen sind.
Gesamtkapital-rentabilität	$\frac{\text{Betriebsergebnis} + \text{Zinsaufwand} \cdot 100}{\text{Gesamtkapital (= Bilanzsumme)}}$	$\frac{(724 + 97) \cdot 100}{2.788} = 29{,}45\,\%$	$\frac{(475 + 83) \cdot 100}{2.503} = 22{,}29\,\%$	
Return on Investment (ROI)	$\frac{\text{Betriebsergebnis} \cdot 100}{\text{Umsatzerlöse}} \cdot \frac{\text{Umsatzerlöse}}{\text{Bilanzsumme}}$ **Umsatzrentabilität · Umschlagshäufigkeit des investierten Kapitals**	$\frac{724 \cdot 100}{6.276} \cdot \frac{6.276}{2.788} = 25{,}97\,\%$	$\frac{475 \cdot 100}{5.744} \cdot \frac{5.744}{2.503} = 18{,}98\,\%$	Zusammengesetzte Kennziffer, mit der die Rentabilität zukünftiger Investitionen ermittelt werden kann.

Exkurs: Ableitung des Cashflow aus der Gewinn- und-Verlust-Rechnung

Situation

Die Auszubildenden der Rhein-Ruhr-Bank AG sollen zum Thema Cashflow ein Referat ausarbeiten. Im Rahmen der Vorbereitung taucht ein Problem auf. Der Cashflow eines Unternehmens wird in allen Büchern als Nettozufluss liquider Mittel in einer Rechnungsperiode definiert. Je größer dieser Cashflow, desto größer ist die Investitions- und Schuldentilgungskraft aus eigenen Mitteln. Leider können sich die Auszubildenden nicht erklären, wieso sich der Cashflow aus dem Jahresüberschuss, den Abschreibungen und den Dotierungen der Pensionsrückstellungen zusammensetzt, da sie keine direkte Verbindung zu liquiden Mitteln erkennen können.

Information:

Der Cashflow eines Unternehmens wird definiert als Nettozufluss liquider Mittel, den ein Unternehmen aus der Umsatztätigkeit in einer Periode erwirtschaften kann. Sollte man den Cashflow einer Privatperson berechnen, so wäre dies einfach. Der Cashflow wäre der Betrag, der am Monatsende in der Geldbörse nach allen Zahlungseingängen und allen Zahlungsausgängen übrig bliebe.

Der Cashflow eines Unternehmens ist etwas schwieriger zu bestimmen. Ausgangspunkt der Überlegung ist die Gewinn-und-Verlust-Rechnung des Unternehmens. Hier werden bekanntlich die Aufwendungen und die Erträge gegenübergestellt, um den Jahresüberschuss zu ermitteln. Schaut man sich die Aufwendungen und Erträge etwas genauer an, so kann man zwischen Aufwendungen unterscheiden, die tatsächlich zu Auszahlungen führen, und solchen, die nicht zu Auszahlungen führen. Ebenso führen manche Erträge zu Einzahlungen, andere Erträge hingegen nicht.

Gewinn-und-Verlust-Rechnung

Aufwendungen	**Erträge**
Aufwendungen (auszahlungswirksam) z. B. Personalaufwand	Erträge (einzahlungswirksam) z. B. Umsatzerlöse
Aufwendungen (nicht auszahlungswirksam) z. B. Abschreibungen oder Dotierungen der Rückstellungen	
Jahresüberschuss	Erträge (nicht einzahlungswirksam) z. B. Bestandserhöhungen

Wendet man den Gedanken der Geldbörse auf die Gewinn-und-Verlust-Rechnung an, so ergäbe sich eine einfache Cashflow-Formel.

Cashflow = Erträge (einzahlungswirksam) – Aufwendungen (auszahlungswirksam)

Aus der Gewinn-und-Verlust-Rechnung kann man folgenden Zusammenhang ableiten:

Erträge (einzahlungswirksam) **= Aufwendungen (auszahlungswirksam)**
+ Aufwendungen (nicht auszahlungswirksam)
+ Jahresüberschuss
– Erträge (nicht einzahlungswirksam)

Wenn wir dies in die einfache Cashflow-Formel einsetzen, ergibt sich

Cashflow **= Aufwendungen (auszahlungswirksam)**
+ Aufwendungen (nicht auszahlungswirksam)
+ Jahresüberschuss
– Erträge (nicht einzahlungswirksam)
– Aufwendungen (auszahlungswirksam)

Wenn wir nun die auszahlungswirksamen Aufwendungen herauskürzen, ergibt sich die bekannte Cashflow-Formel:

Cashflow	**= Ergebnis nach Steuern (Das moderne Controlling benutzt das Betriebsergebnis, vgl. Seite 247.)**
	+ nicht auszahlungswirksame Aufwendungen, (z. B. Abschreibungen und Dotierungen der Rückstellungen)
	– Erträge (nicht einzahlungswirksam)

Fazit:

Da das traditionelle Rechnungswesen nicht zwischen zahlungswirksamen und -unwirksamen Vorgängen trennt, ermittelt man den Cashflow nicht direkt, sondern quasi rückwärts auf die dargestellte Art und Weise.

2. Kapitaldienstfähigkeit

Kapitaldienstfähigkeit bedeutet, dass der Kreditnehmer in der Lage ist, die aus einem Kreditvertrag resultierenden Zins- und Tilgungsleistungen zu tragen. Grundsätzlich wird die Kapitaldienstfähigkeit in zwei Schritten bewertet:

a) Feststellung des Kapitaldienstes

Mit einem Tilgungsplan werden alle Zins- und Kapitalrückzahlungsbeträge in ihrer Höhe und ihrer Fälligkeit ermittelt. Eine exakte Berechnung des Kapitaldienstes ist nur möglich, wenn feste Konditionen für die gesamte Laufzeit vereinbart wurden.

b) Ermittlung der Kapitaldienstfähigkeit

Maßgebliche Beurteilungsgröße ist der Cashflow, der das „verfügbare" liquide Kapital der Unternehmung darstellt. Durch eine laufende Aktualisierung der Berechnungen mit zeitnahen Wirtschaftsdaten kann die Kapitaldienstfähigkeit auch als zukunftsorientiertes Instrument der Unternehmensanalyse verwendet werden.

3. Prozessgeschwindigkeit des Unternehmens

Bezeichnung	Formel	Berichtsjahr	Vorjahr	Aussagekraft
Kreditorenziel (in Tagen)	$\frac{\text{Verbindlichkeiten L + L} \cdot 365 \text{ Tage}}{\text{Materialaufwand}}$	$\frac{483 \cdot 365 \text{ Tage}}{3.062} = 58 \text{ Tage}$	$\frac{418 \cdot 365 \text{ Tage}}{2.857} = 54 \text{ Tage}$	Steigende Werte lassen auf eine übermäßige Ausnutzung von Zahlungszielen aufgrund von Zahlungsschwierigkeiten schließen.
Debitorenziel (in Tagen)	$\frac{\text{Forderungen L + L} \cdot 365 \text{ Tage}}{\text{Umsatzerlöse}}$	$\frac{522 \cdot 365 \text{ Tage}}{6.283} = 30 \text{ Tage}$	$\frac{512 \cdot 365 \text{ Tage}}{5.755} = 33 \text{ Tage}$	Steigende Werte lassen auf bonitätsmäßig schlechte Abnehmer und auf Mängel in der Debitorenbuchhaltung schließen.

b) Bilanz

Die Bilanz ist eine **Zeitpunktrechnung**. Sie gibt dem Kreditinstitut Hinweise auf die **Unternehmensstruktur**.

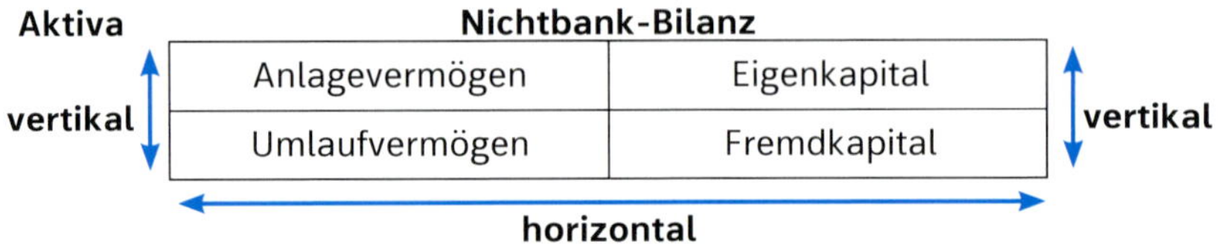

Die Auswertung erfolgt durch Kennzahlen. Die benötigten Größen werden der Strukturbilanz entnommen.

1. Vertikale Struktur der Bilanz

Sie gibt Auskunft über die Vermögens- und Kapitalstruktur. Sinnvolle Vergleichsgrößen sind die jeweiligen Branchendurchschnittswerte.

a) Vermögen

Bezeichnung	Formel	Berichtsjahr	Vorjahr	Aussagekraft
Anlagequote	$\frac{\text{Anlagevermögen} \cdot 100}{\text{Bilanzsumme}}$	$\frac{1.450 \cdot 100}{2.788} = 52{,}0\,\%$	$\frac{1.361 \cdot 100}{2.503} = 54{,}4\,\%$	Je höher die Anlagequote, desto geringer sind die Chancen einer kurzfristigen Anpassung an den technischen Fortschritt oder an konjunkturelle Schwankungen in der Branche.

b) Kapital

Bezeichnung	Formel	Berichtsjahr	Vorjahr	Aussagekraft
Eigenkapitalquote	$\frac{\text{Eigenkapital} \cdot 100}{\text{Bilanzsumme}}$	$\frac{800 \cdot 100}{2.788} = 28{,}7\,\%$	$\frac{750 \cdot 100}{2.503} = 30{,}0\,\%$	Je höher der Eigenkapitalanteil, desto günstiger ist die Kreditwürdigkeit aufgrund der breiteren Haftungsbasis zu beurteilen
Fremdkapitalquote	$\frac{\text{Fremdkapital} \cdot 100}{\text{Bilanzsumme}}$	$\frac{1.988 \cdot 100}{2.788} = 71{,}3\,\%$	$\frac{1.753 \cdot 100}{2.503} = 70{,}0\,\%$	Je höher der Fremdkapitalanteil, desto stärker belastet der zu erbringende Kapitaldienst die zukünftige Gewinnentwicklung

2. Horizontale Struktur der Bilanz

Sie gibt Auskunft über das Finanzierungsverhalten des betrachteten Unternehmens. Wesentliches Beurteilungskriterium ist die Einhaltung der „Goldenen Bilanz- bzw. Bankregel“. Sie besagt, dass langfristig gebundenes Vermögen auch langfristig finanziert werden sollte.

a) Anlagendeckung

Bezeichnung	Formel	Berichtsjahr	Vorjahr	Aussagekraft
Anlagendeckungsgrad I	$\frac{\text{Eigenkapital} \cdot 100}{\text{Anlagevermögen}}$	$\frac{800 \cdot 100}{1.450} = 55{,}17\,\%$	$\frac{750 \cdot 100}{1.361} = 55{,}10\,\%$	Langfristig gebundene Vermögensteile sollten vollständig durch langfristiges Kapital finanziert werden.
Anlagendeckungsgrad II	$\frac{(\text{Eigenkapital} + \text{langfristiges Fremdkapital}) \cdot 100}{\text{Anlagevermögen}}$	$\frac{(800 + 637) \cdot 100}{1.450} = 99{,}1\,\%$	$\frac{(750 + 660) \cdot 100}{1.361} = 103{,}6\,\%$	Ist der Anlagendeckungsgrad II größer 100 %, so ist zusätzlich der „Eiserne“ Bestand an Vorräten fristenkongruent gedeckt.

b) Liquidität

Bezeichnung	Formel	Berichtsjahr	Vorjahr	Aussagekraft
Liquidität 1. Grades **Barliquidität**	**flüssige Mittel 1. Ordnung** (Kasse, Bankguthaben, EZB-fähige Wechsel) · 100 / kurzfristiges Fremdkapital	$\frac{83 \cdot 100}{1.351} = 6{,}14\,\%$	$\frac{71 \cdot 100}{1.093} = 6{,}50\,\%$	Zielwert: 10 % bis 30% Je höher die liquiden Mittel, desto eher ist das Unternehmen in der Lage, seine kurzfristigen Zahlungsverpflichtungen zu erfüllen
Liquidität 2. Grades **Einzugsbedingte Liquidität**	**flüssige Mittel 2. Ordnung =** (flüssige Mittel 1. Ordnung + Wertpapiere und sonstige Vermögensgegenstände + Forderungen aus Lieferungen und Leistungen) · 100 / kurzfristiges Fremdkapital	$\frac{(83 + 522) \cdot 100}{1.351} = 44{,}78\,\%$	$\frac{(71 + 512) \cdot 100}{1.093} = 53{,}34\,\%$	Zielwert: 100 % bis 120 % Eine angespannte Liquidität (< 100 %) ist ein Grund für eine Kreditaufnahme im kurzfristigen Bereich.
Liquidität 3. Grades **Umsatzbedingte Liquidität**	**flüssige Mittel 3. Ordnung =** (flüssige Mittel 2. Ordnung + Vorräte) · 100 / kurzfristiges Fremdkapital	$\frac{(83 + 522 + 685) \cdot 100}{1.351} = 95{,}48\,\%$	$\frac{(71 + 512 + 543) \cdot 100}{1.093} = 103{,}02\,\%$	Ist die umsatzbedingte Liquidität kleiner als 100 %, so müsste das Unternehmen zur Tilgung seiner Verbindlichkeiten einen Teil seines Anlagevermögens veräußern.

c) Verschuldungsgrad

Dynamischer Verschuldungsgrad in Jahren	Effektivverschuldung / Cashflow Effektivverschuldung = Fremdkapital- flüssige Mittel 2. Ordnung	$\frac{1.383}{1.040} = 1{,}33$ Jahre 1.988 – 605 = 1.383	$\frac{1.170}{736} \triangleq 1{,}59$ Jahre 1.753 – 583 = 1.170	Der Verschuldungsgrad wird in Jahren gemessen. Er zeigt, wie lange das Unternehmen benötigt, sich aus dem Cashflow zu entschulden. Ein geringer Verschuldungsgrad wirkt positiv auf die Kapitaldienstfähigkeit.

Kennzahlen der Jahresabschlussanalyse im Überblick

1. Ertragslage	**Cashflow** **Cashflow-Rate**	**Umsatzrentabilität** **Eigenkapitalrentabilität** **Gesamtkapitalrentabilität** Return on Investment
2. Prozessgeschwindigkeit	**Kreditorenziel** **Debitorenziel**	
3. Bilanzstruktur	Vertikale Struktur Anlagequote **Eigenkapitalquote** Fremdkapitalquote	Horizontale Struktur **Anlagedeckungsgrad I** **Anlagedeckungsgrad II**
4. Finanzlage	Liquidität Liquidität 1. Grades (FK kurz) Liquidität 2. Grades (FK kurz) Liquidität 3. Grades (FK kurz)	Verschuldungsgrad Effektivverschuldung Dynamischer Verschuldungsgrad

Die fettgedruckten Kennziffern sind Gegenstand der Formelsammlung in der IHK-Prüfung.

Besondere Kennzahlen für Anlageentscheidungen in Aktien

Für Anlageentscheidungen in Aktien werden besondere Kennzahlen verwendet. Im Gegensatz zu den vorgenannten Kennziffern werden sie börsentäglich neu ermittelt und können den Wirtschaftsdiensten und der Presse entnommen werden. Sie dienen ebenfalls als Beratungsgrundlage im Wertpapiergeschäft mit Kunden.

Bezeichnung	Formel	Aussagegehalt
Dividendenrendite	$\frac{\text{Veröffentlichte Dividende} \cdot 100}{\text{Kapitaleinsatz}}$	Ausmaß der Verzinsung des eingesetzten Kapitals.
Kurs-Gewinn-Verhältnis (Price-earnings-Ratio)	$\frac{\text{Börsenkurs}}{\text{Erwarteter Gewinn pro Aktie}}$ Gewinn pro Aktie = $\frac{\text{Erwarteter Gesamtgewinn der AG}}{\text{Anzahl der Aktien der AG}}$	Das KGV beschreibt, wie viel Jahre das Unternehmen den betrachteten Gewinn erzielen müsste, um den Kurs der Aktie zu erwirtschaften. Ein niedriges KGV bedeutet eine günstige Bewertung der Aktie durch die Börse.
Kurs-Cashflow-Verhältnis	$\frac{\text{Börsenkurs}}{\text{Cashflow je Aktie}}$ Cashflow je Aktie = $\frac{\text{Cashflow}}{\text{Anzahl der Aktien}}$	Analog zum KGV misst diese Kennzahl den Zeitraum, der zur Erwirtschaftung des Aktienkurses durch den Cashflow je Aktie benötigt wird.
Kurs-Buchwert-Verhältnis	$\frac{\text{Börsenkurs}}{\text{Buchwert der Aktie}}$ Buchwert der Aktie = $\frac{\text{Gezeichnetes Kapital + Offene Rücklagen + Bilanzgewinn}}{\text{Anzahl der Aktien}}$ Anstelle des Buch- kann auch der **Substanzwert** einer Aktie gewählt werden: $\frac{\text{Gezeichnetes Kapital + Offene Rücklagen + Bilanzgewinn + Stille Reserven/Rücklagen}}{\text{Gesamtzahl der Aktien}}$	Der Buchwert, auch rechnerischer Kurs der Aktie, zeigt den Anteil je Aktie am bilanziellen Eigenkapital der AG. Er kann als erste Orientierungsgröße für die Anlageentscheidung dienen. Ein direkter Zusammenhang zum Börsenkurs besteht nicht.

Aufgaben

1. *Im Rahmen der Kreditwürdigkeitsprüfung liegt der Rhein-Ruhr-Bank AG der folgende Jahresabschluss zur Bilanzanalyse vor:*

Aktiva	*Bilanz vom 31.12. (Kurzfassung)*		*Passiva*
	TEUR		*TEUR*
Gebäude	*360*	*Eigenkapital*	*180*
Betriebs- und Geschäftsausstattung	*120*	*Langfristige Bankkredite*	*250*
Warenbestand	*80*	*Verbindlichkeiten aus L. u. L.*	*90*
Forderungen aus L. u. L.	*110*	*Kontokorrentkredit*	*180*
Kassenbestand	*30*		
	700		*700*

Gewinn-und-Verlustrechnung	TEUR
Umsatzerlöse	1.180
Materialaufwand	720
Personalaufwand	200
Planmäßige Abschreibungen auf Sachanlagen	75
Sonstige betriebliche Aufwendungen	105

Ermitteln und erläutern Sie

a) die Eigenkapitalquote in Prozent,
b) den Anlagendeckungsgrad II in Prozent,
c) das Kreditorenziel in Tagen (auf volle Tage aufrunden),
d) das Debitorenziel in Tagen (auf volle Tage aufrunden),
e) das Betriebsergebnis in TEUR,
f) die Eigenkapitalrentabilität in Prozent.

2. *Die Rhein-Ruhr-Bank AG analysiert im Firmenkundengeschäft die aktuelle Bilanz samt Gewinn-und-Verlust-Rechnung eines Kreditkunden (alle Angaben in TEUR).*

AKTIVA		Bilanz zum 31.12.	PASSIVA
A. Anlagevermögen		A. Eigenkapital	
I. Sachanlagen		1. Gezeichnetes Kapital	1.245
1. Grundstücke und Gebäude	2.322	2. Rücklagen	3.022
2. BGA	1.257	3. Bilanzgewinn	890
II. Finanzanlagen	219	B. Rückstellungen	1.347
B. Umlaufvermögen		(davon kurzfristig 226,7)	
1. Vorräte	3.820	C. Verbindlichkeiten	
2. Forderungen aus LL	4.890	1. gegenüber KI (davon kfr. 1.860)	3.780
3. Bankguthaben	2.380	2. aus LL	4.604
Summe AKTIVA	14.888	Summe PASSIVA	14.888

Auszug aus der Gewinn-und-Verlust-Rechnung	*TEUR*
Umsatzerlöse (netto)	*44.026*
Bestandsveränderungen	*– 2.482*
Materialaufwand	*17.569*
Personalaufwand	*21.856*
(davon: Zuführung zu den langfristigen Rückstellungen	*395,55)*
Planmäßige Abschreibungen auf Sachanlagen	*274,0*
Sonstige betriebliche Aufwendungen	*267,45*
Sonstige betriebliche Erträge	*22,3*

Ermitteln Sie die folgenden Größen und interpretieren Sie die Ergebnisse:

a) das Betriebsergebnis
b) die Eigenkapitalquote
c) den Anlagendeckungsgrad II
d) den Cashflow
e) die Cashflow-Rate
f) die Eigenkapitalrentabilität
g) die Umsatzrentabilität
h) das Debitorenziel
i) das Kreditorenziel

Web

Diese Aufgaben nach neuer Formelsammlung der IHK finden Sie online als Webmaterial (s. Hinweis S. 2).

9.2.4 Analyse zukunftsorientierter Unternehmensinformationen

Kredit- und Anlageentscheidungen werden für einen zukünftigen Zeitraum getroffen. Die vergangenheitsorientierte Jahresabschlussanalyse muss deshalb um eine Analyse zukunftsorientierter Informationen ergänzt werden, um eine aussagekräftige Bonitätseinschätzung zu gewinnen. Im Rahmen des Bankinternen Ratingverfahrens (BIR) werden zukunftsorientierte Beurteilungskriterien als sog. „weiche Faktoren“ bezeichnet. In Abhängigkeit von der Unternehmensgröße und der Qualitität des zur Verfügung stehenden Datenmaterials fließen die „weichen Faktoren“ mit einem Anteil von 40 % (mittelständische Unternehmen) bis 60 % (Großunternehmen) in das gesamte Ratingergebnis mit ein. Bei mittelständischen Unternehmen wird folgendes Gewichtungsschema verwendet:

Weiche Faktoren	**Gewicht in %**
Management, Produktion, Personal, Controlling, Marktfaktoren	24,5
Nachfolgeregelung	5,5
Dauer der Kundenbeziehung	8,0
Kontenverhalten	2,0
Gesamt	**40,0**

Die vielfältigen Informationen zu den „weichen“ Faktoren erhält der Kreditberater durch persönliche Gespräche mit dem Management, Betriebsbesichtigungen und bankinternes Datenmaterial. Die Erfassung und Beurteilung der gewonnen Informationen erfolgt anhand von „Checklisten“[1].

Web

[1] Die Checklisten können auf der Website des Verlages kostenlos heruntergeladen werden (s. Hinweis S. 2).

Im Folgenden werden die Beurteilungskriterien eines Kreditinstituts zu den einzelnen weichen Faktoren kurz dargestellt:

Management:
Geschäftsleitung/Schlüsselpersonen
Unternehmensstrategie, Leitbild, Corporate Identity
Risikomanagement

Produktion:
Technische Ausstattung, Anlagenabnutzungsgrad der Maschinen, Investitionsplanungen
Beschaffungspolitik, Lieferantenabhängigkeit, Lagerhaltung
Produktivität, Ablauforganisation, Qualitätsmanagement
Kapazitätsauslastung, Auftragslage

Personal:
Personalplanung und -entwicklung
Weiterbildungsstrukturen
Struktur der Informationstechnologie

Controlling:
Planungsqualität (strategisch, operativ)
Managementinformationssysteme
Verfügbarkeit von Jahresabschluss + Gewinn-und-Verlust-Rechnung
Moderne Kostenrechnung/Kalkulation
Debitorenmanagement

Marktfaktoren:
Marktpotenzial, Markttrends, -anteil
Kundenstruktur, Zielgruppen
Marktforschung, Imageanalyse, Konkurrenzforschung
Produktpalette/Sortimentsstruktur
Produkt-/Sortimentspolitik
Preis- und Konditionenpolitik
Kommunikationspolitik (z. B. Werbung, Öffentlichkeitsarbeit, Sponsoring)

Nachfolgeregelung für die Unternehmensleitung

Bankinterne Informationen:
Dauer der Kundenbeziehung
Bisherige Kontoführung

Zusammenfassende Darstellung der Unternehmensanalyse

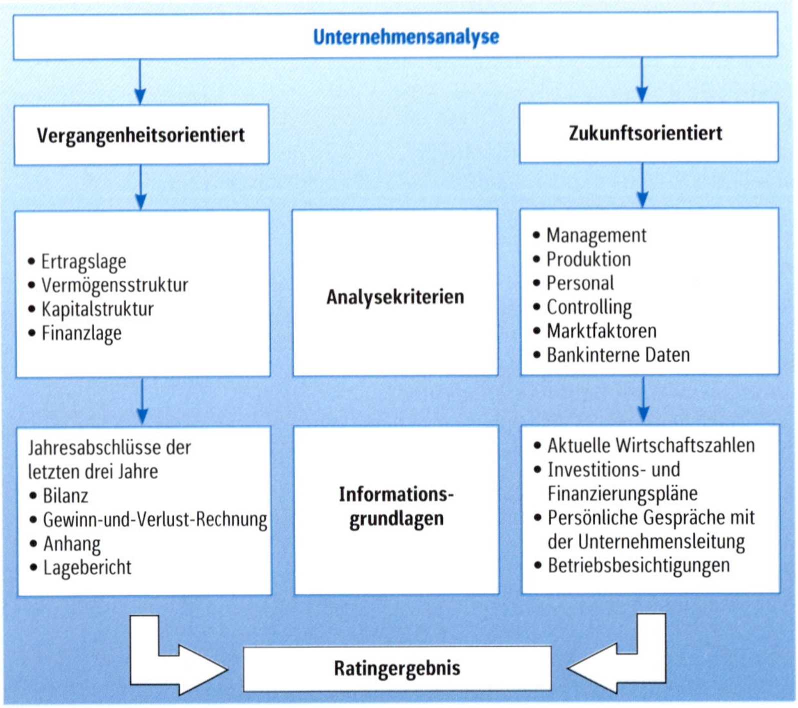

Aufgaben

1. *Zur Beurteilung eines Kreditantrages der Windkraft AG benötigt die Rhein-Ruhr-Bank AG folgende Informationen:*

a) Eigenkapitalentwicklung gegenüber dem Vorjahr
b) Restlaufzeiten der bestehenden Verbindlichkeiten
c) Ausgaben für Forschung und Entwicklung
d) Geschäftsentwicklung seit dem letzten Jahresabschluss
e) Branchendurchschnittszahlen
f) Beschäftigtenzahl im Jahresdurchschnitt
g) Betriebsergebnis der letzten zwei Jahre
h) Energieverbrauch und -quellen
i) Anzahl und Arten der emittierten Aktien
j) Entwicklung des Anlagevermögens
k) Cashflow des letzten Geschäftsjahres
l) Struktur der langfristigen Verbindlichkeiten
m) Fachliche Qualifikation des Managements
n) Schwerpunkte der zukünftigen Unternehmensentwicklung
o) Vorschlag über die Verwendung des Bilanzgewinns
p) Aktuelle Wirtschaftszahlen des letzten Monats
q) Momentane Auftragslage
r) Finanzierungsstruktur des Unternehmens

s) Bestandsveränderungen an unfertigen und fertigen Erzeugnissen
t) Höhe der gesamten Bruttodividende der letzten beiden Geschäftsjahre

Stellen Sie jeweils fest, welche der nachfolgenden Informationsquellen die Rhein-Ruhr-Bank AG zur Beschaffung der benötigten Daten nutzen sollte:

[1] *Bilanz*
[2] *Gewinn-und-Verlust-Rechnung*
[3] *Anhang*
[4] *Lagebericht*
[5] *Unternehmensleitung, Steuerberater*
[6] *Externe Quellen (IHK, Verbände, ...)*
[7] *Ökologische Buchhaltung/Öko-Controlling*
[8] *Gewerbliche Auskunfteien*
[9] *Weitere Quellen*

2. *Die Stahlbau GmbH legt Ihnen folgende Bilanzzahlen vor*

Aktiva					**Passiva**
	Berichtsjahr	**Vorjahr**		**Berichtsjahr**	**Vorjahr**
Anlagevermögen	500	300	Eigenkapital	100	100
Umlaufvermögen	300	400	Langfristige Verbindl.	200	200
			Kurzfristige Verbindl.	500	400
Bilanzsumme	800	700	Bilanzsumme	800	700

a) Stellen Sie die bilanziellen Veränderungen gegenüber dem Vorjahr fest. Überlegen Sie sich einen Geschäftsfall, der zu diesen Veränderungen geführt hat.
b) Beurteilen Sie die Finanzierungsstruktur der Stahlbau GmbH auf Basis der Anlagendeckung II.
c) Unterbreiten Sie der Stahlbau GmbH einen konkreten Finanzierungsvorschlag.

3. *a) Anhand der vorliegenden Bilanz des letzten Geschäftsjahres der Holzbau AG stellt der Firmenkundenberater eine erste Bilanzanalyse auf, wobei er folgende Bilanzkennziffern ermitteln will:*

Verwenden Sie hierzu die Kennziffern auf dem Faltblatt am Endes des Buches.

- *Eigenkapitalquote*
- *Liquidität 1. Grades*
- *Anlagedeckungsgrad I + II*
- *Rentabilität des Eigenkapitals*

Information: Betriebsergebnis 1.000

Aktiva		**Passiva**	
I. Anlagevermögen	30.000	I. Gez. Kapital	10.000
II. Umlaufvermögen		II. Rücklagen	6.000
Vorräte	6.000	III. Langfristige Verbindlichkeiten	18.000
Forderungen	6.000	IV. Kurzfristige Verbindlichkeiten	10.000
Kasse, Bank	2.000		
Bilanzsumme	44.000	Bilanzsumme	44.000

b) Wie wäre die Bilanz zu beurteilen, wenn die in a) ermittelten Werte höher wären?
c) Nennen Sie fünf weitere Unterlagen, die neben der Bilanz zur Unternehmensbeurteilung herangezogen werden sollten.

4. Analyse der Automobile Daysler AG

Aktiva — **Bilanz Automobile Daysler AG (in Mio. Euro)** — **Passiva**

A. Anlagevermögen:	**Berichtsjahr**	**Vorjahr**	**A. Eigenkapital**	**Berichtsjahr**	**Vorjahr**
I. Immaterielle Anlagewerte	2.823	2.561	I. Gezeichnetes Kapital	2.565	2.561
II. Sachanlagen	36.434	29.532	II. Kapitalrücklagen	7.380	7.274
III. Finanzanlagen	3.969	2.851	III. Gewinnrücklagen	23.925	20.533
			V. Bilanzgewinn	2.354	2.820
B. Umlaufvermögen			**B. Rückstellungen**		
I. Vorräte	14.985	11.796	1. Pensionsrückstellungen	17.958	14.629
II. Forderungen und sonstige Vermögensgegenstände			2. Steuerrückstellungen	5.192	4.165
			C. Verbindlichkeiten		
1. Forderungen aus Lieferungen und Leistungen	18.706	16.504	1. Verbindlichkeiten gegenüber Kreditinstituten		
III. Wertpapiere	9.032	12.160	- langfristig	13.410	12.660
IV. Zahlungsmittel	9.099	6.589	- kurzfristig	6.495	4.853
			3. Verbindlichkeiten aus Lieferung und Leistungen	10.896	10.172
			4. Sonstige Verbindlichkeiten	4.873	2.326
Bilanzsumme	95.048	81.993	**Bilanzsumme**	95.048	81.993

(Positionen ohne Werte wurden aus Gründen der Übersichtlichkeit nicht aufgeführt.)

Gewinn-und-Verlust-Rechnung (in Mio. Euro) – Auszug –

Position	**Berichtsjahr**	**Vorjahr**
1. Umsatzerlöse	151.035	131.782
2. Erhöhung oder Verminderung des Bestandes an fertigen und unfertigen Erzeugnissen	– 8.600	+ 4.350
4. Sonstige betriebliche Erträge	827	1.099
5. Materialaufwand	92.811	90.383
6. Personalaufwand	17.153	16.245
7. Planmäßige Abschreibungen auf Sachanlagen	3.168	2.756
8. Sonstige betriebliche Aufwendungen	2.587	3.194
10. Zinserträge	1.580	1.370
13. Zinsaufwendungen	18.185	18.189
14. Steuern vom Einkommen und Ertrag	4.533	3.014
15. Ergebnis nach Steuern	6.405	4.820

(Positionen ohne Werte wurden aus Gründen der Übersichtlichkeit nicht aufgeführt.)

Zusätzliche Angaben lt. Anhang:

- *Die Abschreibungsmethoden orientieren sich an den steuerrechtlichen Vorschriften.*
- *Der Bilanzgewinn soll als Dividende vollständig an die Aktionäre ausgeschüttet werden.*

Arbeitsaufträge:

a) *Bereiten Sie die vorliegenden Bilanzzahlen der Daysler AG auf und tragen Sie die ermittelten Werte in das nachfolgende Schema ein.*
Hilfsmittel: *– Erstes Faltblatt „Strukturbilanz" am Ende des Buches*

Aktiva	**Berichtsjahr**		**Vorjahr**		**Veränderungen**	
	Mio. EUR	**%**	**Mio. EUR**	**%**	**Mio. EUR**	**%**
Immaterielles Anlagevermögen						
Sachanlagen						
Finanzanlagen						
Anlagevermögen						
Vorräte						
Forderungen und sonstige Vermögensgegenstände						
Liquide Mittel						
Umlaufvermögen						
Gesamtvermögen						

Passiva	**Berichtsjahr**		**Vorjahr**		**Veränderungen**	
	Mio. EUR	**%**	**Mio. EUR**	**%**	**Mio. EUR**	**%**
Eigenkapital						
Langfristige Rückstellungen						
Langfristige Verbindlichkeiten						
Langfristiges Fremdkapital						
Kurzfristige Rückstellungen						
Kurzfristige Verbindlichkeiten						
Kurzfristiges Fremdkapital						
Gesamtkapital						

b) Bereiten Sie die Gewinn-und-Verlust-Rechnungen der Daysler AG auf und tragen Sie Ihre Ergebnisse in das nachfolgende Schema ein.

		Berichtsjahr	Vorjahr	Veränderungen	
		Mio. EUR	Mio. EUR	Mio. EUR	in %
	Umsatzerlöse				
+/–	Bestandsveränderungen				
+	andere aktivierte Eigenleistungen				
+	Sonstige betriebliche Erträge				
–	Materialaufwand				
–	Personalaufwand				
–	Planmäßige Abschreibungen auf Sachanlagen				
–	Sonstige betriebliche Aufwendungen				
=	**Betriebsergebnis**				

c) Ermitteln Sie folgende Kennzahlen zur Auswertung der aufbereiteten Jahresabschlusszahlen.
Hilfsmittel: *Faltblatt „Kennziffern zur Jahresabschlussanalyse" am Ende des Buches*

			Veränderungen		d) Kritik
Kennzahlen	**Berichtsjahr**	**Vorjahr**	**absolut**	**in %**	**+ / o / -**
Cashflow					
Der Bestand der Pensionsrückstellungen im Vorvorjahr betrug 13.827 Mio. EUR.					
Cashflow-Rate					
Umsatzrentabilität					
Eigenkapitalrentabilität					
Debitorenziel					
Kreditorenziel					
Eigenkapitalquote					
Anlagedeckungsgrad I					
Anlagedeckungsgrad II					

d) Bewerten Sie anschließend die Kennzahlen im Zeitvergleich (letzte Spalte) mit folgenden Zeichen:
+ = ***Verbesserung*** o = ***keine Veränderung*** – = ***Verschlechterung***

5. Analyse des Jahresabschlusses der Energie AG

Zur Analyse der Jahresabschlüsse der Energie AG liegen Ihnen die nachfolgenden, teilweise aufbereiteten Daten vor:

Aufbereitete Bilanzen der Energie AG (in Mio. Euro)

Aktiva	Berichtsjahr		Vorjahr		Veränderungen	
	Mio. EUR	%	Mio. EUR	%	Mio. EUR	%
Immaterielles Anlagevermögen	1.751	*3,53*	1.307	*2,93*	444	*33,97*
Sachanlagen	17.125	*34,55*	13.593	*30,47*	3.532	*25,98*
Finanzanlagen	10.403	*20,99*	9.392	*21,05*	1.011	*10,76*
Anlagevermögen						
Vorräte	3.382	*6,82*	3.169	*7,10*	213	*6,72*
Forderungen und sonstige Vermögensgegenstände	13.930	*28,10*	14.322	*32,10*	- 392	*- 2,74*
Liquide Mittel	2.980	*6,01*	2.832	*6,35*	148	*5,23*
Umlaufvermögen						
Gesamtvermögen						

Passiva	Berichtsjahr		Vorjahr		Veränderungen	
	Mio. EUR	%	Mio. EUR	%	Mio. EUR	%
Eigenkapital	**6.063**	***12,23***	**5.635**	***12,63***	**428**	***7,60***
Langfristige Rückstellungen	18.590	*37,50*	16.790	*37,63*	1.800	*10,72*
Langfristige Verbindlichkeiten	4.980	*10,05*	4.855	*10,88*	125	*2,57*
Langfristiges Fremdkapital						
Kurzfristige Rückstellungen	11.615	*23,43*	12.317	*27,61*	- 702	*- 5,70*
Kurzfristige Verbindlichkeiten	8.323	*16,79*	5.018	*11,25*	3.305	*65,86*
Kurzfristiges Fremdkapital						
Gesamtkapital						

Aufbereitung der Gewinn-und-Verlust-Rechnungen der Energie AG (in Mio. Euro)

	Berichtsjahr	Vorjahr	Veränderungen	
	Mio. EUR	Mio. EUR	Mio. EUR	in %
Umsatzerlöse	33.882	33.298	584	*1,75*
+/– Bestandsveränderungen	– 80	80	– 160	*200*
+ Andere aktivierte Eigenleistungen	16	27	– 11	*– 40,74*
+ Sonstige betriebliche Erträge	2.042	1.662	380	*22,86*
– Materialaufwand	– 18.336	– 18.803	– 467	*– 2,48*
– Personalaufwand	– 7.120	– 6.612	508	*7,68*
– Planmäßige Abschreibungen auf Sachanlagen	– 2.191	– 2.132	59	*2,77*
– Sonstige betriebliche Aufwendungen	– 5.643	– 5.077	566	*11,15*

Arbeitsaufträge zu Aufgabe 5:

a) Ermitteln Sie aus den Angaben der Gewinn-und-Verlust-Rechnung in Mio. Euro für beide Jahre die Gesamtleistung und das Betriebsergebnis.

b) Ermitteln Sie die nachfolgenden Kennzahlen zur Auswertung der Jahresabschlusszahlen der Energie AG.

			Veränderungen		c) Kritik
Kennzahlen	Berichtsjahr	Vorjahr	absolut	in %	+ / o / –
Cashflow					
Information: Der Bestand der Pensionsrückstellungen im Vorvorjahr betrug 14.783 Mio. EUR.					
Cashflow-Rate					
Umsatzrentabilität					
Eigenkapitalrentabilität					
Kreditorenziel					
Verbindlichkeiten LL (Mio. EUR)	***2.745***	***2.022***			
Debitorenziel					
Forderungen LL (Mio. EUR)	***7.123***	***6.560***			
Eigenkapitalquote					
Anlagedeckungsgrad I					
Anlagedeckungsgrad II					
Liquidität 1. Grades (FK kurz)					
Liquidität 2. Grades (FK kurz)					
Liquidität 3. Grades (FK kurz)					
Effektivverschuldung					
Dynamischer Verschuldungsgrad					

c) Bewerten Sie anschließend die Kennzahlen im Zeitvergleich (letzte Spalte) mit folgenden Zeichen:
+ = ***Verbesserung*** o = ***keine Veränderung*** – = ***Verschlechterung***

6. *Die Schibulski GmbH legt Ihnen folgende Bilanzzahlen (in Mio. Euro) vor:*

Aktiva | **Passiva**

	Berichtsjahr	**Vorjahr**		**Berichtsjahr**	**Vorjahr**
Anlagevermögen	450	350	Eigenkapital	100	100
Umlaufvermögen	350	400	Langfristiges Fremdkapital	200	250
			Kurzfristiges Fremdkapital	500	400
Bilanzsumme	800	750	Bilanzsumme	800	750

a) Stellen Sie fest, welche der nachstehenden Aussagen die Bilanzveränderungen bei der Schibulski GmbH zutreffend beschreiben.

1. Die Finanzierungsstruktur hat sich wesentlich verbessert, da die langfristigen Verbindlichkeiten gesunken sind und neue Investitionen kurzfristig finanziert wurden.

2. Im Berichtsjahr wurde gegen die „Goldene Bilanzregel" verstoßen, da eine Tilgung langfristiger Verbindlichkeiten durch liquide Aktiva vorgenommen wurde.

3. Im Berichtsjahr wurde gegen die „Goldene Bilanzregel" verstoßen, da langfristige Investitionen durch Betriebsmittelkredite finanziert wurden.

4. Die Senkung der Vorräte führte zu geringeren Kosten, sodass notwendige Erweiterungsinvestitionen auf Basis von günstigen Lieferantenkrediten durchgeführt werden konnten.

5. Das Finanzierungsverhalten im Berichtsjahr führt offensichtlich zu einem Liquiditätsengpass, da die kurzfristigen Verbindlichkeiten u. U. nur durch den Verkauf von Vorräten zu tilgen wären.

b) Erläutern Sie begründet eine sinnvolle „Problemlösung" für die Schibulski GmbH.

Informationen zu den Aufgaben 7 bis 9:
Die strukturierten Bilanzen der Golem AG aus den letzten drei Jahren zeigen folgende Entwicklung (in Mio. Euro):

Aktiva | **Passiva**

	Jahre				**Jahre**		
	01	**02**	**03**		**01**	**02**	**03**
Anlagevermögen	500	600	700	Eigenkapital	100	200	250
Umlaufvermögen	300	350	400	Langfristiges Fremdkapital	200	400	500
				Kurzfristiges Fremdkapital	500	350	350
Bilanzsumme	800	950	1.100	Bilanzsumme	800	950	1.100

Aus dem Rechnungswesen der Golem AG liegen darüber hinaus folgende Zahlen vor (in Mio. Euro):

Position	**01**	**02**	**03**
Umsatzerlöse	180	200	215
Planmäßige Abschreibungen auf Sachanlagen	20	22	25
Betriebsergebnis	25	28	30
Zuführung zu den langfristigen Rückstellungen (Nettobetrag)	5	6	8

Verwenden Sie zur Aufgabenbearbeitung die Kennziffern des Faltblattes.

7. a) Ermitteln Sie den Cashflow für die drei vorliegenden Jahre anhand der nachfolgenden Formel:

   Cashflow = Betriebsergebnis + planmäßige Abschreibungen auf Anlagevermögen + Zuführung zu langfristigen Rückstellungen

   b) Ermitteln Sie die relativen Veränderungen des Cashflows gegenüber dem Vorjahr für die Jahre 02 und 03 in Prozent.

   c) Stellen Sie fest, welche der nachfolgenden Aussagen den Cashflow unzutreffend beschreiben:

   1. Der Cashflow ist eine Kennziffer zur Beurteilung der Ertragslage. Er zeigt den Betrag an liquiden Mitteln an, der innerhalb eines Jahres regelmäßig aus den Umsatzerlösen erwirtschaftet werden kann.
   2. Der Cashflow dient Kreditinstituten als Maßgröße für die Beurteilung der Kreditwürdigkeit und der Ermittlung der Kapitaldienstfähigkeit von Unternehmen. Er stellt das „verfügbare" Einkommen des Unternehmens dar.
   3. Eine Verlängerung der betriebsgewöhnlichen Nutzungsdauer von Anlagegütern wirkt sich positiv auf den Cashflow aus.
   4. Übersteigen die Auszahlungen aus Pensionsrückstellungen deren Zuführungen, so hat dies kurzfristig keine Auswirkungen auf den Cashflow.
   5. Eine Verlängerung der betriebsgewöhnlichen Nutzungsdauer von Anlagegütern wirkt sich negativ auf den Cashflow aus.
   6. Der Cashflow entspricht der Summe aus Betriebsergebnis und den nicht auszahlungswirksamen Aufwendungen unter Abzug von nicht einzahlungswirksamen Erträgen.

   d) Stellen Sie anhand der Veränderungen des Cashflows in den vorliegenden Jahren fest, welche der nachfolgenden Aussagen auf die Kreditwürdigkeit der Golem AG zutreffen:

   Die Kreditwürdigkeit ...
   1. hat sich vom Jahr 01 bis zum Jahr 03 ständig verbessert.
   2. ist unverändert schlecht.
   3. verbesserte sich zwar im Jahr 02, verschlechterte sich jedoch anschließend wieder.
   4. wird vom Cashflow nur unwesentlich beeinflusst.
   5. ist unverändert positiv zu beurteilen.
   6. hängt im Wesentlichen von den Branchendurchschnittswerten ab.

   e) Die Cashflow-Rate zeigt den Anteil der von der Gesamtleistung im Unternehmen verbliebenen Liquidität.
   ea) Ermitteln Sie die Cashflow-Rate für die Jahre 02 und 03.
   eb) In der Branche ergeben sich für die betrachteten Jahre folgende Vergleichszahlen:

Cashflow-Rate	Jahr 02	Jahr 03
Branchenwert	29%	29,1%

   Vergleichen Sie die Entwicklung der Golem AG zur Branche.
   Stellen Sie fest, welche der nachfolgenden Aussagen diese Entwicklung richtig beschreibt.

   Die Entwicklung der Golem AG ist im Vergleich zur Branche ...
   1. besser.
   2. schlechter.
   3. nicht eindeutig zu beurteilen.
   4. exakt gleich.

8. a) Ermitteln Sie die Anlagendeckung I und II für die vorliegenden Jahre.

b) Beurteilen Sie die Entwicklung der Anlagendeckung II.

Stellen Sie fest, welche der nachstehenden Aussagen die Entwicklung richtig beschreibt:

1. Eine weitere Erhöhung dieser Kennzahl ist stets wünschenswert, da eine langfristige Finanzierung der Vorräte geringere Zinsaufwendungen nach sich zieht.
2. Eine zu starke Ausweitung der Anlagendeckung II vermindert die Flexibilität des Unternehmens, da Umlaufvermögen u. U. als Sicherheit für langfristige Kredite verwendet wird.
3. Eine hohe Anlagendeckung II ist immer gut, da der „eiserne“ Bestand an Vorräten durch langfristiges Kapital gedeckt sein sollte.
4. Eine Anlagendeckung über 100 % ist stets zu vermeiden, da sie im Widerspruch zu einer fristenkongruenten Finanzierungsstruktur steht.
5. Eine zu hohe Anlagendeckung II birgt das Risiko, dass zur Rückzahlung von langfristigen Verbindlichkeiten Teile des Umlaufvermögens verkauft werden müssen.

c) Ermitteln Sie für die Jahre 02 und 03 die Liquidität 3. Ordnung:

d) Vergleichen Sie die Entwicklung der Liquidität 3. Grades mit der Anlagendeckung II.

Welche Aussagen über den Zusammenhang zwischen den beiden Kennzahlen sind richtig?

1. Steigt die Anlagendeckung II, so sinkt die Liquidität III.
2. Sinkt die Anlagendeckung II, so sinkt auch die Liquidität III.
3. Steigt die Liquidität III, so sinkt die Anlagendeckung II.
4. Die beiden Kennzahlen entwickeln sich stets gleichgerichtet.
5. Die Anlagendeckung II und die Liquidität III beeinflussen sich in keinster Weise.
6. Beträgt die Anlagendeckung II 100 %, gilt das auch für die Liquidität III.

9. a) Ermitteln Sie die Eigenkapitalquote für die Golem AG für die Jahre 01 bis 03.

b) Die Branche weist für den gleichen Zeitraum eine Eigenkapitalquote von konstant ca. 20 % aus.
Beurteilen Sie die Eigenkapitalquote der Golem AG im Vergleich zur Branche.
Stellen Sie fest, welche der nachstehenden Aussagen diese Entwicklung unzutreffend beschreiben:

Die Golem AG ...

1. verfügt gegenüber der Branche in den Jahren 02 und 03 über eine bessere Bonität.
2. hat gegenüber der Branche in den Jahren 02 und 03 auch eine höhere Fremdkapitalquote.
3. finanziert sich sinnvoll, da Eigenkapital stets günstiger zu beschaffen ist als teure Bankkredite.
4. hat sich gegenüber der Branche im Jahr 01 stärker auf die Fremd- als auf Eigenfinanzierung konzentriert.
5. verfügt im Jahr 01 über eine größere Unabhängigkeit gegenüber ihren Fremdkapitalgebern als die Branche.
6. verfügt in den Jahren 02 und 03 über eine tendenziell bessere Kreditwürdigkeit.

c) Ermitteln Sie für die Jahre 01 bis 03 die Eigenkapitalrentabilität.

d) *Stellen Sie fest, welche der nachstehenden Aussagen die Entwicklung der Eigenkapitalrentabilität zutreffend beschreiben:*

Die Eigenkapitalrentabilität ...

1. *hat sich stetig verbessert, da niedrige Werte geringere Kosten für die Golem AG bedeuten.*
2. *hat sich verbessert, da das Betriebsergebnis stetig gestiegen ist.*
3. *hat sich aufgrund der allgemeinen Zinsentwicklung ebenfalls reduziert.*
4. *hat sich verschlechtert, sodass die Aktionäre geringere Dividenden erwarten können.*
5. *ist gesunken, da sich das Betriebsergebnis nicht im gleichen Maße wie das Eigenkapital erhöht hat.*
6. *gewährt dem Aktionär trotz der negativen Entwicklung eine bessere Rendite als vergleichbare Investitionen in Schuldverschreibungen.*

10. *Das Debitoren- und Kreditorenziel sind Kennzahlen, die zur Beurteilung der Prozessgeschwindigkeit des Umsatzes des betrachteten Unternehmens herangezogen werden.*
Stellen Sie fest, welche der nachfolgenden Aussagen sich auf ...

[1] *das Kreditorenziel,*
[2] *das Debitorenziel,*
[3] *beide Kennzahlen,*
[4] *keine der beiden Kennzahlen*

beziehen. Ordnen Sie die Ziffern den Aussagen zu.

1. *Steigende Werte deuten auf Zahlungsschwierigkeiten des betrachteten Unternehmens hin.*
2. *Sinkende Werte können durch eine bessere Liquiditätssituation des betrachteten Unternehmens begründet sein.*
3. *Steigende Werte können ihre Ursache in einer nachlässigen Debitorenbuchhaltung sowie einem unzureichenden Mahnwesen des betrachteten Unternehmens haben.*
4. *Die Inanspruchnahme von Factoring wirkt positiv auf diese Kennzahl.*
5. *Steigende Werte können ein Indiz für eine sinkende Zahlungsmoral der Abnehmer sein.*
6. *Die verstärkte Nutzung von Leasing bewirkt eine Verbesserung dieser Kennzahl.*
7. *Abnehmende Werte deuten auf eine gestiegene Bonität der Abnehmer hin.*
8. *Sinkende Werte sind als positiv zu beurteilen.*

Anhang

Jahresbilanz zum ....

der ....

Aktivseite

	EUR	EUR	EUR
1. Barreserve			
a) Kassenbestand		....	
b) Guthaben bei Zentralnoten-banken darunter: bei der Deutschen Bundesbank .... EUR		....	
c) Guthaben bei Postgiroämtern		....	....
2. Schuldtitel öffentlicher Stellen und Wechsel, die zur Refinanzierung bei Zentralnotenbanken zugelassen sind			
a) Schatzwechsel und unverzinsliche Schatzanweisungen sowie ähnliche Schuldtitel öffentlicher Stellen		....	
darunter: bei der Deutschen Bundesbank refinanzierbar .... EUR		....	....
b) Wechsel			
3. Forderungen an Kreditinstitute [1]		....	
a) täglich fällig		....	....
b) andere Forderungen			....
4. Forderungen an Kunden [2] darunter: durch Grundpfandrechte gesichert .... EUR Kommunalkredite .... EUR			
5. Schuldverschreibungen und andere festverzinsliche Wertpapiere			
a) Geldmarktpapiere	....		
aa) von öffentlichen Emittenten	....	....	
ab) von anderen Emittenten			
b) Anleihen und Schuldverschreibungen	....		
ba) von öffentlichen Emittenten	....		
bb) von anderen Emittenten darunter: beleihbar bei der Deutschen Bundesbank .... EUR			
c) eigene Schuldverschreibungen Nennbetrag .... EUR		....	....
6. Aktien und andere nicht festverzinsliche Wertpapiere			....
a) Handelsbestand			
7. Beteiligungen[4] darunter: an Kreditinstituten .... EUR			....

Passivseite

	EUR	EUR	EUR
1. Verbindlichkeiten gegenüber Kreditinstituten [6]			
a) täglich fällig		....	
b) mit vereinbarter Laufzeit oder Kündigungsfrist		....	....
2. Verbindlichkeiten gegenüber Kunden [7]			
a) Spareinlagen			
aa) mit dreimonatiger Kündigungsfrist	....		
ab) mit vereinbarter Kündigungsfrist	....	....	
b) andere Verbindlichkeiten			
ba) täglich fällig	....		
bb) mit vereinbarter Laufzeit oder Kündigungsfrist	....	....	....
[8]			
3. Verbriefte Verbindlichkeiten [9]			
a) begebene Schuldverschreibungen		....	
b) andere verbriefte Verbindlichkeiten darunter: Geldmarktpapiere .... EUR eigene Akzepte und Solawechsel im Umlauf .... EUR		....	....
3.a Handelsbestand			
4. Treuhandverbindlichkeiten darunter: Treuhandkredite .... EUR			....
5. Sonstige Verbindlichkeiten			....
6. Rechnungsabgrenzungsposten [10]			....
6.a Passive latente Steuern			
7. Rückstellungen			
a) Rückstellungen für Pensionen und ähnliche Verpflichtungen		....	
b) Steuerrückstellungen		....	
c) andere Rückstellungen		....	....
8. Nachrangige Verbindlichkeiten			....
9. Genussrechtskapital darunter: vor Ablauf von zwei Jahren fällig .... EUR			....
			....
10. Fonds für allgemeine Bankrisiken			
11. Eigenkapital		....	
a) gezeichnetes Kapital [12]		....	
b) Kapitalrücklage			
c) Gewinnrücklagen [13]	....		
ca) gesetzliche Rücklage	....		
cb) Rücklage für Anteile an einem herrschenden oder mehrheitlich beteiligtem Unternehmen			

noch Aktivseite

	EUR	EUR	EUR
8. Anteile an verbundenen Unternehmen darunter: an Kreditinstituten .... EUR			....
9. Treuhandvermögen darunter: Treuhandkredite .... EUR			....
10. Ausgleichsforderungen gegen die öffentliche Hand einschließlich Schuldverschreibungen aus deren Umtausch			....
11. Immaterielle Anlagewerte			....
12. Sachanlagen			....
13. Ausstehende Einlagen auf das gezeichnete Kapital darunter: eingefordert .... EUR			....
14. Sonstige Vermögensgegenstände			....
15. Rechnungsabgrenzungsposten [5])			....
16. Aktive latente Steuern			....
17. Aktiver Unterschiedsbetrag aus der Vermögensverrechnung			....
18. Nicht durch Eigenkapital gedeckter Fehlbetrag			....
Summe der Aktiva			....

noch Passivseite

	EUR	EUR	EUR
cc) satzungsmäßige Rücklagen	....		
cd) andere Gewinnrücklagen	....	....	
d) Bilanzgewinn/Bilanzverlust		....	....
Summe der Passiva			....

	EUR	EUR	EUR
1. Eventualverbindlichkeiten			
a) Eventualverbindlichkeiten aus weitergegebenen abgerechneten Wechseln	....		
b) Verbindlichkeiten aus Bürgschaften und Gewährleistungsverträgen	....		
c) Haftung aus der Bestellung von Sicherheiten für fremde Verbindlichkeiten	....	....	
2. Andere Verpflichtungen			
a) Rücknahmeverpflichtungen aus unechten Pensionsgeschäften	....		
b) Platzierungs- und Übernahmeverpflichtungen	....		
c) Unwiderrufliche Kreditzusagen	....	....	

Gewinn-und-Verlust-Rechnung

der ....

für die Zeit vom .... bis ....

Aufwendungen

	EUR	EUR	EUR
1. Zinsaufwendungen [1])			....
2. Provisionsaufwendungen [4])			....
3. Nettoaufwand des Handelsbestandes[6])			....
4. Allgemeine Verwaltungsaufwendungen			
a) Personalaufwand			
aa) Löhne und Gehälter	....		
ab) Soziale Abgaben und Aufwendungen für Altersversorgung und für Unterstützung darunter: für Altersversorgung .... EUR	....	....	
b) andere Verwaltungsaufwendungen		....	....
5. Abschreibungen und Wertberichtigungen auf immaterielle Anlagewerte und Sachanlagen			....
6. Sonstige betriebliche Aufwendungen			....
7. Abschreibungen und Wertberichtigungen auf Forderungen und bestimmte Wertpapiere sowie Zuführungen, zu Rückstellungen im Kreditgeschäft			....
8. Abschreibungen und Wertberichtigungen auf Beteiligungen, Anteile an verbundenen Unternehmen und wie Anlagevermögen behandelte Wertpapiere			....
9. Aufwendungen aus Verlustübernahme			....
10. Außerordentliche Aufwendungen			....
11. Steuern vom Einkommen und vom Ertrag			....
12. Sonstige Steuern, soweit nicht unter Posten 6 ausgewiesen			....
13. Aufgrund einer Gewinngemeinschaft, eines Gewinnabführungs- oder eines Teilgewinnabführungsvertrags abgeführte Gewinne			....
14. Jahresüberschuss			....
Summe der Aufwendungen			....

Erträge

	EUR	EUR
1. Zinserträge aus [2])		
a) Kredit- und Geldmarktgeschäften	....	
b) festverzinslichen Wertpapieren und Schuldbuchforderungen	....	....
2. Laufende Erträge aus		
a) Aktien und anderen nicht festverzinslichen Wertpapieren	....	
b) Beteiligungen [3])	....	
c) Anteilen an verbundenen Unternehmen	....	....
3. Erträge aus Gewinngemeinschaften, Gewinnabführungs- oder Teilgewinnabführungsverträgen		....
4. Provisionserträge [5])		....
5. Nettoertrag des Handelsbestandes [6])		....
6. Erträge aus Zuschreibungen zu Forderungen und bestimmten Wertpapieren sowie aus der Auflösung von Rückstellungen im Kreditgeschäft		....
7. Erträge aus Zuschreibungen zu Beteiligungen, Anteilen an verbundenen Unternehmen und wie Anlagevermögen behandelten Wertpapieren		....
8. Sonstige betriebliche Erträge		....
9. Außerordentliche Erträge		....
10. Erträge aus Verlustübernahme		....
11. Jahresfehlbetrag		....
Summe der Erträge		....

noch Gewinn-und-Verlust-Rechnung

	EUR	EUR
1. Jahresüberschuss/Jahresfehlbetrag		....
2. Gewinnvortrag/Verlustvortrag aus dem Vorjahr		....
		....
3. Entnahmen aus der Kapitalrücklage		....
		....
4. Entnahmen aus Gewinnrücklagen		
a) aus der gesetzlichen Rücklage	....	
b) aus der Rücklage für Anteile an einem herrschenden oder mehrheitlich beteiligtem Unternehmen	....	
c) aus satzungsmäßigen Rücklagen	....	
d) aus anderen Gewinnrücklagen	....	....
		....
5. Entnahmen aus Genussrechtskapital		....
		....
6. Einstellungen in Gewinnrücklagen		
a) in die gesetzliche Rücklage	....	
b) in die Rücklage für Anteile an einem herrschenden oder mehrheitlich beteiligtem Unternehmen	....	
c) in satzungsmäßige Rücklagen	....	
d) in andere Gewinnrücklagen	....	....
		....
7. Wiederauffüllung des Genußrechtskapitals		....
8. Bilanzgewinn/Bilanzverlust		....

[1]) Bausparkassen haben den Posten 1 Zinsaufwendungen in der Gewinn-und-Verlust-Rechnung wie folgt zu untergliedern:

„a) für Bauspareinlagen	.... EUR	
b) andere Zinsaufwendungen	.... EUR	.... EUR“.

[2]) Bausparkassen haben im Ertragsposten 1 den Unterposten a Zinserträge aus Kredit- und Geldmarktgeschäften in der Gewinn-und-Verlust-Rechnung wie folgt zu untergliedern:

„aa) Bauspardarlehen	.... EUR	
ab) Vor- und Zwischenfinanzienungskrediten	.... EUR	
ac) sonstige Baudarlehen	.... EUR	
ad) sonstige Kredit- und Geldmarktgeschäften	.... EUR	.... EUR“.

[3]) Kreditgenossenschaften und genossenschaftliche Zentralbanken haben im Ertragsposten 2 den Unterposten b Laufende Erträge aus Beteiligungen in der Gewinn-und-Vertust-Rechnung um die Worte „und aus Geschäftsguthaben bei Genossenschaften“ zu ergänzen.

[4]) Bausparkassen haben den Posten 2 Provisionsaufwendungen in der Gewinn-und-Verlust-Rechnung wie folgt zu untergliedern:

„a) Provisionen zur Vertragsabschluss und -vermittlung	.... EUR	
b) andere Provisionsaufwendungen	.... EUR	.... EUR“.

[5]) Bausparkassen haben den Posten 4 Provisionserträge in der Gewinn-und-Verlust-Rechnung wie folgt zu untergliedern:

„a) aus Vertragsabschluss und -vermittlung	.... EUR	
b) aus der Darlehensregelung nach der Zuteilung	.... EUR	
c) aus Bereitstellung und Bearbeitung von Vor- und Zwischenfinanzierungskrediten	.... EUR	
d) andere Provisionserträge	.... EUR	.... EUR“.

[6]) Kreditgenossenschaften, die das Warengeschäft betreiben, haben nach dem Aufwandposten 3 Nettoaufwand aus Finanzgeschaften oder nach dem Ertragsposten 5 Nettoertrag aus Finanzgeschäften in der Gewinn-und-Verlust-Rechnung folgenden Posten einzufügen:

„3a./5a. Rohergebnis aus Warenverkehr und Nebenbetrieben .... EUR“.

Gewinn-und-Verlust-Rechnung **Formblatt 3** (Staffelform)

der ....

für die Zeit vom .... bis ....

	EUR	EUR	EUR
1. Zinserträge aus [1])			
a) Kredit- und Geldmarktgeschäflen	....		
b) festverzinslichen Wertpapieren und Schuldbuchforderungen	....	....	
2. Zinsaufwendungen [2])		....	....
3. Laufende Erträge aus			
a) Aktien und anderen nicht festverzinslichen Wertpapieren		....	
b) Beteiligungen [3])		....	
c) Anteilen an verbundenen Unternehmen		....	....
4. Erträge aus Gewinngemeinschaften, Gewinnabführungs- oder Teilgewinnabführungsverträgen			....
5. Provisionserträge [4])		....	
6. Provisionsaufwendungen [5])		....	....
7. Nettoertrag oder Nettoaufwand des Handelsbestandes [6])			....
8. Sonstige betriebliche Erträge			....
9. Erträge aus der Auflösung von Sonderposten mit Rücklageanteil			....
10. Allgemeine Verwaltungsaufwendungen			
a) Personalaufwand			
aa) Löhne und Gehälter	....		
ab) Soziale Abgaben und Aufwendungen für Altersversorgung und für Unterstützung darunter: für Altersversorgung .... EUR	....	....	
b) andere Verwaltungsaufwendungen		....	....
11. Abschreibungen und Wertberichtigungen auf immaterielle Anlagewerte und Sachanlagen			....
12. Sonstige betriebliche Aufwendungen			....
13. Abschreibungen und Wertberichtigungen auf Forderungen und bestimmte Wertpapiere sowie Zuführungen zu Rückstellungen im Kreditgeschäft		....	
14. Erträge aus Zuschreibungen zu Fordenungen und bestimmten Wertpapieren sowie aus der Auflösung von Rückstellungen im Kreditgeschäft		....	....
15. Abschreibungen und Wertberichtigungen auf Beteiligungen, Anteile an verbundenen Unternehmen und wie Anlagevermögen behandelte Wertpapiere		....	
16. Erträge aus Zuschreibungen zu Beteiligungen, Anteilen an verbundenen Unternehmen und wie Anlagevermögen behandelten Wertpapieren		....	....
17. Aufwendungen aus Verlustübernahme			....
18. Ergebnis der normalen Geschäftstätigkeit			....
19. Außerordentliche Erträge		....	
20. Außerordentliche Aufwendungen		....	
21. Außerordentliches Ergebnis		....	....
22. Steuern vom Einkommen und vom Ertrag		....	
23. Sonstige Steuern, soweit nicht unter Posten 12 ausgewiesen		....	....
24. Erträge aus Verlustübernahme			....
25. Aufgrund einer Gewinngemeinschaft, eines Gewinnabführungs- oder eines Teilgewinnabführungsvertrags abgeführte Gewinne			....

noch Gewinn-und-Verlust-Rechnung (Staffelform)

	EUR	EUR
26. Jahresüberschuss/Jahresfehlbetrag		....
27. Gewinnvortrag/Verlustvortrag aus dem Vorjahr		....
		....
28. Entnahmen aus der Kapitalrücklage		....
		....
29. Entnahmen aus Gewinnrücklagen		
a) aus der gesetzlichen Rücklage	....	
b) aus der Rücklage für Anteile an einem herrschenden oder mehrheitlich beteiligtem Unternehmen	....	
c) aus satzungsmäßigen Rücklagen	....	
d) aus anderen Gewinnrücklagen	....	....
		....
30. Entnahmen aus Genussrechtskapital		....
		....
31. Einstellungen in Gewinnrücklagen		
a) in die gesetzliche Rücklage	....	
b) in die Rücklage für Anteile an einem herrschenden oder mehrheitlich beteiligtem Unternehmen	....	
c) in satzungsmäßige Rücklagen	....	
d) in andere Gewinnrücklagen	....	....
		....
32. Wiederauffüllung des Genussrechtskapitals		....
33. Bilanzgewinn/Bilanzverlust		....

[1]) Bausparkassen haben den Posten 2 Zinsaufwendungen in der Gewinn-und-Verlust-Rechnung wie folgt zu untergliedem:

„a) für Bauspareinlagen .... EUR
b) andere Zinsaufwendungen .... EUR .... EUR".

[2]) Bausparkassen haben im Ertragsposten 1 den Unterposten a Zinserträge aus Kredit- und Geldmarktgeschäften in der Gewinn-und-Verlust-Rechnung wie folgt zu untergliedern:

„aa) Bauspardarlehen .... EUR
ab) Vor- und Zwischenfinanzierungskrediten .... EUR
ac) sonstige Baudarlehen .... EUR
ad) sonstige Kredit- und Geldmarktgeschäften .... EUR .... EUR".

[3]) Kreditgenossenschaften und genossenschaftliche Zentralbanken haben im Ertragsposten 3 den Unterposten b Laufende Erträge aus Beteiligungen in der Gewinn-und-Vertust-Rechnung um die Worte „und aus Geschäftsguthaben bei Genossenschaften" zu ergänzen.

[4]) Bausparkassen haben den Posten 6 Provisionsaufwendungen in der Gewinn-und-Verlust-Rechnung wie folgt zu untergliedern:

„a) Provisionen zur Vertragsabschluss und -vermittlung .... EUR
b) andere Provisionsaufwendungen .... EUR .... EUR".

[5]) Bausparkassen haben den Posten 5 Provisionserträge in der Gewinn-und-Verlust-Rechnung wie folgt zu untergliedern:

„a) aus Vertragsabschluss und -vermittlung .... EUR
b) aus der Darlehensregelung nach der Zuteilung .... EUR
c) aus Bereitstellung und Bearbeitung von Vor- und Zwischenfinanzienungskrediten .... EUR
d) andere Provisionserträge .... EUR .... EUR".

[6]) Kreditgenossenschaften, die das Warengeschäft betreiben, haben nach dem Aufwand- oder Ertragposten 7 Nettoertrag oder Nettoaufwand aus Finanzgeschäften in der Gewinn-und-Verlust-Rechnung folgenden Posten einzufügen:

„7a. Rohergebnis aus Warenverkehr und Nebenbetrieben .... EUR".

Aktivseite

Inhalte wichtiger Bilanzpositionen

Bilanzposten	Inhalt
1. Barreserve a) Kassenbestand b) Guthaben bei Zentralnotenbanken	gesetzliche Zahlungsmittel, ausländische Noten und Münzen, Postwertzeichen, Gerichtsgebührenmarken. Täglich fällige Guthaben in Euro und Fremdwährung bei Zentralnotenbanken der Niederlassungsländer des Kreditinstituts.
2. Schuldtitel öffentlicher Stellen und Wechsel, die zur Refinanzierung bei Zentralnotenbanken zugelassen sind a) Schatzwechsel und unverzinsliche Schatzanweisungen sowie ähnliche Schuldtitel öffentlicher Stellen darunter: bei der Deutschen Bundesbank refinanzierbar b) Wechsel	Mit Diskontabzug hereingenommen und zur Refinanzierung (Verpfändung) bei der EZB und Zentralnotenbanken der Niederlassungsländer zugelassen, Wertansatz mit Zeitwert Schatzwechsel und U-Schätze des Bundes und der Länder, die refinanzierungsfähig sind
3. Forderungen an Kreditinstitute	Forderungen an in- und ausländische Kredit- und Finanzierungsinstitute, aus Guthaben, Devisenswapgeschäften, Wertpapierpensionsgeschäften und Termineinlagen und Forderungen aus nicht börsenfähigen Schuldverschreibungen (z. B.: Namensschuldverschreibungen) in Euro und Fremdwährung
4. Forderungen an Kunden	Forderungen aus KK-Krediten, Ratenkrediten, mittel- und langfristige Darlehen, Akzeptkrediten (Kundenakzeptkreditforderungen), Rembourskrediten, Forderungen aus Namensschuldverschreibungen (Rektapapiere), angekaufte Forderungen, von Kunden eingereichte Diskontwechsel, Forderungen aus Rückschecks und Rückwechseln. In Anspruch genommene Beträge abzüglich Wertberichtigungen (EWB und PWB) auf diese Forderungen, in Euro und Fremdwährung
5. Schuldverschreibungen und andere festverzinsliche Wertpapiere	Börsenfähige Inhaber- und Orderschuldverschreibungen, Schuldbuchforderungen, zum Bilanzwert einschl. aufgelaufener, noch nicht vereinnahmter Stückzinsen sowie vor Fälligkeit hereingenommene Zinsscheine
6. Aktien und andere nicht festverzinsliche Wertpapiere	Aktien, Investmentanteile, Optionsscheine, Gewinnanteilscheine, börsenfähige Genussscheine
7. Beteiligungen	Aktien, GmbH-Anteile, Geschäftsguthaben bei Genossenschaften, Beteiligung als persönlich haftende Gesellschafter einer OHG, KG, KGaA, Beteiligung als Kommanditist oder stiller Gesellschafter
9. Treuhandvermögen	Kredite im eigenen Namen für fremde Rechnung
11. Immaterielle Anlagewerte	EDV-Software, Firmenwert.
12. Sachanlagen	Grundstücke und Gebäude, die dauernd dem Geschäftsbetrieb dienen, Betriebs- und Geschäftsausstattung (Büroeinrichtung, Kraftfahrzeuge, EDV-Ausstattung)
14. Sonstige Vermögensgegenstände	Schecks, Reiseschecks, Lastschriften } bereits Eingang vorbehalten gutgeschrieben und binnen 30 Tagen ab Einreichung fällig fällige Schuldverschreibungen und fällige Kupons } spätestens am ersten Geschäftstag nach dem Bilanzstichtag fällig Forderungen an das Bundeszentralamt für Steuern wegen verauslagter KESt, Goldmünzen, Barrengold, Silbermünzen (soweit kein gesetzliches Zahlungsmittel), andere Edelmetalle
15. Rechnungsabgrenzungsposten	Aufwendungen des neuen Jahres, die bereits im abgelaufenen Jahr vom Kreditinstitut bezahlt wurden

Passivseite

Bilanzposten	Inhalt
1. Verbindlichkeiten gegenüber Kreditinstituten	Verbindlichkeiten gegenüber Kreditinstituten und Verbindlichkeiten aus Namensschuldverschreibungen, Verbindlichkeiten gegenüber der Deutschen Bundesbank aus Übernachtkrediten (Spitzenrefinanzierungsfazilität) und täglich fällige Darlehen (Geldmarkt) in Euro + Fremdwährung
2. Verbindlichkeiten gegenüber Kunden	Verbindlichkeiten gegenüber Nichtbanken in Euro und Fremdwährung
a) Spareinlagen	ab Kündigungsfrist von drei Monaten, VL-Sparbeträge,
b) andere Verbindlichkeiten	
b1) täglichfällig	Sichteinlage von Nichtbanken
b2) mit vereinbarter Laufzeit oder Kündigungsfrist	Festgelder, Verbindlichkeiten aus Namensschuldverschreibungen, Sparbriefe, Namensgeldmarktpapiere (Certificates of deposit)
3. Verbriefte Verbindlichkeiten	Inhaber- und Orderschuldverschreibungen, Geldmarktpapiere, die Teile einer Gesamtemission sind
4. Treuhandverbindlichkeiten	Ansatz in gleicher Höhe wie Position Aktiva Nr. 9
5. Sonstige Verbindlichkeiten	Lohn- und Kirchensteuer und Sozialversicherungsbeiträge aus Gehaltszahlungen, Kapitalertragsteuer, Sonstige Verbindlichkeiten aus antizipativen Aufwendungen, die nicht Passivaposten direkt zugeordnet werden können.
6. Rechnungsabgrenzungsposten	Erträge des neuen Jahres, die bereits im abgelaufenen Jahr an das Kreditinstitut gezahlt wurden
7. Rückstellungen	
a) Rückstellungen für Pensionen	
b) Steuerrückstellungen	für zu erwartende Steuernachzahlungen im nächsten Geschäftsjahr
c) andere Rückstellungen	Rückstellungen für z. B. Prozesskosten und Pauschalwertberichtigungen zu Avalkrediten
11. Fonds für allgemeine Bankrisiken	offene Reserven, die aus dem versteuerten Gewinn gebildet werden sowie gesonderter Ausweis von mindestens 10 % der Nettoerträge des Handelsbestandes
12. Eigenkapital	
a) gezeichnetes Kapital	Grundkapital (AG), Stammkapital (GmbH) Geschäftsguthaben (eG), Eigenkapital der OHG-Gesellschafter, der Komplementäre und Kommanditisten der KG, Einlagen stiller Gesellschafter
b) Kapitalrücklagen	z. B. Agio bei Aktienausgabe über pari
c) Gewinnrücklagen	Sicherungsrücklagen der Sparkassen, Ergebnisrücklagen der Kreditgenossenschaften sowie thesaurierte Anteile des Gewinns anderer Rechtsformen
1. Eventualverbindlichkeiten	Indossamentsverbindlichkeiten aus weitergegebenen Wechseln
b) aus Bürgschaften und Gewährleistungsverträgen	Avalverbindlichkeiten aus der Übernahme von Bürgschaften und Garantien in Euro und Fremdwährung, Akkreditivverbindlichkeiten aus Eröffnung und Bestätigung, abzüglich Deckungsguthaben und Rückstellungen

Inhalte der G + V-Rechnung im Überblick

Aufwendungen	Inhalte
1. Zinsaufwendungen	Zinsen für Sicht-, Termin- und Spareinlagen, für Geldaufnahme, gezahlte Kredit- und Überziehungsprovision, Zinsen für ausgegebene Schuldverschreibungen
2. Provisionsaufwendungen	Provisionen und ähnliche Aufwendungen aus Dienstleistungsgeschäften: Kontoführungsgebühren, Depotgebühren Clearstream AG und sonstige fremde Lagerstellen, gezahlte Provisionen im Wertpapier-, Devisen- und Edelmetallgeschäft
3. Nettoaufwand des Handelsbestandes	Überschuss aller Aufwendungen über alle Erträge - aus Geschäften mit Finanzinstrumenten des Handelsbestandes - aus dem Handel mit Edelmetallen - aus Zuschreibungen und Abschreibungen für Finanzinstrumente des Handelbestandes und Edelmetallen - aus der Bildung bzw. Auflösung von Rückstellungen für drohende Verluste aus den genannten Geschäften
4. Allgemeine Verwaltungsaufwendungen a) Personalaufwand aa) Löhne und Gehälter ab) Soziale Abgaben und Aufwendungen für Altersversorgung und für Unterstützung, darunter: für Altersversorgung b) andere Verwaltungsaufwendungen	 Aufwendungen als Entgelt für geleistete Arbeit Gesetzliche Pflichtabgaben, Beihilfen und Unterstützungen, die das Kreditinstitut zu erbringen hat. Zuführung zu Pensionsrückstellungen, freiwillige soziale Leistungen Gesamte Aufwendungen sachlicher Art: Raumkosten, Bürobetriebskosten, Kraftfahrzeugbetriebskosten, Porto, Verbandsbeiträge einschl. der Beiträge zu Sicherungseinrichtungen eines Verbandes, Werbungskosten, Repräsentationen, Aufsichtsratsvergütungen, Versicherungsprämien, Rechts-, Prüfungs- und Beratungskosten
5. Abschreibungen und Wertberichtigungen auf immaterielle Anlagewerte und Sachanlagen	Abschreibungen auf Sachanlagen, erworbene EDV-Software, imaginäre Firmenwerte
6. Sonstige betriebliche Aufwendungen	Aufwendungen i. Z. m. Kassenfehlbeträgen und Verkäufen von Anlagegegenständen unter Buchwert
7. Abschreibungen und Wertberichtigungen auf Forderungen und bestimmte Wertpapiere sowie Zuführungen, zu Rückstellungen im Kreditgeschäft	Abschreibungen auf Forderungen, auf Eventualforderungen, Prämien für Kreditversicherungen, Abschreibungen wegen nicht realisiertem Kursverlust auf Wertpapiere der Liquidationsreserve und Aufwendungen aus Geschäften mit diesen Wertpapieren aufgrund realierter Kursverluste. Vollständige Verrechnung mit Erträgen Nr. 6 erlaubt.
8. Abschreibungen und Wertberichtigungen auf Beteiligungen, Anteile an verbundenen Unternehmen und wie Anlagevermögen behandelte Wertpapiere	Abschreibungen wegen nicht realisierter Kursverluste und Aufwendungen aus Geschäften mit Wertpapieren des Anlagevermögens. Vollständige Verrechnung mit Erträgen Nr. 7. erlaubt
9. Aufwendungen aus Verlustübernahme	
11. Außerordentliche Aufwendungen	Aufwendungen i. Z. m. betriebsfremden Geschäften des KI
12. Steuern vom Einkommen und vom Ertrag	Körperschaftsteuer, Gewerbesteuer
13. Sonstige Steuern, soweit nicht unter Posten 6 ausgewiesen	z. B. Kfz-Steuer
14. Aufgrund einer Gewinngemeinschaft, eines Gewinnabführungs- oder eines Teilgewinnabführungsvertrags abgeführte Gewinne	
15. Jahresüberschuss	

Erträge	Inhalte
1. Zinserträge aus	
a) Kredit- und Geldmarktgeschäften	Zinsen aus KK-Krediten, Darlehen, Geldmarktanlagen, Diskonterträge aus abgezinsten Papieren (Schatzwechsel und V-Schätze), Erträge aus Genussrechten, Kredit- und Überziehungsprovisionen
b) festverzinslichen Wertpapieren und Schuldbuchforderungen	Zinsen aus festverzinslichen Wertpapieren und Wertrechten
2. Laufende Erträge aus	
a) Aktien und anderen nicht festverzinslichen Wertpapieren	Dividendenerträge, Ausschüttungen von Investmentgesellschaften
b) Beteiligungen	Erträge aus Beteiligungen an Unternehmen
c) Anteilen an verbundenen Unternehmen	
3. Erträge aus Gewinngemeinschaften, Gewinnabführungs- oder Teilgewinnabführungsverträgen	
4. Provisionserträge	Provisionen und ähnliche Erträge aus Dienstleistungsgeschäften (Zahlungsverkehr, Außenhandelsgeschäft, Wertpapierkommissions- und Depotgeschäft), Erträge für Treuhandkredite und Verwaltungskredite, aus der Vermittlungstätigkeit bei Kredit-, Spar-, Bauspar- und Versicherungsverträgen, Bonifikationen aus Platzierung von Wertpapieren, Bürgschaftsprovisionen, Kontoführungsgebühren
5. Nettoertrag des Handelsbestandes	Überschuss aller Erträge über alle Aufwendungen - aus Geschäften mit Finanzinstrumenten des Handelsbestandes - aus dem Handel mit Edelmetallen - aus Zuschreibungen und Abschreibungen für Finanzinstrumente des Handelbestandes und Edelmetallen - aus der Bildung bzw. Auflösung von Rückstellungen für drohende Verluste aus den genannten Geschäften
6. Erträge aus Zuschreibungen zu Forderungen und bestimmten Wertpapieren sowie aus der Auflösung von Rückstellungen im Kreditgeschäft	Realisierte Kursgewinne aus Wertpapieren der Liquiditätsreserve, Erträge aus der Zuschreibung zu Forderungen, Erträge aus dem Eingang bereits abgeschriebener Forderungen
7. Erträge aus Zuschreibungen zu Beteiligungen, Anteilen an verbundenen Unternehmen und wie Anlagevermögen behandelten Wertpapieren	Realisierte und nicht realisierte Gewinne (Zuschreibungen) i. Z. m. den Wertpapieren des Anlagevermögens. Verrechnung mit Aufwendungen Nr. 8 erlaubt
8. Sonstige betriebliche Erträge	Erträge i. Z. m. Kassenüberschüssen und aus dem Verkauf von Anlagegegenständen über Buchwert
10. Außerordentliche Erträge	Erträge i. Z. m. betriebsfremden Geschäften des KI
11. Erträge aus Verlustübernahme	
12. Jahresfehlbetrag	

Schema zur Ermittlung des Betriebsergebnisses aus der Gewinn-und-Verlust-Rechnung:

(1)	
	Zinserträge
+	Laufende Erträge
–	Zinsaufwendungen
=	**Zinsüberschuss**
(2)	
+	Provisionserträge
–	Provisionsaufwendungen
=	**Provisionsüberschuss**
(3)	
	Personalaufwand
+	Andere Verwaltungsaufwendungen
+	Abschreibungen und Wertberichtigungen auf immaterielle Anlagewerte und Sachanlagen
=	**Verwaltungsaufwand**
	Teilbetriebsergebnis: Summe (1) + (2) – (3)
+ / –	Nettoerträge bzw. -aufwendungen aus Finanzgeschäften
+ / –	Saldo aus Sonstigen betrieblichen Aufwendungen und Erträgen
–	Risikovorsorge (Rückstellungen, Vorsorgereserven (offen/still)
=	**Betriebsergebnis**
+	Erträge aus Finanzanlagen
–	Aufwendungen aus Verlustübernahmen
+	Erträge aus der Auflösung von Sonderposten mit Rücklagenanteil
=	**Jahresüberschuss (vor Steuern)**
–	Steuern vom Einkommen und Ertrag
=	**Jahresüberschuss (nach Steuern)**
–	Rücklagendotierung
=	**Bilanzgewinn**

Sachwortverzeichnis

§ 340 f HGB 117
§ 340 g HGB 116
800-Euro-Methode 82

A
Abgeltungssteuer 59
Abschluss eines gemischten Kontos 51
Abschreibung 74
Abschreibung auf Sachanlagen 78
AfA-Tabellen 75
Aktiva 14
Aktives Bestandskonto 20
Aktiv-Passiv-Mehrung 17
Aktiv-Passiv-Minderung 18
Aktivtausch 16
Alternativzinssatz 131
Analyse zukunftsorientierter Unternehmensinformationen 258
Andere aktivierte Eigenleistungen 237
Andere Gewinnrücklagen 220
Anfangsbestand 21
Anhang 65
Anlagendeckungsgrad I 254
Anlagendeckungsgrad II 254
Anlagequote 254
Anlagevermögen 14
Anschaffungskosten 75, 76
Anscheinend intakte Forderungen 88
Aufbewahrungsfristen 11
Aufgaben der Kosten-und-Erlös-Rechnung 127
Aufgaben des Controllings 125
Aufwandskonto 34
Aufwendungen 32
Außenfinanzierung 219
Außerplanmäßige Abschreibung 74

B
Bankenkontokorrent 47
Bankinternes Rating 241
Bareinzahlung 58
Bartransaktion 59
Belastung 30
Bestandsänderung 21
Bestandskonto 20
Bestandsveränderungen 237
Betriebliches Rechnungswesen 126
Betriebsabrechnung als Vollkostenrechnung 185
Betriebsbereich 179
Betriebsergebnis 139, 155
Betriebserlöse 147, 148
Betriebskalkulation 179
- Kostenarten 179
Betriebskalkulation als Teilkostenrechnung 185
Betriebskosten 131, 148
Betriebsleistungen 148
Bewertungsvorschriften 241
Bewertung von Sachanlagen 74
Bewertung von Wertpapieren 105
Bilanz 13
Bilanzgewinn 220, 225
- Bruttodividende 226
- Verwendung 226
Bilanzgliederung 234
- Kreditinstitute 234
- Nichtbanken 234
Bilanzpositionen von Nichtbanken 235
- Aktivseite 235
- Passivseite 236
Bilanzwahrheit 11
Bilanzwert der Debitoren 92
Bilanzwert einer Schuldverschreibung 107
Bruttozinsspanne 166, 171
Buchungssatz 23
Buchwert der Forderung 90

C
Cashflow 251, 252
Cashflow-Rate 251
Controlling 124

D
Debitor 39
Debitorenziel (in Tagen) 253
Deckungsbeitragsrechnung 197
- Begriff 197
- Deckungsbeitrag I 198
- Deckungsbeitrag II 198
- Deckungsbeitrag III 198
- für Aktivprodukte 199, 201
- für Passivprodukte 205
- Grundstruktur 198
Degressive Abschreibung 76
Dividendenrendite 256
Dualismus von Marktleistungen 145
- Betriebsleistungen 145
- Wertleistungen 146
Dynamischer Verschuldungsgrad in Jahren 255

E
Eigene Aktien 221
Eigene Anteile 219
Eigenkapital 13
- Bestandteile der Bilanzposition 218
Eigenkapitalkosten 131
Eigenkapitalquote 254
Eigenkapitalrentabilität 251
Einzelkosten 180
Einzelwertberichtigung 89
Endverbraucher 67
Erfolg 128
Erfolgskonto 31
Erlöse 139
Eröffnungsbilanz 14
Eröffnungsbilanzkonto 28
Erträge 32
Ertragskonto 34

F
Finanzbuchhaltung 9
Fixe Kosten 181
Forderungen an Kunden 88
Forderungen und sonstige Vermögensgegenstände 248

Freistellungsauftrag 60
Fremdkapital 14
Fremdkapitalquote 254
Fristentransformationsbeitrag 166
- Strukturbeitrag 168
- Zinsstrukturkurve 167

G
Gemeinkosten 180
Gemischtes Konto 51
Geometrisch-degressive Abschreibung 77
Geringwertige Wirtschaftsgüter 81
Gesamtbetriebskalkulation 150, 155
- Gesamtzinsspannenrechnung 152
- Kalkulatorisches Betriebsergebnis 151
Gesamtkapitalrentabilität 251
Gesamtleistung 237
Gesamtzinsspannenrechnung 152
- Betriebsspanne 155
- Bruttozinsspanne 155
- Nettozinsspanne 155
- Nettozinsspannenrechnung 152
- Zinsertragsbilanz 153
- Zinsspanne 152
Geschäftsstellenkalkulation 217
Gesetzliche Rücklage 219
Gewinn 33
Gewinnrücklagen 219
Gewinn-und-Verlust-Konto 33
Gewinn-und-Verlust-Rechnung 65
Gewinn- und Verlust-Rechnung von Nichtbanken 237
Gewinnvortrag 220
Gezeichnetes Kapital 219
Gläubiger 14
Grundbegriffe der Kosten-und-Erlös-Rechnung 128
Grundbuch 24
Grunderlöse 134, 135
Grundkosten 128, 129
Grundsätze ordnungsgemäßer Buchführung (GoB) 11
Gutschrift 30

H
Haben 21
Habensaldo 31
Hauptbuch 29

I
Immaterielles Anlagevermögen 248
Imparitätsprinzip 107
Indirekte Abschreibung 90
Innenfinanzierung 219
Innerbetriebliche Leistungen 144, 147
- back-office 144
- cost-center 144
Internes Rechnungswesen 126
Inventar 11
Inventur 11

J
Jahresabschlussanalyse 240, 244
- Aufbau 245
- Aufbereitung von Jahresabschlussunterlagen 246
- Grundprobleme 244
- Zusammenfassende Darstellung 260
Jahresabschluss von Kreditinstituten 65
Jahresüberschuss 223
- Ermittlung 223
- nach Steuern 223
- Verwendung 224
- vor Steuern 223
Jahresüberschussverwendung 225
Journal 24

K
Kalkulationen im Wertbereich 161
Kalkulation von Aktivprodukten 199
- Kalkulation der Preisuntergrenze 199
Kalkulation von Marktleistungen 206
Kalkulation von Passivprodukten 203
- Kalkulation der Preisobergrenze 204
Kalkulatorische Abschreibung 133
Kalkulatorische Eigenkapitalkosten 131
- Ermittlung der kalkulatorischen Eigenkapitalkosten 132
- Ermittlung des erforderlichen Eigenkapitals 132
- Ermittlung des kalkulatorischen Eigenkapitalkostensatzes 132
Kalkulatorische Eigenmiete 131
Kalkulatorischer Unternehmerlohn 133
Kalkulatorische Wagniskosten 133
Kapitaldienstfähigkeit 253
Kapitalrücklagen 219
Kassendifferenz 62
Kassenverkehr 58
Kennzahlen der Jahresabschlussanalyse 250
- Überblick 255
Kirchensteuer 59
Konditionenbeitrag
- Aktiva 164
- Gesamter Konditionenbeitrag 171
- Passiva 164
Konditionenbeitrag Aktiva 165
Konditionenbeitrag des Aktivgeschäftes 171
Konditionenbeitrag des Passivgeschäftes 171
Konditionenbeitrages 164
Konditionenbeitrag Passiva 165

Kontengruppe 56
Kontenklasse 55
Kontenplan 55
Kontenrahmen 55
Kosten 139
Kostenarten der Betriebskalkulation 179
- Einzelkosten 179
- Fixe Kosten 179
- Gemeinkosten 179
- Personalkosten 179
- Sachkosten 179
- Variable Kosten 179
Kosten-und-Erlös-Rechnung 127, 138
Kosten- und Erlösüberleitungsbogen 137
Kostenvergleich 182
Kreditor 39
Kreditorenziel (in Tagen) 253
Kundenkalkulation 208
- Deckungsbeitrag I 211
- Deckungsbeitrag II 211
- Deckungsbeitrag III 211
- Deckungsbeitrag im Betriebsbereich 212
- Deckungsbeitrag im Wertbereich 211
- Zusammenfassende Darstellung 211
- Zusammenfassung 213
Kundenkontokorrentkonto 39
Kurs-Buchwert-Verhältnis 256
Kurs-Cashflow-Verhältnis 256
Kursgewinn 51
Kurs-Gewinn-Verhältnis 256
Kursverlust 51
Kurzfristige Rückstellungen 248
Kurzfristige Verbindlichkeiten 248

L

Lagebericht 65
Lineare Abschreibung 76
Liquidität 1. Grades 255
Liquidität 2. Grades 255
Liquidität 3. Grades 255

M

Marktleistungen 144, 147
- center 145
- front-office 145
Marktleistungen nach Art der erbrachten Leistung 148
Marktzinsmethode 162
- Aufbau 163
- Bruttozinsspanne 166
- Fristentransformationsbeitrag 167
- Konditionenbeitrag 164
- Opportunitätsprinzip 162
- Zusammenfassung 170
Maßgeblicher Forderungsausfall 103
Materialaufwand 237
Mehrung 21
Mehrwert 67
Mehrwertsteuer 67
Methoden der Bankkalkulation 150
Minderung 21
Mindest konditionen marge 199
Mittelherkunft 14
Mittelverwendung 14

N

Nebenbuch 40
Nettogewinnspannenrechnung 158
- Betriebsergebnis 158
- Bewertungsspanne 158
- Bruttobedarfsspanne 158
- Bruttoertragsspanne 158
- Bruttogewinnspanne 158
- Bruttozinsspanne 158
- Handelsergebnis 158
- Handelsspanne 158
- Nettogewinnspanne 158
- Personalaufwandsspanne 158
- Provisionsspanne 158
- Risikospanne 158
- Sachaufwandsspanne 158
- Sonstige Ertragsspanne 158
- Teilbetriebsergebnis 158
Nettozinsspannenrechnung 154, 155
Neutrale Aufwendungen 134
- außerordentliche Aufwendungen 134
- betriebsfremde Aufwendungen 134
- periodenfremde Aufwendungen 134
Neutrale Erträge 136
- außerordentliche Erträge 136
- betriebsfremde Erträge 136
- periodenfremde Erträge 136
Nicht realisierter Kursgewinn 107
Nicht realisierter Kursverlust 107
Niederstwertprinzip 51
Nutzungsdauer 75

O

Offene Rücklagen 222
offener Vorsorgereserven 116
Offene Vorsorgereserven 116
Operatives Controlling 124

P

Passiva 14
Passives Bestandskonto 20
Passivtausch 17
Pauschalwertberichtigung 91
Permanente Inventur 12
Personalkosten 180
Planmäßige Abschreibung 74
Poolabschreibung 82
Price-earnings-Ratio 256
Produktkalkulation 198
- Überblick 208
Prozessgeschwindigkeit des Unternehmens 253
PWB-Satz 102

R
Ratingklasse 178
Realisierter Kursgewinn 107
Realisierter Kursverlust 107
Rechnungslegung der Kreditinstitute 13
Regelkreis-Modell 125
Return on Investment (ROI) 251
Rhein-Ruhrbank AG 256
Risikokosten 131, 176
- Ausfallwahrscheinlichkeit 178
- Entstehung 176
- Ermittlung von Risikokostensätzen 178
- Verlustquote 177
Rücklage für Anteile an einem herrschenden oder mehrheitlich beteiligten Unternehmen 220

S
Sachkosten 180
Saldieren 25
Satzungsmäßige Rücklagen gem. § 58, 1 AktG 220
Scheck- und Lastschriftbuchungen 62
Schlussbilanz 14
Schlussbilanzkonto 28
Schulden 12
Selbstkosten 127, 182
Selbstkostenermittlung 143
Shareholder-Value 224
Sichere Forderungen 88, 90
Skontro 40
Sofortaufwand 82
Solidaritätszuschlag 59
Soll 21
Sollsaldo 31
Sonderposten Fonds für allgemeine Bankrisiken 116
Sonstige Verbindlichkeiten 60
Spargeschäft 59
Spartenübergreifende Kompensation 120
Standard-Einzelkostenrechnung 185
- Aufbau 186
- Standard-EDV-Kosten-Satz 189
- Standard-Einzelkostensatz 192
- Standardkostensatz 188
- Standardpersonalkostensatz 189
- Standard-Stückkosten 189
Steuern vom Einkommen und Ertrag 223
Stichtagsinventur 12
Stille Reserven 123
Stille Rücklagen 222
Stille Vorsorgereserven 117
Strategisches Controlling 124
Strenges Niederstwertprinzip 106
Strukturbeitrag 168, 171
- Aktiva 169
- Passiva 169
Strukturbilanz 248
Strukturmerkmale von Kundenbilanzen 233

T
Teilhaber 14
Teilkostenrechnung 184

U
Überbewertung von Passiva 123
Überweisung 49
Umlaufvermögen 14
Umsatzerlöse 237
Umsatzrentabilität 251
Umsatzsteuer 67
Umsatzsteuerfrei 70
Umsatzsteuer in Kreditinstituten 69
Umsatzsteuerpflichtig 70
Umsatzsteuerzahllast 68
Uneinbringliche Forderungen 88
Unterbewertung von Aktiva 123
Unternehmensanalyse 260

V
Variable Gesamtkosten 182
Variable Kosten 181
Verlust 33
Verlustvortrag 220
Vermögen 12
Verschuldungsgrad 255
Vollkostenrechnung 184
Vorräte 248
Vorschusszinsen 60
Vorsorge für allgemeine Bankrisiken 115
Vorsteuer 68, 70

W
Weg einer Überweisung 49
Weiche Faktoren 258
Werterlöse 147, 148
Wertkosten 147, 148
Wertleistungen 148
Wertpapiere der Liquiditätsreserve 106
Wertpapierkategorien 105
Wertveränderungen in der Bilanz 16
Wirtschaftlichkeit 128

Z
Zeitliche Abgrenzung des Jahreserfolges 113
Zeitlich verlegte Inventur 12
Zinsstrukturkurve 167
Zinsüberschuss 155
Zusammenhang zwischen der Gewinn-und-Verlust-Rechnung und der Kosten-und-Erlös-Rechnung 139
Zusatzerlöse 134, 135
Zusatzkosten 128, 130, 131
Zweckaufwand 129
Zweckertrag 135
Zweifelhafte Forderungen 88

Kennziffern zur Jahresabschlussanalyse

Der Bilanzgewinn ist – sofern nicht etwas anderes angegeben wird – als kurzfristiges Fremdkapital anzusehen.

Eigenkapitalquote =	$\frac{\text{Eigenkapital} \cdot 100}{\text{Bilanzsumme}}$
Anlagendeckungsgrad I =	$\frac{\text{Eigenkapital} \cdot 100}{\text{Anlagevermögen}}$
Anlagendeckungsgrad II =	$\frac{(\text{Eigenkapital} + \text{langfristiges Fremdkapital}) \cdot 100}{\text{Anlagevermögen}}$
Cashflow =	Betriebsergebnis + planmäßige Abschreibungen auf Sachanlagen + Zuführung zu den langfristigen Rückstellungen
Cashflow-Rate =	$\frac{\text{Cashflow} \cdot 100}{\text{Umsatzerlöse}}$
Eigenkapitalrentabilität =	$\frac{\text{Betriebsergebnis} \cdot 100}{\text{Eigenkapital}}$
Gesamtkapitalrentabilität =	$\frac{(\text{Betriebsergebnis} + \text{Zinsaufwand}) \cdot 100}{\text{Bilanzsumme}}$
Umsatzrentabilität =	$\frac{\text{Betriebsergebnis} \cdot 100}{\text{Umsatzerlöse}}$
Debitorenziel (Kundenziel) =	$\frac{\text{Forderungen aus Lieferungen und Leistungen} \cdot 365}{\text{Umsatzerlöse}}$
Kreditorenziel (Lieferantenziel) =	$\frac{\text{Verbindlichkeiten aus Lieferungen und Leistungen} \cdot 365}{\text{Materialaufwand bzw. Wareneinsatz}}$
KGV =	$\frac{\text{Börsenkurs}}{\text{erwarteter Gewinn pro Aktie}}$
Dividendenrendite =	$\frac{\text{veröffentlichte Dividende} \cdot 100}{\text{Kapitaleinsatz}}$

Kalkulationsschemata + Deckungsbeitragsrechnungen

Kalkulation

Der Kalkulation im Betriebsbereich liegt die Teilkostenrechnung (prozessorientierte Standardeinzelkostenrechnung) zugrunde.

1. Produktkalkulation im Aktivgeschäft

Ermittlung der **Preisuntergrenze** eines Produkts

Alternativzinssatz für Anlagen am GKM
\+ Mindestkonditionenmarge, bestehend aus:
Direkt zurechenbare Betriebskosten in %
Risikokosten in %
Eigenkapitalkosten in %
= Preisuntergrenze Aktivprodukt in %

Ermittlung des **Deckungsbeitrags**

Zinserlöse
– Alternativzinsen für Anlage am GKM
= **Deckungsbeitrag I** (Zinsüberschuss, Zins-Konditionenbeitrag)
\+ Direkt zurechenbare Provisionserlöse
– Direkt zurechenbare Betriebskosten
= **Deckungsbeitrag II** (Netto-Konditionenbeitrag)
– Risikokosten
– Eigenkapitalkosten
= **Deckungsbeitrag III** (Beitrag zum Betriebsergebnis)

- Deckungsbeitrag III ohne Berücksichtigung der Overhead-Kosten
- Die Kosten für die Unterlegung mit Eigenkapital werden angegeben.

2. Produktkalkulation im Passivgeschäft

Ermittlung der **Preisobergrenze** eines Produkts

Alternativzinssatz für Beschaffung am GKM
– Direkt zurechenbare Betriebskosten in %
= Preisobergrenze Passivprodukt in %

Ermittlung des **Deckungsbeitrags**

Alternativzinsen für Beschaffung am GKM
– Zinskosten
– **Deckungsbeitrag I** (Zinsüberschuss, Zins Konditionenbeitrag)
\+ Direkt zurechenbare Provisionserlöse
– Direkt zurechenbare Betriebskosten
= **Deckungsbeitrag II** (Netto-Konditionenbeitrag)
= **Deckungsbeitrag III** (Beitrag zum Betriebsergebnis)

- Deckungsbeitrag II und III ohne Berücksichtigung der Overhead-Kosten

3. Kundenkalkulation

Konditionenbeiträge der Aktivgeschäfte
\+ Konditionenbeiträge der Passivgeschäfte
= **Deckungsbeitrag I** (Zinsüberschuss, Zins-Konditionenbeitrag)
\+ Direkt zurechenbare Provisionserlöse
– Direkt zurechenbare Betriebskosten
= **Deckungsbeitrag II** (Netto-Konditionenbeitrag)
– Direkt zurechenbare Risikokosten
– Direkt zurechenbare Eigenkapitalkosten
= **Deckungsbeitrag III** (Deckungsbeitrag des Kunden)

4. Geschäftsstellenkalkulation

Konditionenbeiträge der Aktivgeschäfte
\+ Konditionenbeiträge der Passivgeschäfte
= **Deckungsbeitrag I** (Zinsüberschuss, Zins-Konditionenbeitrag)
\+ Direkt zurechenbare Provisionserlöse
– Direkt zurechenbare Betriebskosten
= **Deckungsbeitrag II** (Netto-Konditionenbeitrag)
– Direkt zurechenbare Risikokosten
– Direkt zurechenbare Eigenkapitalkosten
= **Deckungsbeitrag III** (Deckungsbeitrag der Geschäftsstelle)

Definition des Betriebsergebnisses für die Jahresabschlussanalyse

	Umsatzerlöse (netto)
+/−	Bestandsveränderungen an fertigen und unfertigen Erzeugnissen
+	Andere aktivierte Eigenleistungen
+	Sonstige betriebliche Erträge
−	Materialaufwand
−	Personalaufwand
−	Planmäßige Abschreibungen auf sachanlagen
−	Sonstige betriebliche Aufwendungen
=	**Betriebsergebnis**